Denker

NEUKIRCHENER

Axel von Dressler

Diakonie und Spiritualität

Impulse aus der Welt der Kommunitäten

Neukirchener

Neukirchener Verlag
Verlagsgesellschaft des Erziehungsvereins mbH, Neukirchen-Vluyn

Umschlaggestaltung: Hartmut Namislow
Druckvorlage: Andrea Siebert
Gesamtherstellung: AZ Druck und Datentechnik GmbH, Kempten
Printed in Germany
ISBN 10: 3–7887–2171–5
ISBN 13: 978–3–7887–2171–8

Bibliografische Information Der Deutschen Bibliothek

Die Deutsche Bibliothek verzeichnet diese Publikation in der Deutschen Nationalbibliografie; detaillierte bibliografische Daten sind im Internet über http://dnb.ddb.de abrufbar.

Inhalt

Einleitung

Mit der vorliegenden Dissertation gehe ich zurück in rund acht Jahre persönliches Erleben im Lebens- und Glaubensgefüge Diakonie. Einige Jahre davon verbrachte ich als Erzieher in einem nordhessischen Kinderheim, die anderen als Pfarrer einer großen diakonischen Einrichtung in Thüringen.

Menschen sind mir während dieser Zeit begegnet, die ich bleibend vor Augen habe. Zum Beispiel Schwester A., die mir erzählte, wie sie im großen Bombenangriff auf Kassel mit Kindern auf dem Arm und an der Hand durch die brennenden Straßen lief. Vor Augen habe ich z.B. den Diakon Ulrich P., der im Schlafsaal eines Thüringer Wohnheims mit der Blockflöte von Bett zu Bett ging und spielte: »Breit aus die Flügel beide, o Jesu meine Freude«.

Die Begegnungen dieser Zeit machen mich dankbar – sie haben mich geprägt. Und ich habe Formen von Gemeinschaft erfahren, die mir wichtig geblieben sind.

Als Pfarrer und theologischer Leiter einer großen diakonischen Einrichtung machte ich Bekanntschaft mit der Idee, eine diakonische Einrichtung wie ein Unternehmen zu führen. Beheimatet in der Welt der klassischen Diakonie musste der Zusammenstoß mit dem unternehmerischen Modell zu schmerzhaften Erfahrungen führen.

Diese Erfahrungen gaben den Anstoß zu dieser Dissertation.

In ihr soll die Konfrontation mit dem Management-Modell von Diakonie reflektiert werden. Und es soll auf neue Art und Weise ein Modell spiritueller Diakonie oder diakonischer Spiritualität eingeführt werden, das auf den Erfahrungen geistlicher Gemeinschaften basiert. Dabei wird das »Hausvater-Modell« nicht als veraltet angesehen, sondern die Vorteile dieses Modells werden Wert geschätzt.

Damit wird ein Beitrag zum bestehenden Gespräch über Diakonie und Spiritualität geleistet.

Die vorliegende Dissertation ist nicht die Arbeit eines Betriebswirtes, sondern die eines Theologen. Ich möchte mich der Rolle des Geistlichen in einer diakonischen Komplexeinrichtung zuwenden. Aus Erfahrung, Reflexion und meinem Glauben heraus bin ich der Überzeugung, dass der Geistliche in einer großen diakonischen Einrichtung mehr sein sollte als ein Haustheologe oder ein konfessionell gebundener Betriebsphilosoph. Und er ist durch den Manager oder Betriebswirt nicht zu ersetzen. Damit sei der Rolle des Betriebswirtes in der Diakonie keinerlei Abbruch getan. Auch Jesu Erzählung vom Barmherzigen Samariter kommt nicht ohne den Wirt aus.

In den letzten Jahren ist mit der Auffassung von der Diakonie als einem Unternehmen die Stimme des Wirtes eindringlich zu vernehmen gewesen. Seine Befürchtungen haben sich mitgeteilt. Sein strategisches Überwindungskonzept steht vor Augen. Bleiben wir im Bild dieser Erzählung Jesu, dann müsste jetzt der Samariter zu Wort kommen. Auch er hat eine umfassende Sicht der Dinge. Sie müssten miteinander ins Gespräch kommen, der Wirt und der Samariter – über Actio und Contemplatio, über Effizienz und Frucht.
Immer noch die Bilder von Schwester A. und Bruder P. vor Augen, wehre ich mich vehement dagegen, dass die familiären Bezeichnungen Vater, Mutter, Bruder, Schwester als vergangene Diktion abgetan werden. Liegt nicht eine Chance darin, dass sich alle Diakonie, auch die große diakonische Institution, neu entdeckt? Als Familia Dei um Herdfeuer und Tabernakel versammelt? Man ließe viel spirituelles Erbe ungenutzt, würden familiäre Anreden nur noch als Vergangenheitsmodell angesehen. Sie brauchen allerdings – und darin werden mir viele Mitglieder der diakonischen Gemeinschaften zustimmen – zeitgenössische Deutungen.

Klösterliche Gemeinschaften und Kommunitäten haben über Jahrhunderte eine besondere geschwisterlich-familiäre Gemeinschaft bewahrt. Von ihrer Spiritualität lässt sich lernen. Der Mikrokosmos der Kommunitäten erinnert den Makrokosmos Institution (und die gesamte Gesellschaft) daran, was er sein kann. Von diesem Netzwerk von Gemeinschaften gehen Segenskräfte aus, die die Institutio auf ihre Traditio rückbesinnen lehren und zugleich auf die Zukunft hin inspirieren.

Mit dieser Dissertation habe ich den Versuch unternommen, eine Ausgangssituation darzustellen und ihre Genese zu analysieren. Komplementäre Wege sollen angedacht und in der Anführung des Beispiels gefestigt werden. Es ist Zeit, nach Wegen zu fragen, wie das Vorfindliche von Alternativen inspiriert werden kann. Denn das hat in der Kirche seit Pfingsten seine Aufbruchsgeschichte; die Vorfindlichen werden in der Kraft des Geistes inspiriert und neu strukturiert.

Im Abschnitt A) werden sowohl die Genese als auch die Aporie vorfindlicher Diakonie deutlich. In steigendem Maße ist die Diakonie heutzutage an neuen Wegen interessiert. Immer mehr Mitarbeiter und Mitarbeiterinnen erleben einen gefahrvollen Gang zwischen betriebskybernetischer An- und Überforderung, ein Übermaß an Zielvorgabe und Effizienzkriterien. Diesen steht eine wachsende Krise der Finanzierung und eine mangelnde Verbindung mit der spirituellen Wurzel diakonischen Handelns gegenüber.

Das Jahr 1982 wird bewusst als Initialdatum gewählt, weil mit dem programmatischen Vortrag von Alfred Jäger auf Amrum ein Programm eingeleitet wurde, das die Diakonie nach unternehmerischem Vorbild neu strukturieren sollte. In diesem Abschnitt kommen auch alle jene zu Wort, die sich diesem Prozess in irgendeiner Weise angeschlossen haben.

Bevor ich jedoch Kritik übe (auch anhand der Nouwen'schen Gegenüberstellung von *Frucht* und *Effizienz* im Schlussteil) möchte ich den Beitrag Alfred Jägers und seines Modells für das Überleben der Institutio in den 80er und 90er Jahren (in West und Ost) würdigen. Die expliziten und impliziten theologischen Voraussetzungen, die das Jäger'sche Modell hat, werden benannt. Prämissen, die bei Jäger vom St. Galler Marketingmodell her angewandt werden, sollen transparent und nachvollziehbar herausgearbeitet werden.
Wird die Spiritualität des Marketing (auch) von calvinistisch-angelsächsischen Wurzeln hergeleitet, geht es nicht um konfessionelle Abgrenzung, sondern um einen historisch belegbaren, theologisch-ökonomischen Zusammenhang. Drei verschiedene Formen der Spiritualität werden schließlich gegenüber gestellt (Spiritualität des Marketing, positives Denken und kommunitärer Ansatz).
Am erstaunlichsten ist jedoch, dass im Schülerkreis Jägers (David Lohmann) die Zukunft der Diakonie nicht mehr bloß betriebswirtschaftlich reflektiert wird, sondern auch kommunitär im Blick auf Schwesternschaft und Bruderschaft. Von daher erhält das Referat von Lohmann (»Finanzierung der Diakonie 2010 – Herausforderungen und Lösungsansätze«, gehalten im Bethel, 2004) in dieser Dissertation eine Schlüsselstellung. Mit ihm wird etwas Neues angedacht. Hier öffnet sich an unerwarteter Stelle eine Tür. Der Impuls von Lohmann soll aufgenommen und mit konkreten Lebens- und Glaubensmodellen konfrontiert werden.

Im Teil B führe ich die Arche-Gemeinschaft als das erste Beispiel eines kommunitären Ansatzes mit diakonischer Qualität in den Fortgang der Dissertation ein: als eine wahrnehm- und begehbare spirituelle Welt, die jeder vor Ort in Erfahrung bringen kann. Sie ist ein Mikrokosmos, der gern mit anderen Welten in fruchtbaren Dialog gerät und wechselseitige Durchdringung zulässt. In der Aufzeigung von Wegen, wie sich Institutio und Basisgemeinschaft konstruktiv zueinander verhalten können, liegt der akademische Mehrwert der Dissertation.
In diesem Zusammenhang soll stets vor Augen stehen, wie wichtig der Brückenschlag von den Basisgemeinschaften und Kommunitäten zur institutionellen Diakonie ist. Hier gibt es Gemeinsamkeiten mit David Lohmann und seinem Aufbruch zu den inspiratorisch-kommunitären Quellen diakonischen Handelns. Die ekklesiologische Verortung der kommunitären Aufbrüche hat Schlüsselfunktion. Mittels dieser Lokali-

sierung kann der Schatz der Aufbrüche für das Ganze fruchtbar gemacht werden – und der re-kreatorische Ansatz wird nicht als bedrohlicher Gegensatz empfunden. In diesem Zusammenhang der ekklesiologischen Verortung möchte ich auf die entsprechenden Veröffentlichungen von Ulrich Duchrow und sein Modell basisgemeinschaftlicher Vernetzung eingehen. In der vorliegenden Dissertation soll es eben auch um die diakonische Gesamtschau gehen. Der (hier speziell modifizierte) gesellschaftsdiakonische Ansatz soll im Blick bleiben.
Duchrow gehörte in den 80er und 90er Jahren zu den Hauptvertretern des Konziliaren Prozesses im deutschsprachigen Raum. Von daher ist ihm das ökumenische Anliegen eine Selbstverständlichkeit. Er geht von der grundlegenden Rolle und Bedeutung der Parochie als Kirche vor Ort aus: Das basisgemeinschaftliche Vorhaben sollte die Orientierung an der Parochie um beider Aussage und Bestand willen nicht aufgeben. Diese Aussage lässt sich analog auch auf die Institution Diakonie beziehen. Um den Vorschlag gegenseitiger Durchdringung von Communitas und Parochie, Communitas und diakonischer Institutio im Beispiel zu aktualisieren, verbinde ich diese Verortung mit der Darstellung der Brüsseler Kommunität La Poudrière und der Diakonischen Hausgemeinschaften e.V. in Heidelberg.
Alle drei Modelle sind wichtig zur Herausarbeitung eines spirituellen Ansatzes von Diakonie. Das führt zu der grundsätzlichen Frage, wie Spiritualität für Diakonie fruchtbar werden kann.

Im Abschnitt C möchte ich die einengende Statik der Vorfindlichkeit und ihrer Axiome sowohl theologisch als auch spirituell überwinden.
Ich postuliere keine Gegnerschaft zwischen dem Jäger'schen und dem kommunitären Modell von Spiritualität und Diakonie, sondern schärfe die gegenseitige Wahrnehmung und fördere die Kommunikation zwischen den Anhängern beider Modelle. Es geht darum, das Spannungsfeld zwischen beiden fruchtbar zu machen. Dazu führe ich drei theologische Ansätze für die diakonische Arbeit neu ein:

- Zum ersten die Nouwen'schen Entfaltung des Begriffes der *Gabe der Behinderung*, welche *Assistent* und *Kernmitglied* (beide Begriffe werden in Teil B eingeführt und erläutert) der Arche-Kommunität in ein kreatives Verhältnis zueinander bringt. Wachstum und Frucht im Leben von Betreuer und Betreutem werden ermöglicht.
- Zum zweiten sollen Josuttis' theologisch-phänomenologische Aussagen zum Thema Segen für das diakonische Handeln fruchtbar gemacht werden. Hier möchte ich seine Erkenntnisse zur göttlichen Wirkmacht, in Verheißung und Auswirkung, als *Gabe des Segens* in die diakonische Diskussion einführen. Eine konkrete Gegenüberstellung Josuttis-Bach ist an dieser Stelle sinnvoll, um dem radikalen Anspruch einer neu entwickelten Segens-Theologie oder -Diakonik modifizierend entgegenzutreten. Die von Josuttis erkannten Möglichkeiten müssen wahrgenommen und für den Erwerb von diakonischer

Kernkompetenz fruchtbar gemacht werden. Sie sollten sich jedoch auch anfragen oder gar in Frage stellen lassen, wenn sie auf die wirkmächtige Dynamik des Geistes vertrauen, der eben weht, wann und wo er will. Zum anderen wird in der korrigierenden Hineinnahme des Bach'schen Ansatzes die Brücke geschlagen zum Modell von Nouwen und Vanier.
- Zum dritten finden sich hier die Betrachtungen von Fulbert Steffensky zur Spiritualität im Alltag, die sich auf die Spiritualität im diakonischen Alltag übertragen lässt. Denn hier wie dort geht es darum, das Geglaubte und Erkannte in der konkreten Lebenssituation zu gestalten. Es entsteht eine bezeichnete Landschaft gelebter Spiritualität, die im Regelmaß der Ortsbegehung, der Zeitfeier, des ergehenden Wortes und der betenden Antwort erschlossen werden kann.

Im Abschnitt D geht es mir um den Glauben, der gestaltet und auf diesem Wege in Erfahrung bringen will. Spiritualität, die ihre Lebensgestalt sucht, wird auf konkrete Gestaltungskriterien (wie *Ort* und *Zeit)* nicht verzichten, wenn sie mehr sein will, als eine fromme Intention.
Gerade in den Basisgemeinschaften und Kommunitäten wird deutlich, in welch entscheidendem Maße das geistliche Begehen von Zeit und Ort die Vita communis, das diakonische Tun und die Ausstrahlung in die Welt umher prägen.
In der Begehung von Ort und Zeit, unter Wahrnehmung der drei Gaben, die im Abschnitt zuvor dargestellt wurden, wird ein Haus errichtet, in dem Communitas und Institutio zugleich Raum finden.
Dieses spirituell-architektonische Modell ist in Mikro- und Makrokosmos zugleich lebbar und kann eine Brücke zwischen beiden bilden. Im Zentrum steht das Tabernaculum, Zentralort des Sakramentes.
Zur Zeit, am Ort wird begangen, was Gott zur Zeit, an Karfreitag und Ostersonntag, und am Ort, nämlich auf Golgatha, hat Geschichte werden lassen. In unserem Diakonein geben wir Antwort darauf. Assistenz und Dienstbarkeit werden von daher und daraufhin strukturiert. In der Sakramentsliturgie wird Zeugnis von dem gegeben, dem der Dienst gilt.

Um den Kreis ›auf schlüssige Weise zu schliessen‹, komme ich im Schlussteil, in Form der Anfrage, auf Alfred Jägers Modell einer Unternehmensdiakonie zurück. Die hat ja durchaus einen Blick für Theologie und Ethik. An dem genannten Schlüsselreferat von David Lohmann sehen wir, dass diese Ethik sogar eine geschwisterliche bzw. kommunitäre Ausrichtung bekommen kann. Eine Ethik jedoch, die sich essentiell am St. Galler Modell orientiert – und diese Frage bleibt offen, erfordert weitere Beobachtung – hat nicht mehr als funktionale und somit instrumentelle Bedeutung. Die Ethik evangelischer Dienstbarkeit, eben aus der Wurzel des Evangeliums heraus, ist ungleich mehr als eine Art *Schmieröl* für ein unternehmerisches Modell, das geichschaltet, taktet und sichert.

Die kommenden Jahre werden erweisen, ob es sich bei dem unternehmenstheoretischen Ansatz von Alfred Jäger, zumindest langfristig, um eine Utopie handelt. Dann wäre die kommunitär-diakonische Komplementärwelt zumindest eine Gegenutopie.

Eigentlich möchte ich aber die gesamte Diskussion nicht im Bereich des Utopischen wissen. Was im kommunitär-diakonischen Aufbruch geschieht, findet ja nicht außerhalb der Kirche, sondern im Herzen der Ekklesia statt. Ihr hat die Verbindung von Tradition und Inspiration von jeher gut getan.

Alles in allem geht es in diesem Buch darum, die von der kommunitären Spiritualität her kommende Inspiration zu teilen.
Ich möchte nicht kämpferisch Gegensätze vertiefen. Denn die Segenspotentiale diakonischer Spiritualität sind nie Gegen-Kräfte, sondern stets Inspirationen umfassender Liebe, auch gegenüber der Institution. Es geht um nicht mehr und nicht weniger als darum, Mikrokosmos von Kirche (und Welt) im Horizont des Reiches Gottes zu sein. Will der Mikrokosmos den Makrokosmos diktieren, will er mehr sein, als ihm verheißen ist. Er wird programmatisch und verliert seine spirituelle Wurzel. Gerade die zuversichtliche Selbstbeschränkung auf die Komplementarität lässt das gelebte Zeichen Früchte tragen. In der konkreten Beschreibung der Alternative aber kann zum Brückenschlag zwischen Communitas und Institutio ermutigt werden. Hier gäbe es noch viel mehr Gestalten zu entdecken und viel Terra Incognita zu erforschen.

Die Begehung von Ort und Zeit, die Beherzigung der Gaben haben bereits zur Zeit des Wittenberger Kirchentages ihre Rolle gespielt. Sie halfen in Zeiten der Diktatur, Bewährtes zu bewahren und sie haben das Potential, in gegenwärtigen Verkrustungen Aufbruch zu stiften.
Ort, *Zeit* und die drei *Gaben* werden von der Mitte her erfahren. Und diese Mitte, die der ganzen Kirche Christi gilt, von der Communitas und Institutio zugleich leben können, besteht in Wort und Sakrament.
Die vorliegende Dissertation verstehe ich als einen Beitrag, diese Mitte deutlich zu machen in einer Zeit, in der sich erneut fragen lässt: Diakonie wohin?
Diakonie ist stark, wenn sie in der Gastfreundschaft dessen ruht, der sie beruft und beauftragt. Hier hat der Baum seine Wurzeln in den zeitlosen Wasserbächen, hier liegt die Quelle alles Wachstums. Dann ist die Liturgie der Pulsschlag der Diakonie und die Diakonie der Handschlag der Liturgie.

Forschungsüberblick

Im Thema *Diakonie und Spiritualität* sind zwei Begriffe aneinander gekoppelt, die eigentlich nicht zu trennen sind. In der Kirchengeschichte des Mittelalters zeugen davon z.B. das Hôtel de Dieu in Beaune, Franz von Assisi und Elisabeth von Thüringen. Im Protestantismus sind seit Francke, Löhe, Fliedner, Wichern und Bodelschwingh Gebetsdienst und betendes Dienen nicht voneinander zu trennen. In der Epoche der eben Genannten hätte man die Thematik Diakonie und Spiritualität als Studie zum Vorfindlichen verstanden, nicht als Desiderat.

Diakonie und Spiritualität, Theologie und Spiritualität[1], »... und Spiritualität«[2] – die Begriffsgegenüberstellungen sprechen von einem gewachsenen geistlichen Bedürfnis der Gegenwart. Die mechanistische Betriebsamkeit vieler kirchlicher Institutionen offenbart ein geistliches Defizit. Die Sehnsucht nach spirituellem Mehrwert wächst.
In Henri Nouwen's »Creative Ministry«[3] und seiner deutschen Rezeption durch Rolf Zerfaß wird der Seelsorger, der implizit auch als

1 Vgl. Gerhard Ruhbach, Theologie und Spiritualität, Göttingen 1987.
2 Vgl. die 2. Arbeitsgruppe der EKD: Evangelische Spiritualität. Überlegungen und Anstöße zur Neuorientierung, Gütersloh 1979, S. 10f. / Vgl. auch Christian Möller, Spiritualität? Überlegungen zur reformatorischen Wahrheit eines Modewortes, in: Spirituelle Aufbrüche. Perspektiven evangelischer Glaubenspraxis, Festschrift für Manfred Seitz, Hsg. Michael Herbst u.a., Göttingen 2003, S. 20: »Vom Rat der Evangelischen Kirche wurde nunmehr eine Arbeitsgruppe eingesetzt, welche unter Leitung von Manfred Seitz und Gerhard Ruhbach Überlegungen und Anstöße für eine evangelische Spiritualität erarbeiten sollte. Die evangelische Kirche griff den Begriff ›Spiritualität‹ offiziell auf, weil ihr deutlich geworden war, dass er ›eine Alternative zu spätprotestantischer, entweder einseitig wortorientierter oder ebenso einseitig handlungsorientierter oder ebenso stimmungsorientierter Frömmigkeit‹ bietet und sich vom pietistischen Begriff ›Frömmigkeit‹ dadurch unterscheidet; ›dass er Glaube, Frömmigkeitsübung und Lebensgestaltung zusammenschließt‹. Der entscheidende Mangel der kirchlichen Situation sei heute eine ›spirituelle Not‹, die freilich organisatorisch kaum zu steuern sei, weil Spiritualität nicht machbar ist. Die übertrage sich vielmehr durch Beispiele, durch Begleitung, durch Vorbild und sei letztlich das Werk des Heiligen Geistes. Es komme bei Spiritualität auf glaubwürdige Erfahrung und überzeugende Lebensgestaltung an.«
3 Henri Nouwen, Creative Ministry, New York 1972. / Henri Nouwen, Schöpferische Seelsorge (Vorwort Rolf Zerfaß), Freiburg 1989. / Rolf Zerfaß, Menschliche Seelsorge. Für eine Spiritualität von Priestern und Laien im Gemeindedienst, Freiburg 1995.

Leitourgos und Diakonos angesehen wird, auf das spirituelle *Mehr* angesprochen. Dieses kann durch Professionalität niemals ersetzt werden. Viel eher kann ein Mangel an Spiritualität die Flucht in die Professionalität auslösen.

Die Gegenüberstellung von Diakonie und Spiritualität hat zu tun mit der Ruhbach'schen Gegenüberstellung von Theologie und Spiritualität. Beide Kombinationen haben kongruent mit dem Streben nach Effizienz und Professionalisierung in Kirche und Diakonie an Bedeutung gewonnen. Diesem wiedererweckten Fragen verwandt sind die Begründungen eines *Studium Spirituale* an verschiedenen ev. Theologischen Fakultäten. Hier seien z.B. das Studium Spirituale in Heidelberg und in Erlangen genannt. Überall zeigt sich das Bemühen, theologisches Rüstzeug und geistliches Handwerk in Einklang zu bringen. Peter Zimmerling schildert das wieder erwachte Bedürfnis nach Spiritualität folgendermaßen: »Es ist heute dringender denn je notwendig, die Einheit von Theologie und Spiritualität wiederzugewinnen. In diesem Anliegen fühle ich mich mit Theologen und TheologInnen wie Manfred Josuttis, Christian Möller, Fulbert Steffensky und Dorothee Sölle verbunden.«[4]

Seit Beginn der 80er Jahre haben wirtschaftliche Engpässe in Staat und diakonischen Komplexeinrichtungen (in der Bundesrepublik) zu einem revolutionierenden Nachdenken über Professionalität und Effizienz in den vielen Häusern kirchlicher Liebestätigkeit geführt. Alfred Jäger, Johannes Degen u.a. haben neue Prozesse der Dienst-Leistung im Anbieterkonzert katalysiert und konzeptioniert. In diesen relativ geschlossenen Denk- und Handlungssystemen ist die Frage nach *Diakonie und Spiritualität* nicht umgangen, sondern auf spezifische, kontextgetreue Weise beantwortet worden. So ist man zu Begriffen wie *Haustheologie*, *Management-Theologie*, *Betriebsphilosophie* und einer *diakonischen Ethik* gelangt. Doch auch Basisgemeinschaften und Kommunitäten haben im Westen und Osten Deutschlands zwischen 1945 und heute ihren besonderen diakonischen Auftrag entdeckt. Zwischen ihnen und den Einrichtungen der ehemaligen DDR besteht eine gewisse geistliche Affinität, die für Gegenwart und Zukunft fruchtbar gemacht werden kann. Der nicht mehr fortzudenkende diakonische Beitrag der Kommunitäten ist in der evangelischen Kirche[5] seit den Kontaktaufnahmen

4 Peter Zimmerling, Evangelische Spiritualität, Göttingen 2003.
5 Vgl. den Bericht des Beauftragten des Rates der Evangelischen Kirche in Deutschland für den Kontakt zu den evangelischen Kommunitäten, EKD Texte 62, Hrsg. vom Kirchenamt der Evangelischen Kirchen in Deutschland (EKD), Hannover, September 1997, S. 18: »Im Blick auf diesen ganzen Bereich vielfältiger diakonischer und missionarischer Arbeit gilt: Den Grundsatz im Leben aller Kommunitäten, dass ›dem Gottesdienst und Gebet nichts vorzuziehen ist‹ (Regula Benedicti) kann man nur verstehen und würdigen, wenn man das vielfältige Element diakonischer, missionarischer und seelsorglicher Art als unmittelbar daraus hervorgehend

und Würdigungen von Claß und Wilckens nicht mehr fortzudenken. Die gebotene Distanz ihres diakonischen Tuns zu Effizienzkriterien ruht im Primat der Contemplatio und der daraus hervorgehenden Frage für den jeweils gewiesenen Nächsten.[6]

Im Rahmen der Überlegungen zu Diakonie und Spiritualität seien auch die Erkenntnisse von Herbert Krimm[7] zu Liturgie und Diakonie genannt. Dieser legt den entscheidenden Akzent auf eine wechselseitige Durchdringung von Liturgie und Diakonie[8]. Dabei geht er zurück auf den urchristlichen/urkirchlichen Zusammenhang von Abendmahl und Diakonie. Der Diakon kam ja bei Abendmahl, Fürbitte, Opferdienst im Gottesdienst und Diakonie in der Gemeinde *in einem* seiner Berufung nach. In Krimms längerer Auseinandersetzung mit H. D. Wendland liegt

und eng und wesenhaft damit verbunden wahrnimmt und versteht. ›Leiturgia‹ (Gebet), ›Martyria‹ (Zeugnis), ›Diakonia‹ (dienende Liebe) und ›Koinonia‹ (geschwisterliche Gemeinschaft) gehören in allen Kommunitäten wesenhaft-eng zusammen.« / Vgl. auch Bruder Hans Eisenberg, Kommunität Imshausen, zit. bei Christoph Joest, Spiritualität evangelischer Kommunitäten, a.a.O., S. 221: »Bruderschaft ist Diakonie an der Welt ... Innen und Außen, Kontemplation und Weltverantwortung werden eins, man kann sie nicht mehr unterscheiden, noch weniger vorzugsweise bewerten.«

6 Vgl. dazu Gottfried Wenzelmann, Nachfolge und Gemeinschaft. Eine theologische Grundlegung des kommunitären Lebens, aus: Calwer Theologische Monographien (Hg. Jörg Baur, Manfred Seitz et al.), Reihe C: Praktische Theologie und Missionswissenschaft, Bd. 21, Stuttgart 1994, S. 266: »Das Dasein der Kommunitäten lässt sich sicher nicht von ihren Aktivitäten her definieren und so funktionalisieren. Aber die kommunitäre Nachfolge umfasst notwendig das Tun des Glaubens. Die Unterbrechung der Arbeit durch ihre Gebetszeiten jedoch bewahrt sie davor, sich von der Arbeit beherrschen zu lassen; die Arbeit jedoch bewahrt sie vor falscher Innerlichkeit und vor der Flucht vor dem Leben ... (S. 267) ... Zum anderen können es die Kommunitäten wagen, unrentable Dienste zu übernehmen, bei denen Aufwand und Ertrag in keinem aufrechenbaren Verhältnis stehen. Mancher Einsatz für Menschen lohnt sich unter dem Gesichtspunkt der Rentabilität nicht. Die Kommunitäten können hier, vertreten durch einzelne ihrer Mitglieder, Zeit für notwendige Dienste aufbringen, wo sonst niemand Zeit hat. Zum anderen bieten die Kommunitäten als Lebensgemeinschaften eher die Chance, Menschen aufzunehmen, die in der Gesellschaft überfordert sind und eine Zeit heilender Gemeinschaft benötigen.«
Vgl. auch Jean Vanier, Heilende Gemeinschaft, Salzburg 1989.

7 Geb. 1905 in Przemysl/Galizien / 1946 Berufung in die Leitung des ev. Hilfswerks in Stuttgart / 1954 Begründung und Leitung des Diakoniewissenschaftlichen Instituts Heidelberg / 1961 Berufung als Ordinarius für Diakoniewissenschaft / gest. 2002.

8 Vgl. Diakonie und Liturgie, in: Innere Mission 53, 1963, S. 209–215.
Auch in: Dienende Kirche, Karlsruhe 1963, S. 121–128.
Vgl. auch Liturgie und Diakonie. Zu Leben und Werk von Herbert Krimm, Hsg. Volker Herrmann, DWI-INFO Sonderausgabe 3, Diakoniewissenschaftliches Institut der Theologischen Fakultät Heidelberg, Heidelberg 2003.

hier die sakramentale Wurzel seiner Unterscheidung zwischen Diakonie und Sozialarbeit.[9]
Auf die Verbindung zwischen Liturgie und Diakonie geht auch Dirk Oesselmann in seiner Projektanalyse[10] der kirchlichen Arbeit mit brasilianischen Straßenkindern ein. In seiner Gesamtschau von Spiritualität und sozialer Verantwortung steht der eucharistisch-liturgische Pulsschlag im Zentrum aller Actio. Institution, Professionalisierung und Spezialisierung dürfen niemals größeres Gewicht erlangen als der zentrale Pulsschlag und müssen sich, auch wenn man ihre Notwendigkeit eingestehen muss, diesem zuordnen.
Anselm Grün zieht in seiner Veröffentlichung »Bilder von Seelsorge« eine Linie zwischen Abendmahl und Seelsorge, die auch für die Diakonie gelten kann: »Indem wir das Brot brechen, teilen wir unser Leben miteinander. Weil wir in der Eucharistie das Brot des Lebens gegessen haben, können wir nun füreinander zum Brot werden, das den andern stärkt.«[11]
In seinem Artikel »Die Emmausjünger – Eine diakonische Geschichte«, schließt sich Johannes Welschen der zentralen Wertung des Abendmahls im diakonischen Leben an. Es ist »Quelle, Raststätte und Ziel«[12].

9 Vgl. Christian Möller, Einführung in die Praktische Theologie, Tübingen / Basel 2004, S. 239.

10 Vgl. Sabine Bobert-Stötzel, August 2004, in: http://mitglied lycos.de/sbobert/oesselmann (zu Dirk Oesselmann, Spiritualität und soziale Veränderung, Gütersloh 1999): »Im vom Vf. entwickelten diakonie- und liturgiewissenschaftlichen Rahmen werden Formen der Institutionalisierung, Professionalisierung und Spezialisierung apodiktisch als widerbiblisch und lebensfeindlich entwertet (vgl. 68ff / 84ff). Antithetisch wird eine biblische und dem lebendigen Gott entsprechende Liturgie und Diakonie mit Spontaneität, hier gar die freie Interaktion und Ganzheitlichkeit, gleichgesetzt.«

11 Anselm Grün, Bilder von Seelsorge. Biblische Modelle einer therapeutischen Pastoral, Mainz 1991, S. 62: »Das Leben umdeuten« unter Bezugnahme auf Lk. 24, 13–35 / vgl. auch ebd., S. 66: »Seelsorge ist nach diesem Modell nicht Belehren und Überzeugen des Ratsuchenden durch den Seelsorger, sondern gemeinsames Erzählen, gemeinsames Umdeuten … Dann können wir wirklich Mahl halten. Wir essen dann miteinander von dem Brot, das Christus uns selber bricht und in dem er selbst sich uns schenkt. Das gemeinsame Mahl ist Ziel jeder Seelsorge (und Diakonie, Anm. d. Vfs.)«

12 Vgl. Johannes Welschen: Die Emmausjünger – Eine diakonische Geschichte, in: Herrnhuter Bote. Mitteilungen aus der Brüdergemeine, Ausgabe Juni, Herrnhut 2004, S. 5: »Beim Brotbrechen erkennen die Jünger im Fremden den Herrn. Wir entdecken immer neu, wie das Abendmahl für die Diakonie Quelle, Raststätte und Ziel ist:
° Das Abendmahl ist Q u e l l e der Diakonie, insofern Menschen hier das Notwendige teilen
° das Abendmahl ist R a s t s t ä t t e der Diakonie, insofern wir uns hier der Nähe Christi vergewissern
° das Abendmahl ist Z i e l der Diakonie, insofern es die Vorwegnahme ist von Gottes Festmahl.«

Außerdem erkennt im Abendmahl der Eine den Christus im Anderen. Alle miteinander, die in der diakonischen Lebens- und Arbeitsgemeinschaft umschlossen sind, begegnen sich von dieser Mitte her.
Die von Krimm gezogene Linie wird von Christian Möller aktualisiert und für das heutige Miteinander von Diakonie und Spiritualität fruchtbar gemacht, wenn er schreibt: »Die Liturgie ist der Herzschlag der Diakonie, die Diakonie der Handschlag der Liturgie.«[13]

Christian Möller teilt die verschiedenen Auffassungen von Diakonie[14] ein in *kerygmatische*, *empirische* und *spirituelle*[15] Ansätze und Positionen.
Zu den kerygmatischen Positionen wird Paul Philippi gezählt, der in seiner christozentrischen Diakonie die Einheit von Martyria, Diakonia und Koinonia gewahrt wissen will. Die Institutio Diakonie gehe zwar auf erweckte Gruppen zurück, doch habe in der Zwischenzeit Professionalität ohne Grundlage einer spirituellen Motivation die Oberhand gewonnen. Philippis Analyse und Ausrichtung auf die christozentrische Begründung diakonischer Actio macht Mut, zu den Quellen aufzubrechen[16] und neue, inspiratorische Ansätze fortzuentwickeln.
Ebenfalls im Rahmen kerygmatischer Positionen ist Jürgen Moltmann[17] anzusiedeln, der die *Anstaltsdiakonie* der 70er und 80er Jahre davor warnt, eine *Heftpflastermentalität* zu entwickeln. Diese stelle sich den Bedürfnissen und Schäden der Industriegesellschaft zur Verfügung, ohne nach ihrem prophetischen Proprium – das auch heilsame Gesell-

13 Christian Möller, Zusammengehörigkeit und gegenseitige Verwurzelung von Liturgie und Diakonie in Lehre und Forschung von Herbert Krimm, in: Liturgie und Diakonie. Zu Leben und Werk von Herbert Krimm, Hg. v. Volker Hermann, Diakoniewissenschaftliches Institut der Theologischen Fakultät Heidelberg, Heidelberg 2003,S. 27: »1. Liturgie und Diakonie brauchen eine gegenseitige Verwurzelung. Ist die Diakonie nicht mehr im christlichen Gottesdienst verwurzelt, droht einerseits dem Gottesdienst ein liturgischer Leerlauf und andererseits der Diakonie eine soziale Vielgeschäftigkeit. 2. Eine Diakonie, die nicht mehr in der Liturgie verwurzelt ist, gleicht einem vielleicht sehr imposanten Baum, der eine Weile noch blüht und Früchte trägt, in Wahrheit aber schon dem Tod geweiht, weil an der Wurzel bereits abgestorben ist … 7. Die Liturgie ist der Herzschlag der Diakonie, die Diakonie der Handschlag der Liturgie.« / Vgl. auch Ders. ‚Einführung in die Praktische Theologie, a.a.O., S. 239. / Vgl auch Peter Zimmerling, Evangelische Spiritualität, a.a.O., S. 219: »Das Abendmahl beinhaltet die Hoffnung auf endgültige Überwindung der Nöte und Sorgen in der neuen Welt Gottes.« Gerade das befähigt zu diakonischer Grenzbejahung und -überwindung.
14 Von den 60er Jahren bis zur Gegenwart.
15 Ebd. S. 240f. Ein paralleles Schema findet sich in dieser Dissertation in der Einteilung des Werkes von Manfred Josuttis in eine kerygmatische, sozialwissenschaftliche und phänomenologische Phase.
16 Vgl. die Rückbesinnung der Komplexanstalt Neuendettelsau auf ihren inspiratorischen Begründer Wilhelm Löhe im Jahre 2004.
17 Jürgen Moltmann, Diakonie im Horizont des Reiches Gottes, Neukirchen-Vluyn, 1984.

schaftskritik einschließt – zu fragen. Dabei sei allerdings nicht so sehr die Anstaltsdiakonie, als viel eher die diakonische Gemeinde als prophetisch-inspiratorisches Salz in der verantworteten Welt gemeint.
Als dritter Vertreter der kerygmatischen Positionen ist Götz Harbsmeier zu nennen. In seiner Streitschrift »Glaube und Werke in der totalen kirchlichen Arbeitwelt«[18] (1977) stellt er die kritische Frage, ob die gegenwärtige Metamorphose der Kirche (und ihrer Diakonie) wirklich dem Sendungsauftrag ihres Begründers entspreche. Außerdem könne sich ein solches kirchlich-diakonisches Selbstverständnis im Licht von CA 7 nicht halten, denn Wort und Sakrament blieben zeitlos und übergreifend Zentrum aller Actio. Dieser schleichenden Säkularisierung gelte es »mit einer neuen Betonung des Gottesdienstes zu widerstehen, weil es im Gottesdienst um den Glauben als Täter aller guten Werke gehe, der immer wieder in der *Selbstvergessenheit* eintauchen müsse, um sich nicht in seinen guten Werken zu verdinglichen und am Ende in eine ›totale kirchliche Arbeitswelt‹ zu entarten.«[19]

Zu den empirischen Positionen ist H.D.Wendland zu nennen, mit dem sich Herbert Krimm in einer berühmt gewordenen Kontroverse[20] um die spirituelle Wurzel diakonischer Actio[21] auseinandergesetzt hat. Wendland integriert seine Sicht von *gesellschaftlicher Diakonie* in einen übergreifenden sozialethischen Entwurf. Diakonische Aktivität soll dem

18 Götz Harbsmeier, Glaube und Werke in der totalen kirchlichen Arbeitswelt, Göttingen 1977.
19 Christian Möller, Einführung in die Praktische Theologie, a.a.O., S. 241.
20 Literatur zur Krimm-Wendland-Kontroverse um das Recht einer gesellschaftlichen Diakonie:
– Herbert Krimm, Diakonie unter Urheberschutz, in: Deutsches Pfarrerblatt, 61, 1961, S. 426–429.
– Heinz-Dietrich Wendland, Christos Diakonos, Christos Doulos. Zur theologischen Begründung der Diakonie, in: Heinz Wendland, Arthur Rich, Herbert Krimm, Christos Diakonos. Ursprung und Auftrag der Kirche. Drei Vorträge, Zürich 1962, S. 13–29.
– Herbert Krimm, Diakonie als Gestaltwerdung der Kirche, in: Christos Diakonos, a.a.O., S. 49–68.
– Heinz-Dietrich Wendland, Das Recht des Begriffs gesellschaftliche Diakonie, in: Zeitschrift für Evangelische Ethik 10, Gütersloh 1966, S. 361–367.
– Heinz-Dietrich Wendland, Weltweite Diakonie. Antwort an H. Krimm, in: Zeitschrift für Evangelische Ethik 11, Gütersloh 1967, S. 101–108.
– Herbert Krimm, Zur Wesensbestimmung der Diakonie, in: Zeitschrift für Evangelische Ethik 12, Gütersloh 1968, S. 49–53.
21 Vgl. Christian Möller, Einführung in die Praktische Theologie, a.a.O., S. 239: »In einer längeren literarischen Auseinandersetzung mit dem Sozialethiker H.D. Wendland bemüht sich Krimm um die Unterscheidung von Diakonie und Sozialarbeit, weil er die geistliche Verwurzelung der Diakonie in der Liturgie wie überhaupt in der Kirche wahren wollte, während Wendland auf der gesellschaftlichen Dimension der Diakonie in Form von Sozialarbeit bestand und Krimm eine kirchliche Verengung vorwarf.«

Menschen als in seiner institutionellen Verflochtenheit wahrgenommenem Wesen zugute kommen. Der *Christos Diakonos* begibt sich hinein in gesellschaftliche, säkulare Zusammenhänge und kann die, die er sucht, in der Sprache der Welt ansprechen. Dabei kann es dann eben nicht um die Verchristlichung der Gesellschaft, sondern nur um deren Humanisierung gehen.

Einen weiteren empirischen Ansatz finden wir bei Alfred Jäger, mit dem sich ein großer Teil der vorliegenden Dissertation beschäftigt. Mit seiner Wirtschafts- und Unternehmensethik aus theologischer Perspektive[22] hat er ein neues kybernetisches Modell in Kirche und Diakonie eingeführt. Dieses hat sich in der Folgezeit, bis hin zur Gegenwart, etabliert[23]. Die Konzepte einer theologisch orientierten Kybernese mit Schwerpunkt auf der Führungsebene, sind in den Leitungen von Landeskirchen und diakonischen Komplex-Einrichtungen aufmerksam wahrgenommen und umgesetzt worden. Das Management-Konzept wird für Diakonie im Status eines Non-Profit-Unternehmens fruchtbar gemacht.

Zu den spirituellen Positionen ist Ulrich Bach zu rechnen, der als Mensch mit einer Behinderung (Rollstuhlfahrer) die theologische Vertretung des Betreuten übernommen hat. Er wendet sich mit Vehemenz gegen *Sozialrassismus* und diakonisch getarntes Kastendenken[24]. Dabei ist sein Begriff von diakonischer Spiritualität im Lichte der Theologia Crucis zu sehen.
Sein heilsamer Widerspruch gegen eine niederzwingende, allerwartende Wirkmacht des Segens, wie sie es nach Josuttis sein könnte, muss gehört werden. Nur so kann man zu einem gelassenen und angemessenen Umgang mit dieser geistlichen Wirklichkeit gelangen. Prophetie und Lebens-Eigentlichkeit des Menschen mit einer Behinderung, wie sie sich aus der Gesamtschau der Werke von Bach formulieren lassen, haben deutliche Parallelen in der Assistent-Kernmitglied-Begegnung bei Henri Nouwen.[25]

22 Alfred Jäger, Diakonie als christliches Unternehmen, Gütersloh 1986.
23 Vgl. Christian Möller, Einführung in die Praktische Theologie, a.a.O., S. 242: »Jägers Konzeption nimmt vor allem die Führungskräfte der Diakonie in den Blick, fordert Management und Marketing für die Diakonie und wurde darin mit seinen Forderungen in fast allen Diakonieanstalten höchst wirksam. Aus Diakonie wurde auf diese Weise immer mehr eine Unternehmensdiakonie.«
24 Vgl. Ulrich Bach, Dem Traum entsagen, mehr als ein Mensch zu sein. Auf dem Weg zu einer diakonischen Kirche, Neukirchen 1986, S. 100: »Wenn Gott selber in die Hilflosigkeit kam, dann ist Hilflosigkeit kein Makel, dann ist Schwäche nicht schlimm; beide sind von Gott geheiligt ... der Chefarzt und der Spastiker, der Seelsorger und der Debile – wir beide; wir sind allzumal einer in Christus.«
25 In seiner Veröffentlichung »Adam« (Freiburg 1997) kommt Henri Nouwen zu einer ähnlichen, christologischen Deutung der Behinderung, indem er Bezug nimmt

Von großer Bedeutung für die vorliegende Dissertation ist die Veröffentlichung »Spiritualität in der Diakonie.«[26]
Christian Möller sieht mit diesem Werk ein Anzeichen dafür, dass nach dem kerygmatischen, sozialwissenschaftlichen und ökonomischen Ansatz nun nach einer spirituellen Begründung und Verankerung diakonischen Handelns gesucht wird.[27]
Cornelia Coenen-Marx mahnt eindrücklich dazu, Gottes Geist in aller Betriebsamkeit des diakonischen Unternehmens Zeit und Raum[28] zu geben. Damit ebnet sie, zusammen mit Fulbert Steffensky's Anweisungen zur Spiritualität im (diakonischen) Alltag, den Erhebungen zu den spirituellen Kernkategorien *Zeit* und *Ort* den Weg: Denn es hat »zu tun mit Zeitgestaltung und Raumplanung.«[29]
Samariterhafte Spontaneität wächst in dem Maße, in welchem man dem Geist Raum und Zeit gibt. In der lebendigen Begehung von *Ort* und *Zeit* wird das Bewusstsein des Samariters geschärft und dem Wirt *Stabilitas* gegeben. Die Aufmerksamkeit auf Gottes Hände gibt dem eigenen Handeln die rechte Wahrnehmung von Krise und Chance. Intuitive Kompetenz, am richtigen Ort, zur richtigen Zeit, das Richtige zu tun, hängt mit der spirituellen Begehung beider genannter Größen zusammen.
Werden im Verlauf dieser Dissertation Unterscheidungen zwischen Actio und Aktivismus vorgenommen, dann bezieht sich das, neben Henri Nouwen, auch auf die Warnung von Fulbert Steffensky: »Eine Aktivität, die die Passivität nicht kennt, wird bedenkenlos, ziellos, erbarmungslos.«[30] Nur in der regelmäßigen Begehung von Ort und Zeit[31] lassen sich die pathischen Begabungen, die der Mensch eigentlich hat, wiederentdecken und einüben. In der Welt der Macher kann eine solche Passivität schwerlich als Tugend erlebt werden. Sie ist die scheinbar Unterlegene, jedoch wahrhaft Überdauernde, weil sie die Kräfte der Stabilitas in sich trägt.

Spricht Beate Hofmann von einer »sinnvollen Rhythmisierung des Lebens«[32], ist auch darin ein Baustein zur Begehung der genannten Kern-

auf Christus, der sich in die Schwäche hinein inkarniert hat und diese wiederum, zusammen mit dem der sich ihrer annimmt, zurückträgt an Gottes Herz.

26 Spiritualität in der Diakonie. Anstöße zur Erneuerung christlicher Kernkompetenz, Hg. v. Beate Hofmann, Michael Schilbisky et al., in: Diakoniewissenschaft. Grundlagen und Handlungsperspektiven, Hg. v. Michael Schibilsky und Jürgen Gohde, Bd. 3, Stutttgart 2001.

27 Vgl. Christian Möller, a.a.O., S. 243.

28 Vgl. Spiritualität in der Diakonie, a.a.O., S. 59ff.

29 Ebd.

30 Fulbert Steffensky, Spiritualität und Soziales Handeln. Geschichten zur Vergegenwärtigung der Erinnerung, in: Spiritualität und Diakonie, a.a.O., S. 84.

31 So legt Fulbert Steffensky es auch in seiner Veröffentlichung »Feier des Lebens. Spiritualität im Alltag« (Stuttgart 1984) dar. Diese Inspirationen lassen sich auch auf die Spiritualität im *diakonischen* Alltag übertragen.

32 Beate Hofmann, Leben gestalten, in: Spiritualität und Diakonie, a.a.O., S. 111.

kategorien zu sehen. Regelmäßige liturgische Feier, die im Herzen des diakonischen Lebensgeflechtes lebt, verleiht Sinn und Überdauern.

Indem Christian Möller Bezug nimmt auf eine Schrift von W. Schreiner: »Was ist Diakonie?«[33] verweist er auf die *Selbstvergessenheit* des Dienstes. In diesem Begriff findet sich der vieldeutige Begriff von *Diakonie und Spiritualität* sehr viel eindeutiger gefüllt. Aus der Selbstvergessenheit[34] ihres Tuns können Samariter und Wirt kreative Kräfte schöpfen und ihrem nachfolgenden Impuls eine spirituelle Gestalt geben. Es scheint, als schlösse sich die Selbstvergessenheit des Diakonos an die Entdeckung und Pflege seiner pathischen Begabungen, unter Begehung von Zeit und Ort, an. Und das Macherische heutigen diakonischen Tuns (vgl. Steffensky) sieht sich durch die Konfrontation mit dem Begriff der Selbstvergessenheit heilsam und produktiv in Frage gestellt.
Da diese Selbstvergessenheit eigenmächtig nicht herzustellen[35] ist, kann sie nur im umfriedeten, bezeichneten Raum zur Welt kommen und in demselben am Leben erhalten werden.
Hier möchte ich mich dem von Christian Möller geprägten Begriff der *Selbstvergessenheit* anschließen. Weil sie im Anhalten an Wort und Gebet, in der gefeierten Liturgie entsteht, befindet sie sich in einer Linie mit der genannten Begehung von Ort und Zeit, in deren Mitte das Sakrament steht.
Darin finden wir spirituellen Anschluss an das selbstvergessene Tun der Väter und Mütter der Inneren Mission[36] und an den Aufbruch der Gegenwart, der die notwendige Zukunftsfähigkeit verschafft.

33 Schrift v. Werner Schreiner, Direktor der Samariterstiftungen Nürtingen, Was ist Diakonie?, Nürtingen 1991 / zit. bei Christian Möller, Einführung in die Praktische Theologie, a.a.O., S. 244ff.

34 M.E. besteht eine gewisse Affinität zum heilsamen Selbst-Verlust im Modell Energetischer Seelsorge bei Josuttis, in dem der Mensch von der Incurvatio in se frei wird, um sich der Erfüllung mit Segenskräften und guten, heilsamen Atmosphären zu öffnen.

35 Vgl. Christian Möller, Einführung in die Praktische Theologie, a.a.O., S. 262: »Ich kann Selbstvergessenheit nicht machen, aber ich kann Räume aufsuchen und aufspüren, die es zu dem Ereignis der Selbstvergessenheit kommen lassen. Zu solchen Räumen gehört etwa die Erzählung eines Gleichnisses, das Anhalten am Wort und am Gebet, die Anbetung, die gefeierte Liturgie …«

36 Ebd., S. 256: »Was die Väter und Mütter der Inneren Mission nach den Befreiungskriegen im vergangenen Jahrhundert zum entschlossenen Handeln trieb (S. 257), war eine riesige Not, die sie selbstvergessen machte … So kam es zur Diakonie, und so wird es auch immer wieder zur Diakonie kommen, eben durch das Ereignis der Selbstvergessenheit, das sich darin von der Selbstverleugnung ebenso wie von der Selbstverwirklichung unterscheidet, dass sich sie nicht mache, plane, steuere, sondern dass sich der wie von selbst Hingerissene bin, der gar nicht anders kann, wie ich es dann tatsächlich tue.«
Vergleichbar ist das Dargestellte m.E. auch dem Tun des selbstvergessenen Malers. Konzentriert er sich schon im Vorfeld auf den Effekt seines Bildes, ist es bereits dann zur Wirkungslosigkeit verurteilt. Befreit er sich jedoch von dem Impulsen sei-

Den Begriff diakonischer Selbstvergessenheit aufnehmend, möchte ich – in eigener Fortentwicklung – festhalten: Selbstvergessenheit ist also nicht herstellbar. Dieser Aussage ist die Erkenntnis verwandt, dass spirituelle Kompetenz ebenfalls nicht machbar ist[37] – durch welche Technik auch immer. Spirituelle Kompetenz erscheint in diesem Entwurf von Diakonie und Spiritualität als eine in Marianischer[38] Haltung Empfangene, durch Wort und Geist gewirkt. Somit sind der Glaube der Kirche und die Dienstbarkeit der Diakonie als Creatura Verbi definiert.
Insofern kann die Spiritualität des Diakonos nicht anderes als eine Spiritualität des Empfangens[39] sein. Bevor wir Konzepte erarbeiten und schon im Vorfeld nach deren Effizienz ausschauen, müssen wir Gott an uns handeln lassen. Erst dann finden wir uns mit der heilsamen Begrenzung unseres eigenen Tuns ab. Sie versetzt uns in eine demütige Distanz zu eigenen Actio, die eben nicht das Heil für alle schaffen kann. Das einzige, was dann selbstvergessene Diakonie nach ihrem Proprium an Qualität geben kann, ist der »Mehrwert der Güte«[40]. Das ist ein wahrhaftiges *Gütesiegel*. Und das wird nicht gemacht und gesichert, sondern erbeten und erglaubt.
Nach Eph 2,10 sind wir nicht die Macher der guten Leistungs-Erbringung und des Produktes Nächstenliebe. Sondern als Erwartende erkennen wir: »Das Gute ist bereitet, geschaffen. Es ist durch Christus in die

nes Selbst und verliert sich in der spirituellen Wurzel seines Tuns, um von anderer Hand zusammengesetzt zu werden, bekommen seine Bilder mit Sicherheit etwas Acheiropoetisches: eine Durchlässigkeit für die Wirkweisen des Gegenübers unserer Spiritualität. Die Kultivierung des Pathischen und eine klare Absage an das Macherische haben auch hier Gültigkeit.

37 Vgl. Karin Ulrich-Eschemann, Diakonie und Spiritualität. Studienbrief D 20, in: Brennpunkt Gemeinde. Impulse für missionarische Verkündigung und Gemeindeaufbau, September-Oktober 2003, 52. Jahrgang, Stuttgart 2003: »Spiritualität ist nicht einfach machbar oder lernbar und auch nicht überprüfbar, wie man annehmen könnte, wenn man in Leitbildern liest, dass Pfarrer und Pfarrerinnen spirituelle Kompetenz haben müssen, um für den Beruf geeignet zu sein.«
Vgl. in diesem Zusammenhang auch Gerhard Sauter, den Karin Ulrich-Eschemann hier zitiert (S. 5), Ders., Zugänge zur Dogmatik. Elemente theologischer Urteilsbildung, Göttingen 1998, S. 128: »Niemand wird den Grad der Komplexität seines geistlichen Lebens wählen können. Spiritualität kann nicht gesucht werden, sie ist ursprünglich wie das Leben selber, ja sie ist die Ursprungsform des Lebens mit Gott. Zum geistlichen Leben gehören das Gebet, die Feier der Gegenwart Gottes im Gottesdienst und das fortdauernde Bibellesen, die lectio continua. Aus der Verschränkung dieser Lebensform mit ihren Rhythmen und Pausen, ihrem Wechsel von Hören, Reden und Schweigen, die Gebärden des Gestelltseins vor Gott und der Zuwendung zueinander in diesem Stehen vor Gott: Aus alledem bildet sich das Wahrnehmungsgefüge des Glaubens, das Bestimmtes zu erkennen glaubt.«

38 Vgl. Karin Ulrich-Eschemann, a.a.O., S. 5: »Der Geist Gottes bewirkt das an und in Maria, was das schöpferische Wort Gottes (creatura verbi) sagt.«

39 Ebd., S. 7.

40 Christian Möller, Einführung in die Praktische Theologie, a.a.O., S. 248.

Welt gekommen. Davon und darin zu leben, macht die Spiritualität des diakonischen Handelns aus.«[41]

In einem gesunden Kooperationsverhältnis handeln Gott und Mensch gemeinsam: Wir handeln, weil Gott an uns handelt. Im Gottesdienst nimmt all unser Dienst an Gottes geliebtem Leben seinen Anfang, hat dort sein Ziel. Auch die gegenwärtige Diakonie muss sich warnen lassen, sich menschlicherseits in diesem Kooperationsverhältnis nicht zu überschätzen[42]. Neben den drei Gaben, die die Dissertation aufführt (Behinderung, Segen, Stabilitas) tritt uns hier eine Vierte entgegen: die Gabe der Barmherzigkeit, die durchaus mit dem Mehrwert der Güte korrespondiert.

In diesen Rahmen von Standortbestimmungen zu Diakonie allgemein und näheren Inhaltsbestimmungen zum vielschichtigen Thema Diakonie und Spiritualität ordnet sich die vorliegende Dissertation ein.

Das Thema spielt im gegenwärtigen Nachdenken über den Weg von den Institutionen Kirche und Diakonie eine große Rolle. Wie es verschiedenste Vorstellungen von Spiritualität gibt, finden sich auch verschiedenste Vorstellungen darüber, wie das Miteinander von Diakonie und Spiritualität konkret auszusehen hat.

Von daher ist dieser Forschungsüberblick selektiv. In bewusster Nennung, und auch der Unterlassung um der Stringenz willen, möchte ich stichhaltig aussagen, wie sich eine Linie ziehen lässt. Diese Linie verdeutlicht, wie diakonische Selbstvergessenheit ihre Inspiratio in der Begehung von Ort und Zeit empfängt. Weder Steffensky noch Josuttis sind Diakoniker. Auch sind Alfred Jäger und Henri Nouwen niemals tatsächlich zu einem Streitgespräch zusammengetroffen. Und die Arche-Bewegung ist in der Praktischen Theologie und Diakonik noch so gut wie kaum behandelt worden.

Eine Schlüsselrolle spielt das 2004 in Bethel (Diakonie-Symposium) gehaltene Referat von David Lohmann[43], in dem er eine entscheidende Brücke zwischen Institutio und Communitas schlägt: »Lange Zeit prägten Diakonissen und Diakone das Bild diakonischer Einrichtungen …

41 Vgl. dazu Hans G. Ulrich, Rechtfertigung und Ethik, in: BThZ, 17. Jahrgang, Heft 1, 2000, S. 60: »Die guten Werke sind die uns gegebenen Gelegenheiten des Wandels in der Erwartung Gottes. Die guten Werke sind die Orte und Gelegenheiten, denen wir uns anvertrauen, wenn wir denn nicht darauf aus sind … etwas Gutes hervorzubringen.«

42 Ebd., S. 12: »Luther warnt immer wieder davor, dass sich Menschen in diesem Kooperationsverhältnis überschätzen, wenn sie sich etwa als gleichberechtigte Partner sehen und das Heil selber schaffen wollen. Nach Luther wird da kein ›glückliches Regiment‹, wo wir mehr sein wollen als ein Instrument Gottes.«

43 Ders., Finanzierung der Diakonie 2010 – Herausforderungen und Lösungsansätze.

Insofern kann es für Diakonie-Unternehmen durchaus sinnvoll sein, sich auf das System der diakonischen Schwester- und Brüderschaften zurück zu besinnen.« Die Ausweitung und Verknüpfung der Linien und der Vorschlag zu konkretem Austausch und zur Kooperation von Institutio und Communitas schaffen den akademischen Mehrwert der vorliegenden Dissertation. Sie laden ein, den eingeschlagenen Weg fortzusetzen.

A) Die Entwicklung der Institution Diakonie vom Ende des Zweiten Weltkriegs bis heute – in gesamtdeutscher Perspektive

I. Diakonisches Selbstverständnis in den Neuen Bundesländern – vor und nach der Deutschen Wiedervereinigung

1. Zum Selbstverständnis bis zur Wiedervereinigung 1990

Evangelische Diakonie sah sich zur Zeit der DDR als liebende, handelnde Alternative zu einem Staat, der nach Selbstauffassung und Tat nicht lieben konnte.[44] Die Institutio Diakonie lebte in den Jahrzehnten nach 1945 in starkem Maße von Kreativität, Improvisationsbereitschaft und gemeinschaftlichem Umgang und Widerstand im Hinblick auf staatliche Repressalien. Einen Höhepunkt bildeten die Verfolgungen und Schließungen des Jahres 1953.[45] Neben Schloss Mansfeld (und vie-

44 Vgl. Hans Joachim Petzold, Ich will Hilfe schaffen. Diakonie Report. Berichte, Reportagen, Interviews zur Diakonie der evangelischen Landes- und Freikirchen in der DDR, Berlin (0st) 1986, S. 17: »Selbst wenn wir eine Gesellschaft hätten, die so reich wäre an Mitteln und Möglichkeiten und dienstwilligen Menschen, dass aller Bedarf an sozialer und medizinischer Betreuung staatlicherseits vollkommen abgesichert wäre, müsste die Kirche sagen: Wir haben einen diakonischen Auftrag, und den möchten wir verwirklichen. Denn der Staat kann nicht lieben, das kann er einfach nicht – aber hier ist eine Institution, die heißt Kirche, und deren Auftrag ist es, Liebe zu vermitteln. Die Institution Kirche kann – ebenso wenig wie die Institution Staat – auch nicht lieben, aber sie kann darauf gründen, dass sich in ihr Menschen zusammenfinden, denen es ein Herzensanliegen ist, Liebe im Sinne des Neuen Testamentes weiterzugeben. Das heißt also: Ich verbinde deine Wunden, aber ich spreche auch zu deinem Herzen.«

45 Als ein Beispiel sei die Schließung der kirchlichen Ausbildungsstätte auf Schloss Mansfeld bei Eisleben im April 1953 genannt. Zit. in Frank Schumann, Frank-Rainer Schurich, Karin Sedler (Hrsg.): Glaubenskrieg. Kirche im Sozialismus. Zeugnisse und Zeugen eines Kulturkampfes, Berlin 1995, S. 269, in: Kirchliche Nachrichten (hektographiertes Faltblatt), April 1952: »Schloss Mansfeld von Volkspolizei besetzt. Die kirchliche Ausbildungsstätte auf Schloss Mansfeld bei Eisleben (Ostzone), eine Vordiakonschule der evangelischen Kirchenprovinz Sachsen, ist von der Volkspolizei und dem Staatssicherheitsdienst besetzt und ihrer Zweckbestimmung entzogen worden. Die auf dem Schloss angetroffenen Diakonieschüler wurden zunächst unter Hausarrest gestellt und später in ihre Heimatorte zurückgeschickt … Alle Bemühungen der Kirchenleitung, diesen Eingriff des Staates in die innerkirchliche Arbeit rückgängig zu machen, sind bisher erfolglos geblieben.«

len anderen Einrichtungen der Kirchenprovinz Sachsen) waren auch die Pfeifferschen Stiftungen[46] in Magdeburg im Visier der Staatsorgane. Ein Leben im Samariterdienst wurde von vielen MitarbeiterInnen als Beantwortung des konkreten Nachfolgerufes und als Bewährung des Glaubens angesehen.[47] Nicht Verdienst- noch Karrieregedanke bildeten den Anreiz.[48] Das schuf auf Jahrzehnte hin ein ganz spezielles, erkennbares Kolorit von Einrichtung und Mitarbeiterschaft[49]. Diese musste sich sich im marktwirtschaftlichen Anbieterkonzept, das seit 1990 vielerorts wirksam wurde, zunächst einmal fremd vorkommen.[50] Noch nicht vergessen waren die Aufbaujahre der Nachkriegszeit, in denen nicht Strategiemodelle, sondern Fähigkeiten zu improvisieren[51] und

46 Ebd: aus einer Hausmitteilung an von Heinz Lippmann an Erich Honecker, S. 264: »Lieber Erich! In der Anlage übersende ich Dir den Bericht von Magdeburg über die neuen Ereignisse in den Pfeifferschen Stiftungen und den Bericht von Gustel Vieweger über den bisherigen Verlauf der Aktion in Magdeburg ... Ich schlage folgende Maßnahmen vor: ... 3. alles kirchliche Pflegepersonal, das in den Pfeifferschen Stiftungen einschl. des Hauses Bentanien (!), tätig ist, sofort aus ihrer Tätigkeit zu entfernen und ihm den Zutritt zu den Pfeifferschen Stiftungen ab sofort zu untersagen.«

47 Vgl. Jürgen Gohde in: Ingolf Hübner/Jochen Christoph Kaiser (Hrsg.), Diakonie im geteilten Deutschland. Zur diakonischen Arbeit unter den Bedingungen der DDR und der Teilung Deutschlands, Stuttgart 1999, S. VII (Einleitung): »Und nicht zuletzt ist daran zu erinnern, dass viele ehren- und hauptamtliche Mitarbeiter angesichts dieses ideologischen Druckes in der DDR ihr Engagement in den verschiedenen diakonischen Bereichen als eine Bewährung ihres Glaubens verstanden. Daß von der kirchenfeindlichen Haltung der SED über weite Strecken auch die Diakonie betroffen war, hatte dazu beigetragen, daß diakonische Arbeitsfelder deutlicher als wesenseigene Aufgabe der Kirche verstanden werden.«

48 Somit ist ein gewachsener, spiritueller Brückenschlag aus der diakonischen Lokalgeschichte hin zu den kommunitär-caritativen Aufbrüchen der Gegenwart gegeben.

49 Eine allgemein anerkannte Karriere konnte in den Anstalten der Diakonie nicht beschritten werden. Erworbene Zertifikate waren Diakonie-intern und somit auf einen gewissen Finanz- und Aufstiegsrahmen beschränkt. Vgl. hierzu die Darstellung von Friedhelm Jostmeier, Ausbildung in der Diakonie der DDR, in: Diakonie im geteilten Deutschland, a.a.O., S. 131: »Die SED, die in ihrer über vierzigjährigen Herrschaft stets bestrebt war, alle gesellschaftlichen Bereiche zu steuern und zu kontrollieren, tat sich schwer damit, Kirche und Diakonie eigene Ausbildungsmöglichkeiten zu belassen. In der Diakonie hatte man sich trotz der Repressionen zu Beginn der fünfziger Jahre entschlossen, den Bestand der Einrichtungen zu halten und fortzuführen. Folglich war man darauf bedacht, die Ausbildung des Nachwuchses in eigener Regie fortzuführen. Unterschiedliche Berufsabschlüsse waren möglich, zumeist in Form der Erwachsenenbildung. Die überwiegende Zahl der Abschlüsse war lediglich innerkirchlich anerkannt.«

50 Für viele MitarbeiterInnen schuf dieser Umstand die Möglichkeit einer nonkonformen Nischenexistenz, die sich (neben dem diakonischen Kernauftrag) auch durch ihr Anders-Sein und ihr widerständiges Engagement in Fragen, die der Staat verdrängte, definierte.

51 Vgl. hier Reinhard Turre, Diakonik, Neukirchen-Vluyn 1991, S. 276: »Vor Ort musste mit viel Mut zum Wagnis, und mit Phantasie und Bereitschaft, vorläufige

Lücken wahrzunehmen, gefragt waren. Ohne Nachfolgebewusstsein, evangelische Dienstbarkeit[52] und Phantasie vieler MitarbeiterInnen wären die Einrichtungen der Diakonie in der DDR nicht aufrechtzuerhalten gewesen.
Wolfgang Höser, stellvertretender Bischof von Thüringen und erster Direktor des Diakonischen Werkes der ev. luth. Landeskirche Thüringen hat von 1990 bis 1999 wiederholt auf das finanzielle Opfer des/der Einzelnen[53] in kirchlicher und diakonischer Arbeit hingewiesen (er war mir bis zu seinem Tod im Februar 1999 sehr gut bekannt). Seine Sorge war stets, dass dieser Geist des Aufbruchs und der konkreten Nachfolge unter den veränderten Bedingungen diakonischer Verfassung und Selbstverständnisses nach 1990 nicht verloren ging. Die Gedankenwelt Jäger'scher Prägung, mit der er ja in seiner hohen Leitungsfunktion in zunehmendem Masse konfrontiert war, forderte ihn heraus, um so größeren Wert auf verbindliche Nachfolge des Einzelnen zu legen.[54]

Lösungen zu schaffen, gearbeitet werden. Provisorien wurden geschaffen. Die Improvisation herrschte vor gegenüber dem sich bald einstellenden Trend zum Perfektionismus.«

52 Ebd., S. 277: »Die Entwicklung in der DDR blieb auf den Umfang der schon vor dem Krieg bestehenden diakonischen Einrichtungen beschränkt. Neu hinzu kamen nur einige wenige Arbeiten. Bis zu dem Abschluss des Abkommens Anfang der sechziger Jahre, das auch für die konfessionellen Einrichtungen kostendeckende Pflegesätze zugestand, musste ökonomisch mit geringen Mitteln gearbeitet werden. Es nötigt Respekt ab, wenn man feststellt, mit welchem Idealismus seitens der Mitarbeiter gearbeitet wurde und mit welch bescheidenen Mitteln eine relativ umfangreiche Arbeit hat aufrechterhalten werden können.«

53 Art. Wolfgang Höser, Die Finanzierung des diakonischen Auftrages in der DDR. Skizziert am Diakonischen Werk in Thüringen., in: Ingolf Hübner,Jochen Christoph Kaiser (Hrsg), Diakonie im geteilten Deutschland, a.a.O., S. 120: »Aufgrund der finanziellen Schwierigkeiten in unserer Landeskirche war die Vergütung im Landeskirchenamt und im Landeskirchlichen Amt für Innere Mission anfangs sehr kärglich. Eine qualifizierte Sachbearbeiterin z.B. erhielt in ihren ersten Dienstjahren von 1951–1960 180 M als Monatslohn. Erst 1960 gab es eine spürbare Erhöhung auf 279 M brutto. Neben den turnusmäßigen Erhöhungen und staatlichen Anordnungen im Rahmen der gestiegenen Industriepreise setzte dann allmählich eine ›normale‹ Anhebung aus Mitteln der EKD ein. Dennoch blieb die kirchliche Vergütungsordnung weit hinter den staatlichen Kriterien zurück.«

54 Wolfgang Höser beschreibt den Einsatz des Einzelnen im folgenden Beispiel, a.a.O.: »Da ist ein junger Diakon, berufen in die Leitung eines sehr alten Hauses (1850). Es riecht intensiv und ist viel zu klein. Es lässt ihm keine Ruhe. Was er von und über Behinderte weiß, möchte er umsetzen in ein Haus, in dem jeder für sich sein kann und zugleich die Wohngemeinschaft um sich hat. Er hat nur 40.000 M auf der Kante. Er chartert sich einen befreundeten Architekten. Er stellt sich einen Bautrupp zusammen. Auch geeignete Behinderte sind dabei. Er übernimmt die Regie und arbeitet jeden Tag bis in die Abendstunden. Dem Ausbau des Dachgeschosses im Stammhaus folgt das dreigeschossige Wohnheim für 48 junge Behinderte. 5 Jahre Bauzeit, aber noch vielmehr: entkrampfte Heimbewohner, stolz auf ihr Wirken. Helfer aus der Kirchgemeinde. Im Keller ein störfreies Wasserbecken von therapeutischer Bedeutung. Die Baukosten belaufen sich auf 1,2 Mio M. Von der Ber-

Typisch für ein solches diakonisches Selbstverständnis vor 1989 sind auch die Worte des Hausvaters des Falk-Hauses in Eisenach, Dieter Dornheim: »Schließlich wurden die Anfragen, ob ich nicht in das Falk-Haus als Hausvater kommen wolle, immer dringlicher … Der Grund, warum ich schließlich zusagte, war für mich der, dass in den Bruderschaften das Sendungsbewusstsein doch eine große Rolle spielt. Die Konsequenz meiner Dienstauffassung war die, dass ich auch eine Arbeit übernahm, die ich mir selbst nicht unbedingt wünschte und die ich nicht so attraktiv fand.«[55]

Vom persönlichen Einsatz als entscheidendem Konstitutivum im Umgang mit extremen Herausforderungen wurde ausgegangen.[56] Dies kann kein Resultat eines professionell initiierten Leitbildprozesses sein. Er entspringt evangelischer Mündigkeit. Sie wächst und entsteht, wo der Geist weht und Antwort gegeben wird.[57]
In der diakonischen Arbeitswelt zur Zeit der DDR ließ sich keinesfalls mit finanziellen Anreizen[58] in der Mitarbeiterschaft vorgehen. Solche Motivationshilfen anzubieten, war Kirche und ihrer Diakonie schlicht nicht möglich. Und dennoch fanden sich viele Menschen, die bereit waren, mit Phantasie und improvisierender Kreativität Wege des Angehens, der Strukturierung und des Überdauerns zu finden.
Zwar wurde ein bewusstes Ja zu Niedriglohn, zu Opferbereitschaft nach der Bergpredigt und dem Aushalten von gesellschaftlicher Ächtung, gegeben. Ziele wurden eher erlitten, als strategisch durchgesetzt.

liner Zentrale kommt ein Zuschuss von 300.000 M an Schwerpunktmitteln. Die Spendenbeträge erreichten jährlich bis zu 100.000 M. Die Jugendlichen sind glücklich in dem neuen Haus, in der Arbeitstherapie, im Wirtschaftstrakt, in der Werkstatt.«

55 Bericht Diakon Dieter Dornheim in: Ich will Hilfe schaffen, Hrsg. Hans-Joachim Petzold, a.a.O., S. 108.

56 Dieses *Führen-wohin-Du-nicht-willst* wird auch von Oberin Brigitte Baller (Eisenacher Diakonissenmutterhaus der ev. luth. Landeskirche Thüringen) bzgl. der nicht wegzudenkenden Bedeutung der Diakonisse und Verbandsschwester für die Diakonie zwischen 1945 und 1990 beschrieben, a.a.O., S. 107/108: »Junge Mädchen wollten im Namen Jesu ihr Leben ganz in den Dienst an Kindern, an Kranken und Alten stellen. Dieser Schritt zur Diakonisse wurde ihnen oft in der eigenen Familie oder kirchlichen Mitarbeitern nicht leicht gemacht. Auch eigene Zweifel gab es zuweilen zu überwinden … Kirche und Diakonie haben immer Menschen gebraucht, die sich ganz zur Verfügung stellen. Kirche und Diakonie brauchen auch heute solche Menschen.«

57 Das tragende Engagement des Einzelnen erinnert an die im Folgenden beschriebenen Anfänge der Arche – Bewegung in Trosly-Breuil. Oder auch an die Anfänge eines August-Hermann Francke in Halle.

58 Dies findet sich in der derzeitigen gesamtdeutschen diakonischen Lebenswelt im *St. Galler Modell* verwirklicht: im sogenannten *Personalmanagement*. Darauf soll im Folgenden näher eingegangen werden.

War der Dienst unter dem Kronenkreuz vor 1990 primär ein Weg des Verzichts, gewährleistete er dafür:

- den Freiraum für individuelle Kreativität
- die größere Möglichkeit einer eigenverantwortlichen Dienstgestaltung
- die (positive) Relativierung von Hierarchie angesichts gemeinsamer Bedrohung durch den Staat.

Der Dienst wurde im Geiste der spirituellen Tradition des Hauses verantwortet. Wiederholt fielen die Worte: »Ich will Verantwortung tragen, als trüge ich sie ganz allein.«

Von vielen MitarbeiterInnen wurde diakonische Existenz als Übungs-Raum für Gehorsam und Tragfähigkeit für Zusammenarbeiten- und leben gesehen. Das ist etwas anderes als der Anreiz zu Karriere und Finanzvorteil. An der Stelle des zeitgenössischen Kompetenz-Competitio Spannungsverhältnisses stand die Bereitschaft, Dienste zu übernehmen, derer sich kein anderer annehmen wollte[59] – und daran zu reifen. Kompetenz und Competitio sind gegenwärtig in eine ungute Beziehung zueinander geraten. Kritisch lässt sich dem Impuls der Competitio ja vorwerfen, er sei gelegenheitsbezogen, wirke momentan und in vorläufiger Effizienz. Uranliegen diakonischer Existenz ist es aber, zu suchen *was des Andern ist.* Von daher steht die Kompetenzdiakonie, von der bewusst kritischen Warte aus wahrgenommen, in Gefahr, nicht Gott und dem Nächsten, sondern dem eigenen Aktivismus zu leben. Im Blick auf die Motivation in der diakonischen Lebenswelt in der DDR ist kritisch zu überdenken, ob man in der zeitgenössischen, gesamtdeutschen Diakonie mit Selbstverständlichkeit zu den Instrumentarien von besonderer Leistungsvergütung und punktueller Belohnung greifen darf.

Die theologische Reihenfolge, die sich für diakonisches Handeln zur Zeit der DDR beobachten lässt, setzte den Leidenden und seinen Hilferuf: »Herr, ich habe keinen Menschen« (Joh.5,7) an den Anfang. Dieser Ruf wurde zum Kardinaltext.[60] In der Herausforderung durch das Lei-

59 Ernst Petzold, Theologie der Diakonie in der DDR, in: Hübner, Diakonie im geteilten Deutschland, a.a.O., S. 232: »Gehorsam aber braucht Lern-Trainingsfelder: Nicht nur für die Stunden von Gemeindeveranstaltungen, nicht nur für freundliche Konferenztage oder Rüstzeitwochen, … nein, ständig, Tag für Tag, Nacht für Nacht das Angebot, biblische Regeln auf ihre Tragfähigkeit für Zusammen-Arbeiten und -Leben zu erproben … Wo konnte Kirche in der DDR jungen Christen ebenso wie schon herangereiften ein solches Übungsfeld Glaubenspraxis sonst anbieten? Wo könnte (und kann) so nüchtern realistisch bewährt werden, dass Liebende von der Vergebung leben? … Das war die andere Triebkraft: Mit dem vom Herrn der Kirche den Seinen gewährten Raum zum Gottesdienst mit Herzen, Mund und Händen – die Füße eingeschlossen.«

60 Ebd., S. 232: »Wenn Reinhard Turre in seiner Diakonik das Kapitel ›Die Herausforderung an das Leiden‹ an den Anfang stellt, empfinde ich das als eine DDR-spezifische theologische Reihenfolge. Joh. 5,7 ›Herr, ich habe keinen Menschen‹ wurde zu einem unserer Kardinaltexte. Ich muss es mir jetzt leider versagen, mit anschaulichen Beispielen zu belegen, dass es angesichts einiger Gruppen von Lei-

den wurde die entscheidende Triebkraft gesehen, dem Leidenden zu dienen und um Erhalt und Entfaltung evangelischer Dienstbarkeit und Dienstmöglichkeit besorgt zu sein.
Anders, als innerhalb des Denksystems der Qualitätssicherung, stand man in gelassenem Abstand zur eigenen Effizienz. Und das nicht aus evangelisch umschriebener Nachlässigkeit, sondern in Distanz zum eigenen Perfektionsbedürfnis, im Wissen um die eigene Begrenzung.[61]

2. *Zum Selbstverständnis nach der Wiedervereinigung 1990*

Die Umgestaltung diakonischer Einrichtungen nach dem unternehmerischen Modell, wie sie in Westdeutschland seit den 80er Jahren betrieben wurde, hat sich rasch auf die Diakonie in den neuen Bundesländern ausgewirkt. MitarbeiterInnen, die unter ganz anderen persönlichen und gesellschaftlichen Vorzeichen angetreten waren, sahen und sehen sich nun mit Strukturen und Begrifflichkeiten konfrontiert, auf die sie sich nicht freiwillig eingelassen haben. Sie erkennen Geist und Gestalt der Werke nicht mehr, in denen ihr Dienst einmal begonnen hat.[62]
Bis 1989 hat man sich vom Staat in gestalteter Solidarität abgegrenzt hat. Nun ist er Rahmen-, Gesetz- und Geldgeber, dem man Rechen-

densträgern und deren Angehörigen in der DDR grundsätzlich, für andere regional unterschiedlich, für die Diakonie galt: ›Wenn nicht wir, wer dann?‹. Das betraf unsere Häuser ebenso wie offene Arbeit u. Beratung, Seelsorge und Begleitung. Die entscheidende Triebkraft, um den Erhalt und die Entfaltung von Dienstmöglichkeiten besorgt zu sein, war die auf Verbindlichkeit, auf stete Zuverlässigkeit zielende Herausforderung durch das Leiden.«

61 Ebd. Heinz-Joachim Petzold in: Ich will Hilfe schaffen, a.a.O., S. 21: »Man könnte fast mit Tucholsky sagen: ›Wer viel arbeitet, macht viele Fehler‹. So ist es auch im Dienst am Menschen. Man kann nicht immer dieses Maß an Liebe, Geduld und Verständnis aufbringen. Ich würde schon sagen: Für einen evangelischen Christen wird es sehr, sehr deutlich aus der täglichen Erfahrung im Umgang mit den Hilfsbedürftigen, dass er den Abend nicht anders beschließen kann als mit den Worten: ›Ich armer, elender, sündiger Mensch, was habe ich heute wieder alles nicht zuwege gebracht – aus Schwachheit, mangelnder Geduld‹ – aber auch, dass er sagt: ›Ich danke Dir, Gott, dass Du mich gebrechliches Werkzeug benutzt‹. Für viele wird darüber hinaus das entscheidende Motiv sein, dass der, der sich einem Hilfsbedürftigen liebend zuwendet, nie etwas Vergebliches tut, und das ist sehr beglückend. Sicher wird auch die Motivation stark vom Danken herabgeleitet. Ich denke dabei an den bekannten Diakonissenspruch: Dienen will ich, und mein Lohn ist, dass ich dienen darf … Es ist mir eine Freude, im Namen Jesu auch das Fragmentarische, was ich ausrichten kann, als etwas Kostbares und Wertvolles ansehen zu dürfen, womit ich den anderen Menschen helfe.«

62 Vgl. Reinhard Turre, Diakonische Einsichten, Stuttgart 2001, S. 218: »Die Anpassung an den Markt hat auch in den Bezeichnungen der Institutionen und ihrer Ordnungen längst ihren Niederschlag gefunden. Aus Bruderhäusern und Mutterhäusern sind Diakoniewerke geworden. Ihnen stehen keine Hausväter, sondern Unternehmer und Manager vor.«

schaft ablegt über die eigene Subsidiaritätswürdigkeit und die rechtfertigende Effizienz. Dem Konzert der Anbieter kann man sich nicht entziehen.[63] Das schafft für die Entscheidungsgremien diakonischer Arbeit eine neue Diktion und Betriebskybernetik, die sich für viele MitarbeiterInnen befremdlich, gar bedrohlich, ausnimmt.[64] Die MitarbeiterInnen fühlen sich nicht mehr zu Hause, weil ihre Sprache nicht mehr gesprochen wird. In einer Sprache, die sie verstehen, würden sie wieder Heimat finden.
Aus evangelischer Dienstbarkeit, zu der sie sich aus den in I.1 benannten Gründen bereit fanden, ist – unter dem Vorzeichen erkämpfter Freiheit – Dienst-Leistung geworden. Etwas, das gerne und umsonst gegeben wurde, ist nun ein abrechenbarer Service geworden.[65]
Der einzelne Mitarbeiter, die einzelne Mitarbeiterin, die sich zur Wirkungszeit eines Wolfgang Höser u.a. in ihrem spirituell motivierten und persönlichen Einsatz gewürdigt sahen, erlebten sich einem nivellierenden Leistungs- und Vergütungsschema ausgesetzt.[66] Der Dienst, zu dem sich viele, die 2005 in den diakonischen Einrichtungen der Neuen Bundesländer arbeiten (unter Nennung spezieller geistlicher Erlebnisse) berufen wissen, scheint zur bloßen Erwerbsarbeit geworden zu sein.[67]
Vor 1990 gab es für die für die MitarbeiterInnen der Diakonie innerhalb der DDR durchaus Freiraum für Kreativität. Es gab auch die Möglich-

63 Ebd., S. 218: »Es gibt ökonomische Richtlinien und rechtliche Festlegungen, mit denen den staatlichen Rahmenbedingungen und den Herausforderungen des Marktes entsprochen werden muss. Das Diakonische Werk ist einer der Wohlfahrtsverbände im Wettbewerb mit anderen und neuerdings besonders mit privaten Anbietern sozialer Leistungen.«

64 Ebd., S. 218: »Längst orientiert sich auch die Begrifflichkeit in der sozialwissenschaftlichen und diakonischen Literatur an der Sprache des Marktes.«

65 Ebd., S. 218: »Der Dienst selbst wird nunmehr nur noch zur Dienstleistung. Was sich an ihm messen lässt, ist entscheidend. Aus Patienten werden Kunden und aus der Liebe ein ethisches Produkt. Die professionellen Spezialisten beschreiben in ihrer aus der Ökonomie entlehnten Sprache Qualitätsstandards und die Punkte eines Abrechnungssystems. Leistungsentgelte und Leistungspauschalen unterscheiden sich in der Sprache kaum von den Katalogen anderer Dienstleistungsbereiche. Statt der ganzheitlichen Hilfe steht die quantitative einzelne Leistungsabmessung im Vordergrund. Bald wird sich die Rechnung aus einem Krankenhaus kaum noch von einer Rechnung aus eine Autoreparaturwerkstatt unterscheiden. Dann wird die Hilfe aus Barmherzigkeit endlich als marktgerechtes Angebot qualifiziert sein, das den Vergleich aushalten muss mit den Preisen anderer Anbieter auf dem Markt.«

66 Reinhard Turre, Diakonische Einsichten, a.a.O., S. 218: »Die Wertung der Mitarbeiter nach Leistung und Funktion ist dann gewichtiger als die Würdigung ihrer Person als Glied einer Dienstgemeinschaft.«

67 Ebd., S. 219: »Natürlich hat dies alles seine Rückwirkung auf das Selbstverständnis der Mitarbeiter. Sie werden aus Helfern für die Menschen zu Anbietern von Dienstleistungen. Nicht mehr der Dienst aus Berufung zählt, sondern für Erwerbsarbeit wird gezahlt, deren Leistung beschrieben ist und für die Leistungsentgelte erstattet werden. Aus dem Wetteifer der Helfer ist dann ein Wettbewerb der Verdiener um den größten Marktanteil geworden.«

keit einer individuell verantworteten Dienstgestaltung und die Relativierung von Hierarchie angesichts einer gemeinsamen Begrenzung/Bedrohung durch den Staat. An diese Stelle scheinen nun getreten:

1. eine straffe, gängelnde Zielvorgabe im Mitarbeiterjahresgespräch
2. die individuelle Konfrontation mit dem Instrumentarium von Leitbildprozess und Qualitätsmanagement[68]
3. die Vorgehensweisen von Personalsteuerung und hierarchischer Betriebskybernetik.

Wie dem Verfasser bekannt, fand 1998 das Leitbild des DW der EKD zum Wichern-Jubiläum lebhafte Kritik in der Fachgruppe Geistliches Leben im Diakonischen Werk Thüringen.[69] Diakonische MitarbeiterInnen der Neuen Bundesländer haben ein besonders feines Gespür für ein ostentativ[70] wiederholtes *Wir*. Auch wenn es ihnen 9 Jahre nach der Wende als Kommunikationsoffensive des Arbeitgebers begegnet: »Acht Indikative, die Orientierung geben und jedem larmoyanten Gerede von einem ›Leiden‹ in der Diakonie, ja von einer ›Krise der Diakonie‹ eine klare Absage erteilen.«[71]

Aus den Reihen der Kritiker war zu hören, mit dieser Hochglanzkampagne werde eine narzisstische[72] und kostenintensive Nabelschau betrieben. Auch zögen die oktroyierten Wir-Sätze des Leitbildes eine unüberschreitbare Linie zwischen Starken und Schwachen, Gebern und

68 Im Oktober 2003 plädiert auch Reinhard Turre, trotz aller vorab genannten Bedenken, für eine gezielte Anwendung betriebskybernetischen Instrumentariums in Diakonieunternehmen. Vgl. dazu ein Expertengespräch zum Leistungsbegriff in der Diakonie: Damit Einsatz sich lohnt / Teilnehmer: Dr. Peter Bartmann, Ulrike Baumgärtner, Prof. Dr. Reinhard Turre, Anna Margareta Oldenbourg, Erschienen in: Diakonie – Impulse / Magazin für Führungskräfte 5, Oktober 2003, Stuttgart 2003, Seite 14ff: »(Turre) … das Thema ist heikel, denn viele unserer Mitarbeitenden fühlen sich von praxisfernen Leitbildern und fordernden Appellen wie erdrückt …

(S. 15) Frage: Sollen sich diese Bewertungen in Löhnen und Gehältern niederschlagen?

Turre: Ja, diese Schlussfolgerung möchte ich ziehen. Ein Tarif, in dem Qualitätsmerkmale keine zureichende Berücksichtigung finden, ist sehr fragwürdig …

Frage: Wie kann sich das in der Vergütungs-Systematik abbilden? …

(S. 17) Turre: Ein weiterer Gesichtspunkt für die Motivation, der auch mit Geld und Leistung zu tun hat, ist die Karriereplanung. Ich meine nicht zuerst das Erklettern von Karriereleitern, sondern die Gewissheit, dass man mit seiner Ausbildung, Erfahrung und zusätzlicher Qualifizierung in die Lage versetzt wird, so wach und aufmerksam zu handeln, dass man viel mehr Bestätigung, Anerkennung, Resonanz und auch Liebe zurück bekommt, als das in technischen Berufsfeldern der Fall ist.«

69 Den Vorsitz hatten von 1997–2000 Martin Kalusche und Axel von Dressler inne.

70 Martin Kalusche, Das Leitbild der Diakonie – ein Traum, in: Arnd Götzelmann (Hrsg.), Diakonische Kirche. Festschrift für Theodor Strohm. Veröffentlichung des Diakoniewissenschaftlichen Institutes Heidelberg, Bd. 17, Heidelberg 2003, S. 241ff.

71 Ebd., S. 241.

72 Ebd., S. 241.

Empfängern – fast im Sinne einer (u.a. auch von Ulrich Bach abgewehrten) Apartheidstheologie[73]. Ein Martin Kalusche bekannter Leiter einer diakonischen Einrichtung sah darin sogar ein Stück Diaconia Triumphans[74]. Auf Tagungen und Kursen »eines gewissen Seelsorge-Seminars«[75] wurde der *pathogene* Charakter des Leitbildes in *Reinkultur* festgestellt: denn ein unerreichbares Ideal von Diakonie werde den MitarbeiterInnen als erfüllbar aufgezwungen. Der heilsame Riss, das fruchtbar demütigende Zurückbleiben hinter dem eigenen Anspruch – der ja die authentische Bitte um Segen inspiriert – sei aber nur durch eine ehrlich Annahme der Schatten zu überwinden.[76] In der konkreten Benennung dieser Thüringischen Gravamina aus den Reihen der Diakoniker wendet Martin Kalusche in gekonnter Weise das Stilmittel der Ironie[77] an – eine seinerzeit und derzeit notwendige Stimme.
Für das spirituelle Miteinander von Traditio und Inspiratio im Haus Diakonie ist es wichtig, die Voten der MitarbeiterInnen aus den Einrichtungen auf dem Gebiet der ehemaligen DDR ernst zu nehmen und daraus Konsequenzen zu ziehen. Denn diese Menschen wurden von Innovationen betroffen, ohne sich innerlich darauf einstellen zu können. Ihnen wurde keine Zeit gelassen, weder zu einem innerlichen Hinweg, noch zum kritischen Nachvollzug der angenommenen Sachzwänge.
Die Wertschätzung und Gestaltung des Paulinischen Leib-Ensembles im Dienst hat bei ihnen viel positive Aufmerksamkeit für die Lebensform und die Ziele der Kommunitäten und Basisgemeinschaften hervorgerufen. An ihrer Unterscheidung zwischen traditionellem diakonischen Gemeinschaftsbegriff und strategischer Kybernetik lässt sich besonders gut ansetzen, um eine Brücke von der Institution hin zu Basisgemeinschaft und Kommunität zu schlagen. Vieles an Hingabebereitschaft des Einzelnen, oder evangelischer Selbst-Vergessenheit, wäre in solch einem Brückenschlag aufgefangen. Wie dieser dann auch je und je vor Ort aussehen mag.

73 Ebd.
74 Ebd.
75 Ebd., S. 250.
76 Ebd., S. 250: »Davon sei im neuen Leitbild nichts zu finden – Diakonie überfordere hier wieder einmal in hoffnungsloser und krankmachender Weise. Diakonische Identität sei so gerade nicht zu gewinnen.«
77 Ebd., S. 250: »Diese Argumentation machte dem Chronisten denn doch zu schaffen. Hatte nicht der Titel des Leitbildes eine gewisse Irritation auch bei ihm ausgelöst? ›Diakonie – damit Leben gelingt!‹ Wie war das zu verstehen? Im Studium hatte er gelernt, Quelle und Garant gelingenden Lebens, des Schalom, könne nur Gott selbst sein. Das neue Leitbild der Diakonie – am Ende nicht frei von jener verhängnisvollen Versuchung, ›zu sein wie Gott?‹ Abgründe taten sich auf. Doch dann erwachte er: Es war ja nur ein harmloser Traum gewesen und für die Realität ohne Belang.«

II. Diakonie als Unternehmen

1. Eine Darstellung der Sachzwänge, die seit den 80er Jahren zu einem Verständnis von Diakonie als Unternehmen führten – unter besonderer Berücksichtigung des Werkes von Alfred Jäger

Die eingangs benannten, auf dem Hintergrundgrund persönlicher Erfahrung und Kenntnis des Verfassers dargestellten, Thüringer Gravamina resultieren aus der Übertragung eines westdeutschen Sach- und Handlungsverhaltes auf die ostdeutsche diakonische Landschaft:
Die Jahre von 1960 bis 1980[78] werden für die westdeutsche evangelische Diakonie als Zeit im Zeichen des Wachstumsschubs in die Geschichte eingehen. Das sollte sich seit Anfang der 80er Jahre in zunehmendem Masse ändern. Hatte die kirchliche Liebestätigkeit bislang am *Wirtschaftswunder* partizipiert, musste sie nun auch teilhaben an weltweiten und nationalen Wirtschaftskrisen. 1982 hielt Alfred Jäger auf Amrum einen Vortrag, gehalten vor Leitungskräften des Kaiserswerther Verbandes. Er umriss die Situation der Diakonie in Westdeutschland wie folgt: »1…Die öffentliche Hand, die viele Jahre aus dem vollen heraus auch diakonische Aufgaben übernommen oder doch massiv mitgetragen hat, wird leerer. Diakonische Werke, die von deren Fülle gelebt haben, tun gut daran, sich nicht nur gegen die zunehmende Verstopfung dieser Quellen zu sträuben, sondern sich mit Phantasie, kluger Überlegung und kompetentem Management auf die sieben mageren Jahre einzurichten.«[79] Zu der Zeit, als der Begriff des *diakonischen Unternehmens* aufkam, war das kirchliche Handlungsfeld Diakonie in hohem Masse von dem Vorgang organisatorischer Diversifizierung geprägt.[80] Dabei zählte Johannes Degen 1984 17.873 Einrichtungen im unterschiedlichen Organisationsmustern, Rechtsformen und Größenordnungen. Eine besondere Rolle spielten die *Komplexanstalten*[81].
Zwei Jahre später, 1986, stellte Alfred Jäger Größe und gesamtwirtschaftlichen Einfluss in folgenden, empirischen Zahlen dar: 17 000 dia-

78 Vgl. Alfred Jäger, Diakonische Unternehmenspolitik, Gütersloh 1993, S. 87: »Ich vermute, dass der Zeitraum von 1960 bis 1980 einmal als besonders herausragendes Kapitel der Geschichte der Diakonie eingehen wird. Als Überschriften bieten sich dafür an: ›Diakonie im Wachstumsschub‹, ›Diakonie im Zeichen gewaltiger Expansion‹, oder schlicht ›Diakonie baut und baut‹. Besonders treffend wäre dafür der Untertitel: ›Der diakonische Wohlstand greift flächendeckend um sich‹ oder ›Diakonie partizipiert am ›Wirtschaftswunder«.

79 Alfred Jäger, Diakonie als christliches Unternehmen, a.a.O., S. 14.

80 Vgl. Johannes Degen, Diakonie als soziale Dienstleistung, Gütersloh 1994, S. 15.

81 Ebd., S. 16: »Als Komplexanstalten sind solche diakonischen Einrichtungen anzusehen, die in zwei oder mehreren Fachbereichen bzw. in einem Fachbereich mit mehreren Hilfeformen (ambulant, teilstationär, stationär) tätig sind, und zwar unter einem einheitlichen Rechtsträger. Die Zahl dieser Komplexanstalten … liegt … bei etwa 200 im Bereich des Diakonischen Werkes der EKD.«

konische Einrichtungen, 700 000 Betreuungsplätze und 200 000 Arbeitsplätze.[82] Der Umfang, und die damit verbundene Möglichkeit, diktierten den akuten Handlungsbedarf, wenn die Institutio Diakonie überleben sollte.

Johannes Degen stellte 1994 fest, dass sich Diakonie in einem »epochalen Wandel«[83] befinde. Damit hielt er bereits Rückschau auf Wirtschaftskrise, deutsche Wiedervereinigung und begonnene Ökonomiserung der Diakonie von 1980–1994. Zum Zeitpunkt dieser Rückschau hielt er die Grenze zwischen dem Sozialem und dem Wirtschaftlichen für tendenziell ganz aufgehoben. Alle diakonischen Handlungsgestalten[84] stellten sich immer deutlicher als Teil eines wachsenden Marktsegmentes der Dienstleistungsgesellschaft dar. Hier zählten Erwerbsinteresse, Markt und Konkurrenz, Qualität und Leistung. »Unternehmerisches Handeln in der Diakonie ist angesichts dieser einschneidenden Veränderungen zu einer unbedingten Notwendigkeit geworden.«[85] Diakonie hat, so Degen, nur dann eine Chance, wenn die Dienstleistungen ein derartiges Profil aufweisen – so dass sie sich dann auch am Markt behaupten können.[86]

Mit dem Erscheinen der Veröffentlichung von Alfred Jäger: »Diakonie als christliches Unternehmen. Theologische Wirtschaftsethik im Kontext diakonischer Unternehmenspolitik«[87] im Jahre 1986 ist eine neue Ära diakonischen Selbstverständnisses und diakonischer Praxis angebrochen. Es wurde darüber nachgedacht, wie Theologie und Ökonomie in einen fruchtbaren Dialog miteinander gebracht werden können.

Von Beginn an lag Jägers Akzent auf Leitung, Planung und Gestaltung. Mancherorts wurde alsbald die Kritik laut, der Vorrang betriebskybernetischer vor spirituellen Zielen sei zu stark. Diesem Vorwurf begegnete Jäger in der Entwicklung einer theologisch begründeten, situationsbezogenen diakonischen Unternehmens-politik, die er als theologisch be-

82 Vgl. Alfred Jäger, Diakonie als christliches Unternehmen, a.a.O., S. 15: »Wenn Praktische Theologie die Existenz von rund 17 000 diakonischen Einrichtungen mit ca. 700 000 Betreuungsplätzen und weit über 200 000 Arbeitsplätzen evangelischerseits … schlicht vergisst oder ignoriert, muss die diakonische Theologie um so mehr von sich aus alles tun, um sich qualifiziert auf dem Stand der aktuellen Problemorientierung zu halten.«

83 Vgl. Johannes Degen, Diakonie als soziale Dienstleistung; a.a.O., S. 9.

84 Beratungsdienste, Krankenhäuser, ambulante pflegerische Dienste und Heime, große Anstalten und Hilfsdienste aller Art.

85 Ebd., S. 9.

86 Ebd., S. 10: »Die großen diakonischen Einrichtungen, die hier Unternehmungen der Diakonie genannt werden, spüren zur Zeit am nachhaltigsten, dass sie ihr strategisches Konzept ändern müssen, zweckrationales Handeln und christliche Hilfsmotivation miteinander verbinden und zu einem markt- und konkurrenzfähigen Dienstleistungsprodukt werden lassen müssen. Nicht abseits eines umfassenden Marktgeschehens, sondern bewusst innerhalb desselben wird die Diakonie ihre Identität erweisen.«

87 Alfred Jäger, Diakonie als christliches Unternehmen, Gütersloh 1986.

gründetes Management (auch: *Management-Theologie*) bezeichnete. Der Handlungsbedarf, die diakonischen Einrichtungen der Neuen Bundesländer zu erhalten, zusammenzufassen und neu zu strukturieren, böte genug Terrain, die entwickelten Denk- und Handlungsmaximen anzuwenden und zu erproben. Erhärtet wurde dieser Trend natürlich durch die Tatsache, dass sich das Beschäftigungs- und Dienstleistungsvolumen der gesamtdeutschen Diakonie im Zuge der Wiedervereinigung deutlich erhöht hatte.

1996 stellte Dirk Starnitzke[88] fest, dass, sieben Jahre nach der Wende, die im Diakonischen Werk der EKD zusammengefassten Häuser/Dienste auch weiterhin einen Komplex bildeten, der alle anderen Aktivitäten der Kirche qualitativ bei weitem überragte. Täglich wurden über eine Million Menschen von 370 000 hauptamtlichen Mitarbeitern in diakonischen Einrichtungen betreut.[89] In der Tat waren also, Mitte der 90er Jahre, mehrere Millionen von Menschen, sei es als Betreuende oder Betreute, unmittelbar von der Arbeit der Diakonie betroffen.

1999 gehörten Diakonie und Caritas zu den größten Arbeitgebern[90] Deutschlands. Wie auch 1995, waren rund 30 000 Einrichtungen und Dienste unter dem Dach des Diakonischen Werkes der EKD zusammengefasst. Im Rahmen komplexer wohlfahrtsstaatlicher Regelungen boten sie eine Fülle von sozialen Dienstleistungen an. Das Angebot gilt auch 2005 allen Menschen, egal welcher Konfession, Religion oder Nation. Die Umsatzzahlen vieler diakonischer Einrichtungen entsprechen denen mittlerer Produktions- und Gewerbebetriebe. Der überwiegende Prozentsatz derer, die in den diakonischen Entscheidungsgremien versammelt sind, teilt die Auffassung, dass man in diesen Einrichtungen ohne Kostenkalkulation, ohne strenges Wirtschaften und ohne Effizienz- und betriebliches Management nicht mehr auskommt. Durch die veränderten sozialstaatlichen Rahmenbedingungen in Deutschland und Europa finden sich diese Auffassung und ihr spezifisches Instrumentarium bestätigt. Auch für die sozialen Dienste sind die Prinzipien von Markt, Konkurrenz, Angebot und Nachfrage in einem viel stärkerem Masse gültig geworden, als man das vor 1980 je hätte meinen können.

Doch nicht nur die finanzielle Seite prägt den unternehmerischen Grundcharakter diakonischer Einrichtungen. Auch auf der Ebene der

88 Vgl. Dirk Starnitzke, Diakonie als soziales System. Eine theologische Grundlegung diakonischer Praxis in Auseinandersetzung mit Niklas Luhmann, Stuttgart 1996, S. 15.

89 Ebd., S. 15: »Laut Statistik des Diakonischen Werkes der EKD waren am 1.1.1994 über 369.460 Mitarbeiter in 30.695 Einrichtungen hauptamtlich in der Diakonie beschäftigt. Die Zahl der Betten und Plätze betrug zu diesem Zeitpunkt 1.021.729.« / Vgl. Statistische Informationen, hrsg. v, Diakonischen Werk der Evangelischen Kirche in Deutschland, Präsident Karl Heinz Neukamm, Stuttgart, im Juli 1995, S. 3.

90 Vgl. Michael Meyer-Blanck u. Birgit Weyel, Arbeitsbuch Praktische Theologie Gütersloh 1999, 1. Einheit: Diakonie als Unternehmen, S. 145ff.

Organisation, der Leitung und des professionalisierten Personals wurde weiterentwickelt, was 1983 zuerst von den Vorständen der von-Bodelschwingh'schen Anstalten in Bethel (im Anschluss an ein Führungsseminar) für sein Terrain beschlossen worden war.[91] Alfred Jäger wertet jenen Vorstandsbeschluss[92] als Beginn einer neuen Ära diakonischen Führungsstils und von ihm ausgehender Betriebskybernetik, die sich in den kommenden Jahrzehnten detailliert ausprägen und verfestigen sollte.

1.1 Kirche als Unternehmen

Um die Ökonomisierung der Institutio Diakonie in angemessener Komplexität darzustellen, muss auch die Ökonomisierung der Institutio Kirche, zumindest überblicksweise berücksichtigt werden.
Zuerst hat Alfred Jäger in seiner 1993 erschienenen Veröffentlichung über die *Kirche als Unternehmen* Impulse gegeben, die u.a. vom *Evan-*

91 Vgl. dazu Alfred Jäger, Diakonische Unternehmenspolitik, Gütersloh 1993, S. 159: »Die 1986 erstmals öffentlich geäußerte Anregung zur Konzeption einer hauseigenen diakonischen Unternehmensverfassung stieß auf ein erstaunlich starkes Echo … Zahlreiche Management-Seminare mit Führungskräften zuvor und danach boten die Gelegenheit, diese Möglichkeit eines zeitgemäßen Führungsinstruments noch intensiver und situationsnaher zu bedenken … (S. 162) … Nicht zufällig stand das 21. Internationale Management-Gespräch 1991 an der Hochschule St. Gallen unter dem Titel ›Leadership – The Changing Challenges‹. Martin Posth, Mitglied des Vorstandes der Volkswagen AG, bestimmte die Bedeutung dieses wegleitenden Begriffes bezeichnend: ›Es werden ganz neue Führungspersönlichkeiten mit neuen Sicht-, Denk- und Verhaltensweisen gebraucht. Grundsätzlich international orientiert mit unternehmerischem, innovativem Verhalten, risikobereit, kommunikations- und kontaktfähig, team- und konfliktfähig, das sind einige der wichtigsten Eigenschaften des Managers von morgen. Weiter müsste ein striktes Kosten-, Ertrags- und Qualitätsbewusstsein ebenso vorhanden sein wie Personalkompetenz und Konsensfähigkeit. Der Manager von morgen und übermorgen hat ein hohes Problemlösungspotential. Erst mit kreativem Denken, Entscheidungsfreude und einer starken Handlungsorientierung gelingt es ihm, Ad-hoc-Probleme zu bewältigen und Langzeitstrategien zu entwickeln.‹«

92 Ebd., S. 172: »1983 entschieden sich die Vereinigten Vorstände der von Bodelschwingh'schen Anstalten Bethel im Anschluss an ein Führungsseminar dazu, mit einer Revision der Leitungsstrukturen zugleich und vordringlich eine hauseigene Verfassung in die Wege zu leiten. Der Entscheid folgte darin der betriebswirtschaftlich eingespielten Maxime einer Unternehmensrevision: Unternehmenspolitische Inhalte kommen vor Struktur; die Willensbildung im Leitungsorgan hat gegenüber dem strukturell tragenden Netz Priorität; das ›Wir‹ entscheidet über das ›Wie‹ … Die ›Grundsätze für das Leben und Arbeiten in den von Bodelschwinghschen Anstalten Bethel‹ waren meines Wissens die erste diakonische Unternehmensverfassung überhaupt … Zumindest anfänglich hatte die in verschiedener Hinsicht instruktive Unternehmensverfassung der Bertelsmann AG die Funktion einer Modellvorlage … Die Herausforderung, einen wegweisenden unternehmenspolitischen Schritt in der Diakonie zu tun, bildete im Hintergrund einen besonderen Anreiz.«

gelischen-München-Programm[93] und, für die Gegenwart, von Herbert Lindner und Michael Herbst aufgegriffen wurden. Grundsätzlich werden hier Diakonie und Kirche (soweit das zu trennen ist) nach vergleichbaren Instrumentarien entworfen und geleitet.

Einer der Hauptvertreter derer, die mit der Methode von Organisationssoziologie und Betriebswirtschaftslehre die Reform der Kirche voran bringen wollte, war Herbert Lindner[94]. Obwohl Glaube und Organisation häufig in einem Spannungsverhältnis stehen, schließt dieses Faktum für Lindner die Verwendung des Organisationsbegriffes und damit der Methoden der Organisationssoziologie nicht aus. In seinen Deutungsbemühungen und Handlungsanweisungen für das *Unternehmen Kirche* sieht er sich dem Brückenschlag zwischen Spiritualität und Moderne verpflichtet. In seiner Veröffentlichung »Kontinuität und Systematik«[95] werden Handlungsanleitungen für das gezielte Management in Kirche und Gemeinde gegeben. Der Geist dieser Maximen wird, exemplarisch, in den Anweisungen zum Mitarbeitergespräch deutlich: »Die Gespräche sind verpflichtend. Was als Zwang erscheint, kann heilsam sein … Das Instrument des Mitarbeitenden-Gesprächs ist in seiner jetzigen Ausgestaltung trotz seiner Einfachheit – oder gerade wegen ihr – eine der weitreichendsten Innovationen in der evangelischen Kirche der Neuzeit.«[96]

Obwohl eingestanden wird, dass um die Einführung solcher Instrumentarien eine Diskussion möglich sein sollte, wird ihr doch bei Lindner kein Raum gegeben. Denn was auch als Zwang erscheinen mag, kann ja dennoch heilsam sein. Manche Theologen[97] üben an diesem Zwang Kritik oder erinnern daran, dass Kirche Creatura Verbi ist. Sie empfehlen Zurückhaltung darin, sich Fremdbestimmungen aus den Bereichen von BWL und strategischem Management anzuvertrauen. Doch sie werden freundlich und sachkundig zurechtgewiesen.[98] Auch der Greifswalder

93 Das Evangelische München-Programm (eMp), Evangelisch-Lutherischer-Dekanatsbezirk München 1998.

94 Vgl. Herbert Lindner, Kirche am Ort: Eine Gemeindetheorie, Stuttgart 1994.
Ders., Gemeindearbeit in Oberfranken, Rummelsberg 1989.
Ders., Kirche am Ort. Ein Entwicklungsprogramm für Gemeinden, Stuttgart 2000.
Ders., Spiritualität und Modernität, in: PTh 6 / 1997, S. 244–264.

95 Ders., Kontinuität und Systematik, in: PrTh 4 / 2002, S. 257.

96 Ebd., S. 263.

97 Vgl. die Hammer Erklärung vom 13.2.2001, nachzulesen in: www.ekvw.de / landeskirche / reformprozess / stellungnahme / knz. pdf.

98 Vgl. zum Umgang mit Kritik Herbert Lindner, Kontinuität und Systematik, a.a.O., S. 260: »Die Diskussion über die Verwendung von Managementmethoden im ›Unternehmen Kirche‹ ist lebhaft und von hohen Emotionen besetzt … Ethische Probleme, die es ja nun wahrhaftig genug gibt, dienen dazu, jede Verwendung aus diesem Bereich a limine als Ökonomisierung des Evangeliums zu brandmarken. Positionen, die sich um eine sachgerechte Übertragung und um eine enge Verbindung zum Auftrag der Kirche bemühen, werden aus Lust an der Polarisierung kaum wahrgenommen.« / In diesem Zusammenhang warnt auch Christian Möller wieder-

Theologe Michael Herbst[99] schlägt für die Kirche unternehmerisches Agieren vor. Kirche soll in »*theonomer Reziprozität*«[100] die Mechanismen des Marketing für wirksame Verkündigung nutzen. Hatte Jäger zunächst das »Produkt Nächstenliebe« im Blick, sahen Lindner und Herbst das »Produkt Evangelium« im Zentrum des Vertriebmanagements. Die Frage danach, ob Erfolg als Kriterium und Ziel kirchlicher Arbeit gewertet werden kann, beantwortet Dirk Dütemeyer in seiner Dissertation »Dem Kirchenaustritt begegnen« positiv[101]. Der anhaltenden Kirchenaustrittswelle stellt er ein, wie er hofft, wirksames Marketingkonzept entgegen.[102] Einen vergleichbaren Weg geht Steffen Hellebrecht[103] in seiner Dissertation »Die Praxis des kirchlichen Managements.«[104]

2. Diakonie als Unternehmen bei Alfred Jäger

2.1 Einleitung

Wie in der vorab aufgezeigten Chronologie belegt, hat sich Alfred Jäger von 1982/83 bis heute darin profiliert, einer neuen, unternehmerischen Sicht von diakonischer Arbeit Gehör und Gestalt zu verschaffen. In theologischen, ethischen und praktischen Schritten hat er ihr zu Akzeptanz, primär auf der Leitungsebene verholfen.

Dem Ansatz Wicherns in der Zeit von 1840–1850 ähnlich, möchte Jäger das diakonische Potential in seiner gesellschaftlichen Relevanz und marktwirtschaftlichen Wechselwirkung als Ganzes wahrgenommen wissen. Wicherns Botschaft auf dem Wittenberger Kirchentag 1848 spricht die Einladung aus, Diakonie vor klerikaler Verkapselung[105] zu

holt vor »*permanenten Beurteilungsgesprächen*, in denen Pfarrer auf ihre *Erfolge* hinweisen, … wobei die Ergebnisse an das Landeskirchenamt weitergegeben und dort zentral gespeichert werden.« Zit. Bei Jan Hermelink, Wie hat die Kirche Erfolg, in: WzM 56, 2004, S. 42.

99 Vgl. Michael Herbst, Hans-Jürgen Abromeit, Peter Böhlmann, Klaus-Martin Strunk, Spirituelles Gemeindemanagement. Chancen-Strategien-Beispiele, Göttingen 2001.

100 Dieser Begriff wurde von Rudolf Bohren geprägt und gefüllt.

101 U.a. im Sinne der deregulierten Telecom.

102 Dissertation Dirk Dütemeyer, Dem Austritt begegnen, Frankfurt/Main 2000.

103 Steffen Hellebrecht, Die Praxis des kirchlichen Managements, Hamburg 2000.

104 Vgl. in diesem Zusammenhang auch Manfred Bruke/Albrecht Grözinger, Kirche und Marktorientierung, Freiburg 2000.

105 Vgl. dazu Dörte Gebhardt, Menschenfreundliche Diakonie. Exemplarische Auseinandersetzungen um ein theologisches Menschenverständnis und Leitbilder, Neukirchen-Vluyn, 2000, S. 265: »Um das Zentrum der diakonischen Unternehmenspolitik herum siedelt Jäger in konzentrischen Kreisen die kirchliche, sozialstaatliche, gesellschaftliche, wirtschaftliche, wissenschaftlich therapeutische und ökologische Umwelt an. Auf der wissenschaftlich-anthropologischen Ebene wird ihm eine Entfremdung zwischen Theologie und Humanwissenschaft deutlich.«

bewahren. In der Unterscheidung der Geister solle der gute Anteil Zeitgeist behalten und integriert werden. So liesse sich mit dem Grundanliegen des Hilfsangebotes aus dem Glauben überdauern.[106] Eine Diakonie, die sich nicht am Pulsschlag der Zeit orientiere, verurteile sich zu selbstgewählter Ohnmacht und Unfähigkeit, *effizient* und zeitgerecht zu handeln. Was Struktur, Kybernetik und Diktion angehe, sei die Diakonie noch sehr im 19. Jahrhundert verwurzelt. Nur eine Reform an Haupt und Gliedern könne die großen diakonischen *Komplexeinrichtungen* retten.

Die Jäger'schen Kerngedanken seien hier nur umrissen:
Mit seiner Formulierung »Diakonie als christliches Unternehmen«[107] hat Jäger 1986 in seiner gleichnamigen Veröffentlichung eine konstruktive Analyse, sowie Programm und Handlungsanleitung gegeben. Diakonische Einrichtungen sollten sich demnach in Zukunft mutig als christliche Unternehmen verstehen[108]:

- sie sollen sich mit strategischem Bewusstsein in das marktwirtschaftliche Gefüge einordnen[109],
- sie sollen sich *nach innen und außen* an unternehmerischen Denk- und Handlungsmodellen ausrichten.

Das geht Hand in Hand mit einer neuen, theologischen Verortung von Diakonie. Die Entdeckung der unternehmerischen Aspekte von Diakonie sorgt für eine ekklesiologische *Entlastung* der Diakonie.[110] Hier hat Jäger die größeren diakonischen Einrichtungen, die *Komplexanstal-*

106 Vgl. dazu Markus Rückert, Diakonie und Ökonomie. Verantwortung, Finanzierung, Wirtschaftlichkeit, Gütersloh 1990, S. 56: »Und der Typ des leitenden Mitarbeiters, dem die Aufgabe zufällt, wird eher und zutreffender mit ›Manager‹ beschrieben … (S. 58) … Die selbstlose Liebe ist eine fruchtbare Herausforderung, eine drückende Last für die, die diakonische Verantwortung tragen. Wer hier nicht maximal vorbereitet ökonomisch managt und professionell die Methode des Wirtschaftens einsetzt, macht sich schuldig.«

107 Alfred Jäger, Diakonie als christliches Unternehmen. Theologische Wirtschaftsethik im Kontext diakonischer Unternehmenspolitik, Gütersloh 1986.
Vgl. dazu auch Alfred Jäger, Diakonie als eigenständige Gestalt von Kirche, in: WzM 49, 1997, S. 340–353.

108 Vgl. dazu Markus Rückert, Diakonie und Ökonomie, a.a.O., S. 56: »A. Jäger hat vorwiegend aus unternehmenspolitischen Gründen für ein integriertes Führungsmodell in diakonischen Unternehmen plädiert …«

109 Vgl. dazu auch Horst Seibert, Strukturwandel in der Diakonie, in: Jahrbuch Diakonie 1996/97, S. 35ff: »Diese Struktur und diese gesellschafts- und sozialpolitische Verortung der Verbände der freien Wohlfahrtspflege brachten es mit sich, dass die Verbände glaubwürdige Ideale geltend machen konnten – und gleichzeitig eine professionelle Struktur erhalten konnten, sowie ihre Mitarbeiterschaft nach gesellschaftlichen Spielregeln sichern konnten.«

110 Vgl. Herbert Lindner, Diakonie und verfasste Kirche, in: PTh 83, 1994, S. 313.

ten[111], im Blick. Insbesondere für diese hält er die Anwendung betriebswirtschaftlicher Grundsätze und Methoden für unerlässlich. Er fasst sein spezifisches diakonisches Proprium so, dass mit Hilfe einer diakonischen Betriebswirtschaftslehre auch eine *diakonische Theologie* entwickelt wird: Mit Jäger wird in der Tat dieser Begriff in die Diakonik eingeführt. Damit geht das Denk- und Handlungsgefüge, das die *diakonische Theologie* auslöst und repräsentiert, einher. Diakonische Theologie soll den tatsächlich unternehmerischen Charakter der Institutionen nachvollziehen und verantwortlich durchdenken.

Jäger konzentriert seine Überlegungen[112] zum christlichen Unternehmenscharakter auf:

1. Leitung
2. Planung
3. Gestaltung

Auf diesen Ebenen (entscheidungstragend- und verantwortend) solle sich der unternehmerische Zug der Diakonie entwickeln. Und eben auf dieser Ebene seien deshalb betriebswirtschaftliche und theologische Aspekte zusammenzubringen.[113]

Grundlegend für das Verständnis von Diakonie als christlichem Unternehmen ist dabei das Modell[114]:

- Ökonomie als äußerer Rahmen
- Theologie als Innere Achse

Die Fragen[115]:

- Wer sind wir?
- Was wollen/sollen wir?
- Wohin soll es gehen?

finden sich bei Jäger als *unternehmenspolitische Leitfragen* bezeichnet. Dabei gehen die spezifisch christliche Motivation und Tradition in die

111 Vgl. die Bezeichnung bei Alfred Jäger, Diakonie als eigenständige Gestalt von Kirche, a.a.O., S. 340ff.

112 Vgl. Meyer-Blanck, Arbeitsbuch Praktische Theologie, a.a.O., S. 149.

113 Vgl. dazu Markus Rückert, Diakonie und Ökonomie, a.a.O., S. 188: Dieser plädiert ebenfalls für ein diakonisches Management und eine entsprechende diakonische Theologie im Sinne A. Jägers. Dabei sei jedoch – so sein Vorbehalt – das »eigentliche Ziel der Diakonie« von der unternehmerischen und nützlichen »Nebenbedingung« deutlich und vermittelbar zu unterscheiden. Um so mehr könne man beide dann jedoch in fruchtbarer Weise aufeinander beziehen.

114 Vgl. Meyer-Blanck, a.a.O., S. 149.

115 Vgl. Johannes Degen, Die Qualitätsan*frage*, S. 255–272, in: Karl Bopp, Theologie der Qualität – Qualität der Theologie, Freiburg 2001, S. 271: »Die Nutzung von QM-Konzepten kann für Diakonie und Caritas ein Anstoß dazu sein, noch mehr als bisher ihr eigenes Profil umzusetzen, ihre Leistungen transparent zu machen, das Preis-Leistungsverhältnis im Rahmen ihrer Angebote als angemessen darzustellen und den Nutzen ihrer Dienste, sowie den Mitarbeitern Klarheit darüber zu geben, was vom Produkt ›Diakonie‹ bzw. ›Caritas‹ erwartet werden kann und muss.«

Corporate Identity[116] ein, sowie in die sogenannte *Unternehmensgestalt* und die *Unternehmensziele*[117]. Die persönliche Überzeugung der einzelnen MitarbeiterInnen scheint nicht mehr auszureichen[118], um sich spürbar auf die schlanke Konzeption einer Einrichtung und ihrer Effizienz auszuwirken.

Zur Management-Theologie:
Zwar solle die innere theologische Achse verstärkt zur Geltung kommen, aber eben nur innerhalb des Selbstverständnisses diakonischer Einrichtungen als Unternehmen. Jäger spricht von einer »theologisch orientierten und begründeten, situationsbezogenen, diakonischen Unternehmenspolitik«, die er als »Management-Theologie« bezeichnet und die den tatsächlich praktizierten Management/Leitungs-Modellen entspricht.[119] Es sollen nicht mehr einzelne Funktionsträger wie Anstaltspfarrer, Diakonissen oder Diakone das Christliche repräsentieren, sondern alle Leitungsarbeit und alle Leitungsgremien müsse theologisch profiliert sein.
Diakonische Unternehmenspolitik bilde sich als maßgebliches Instrument der Leitung nach integralen und langfristigen Gesichtspunkten.[120]

116 Zum gegenwärtig verantworteten, im Sinne Jägers fortentwickelten Begriff von *Corporate Identity* sei (in repräsentativer Eigenschaft) aus dem folgenden Interview mit Otto Haußecker zum Leitbild in der Evangelischen Diakonissenanstalt Stuttgart zitiert, in: Diakonie Report, Januar 2003, Ein Leitbild ist wie eine Sprossenwand, Stuttgart 2003, S. 10: »Ein Leitbild bietet eine Orientierung für die gesamte Arbeit – für die Ziele genauso wie für die Führung und den Ablauf. Es ist das aus unserem Bekenntnis abgeleitete Credo unseres Unternehmens, das die Arbeit zentriert und nach außen und nach innen profiliert. Durch unser Qualitätsmanagementsystem bekommt das Leitbild Hände und Füsse ... Das Leitbild drückt die Ziele und Werte eines Unternehmens aus und bildet so die Grundlage für das Handeln, die Haltungen, die Strategie, die gesamte Organisation. Das Leitbild ist ein Navigationsinstrument.«

117 Vgl. Susanne Kobler-von Komorowski, Über das Leitbild hinaus, in: Diakonie Impulse, Magazin für Führungskräfte, Heft 2, April 2003, Stuttgart 2003, S. 17: »Was ist eigentlich diakonische Identität? Und wo ist sie anzutreffen? Die in den 90er Jahren entstandenen Leitbilder wollten nicht zuletzt auf diese Fragen Antwort geben. Leitbilder enthalten diakonisches Selbstverständnis in konzentrierter Form. Sie dienen damit den Beschäftigten zur Orientierung. Das gilt besonders für das Leitbild ›Diakonie – damit Leben gelingt‹, das 1997 auf der Diakonischen Konferenz in Bremen verabschiedet wurde.«

118 Vgl. dazu auch Johannes Degen, Die Qualitätsfrage, in: Karl Bopp, Theologie der Qualität, a.a.O., S. 274: »Gleichwohl wirft die Entwicklung eines Qualitätsmanagementsystems die Frage nach dem christlichen Proprium auf und zwar in einer besonderen Schärfe. Der Hinweis auf das individuelle Bekenntnis, die persönliche Überzeugung von Leitungskräften und Mitarbeiter(innen) reicht, so unverzichtbar sie sind, nicht mehr aus, um die Identität eines Hauses zu definieren. Notwendig wird die Gestaltung einer spezifischen Kultur der Organisation.«

119 Vgl. Alfred Jäger, Diakonie als christliches Unternehmen, a.a.O., S. 133.

120 Ebd., S. 133.

Darin erfülle *diakonische Theologie* die unersetzliche Aufgabe
1. der Wert- und Sinnorientierung und
2. der Motivation des Unternehmens andererseits,
3. der Konzentration der Teile nach innen und
4. der Identifikation nach außen.

Die *theologische Achse* des Unternehmens sei nicht primär überzeitlich und allgemeingültig, sondern vielmehr situationsbezogen zu entwickeln. Vom ehemaligen Entscheidungsmonopol theologischer Funktionsträger in den diakonischen Komplexeinrichtungen sei man nun zu einem Zusammenspiel verantwortlicher Entscheidungsträger verschiedenster Fachsparten in Planung, Gestaltung und Leitung gelangt. Dies führe zur bewussten Stärkung einer Laien-Theologie, die insbesondere in der Kommunikation zwischen Theologen und Nichttheologen auszubilden ist.

Das Christliche Unternehmen als Aufbruch:
Jäger stellt Handlungsbedarf und Chance folgendermaßen dar: »Wo dem Staat der lange Atem ausgeht, ist freie, spontane, christlich-humanitäre diakonische Hilfe und Liebe neu gefordert. Das ruft nach diakonischer Hellsicht für alte und neue Not, erfordert diakonische Phantasie und Innovationskraft mit neuen Lösungen.«[121] Hier deckt sich die Forderung Jägers mit der Aufbruchs-Diktion und -Theologie mancher diakonisch orientierten Basisgemeinschaften und Kommunitäten – auch wenn beide, in komplementärer Weise, verschiedene Richtungen einschlagen. In beiden Richtungen sind Christen zum Handeln aufgefordert. Dem Anruf muss begegnet werden: »Die alten Notlagen bleiben, wenn die öffentliche Hand zurückstehen muss; neue kommen dazu.«[122] Das diakonische Kernziel Alfred Jägers besteht also darin, ökonomische Rationalität und christlichen Glauben in einer bestärkenden Weise miteinander zu verbinden: »In einer praktischen Liebe, die weiß, was sie will und soll«[123].

2.1.1 Vertiefung: Eine Begründung, warum vom Gründungs/ Hausvater Modell auf das Manager-Modell übergegangen werden musste

Bis weit in die Nachkriegszeit hinein[124] waren diakonische Komplexanstalten in West- und Ostdeutschland noch stark von der Mutterhaus- und Hausväterdiakonie geprägt. Zumindest in der westdeutschen Entwicklung der vergangenen drei Jahrzehnte ist mit ihrer Expansion, der inneren Professionalisierung und der äußeren Einbindung in das wohlfahrtsstaatliche System eine veränderte Situation entstanden. Diese hat

121 Alfred Jäger, Diakonie als christliches Unternehmen, a.a.O., S. 21.
122 Ebd., S. 21.
123 Ebd., S. 22.
124 Vgl. Meyer-Blanck, Arbeitsbuch Praktische Theologie, a.a.O., S. 146.

sich nach 1990 rasch auf die ostdeutschen diakonischen Einrichtungen übertragen. Zwar erscheint immer noch die Kirche als Trägerin der Diakonie. Das Kronenkreuz steht für diese Zugehörigkeit. Doch die Bindungen sind im Alltagsvollzug unklarer geworden. Nicht mehr der kirchliche Verein bildet die rechtliche und finanzielle Basis der Arbeit, sondern der Sozialstaat (auch wenn die neueste Entwicklung hier wieder auf Trennung und Privatisierung hinausläuft). Das hat natürlich Auswirkungen auf das Selbstverständnis der Einrichtungen insgesamt, auf MitarbeiterInnen aller Ebenen.[125] Die Jäger'sche Typenlehre[126] diakonischer Führungspersönlichkeiten, die in ihrer vierfachen Unterscheidung Geschichte und Gegenwartsstand diakonischer Komplexanstalten beschreibt, bereitet systematisch dem Modell des diakonischen Managers mit all seinen praktischen und theoretischen Implikationen den Weg.

Der erste Typus (*Gründervater)* wird repräsentativ von Bodelschwingh dem Älteren verkörpert. Er war mit inspiratorischem Führungsstil und ökonomischem Geschick begabt und verstand es, diakonische Arbeit zu initiieren, auszubreiten, zu stabilisieren und die Standorte miteinander zu vernetzen. Obwohl er in erster Linie Pfarrer war, hatte er doch ein Gespür für wirtschaftliche Entwicklungen und Zusammenhänge[127] seiner Epoche. Hinzu kam der begünstigende Umstand, dass er führende Persönlichkeiten des preussischen und kaiserlichen Hofes von Jugend auf gut kannte. Da alle Linien innerhalb des Werkes auf eine solche Person zusammenliefen, war die Eigenständigkeit der Teil- und Fachbereiche nicht gewährleistet. Zu vieles stand und fiel mit der persönlichen Einflussmöglichkeit der Gründerfigur.

Der Repräsentant des zweiten Modells, der *diakonische Hausvater*[128] versteht zwar viel von den ökonomischen Bedingungen der von ihm zu

125 Ebd., S. 147: »Der geleistete Dienst wird nur noch zum Teil bewusst als biblisch-theologisch begründet und mit der Kirche verbundener Auftrag gesehen. Zwischen den hohen Ansprüchen, wie sie in Theologie und Kirche für das diakonische Handeln nach wie vor formuliert werden, und der Wirklichkeit in den Einrichtungen klafft mithin ein breiter Graben. Eine bewusste Verknüpfung der betrieblichen Realität diakonischer Einrichtungen mit der Suche nach einem spezifischen unternehmerischen Leitkonzept und Profil, das theologischer Bestimmungen bedarf, ist zugleich auch die Suche nach einer Brücke über den Graben zwischen Diakonie und verfasster Kirche.«

126 In seiner Initialschrift »Diakonie als christliches Unternehmen« von 1986 entwickelt Alfred Jäger auf den Seiten 21–33 sein Modell von den vier Typen diakonischer Führungspersönlichkeit. In der handlungsmotivierenden, an Konsequenzen reichen Ziehung der Line vom Gründungs/Hausvatermodell zum Managermodell möchte er der vorab geschilderten, veränderten Landschaft in Diakonie, Kirche und Staat begegnen.

127 In heutiger Zeit würde man von einem guten Public-Relation-Management, bzw. Spenden-Management sprechen. Seine Fähigkeit, Gelder für die in Bethel begonnene Arbeit zu gewinnen, brachte manche Zeitgenossen dazu, den Namen Bodelschwingh zu »Beutelschwing« zu verballhornen.

128 Dieser Typus wird bei Jäger auch als Symbiotisches Modell bezeichnet.

verantwortenden Arbeit, gesteht ihnen jedoch keine Eigenständigkeit zu. »Er versteht sich als treuer Verwalter des Bestehenden«[129] und die persönliche Gläubigkeit ist mit seiner Funktion als christlicher Hausvater untrennbar verbunden.

Der dritte Typus lässt sich als *diakonischen Funktionär bezeichnen.* Dieser versteht sich im diakonischen Arbeits- und Lebenszusammenhang als Verwaltungsbeauftragter. Ökonomischer und theologischer Bereich sind für ihn zwei grundverschiedene Welten. Die Theologie respektiert er, solange sie nicht, weder theoretisch noch praktisch, mit seiner ökonomischen Welt kollidiert. Insofern existiert der diakonische Funktionär aufgrund eines immerwährenden Stillhalteabkommens zwischen Theologie und Ökonomie.

Für den *diakonischen Manager* (vierter Typus), der sich vom Bild des dritten Typus positiv abhebt, sind Theologie und Ökonomie nicht zu trennen. Als Vertreter eines ganzheitlich-integrativen Ansatzes weiß er, »dass diakonische Kreativität nur aus dem Zusammenspiel beider Seiten entsteht.«[130] Die Gefahren[131] einer erzwungenen Trennung wären groß. Alfred Jäger plädiert eindeutig für dieses vierte Modell und wertet es auch insofern auf, als er seine Management-Theologie von der exemplarischen Hervorhebung des diakonischen Managers[132] herleitet.

2.1.2 Vertiefung: Diakonisches Management

In der positiven Herausarbeitung des vierten Typus wird der Weg vom »ökonomischen Funktionär zum diakonischen Manager, vom Spezialisten zum Generalisten, von der Hausverwaltung zum integralen Mana-

129 Alfred Jäger, Diakonie als christliches Unternehmen, a.a.O., S. 25.
130 Ebd., S. 25.
131 Auf die Gefahren, die eine Trennung der beiden Felder von Ökonomie und Theologie mit sich bringen kann, weist auch Markus Rückert in seiner Dissertation *Finanzierung Diakonischer Arbeit* (s.o.) hin, S. 40: »Es geht nicht an, dass man im täglichen ökonomischen Geschäft sich zweckorientiert der Eigendynamik des unternehmerischen Handelns hingibt und der Liebe nur ihren Platz im Gottesdienst oder in diakonischen Sonntagsreden anweist. Dann hätte A.Jäger recht mit der Bemerkung, dass die sachliche Spannung zwischen Liebe als Selbstzweck und zweckorientierter Unternehmensgestalt, kurz, zwischen Theologie und Ökonomie, nicht im Sinne einer Zwei-Reiche-Lehre interpretiert und praktisch gehandhabt werden soll. Die beiden Größen liegen nicht wie zwei Felder aneinander, die je von einem Bauern besessen und bewirtschaftet werden: Hier der Glaube an die heilsame Kraft der Liebe, da die wirtschaftliche und sonstige Realität mit ihren eigenen Gesetzen.«
132 Der klassischen, binnenstrukturierten diakonisch-theologischen Ausbildung früherer Leitungstypen traut Alfred Jäger seit den 80er Jahren nicht mehr zu, große und komplexe Diakoniewerke effizient zu führen (bzw. zu navigieren). Weder im 1. und 2. Theologischen Examen, noch in der DiakonInnenausbildung allein läge die geeignete Qualifikation, sich den gewandelten Leitungsanforderungen gegenüber kompetent zu verhalten. Die Verwaltung von Wort und Sakrament begabe noch nicht zur Verwaltung von Einrichtungen tätiger, effizienter Nächstenliebe und der Qualitätssicherung auf den verschiedensten Handlungsfeldern.

gement ...«[133] gegangen. Dabei muss auch der Stellenwert ökonomischer Gesichtspunkte in der Prioritätenliste des diakonischen Unternehmens gehoben werden. Das diakonische Management kann nicht an einzelne Organe delegiert werden, sondern es ist Sache der Führungsorgane.
Im Hinblick auf den zu beginnenden Prozess unterscheidet Alfred Jäger zwischen *kurzfristigem*, *mittelfristigem* und *langfristigem* Ziel. Von einer eigengesetzlichen Systematik und Methodik der Abläufe und ihrem positiven Resultat wird ausgegangen.

a) Das kurzfristige Ziel:
In einem einleitenden, katalysierenden Schritt müssen die theologisch-ökonomischen Probleme intern analysiert werden. Aus dieser Analyse heraus sollte eine hauseigene Management-Philosophie entworfen werden. »Darin sind leitende Werte des Unternehmens und praktische Gesichtspunkte hautnah verwoben ... Es gilt dann, zu formulieren, wohin das Unternehmen geführt werden soll.«[134] Dieser Prozess sollte in fachübergreifenden, hausinternen Arbeitsgruppen[135] stattfinden.

b) Das mittelfristige Ziel:
Von der Idee des Zentralismus sollte schrittweise zum Prinzip der diakonischen Autonomie[136] gelangt werden. Hier teilt Jäger die Haltung mancher diakonischer Kommunitäten und Gemeinschaften, die von der Vernetzung einzelner, weitgehend autonomer Basis-Zellen vor Ort ausgehen. »So entstehen immer wieder neue diakonische Unternehmen, die anfänglich zumeist auf ökonomisch schwachen Beinen stehen. Aus der Verwaltung heraus können Anstöße erwachsen, dass solche neuen Zentren der Diakonie unterstützt werden.«[137]

133 Alfred Jäger, Diakonie als christliches Unternehmen, a.a.O., S. 30.
134 Ebd., S. 31.
135 Diese katalytische Profilfixierung nach innen und außen spezifiziert Alfred Jäger 1992, sechs Jahre nach der Initialschrift *Diakonie als christliches Unternehmen*, in seiner Veröffentlichung: *Diakonische Unternehmenspolitik. Analysen und Konzepte kirchlicher Wirtschaftsethik,* Gütersloh 1992, vgl. Seiten 47/48. Für den Umgang mit Unternehmenswerten gibt es demnach unterdessen ein umfängliches Instrumentarium, das im Marktunternehmen schon längere Zeit erprobt worden ist:
1) die Erarbeitung einer besonderen *Identität* des Unternehmens (Corporate Identity), welche die Frage profiliert beantwortet, wer *wir* als Mitarbeiterschaft mit unseren besonderen Leistungen sind;
2) die Erarbeitung von zukunftsgerichteten Zielen des Unternehmens, durch die verbindlich gesagt wird, was durch alle Einzelentscheide hindurch angestrebt wird;
3) die Erarbeitung eines Leitbildes des Unternehmens, das die Frage beantwortet, wohin das Schiff zu steuern ist, »wenn es nach zehn Jahren noch auf guter Fahrt sein soll.«
136 Ebd., S. 32.
137 Ebd., S. 32.

c) Das langfristige Ziel:
Zur Erhärtung dieser endgültigen Zielausrichtung führt Jäger noch einmal das Aussterben herkömmlicher Formen der Diakonie an. Diese Entwicklung rufe nach neuen Wegen, die im Sinne eines »integralen Managements«[138] gelöst werden könnten. Langfristig bedeute das auch, dass die Stellung der Leitungsebene an Bedeutung zunimmt.[139] Doch räumt Alfred Jäger ein: »Die Zukunft der Diakonie liegt selbstverständlich nicht darin, dass Verwaltungen zu Management-Zentren werden, die ihrerseits Gefahren mit sich bringen. Die Zukunft liegt darin, dass Menschen spontan den Auftrag Christi hören und konkrete Notlagen sehen. In dieser Richtung können und müssen auch Verwaltungen aktiv werden.«[140]

2.1.3 Das Bielefelder Management-Modell nach Lohmann

In seiner Veröffentlichung »Das Bielefelder Management Modell«[141] stellte David Lohmann[142] sein von Alfred Jägers Ansatz ausgehendes betriebskybernetisch-unternehmenstheologisches Modell vor. Dabei werden Denkanstösse und und praktische Handlungsorientierungen für ein theologisch inspiriertes und zugleich ökonomisch erfolgreiches Ma-

138 Ebd., S. 32.
139 Vgl. Dörte Gebhardt, Menschenfreundliche Diakonie, a.a.O., S. 266: »Für den Systemansatz ist die Konzentration auf den Führungsprozess charakteristisch«, es »fokussiere sich das Interesse auf die Leitungsebene.« Kritisch bewertet Dörte Gebhardt ihre angenommene Überbeanspruchung der Leitungsebene/-persönlichkeit – einerseits aus der Anfrage an besagte Fokussierung heraus. Denn diese Konzentration auf die Entscheidungsträger in der Diakonie gehe in der Regel Hand in Hand mit einer inkonsistenten Sicht auf die Betreuten. Außerdem sei »das Anforderungsprofil an leitende Mitarbeiter ... ausnehmend komplex: Erwartet wird eine Mehrfachqualifikation, die von Menschen nur im Ausnahmefall zu erwerben sein dürfte.«
140 Alfred Jäger, Diakonie als christliches Unternehmen, a.a.O., S. 32.
141 David Lohmann, Das Bielefelder Diakonie Management Modell, in: Leiten, Lenken, Gestalten / Theologie und Ökonomie, Herausgegeben von Alfred Jäger, Gütersloh 1997, S. 12: »Wer allerdings die (noch) steile These aufstellt, in konfessionellen Sozial-Unternehmen sei Theologie entscheidender Effizienzfaktor, der muss nolens – volens apologetisch den immer wieder vorgebrachten theologischen und betriebswirtschaftlichen Einwänden bis ins Detail hinein begegnen und so aufweisen, wie sich Theologie in Unternehmensstrukturen sinnvoll konkretisieren lässt.«
142 David Lohmann, geb. 1963, 1984–1990 Studium Evangelische Theologie, 1990–1997 Bankhaus Hallbaum, Maier & Co Hannover, 1996 Promotion an der Kirchlichen Hochschule Bethel: Das Bielefelder Diakonie-Management-Modell (1997), 1997–2001 im Augustiunum München, seit 2001 Abteilungsdirektor M.M. Warburg & Co, Hamburg. / Im Rahmen der Arbeit der »Diakonischen Akademie« hat er 2004 zusammen mit Alfred Jäger ein »Wartburg-Seminar« zu Finanzierungsrisiken und Finanzierungschancen diakonischer Unternehmen gehalten, vgl.: www. Diakonische akademie/programme/Programm % 202004 pdt, Seminarnummer: 712303.

nagement[143] gegeben. Er führt entscheidende Gedanken seines Lehrers weiter, indem er der Bezeichnung von Theologie als *innerbetrieblichem Effizienzfaktor*[144] zustimmt. Theologie wird in seiner Vorstellung von diakonischem Management ein entscheidender Ort eingeräumt. Das Diakonie-Management-Konzept liefere, so Lohmanns Anspruch, die normative Dimension für den Entscheidungs- und den kybernetischen Prozess innerhalb eines diakonischen Unternehmens. Im Anschluss an F.D. Schleiermacher[145] werde Theologie als Management- oder Unternehmenstheologie zur Ancilla der Ökonomie. In der Berührung von Theologie mit Begriffen und Verstehenszusammenhängen der Betriebswirtschaft werde Theologie dazu ja sagen müssen, dass, im Horizont ihrer effizienzfördernden Funktion, zentrale Fragekomplexe[146] ausgeblendet werden. Innerhalb des Lohmann'schen Konzeptes geht es nicht um die innertheologische Diskussion eines geänderten Wissenschaftskonzeptes, auch nicht um die Herleitung einer exegetisch-theologischen Begründung moderner Diakonie. »Es geht vielmehr um die *Einbindung* der Theologie in den dynamischen Entwicklungsprozess eines konkreten Praxisfeldes kirchlicher Sozialisation.«[147]

Lohmann führt den Begriff der Management-Theologie auf die Ebene einer *Unternehmens-Theologie* weiter, deren Anliegen die Schaffung einer diakonischen Identität ist.[148] Mit dieser Sinnstiftung werde für das Diakonie-Unternehmen eine Leitidee kommuniziert[149], die den Zweck eines christlichen Unternehmens transparent mache. Somit beschreibe Unternehmens-Theologie Wertvorstellungen und Normen, die in der theologischen Sinnmitte der Diakonie wurzeln. Ebenso verbalisiere sie Einstellungen, die sich auf Selbst- und Werkverständnis und das Verhalten der MitarbeiterInnen auswirken.[150] Dieser Prozess finde sich methodisch durchgeführt in der konsequenten Entwicklung (und allumfas-

143 In allen betriebswirtschaftlich relevanten Bereichen konfessioneller Sozialunternehmen.

144 Ebd., S. 206.

145 Ebd., S. 12: »In diesem Zusammenhang wird Theologie im Anschluss an F.D. Schleiermacher funktional: Diakonische Praxis bedarf auch hinsichtlich konkret ökonomischer Probleme eines soliden theologisch-theoretischen Unterbaus. Dies geht nur aus einem interdisziplinären Dialog heraus. Theologie hat sich auf die Begriffe und Verstehenszusammenhänge der Betriebswirtschaftslehre einzulassen, um die augenblicklichen Strukturen diakonischer Einrichtungen kritisch reflektieren und bei der Entwicklung zukunftweisender Konzepte ›mitreden‹ zu können.«

146 Christologie, Hamartiologie, Justificatio etc.

147 Ebd., S. 12.

148 Ebd., S. 197.

149 Ebd., S. 199.

150 Hier stellt sich die m.E. berechtigte Frage, ob eine eingearbeitete Unternehmensethik nach dem St. Galler Modell nicht eher funktionalen oder instrumentellen Charakter bekommen muss. Überspitzt lässt sie sich dann als *Schmieröl* für das unternehmerische Modell sehen.

senden, schrittweisen Internalisierung) einer *Corporate Identity*. Kongruent dazu solle ein *Corporate Design* erarbeitet werden, das die Handlungsvollzüge beschreibt. Hier bestehe jedoch lediglich für die Führungsebene Reflexions- und Handlungsbedarf.

Die Unternehmens-Theologie[151] liefere die normative Dimension[152] für Modell- und Entscheidungsprozesse insgesamt. Darin sei sie einer Kompassnadel zu vergleichen, die die Navigation des Unternehmens-Schiffes gewährleistet. Die perfekte Diakonie werde sich durch solche Maßnahmen nicht herbeizwingen lassen. Doch die effiziente Steuerungsfunktion könne sich auf dem Boden einer unzweideutigen *Geistgemeinschaft* und ihrer *Haustheologie* herausbilden. Alle christlichen Normen werden im Rahmen eines *prophetischen Prinzips* auf ihre Gültigkeit für die vorfindliche Unternehmenssituation überprüft. Über den *wirtschaftsethischen Trichter* werden sie auf den konkreten Entscheidungs- und Handlungsbedarf des Unternehmens hin modifiziert.[153]
Zusammenfassend lässt sich der dargestellte Prozess so beschreiben: »Die wirtschaftsethische Reflexion des diakonischen Managements ist daher ein fortwährender Prozess, der sich an den kommunizierten Kriterien einer Management-Theologie orientiert. Über die Gestaltung einer Corporate Identity und eines Corporate Design wird diese Management-Theologie zur Unternehmens-Theologie in den einzelnen Leistungserstellungsprozessen konkretisiert. Die theologische Sinnmitte der Diakonie wird so zu einer erfahrbaren Wirklichkeit für die jeweiligen Interessengruppen diakonischer Leistungen.«[154]

151 Theologisches Management nimmt betriebswirtschaftliches Wissen auf, bindet es aber in eine theologische Gesamtperspektive ein. Für die Konkretisierung seines Diakonie-Management-Modells greift der Autor auf das *St. Galler Modell* zurück.
152 Ebd., S. 206.
153 David Lohmann führt hier den Ansatz seines Lehrers Alfred Jäger weiter, der sich stark um einen konstruktiven Dialog mit der Wirtschaftsethik bemüht. Denn diese ist ja mit den moralischen Aspekten wirtschaftlichen Handelns und seinen institutionellen Bedingungen beschäftigt. Wirtschaftsethik bildet als solche einen interdisziplinären Brückenschlag, ein Teilgebiet zwischen Wirtschaftswissenschaften und Philosophie – nach dem Jäger'schen Modell auch der Theologie (vgl. dazu auch J. Becker, Ethik der Wirtschaft. Chancen verantwortlichen Handelns, Stuttgart 1996 – und – K. Homann, Aktuelle Probleme der Wirtschaftsethik, Berlin 1992). Werden Ökonomie und Ethik heute vielfach als Gegensätze erlebt, ist die Wirtschaftsethik bemüht, hier zu vermitteln. Dabei erstrecken sich die Problemfelder der Wirtschaftsethik – die Alfred Jäger zu berücksichtigen bemüht ist – von der ethischen Dimension individuellen Handelns (z.B. Verbraucher-, Führungsethik) bis zu den grundlegenden gesellschaftlichen Wert- und Zielvorstellungen. Akute Brisanz haben dabei im Lauf der letzten Jahre ethische Fragen der Weltwirtschaft bekommen.
154 Ebd., S. 206.

2.1.4 Die theologische Achse des Unternehmens nach Jäger

Alfred Jäger hält Steuerungsmöglichkeiten des modernen Managements[155] in Diakonie-Unternehmen für erforderlich. Die gegenwärtige Betriebswirtschaft nehme Unternehmen nicht nur statisch als eine rechtliche, soziale und wirtschaftliche Institution wahr, sondern – dynamisch – als einen komplexen, zielgerichteten Prozessablauf. Wie vorab aufgezeigt, gliedere sich der Prozess diakonischen Managements in kurz-, mittel- und langfristige unternehmerische Zielbestimmungen. Neben der *Äußeren Achse* jener Abläufe müsse es jedoch auch die *Innere Achse* des dynamischen Unternehmensprozesses geben.
In der *Theologischen Achse*[156] werde versucht, dieser Notwendigkeit zu entsprechen. Bilde sie nicht die komplementäre Größe innerhalb des Unternehmens, mag es mit den »Bilanzen, Konten, Tresoren und Anlagen bei etwas kluger Haushalterschaft noch so gut stehen. Wenn es mit der ›inneren Achse‹ nicht stimmt, leidet die ganze Einrichtung auf die Länge tiefen Schaden.«[157] Die Dringlichkeit dieser inneren Entsprechung zum Äußeren wird mit Lk. 10,42 begründet.[158]
Jäger stellt das Unternehmen im Bild eines Karussells dar. Hier erscheint die innere Achse als bündelnder, zusammenhaltender Mittelpunkt notwendig, damit die gegenläufigen Kräfte der Expansion nicht der Fliehkraft zum Opfer fallen: »Je stärker sich die Tiere mit ihren kindlichen Reitern im Kreis drehen und damit eine sich steigernde Fliehkraft entwickeln, desto nötiger ist eine noch stärkere, innere Achse, die das ganze stabilisiert, stützt und zentriert. Das Karussell bietet eine hilfreiche Veranschaulichung für das Prinzip des dynamischen Gleichgewichts zwischen den gegenläufigen Kräften der Expansion und der inneren Konzentration … Die Führungskonzeption einer modernen Einrichtung ist nach dem in sich gespannten, gegenläufigen Prinzip von zentripetalen und zentrifugalen Kräften zu entwickeln.«[159] Diese innere, tragende, stabilisierende und zugleich dynamisierende Mitte sei nun in der theologischen Achse gegeben. Aus christlich-theologischer Verant-

155 Vgl. Alfred Jäger, Diakonische Unternehmenspolitik, Gütersloh 1992, S. 33.
156 Schon 1986 beklagt Jäger in seiner Initialschrift *Diakonie als christliches Unternehmen* (s.o.), dass die Ökonomie in der Praktischen Theologie als besonders theologiefremd erlebt wird. Vgl. S. 15: »Die verbreitete theologische Not diakonischer Einrichtungen hat somit eine innere wie eine äußere Ursache. Nach innen ist die *theologische Achse* des Ganzen häufig nicht mehr transparent. Von außen kommt dieser besonderen Situation kaum ortsbezogene Hilfe und Beratung zu. Von der Praktischen Theologie her gesehen, wird die Bewegung zu humanwissenschaftlichen Erkenntnissen so versucht, dass Ökonomie als besonders theologiefremde Handlungswissenschaft herangezogen wird. Der ›unternehmerische Ansatz diakonischer Theologie‹ wagt sich an eine Neujustierung der theologischen Achse eines diakonischen Unternehmens unter veränderten Rahmenbedingungen heran.«
157 Alfred Jäger, Diakonische Unternehmenspolitik, a.a.O., S. 34.
158 Ebd., S. 35.
159 Ebd., S. 35.

wortung heraus werden darin die unternehmenspolitischen Entscheidungsfragen beantwortet: Wer sind wir? Was wollen und sollen wir? Wohin soll es auf die Länge mit unserer Einrichtung gehen? Sowohl Führungs- als auch Handlungsstrukturen seien von dieser inneren Mitte her und daraufhin zu konzipieren. Aus diesem Miteinander ergebe sich das klare, benenn- und berechenbare diakonisch-unternehmerische Profil der ganzen Einrichtung. In regelmäßigen Abständen müsse die theologische Achse neu definiert und detailliert werden. Das sei nicht nur nützlich, sondern überlebenswichtig. Sie markiere ja Sinn und Wert, Leitbild und Ziel. Diese theologische Navigationsarbeit möchte Jäger nicht allein den TheologInnen und vollzeitlichen theologisch-diakonischen Mitarbeiterinnen überlassen. An ihr haben auch Ökonomen, leitende Schwestern, Ärzte, Pädagogen u.a. teil.[160] Dies rechtfertigt Jäger auch im Blick auf Wichern, in dessen diakonischer Theologie er mit Fug und Recht Laientheologie[161] wahrnimmt. Für die Gesamtheit der Mitarbeiterschaft lasse sich aus der Mitte, der Achse der Haustheologie eine hauseigene, fallbezogene Ethik[162] entwickeln. Damit sei diakonische Haustheologie handlungsfähig geworden – im ethischen Entwurf und seinem Nach-Vollzug. Mittels dieser Navigationsschritte könne das Gros der Mitarbeiterschaft aktiv in den inneren und äußeren Betriebsprozess einbezogen werden.
Die ganzheitliche Verantwortung für ein diakonisches Unternehmen verlange, so das Jäger'schen Konzept, nach stärkerer theologischer Kompetenz im Sinne eines selbstkritischen Nach- und Vordenkens. Damit wüchsen die Erwartungen an Leitungskompetenz überhaupt. Die Forderung der Zukunft liege hier nicht bei dem theologischen Macher sondern bei dem unternehmenspolitischen Denker. Ein Homo Universale der Leitungskompetenz wird propagiert. Er leitet in theologischer und spezifischer Fachkompetenz die notwendigen Schritte ein. Er verantwortet sie und stellt in Person dar, wofür die theologische Achse des Unternehmens steht: »Keine Regel der Personal-, Finanz-, Bau-, Therapie- und Medizinalpolitik darf theologisch ungeprüft bleiben, was zugleich eine starke Dialog-Kompetenz im Umgang mit Spezialisten erfordert.«[163]

160 Ebd., S. 35.
161 Ebd., S. 35: »Seit Wichern war diakonische Theologie an dieser maßgeblichen Stelle mit Fug und Recht vorwiegend *Laientheologie*.«
162 Ebd., S. 81: »Wenn ein Großteil der Mitarbeiterschaft sich schon längst von traditionellen Frömmigkeitsstilen gelöst hat, wird mit dogmatisch-theologischen Formeln und Floskeln nur noch wenig, bis gar nichts auszurichten sein … Um so mehr stecken moderne Mitarbeiter bis über den Kopf hinaus in ethischen Fragestellungen, auf die hin sie sich leicht und gern ansprechen lassen. Für den Hausgebrauch ist diakonische Ethik insofern noch relevanter als irgendeine diakonische Theologie. Damit wird es zur Aufgabe, diese allzu vernachlässigte Ebene des Nachdenkens und des Gesprächs neu aufzugreifen und gemeinsam zu erhellen.«
163 Ebd., S. 39.

3. Corporate Identity und Leitbild-Prozess – allgemein und im diakonischen Unternehmen

Bereits 1994 beobachteten Hans Raffée, Wolfgang Fritz und Peter Wiedemann[164], dass das Corporate-Identity-Konzept schon über ein Jahrzehnt genutzt wurde. Von einer Wunderwaffe ist die Rede. Das Steuerungsinstrument der Corporate Identity solle die Identität des Unternehmens entwickeln helfen. In diesem Zusammenhang spricht man von der Persönlichkeit[165] einer Organisation: Diese finde Ausdruck in den Werthaltungen von Organisationsmitgliedern und in der Organisationskultur. Außerdem repräsentiere sie die Organisations- bzw. Unternehmensphilosophie sowie das Selbstverständnis der Institution. Identitätsvermittlung durch Corporate Identity finde mit Hilfe folgender Instrumente des sogenannten CI-Mix und ihrem, aufeinander abgestimmten Einsatz, statt[166]:
1. Corporate Communications (CC)
2. Corporate Design (CD)
3. Corporate Behavior (CB)
Die einheitliche Unternehmens-Identität solle regelmäßig kritisch überprüft – und gegebenenfalls revidiert werden.[167] Das hänge jeweils von neuen Herausforderungen und den speziellen Kundenbedürfnissen, ihren Erwartungen und Forderungen ab. Die flexible Corporate Identity eines verschlankten, anpassungsfähigen Unternehmens garantiere seine Wettbewerbsfähigkeit. Die Wirkungen einer konsequenten Identitäts-

164 Hans Raffée, Wolfgang Fritz, Peter Wiedemann (Hrsg.), Marketing für öffentliche Betriebe, Stuttgart 1994, S. 82.

165 Ebd., S. 82: »Der ursprünglichen, weitgehend durch Birkigt und Stadler (1980) geprägten Auffassung entsprechend soll unter dem Corporate Identity-Konzept im folgenden eine konsequente Identitätspolitik im allgemeinen, Unternehmen im Besonderen verstanden werden … Die Organisations- bzw. Unternehmeridentität wird dabei zumeist als die spezifische *Persönlichkeit* einer Organisation bzw. Unternehmung interpretiert, die in den Werthaltungen der Organisationsmitglieder und somit auch der Organisationskultur ihren Ursprung findet. Zugleich repräsentiert die Corporate Identity auch die Organisations bzw. Unternehmensphilosophie.«

166 Ebd., S. 83: »(1)Corporate Communications (cc): Damit ist der systematische, kombinierte Einsatz aller Kommunikationsinstrumente einer Institution gemeint (Werbung, Verkaufsförderung, Public Relations, interne Kommunikation), wobei nicht die einzelnen Leistungen, sondern die Institution selbst im Mittelpunkt der Kommunikation steht …
(2) Corporate Design (CD): Unter diesem Aspekt geht es um die symbolische Identitätsvermittlung durch den abgestimmten Einsatz aller visuellen Aspekte der Unternehmenserscheinung, z.B. der unternehmenstypischen Zeichen, Farben, Briefköpfe, Schrifttypen, Formen, Architektur, Kleidung usw. Das Corporate Design prägt somit das äußere Erscheinungsbild einer Institution.
(3) Corporate Behavior (CB): Angesprochen ist damit das gesamte Verhalten einer Institution bzw. ihrer Mitglieder (vom Top-Manager bis zum Pförtner) sowie insbesondere auch das Leistungsprogramm des Betriebes.«

167 Ebd., S. 83.

politik lägen in folgenden Bereichen (organisiationsintern, als auch -extern):

1. Die Mitarbeiter gelangten zu einer höheren Identifikation mit *ihrer* Organisation. In diesem *Wir-Gefühl* ist zugleich die Grundlage für die Koordination unterschiedlicher Unternehmensbereiche gewährleistet.
2. Die konsequente Identitätspolitik diene der Profilierung einer Institution in der Öffentlichkeit und ihrem Bestand im Wettbewerb.
3. Das Image der Institution in der Öffentlichkeit werde verbessert. Das soll eine bessere öffentliche Unterstützung katalysieren[168] (Diese käme m.E. natürlich in ganz besonderer Weise diakonischen Unternehmen zugute).

3.1 Zielleitlinien und Leitbild bei Johannes Degen

In seiner Veröffentlichung »Diakonie als soziale Dienstleistung«[169] greift Johannes Degen Ideen und Beobachtungen von Antonoff[170] auf und entwickelt eine eigene Sicht des Prozesses der *Zielplanung*[171]:
Der Prozess führe zu Zielleitlinien, Grundsätzen oder Richtlinien, die ausdrücken, was in der diakonischen Unternehmung Gültigkeit haben soll.

1. In diesem Zusammenhang spreche man von der Unternehmensphilosophie.
2. Diese Philosophie müsse in Intervallen angepasst werden, damit die Identität des Unternehmens sichtbar und praktikabel wird.

Im Sprachgebrauch von Johannes Degen wird Corporate Identity auch als *Geistiges Management* (GM)[172] bezeichnet. Hier findet sich die

168 Ebd., S. 84.

169 Johannes Degen, Diakonie als soziale Dienstleistung, Gütersloh 1994, S. 145.

170 R. Antonoff, Die Identität des Unternehmens. Wegbegleiter zur Corporate Identity, Frankfurt 1987.

171 Johannes Degen, Diakonie als soziale Dienstleistung, a.a.O., S. 144: »Der oben beschriebene Prozess der *Zielplanung* führt, als methodisch angeleitete Selbstreflexion der Unternehmung, im Zwischenergebnis zu Zielleitlinien, Grundsätzen oder Richtlinien, die allgemein verständlich zum Ausdruck bringen, was in der Unternehmung der Diakonie gelten soll.«

172 Ebd., S. 145: »*Geistiges Management* (GM) muss nach innen eine Ordnungsstruktur sichtbar machen, an der sich möglichst alle orientieren können. Werte, Ziele und Aufgaben müssen so zugeordnet werden, dass sie für alle Handelnden in der Unternehmung verstehbar und handhabbar sind.
– GM wird diese Ordnung auch nach außen hin vermitteln und dabei zugleich zu erkennen geben, dass und wie die Unternehmung in Kirche und Gesellschaft ›funktioniert‹.
– GM berücksichtigt, dass nicht nur der einzelne Mensch, sondern auch die Unternehmung zwei Gehirnhälften hat: eine rationale, planend-kalkulierende, und eine

Werksidentität in einer formulierten Unternehmensphilosophie niedergelegt und gültig verfasst. Doch nicht allein der Zwischen- oder Endtext sei entscheidend, sondern auch die Tatsache, dass sich die MitarbeiterInnen der Unternehmung darauf eingelassen haben, das zusammenzutragen und in Worte zu fassen, was sie sind und was sie wollen.[173] Im Rahmen der sozialstaatlichen Rechts- und Finanzierungsmöglichkeiten, sowie auf der Grundlage der betrieblichen Gegebenheiten, habe das sein besonderes Gewicht. Der Unternehmensführung komme in diesem Prozess, so Degen, eine Bündelungsfunktion zu. Sie sei bestrebt, fachliche, positionelle u.a. Zielkonflikte auszugleichen. Die externen und internen Vorgaben werden von ihr eingebracht und der Zielplanungsprozess werde ergebnisorientiert von ihr geführt. In dieser Fixierung von Zielen und Grundsätzen werde zugleich die Klärung und Herausbildung von führungstechnischen Vorgehensweisen geschult.[174] »Führungsgrundsätze sind für die Arbeit der Diakonie (auch darüber hinaus in der Kirche) sinnvoll. Sie dienen der Selbstfindung und Selbstverpflichtung der Führungskräfte.«[175]

3.2 Der Leitbildprozess in der Diakonie

Am 15. Oktober 1997 wurde auf der Diakonischen Generalkonferenz in Bremen das Leitbild »Diakonie – damit Leben gelingt« angenommen: »Mit dem Leitbild beschreiben wir, was Diakonie ist und mehr noch, wie sie sein kann. Ob diese Diakonie von morgen Wirklichkeit wird, hängt von unserer Bereitschaft ab, das Leitbild gemeinsam mit Leben zu erfüllen. Wir nehmen uns vor, das Leitbild in unserer täglichen Arbeit vorzuleben, es verbindlich und überprüfbar zu machen. Wir verstehen das Leitbild als Selbstverpflichtung. Das Kronenkreuz ist unser Zeichen. Wir orientieren unser Handeln an der Bibel. Wir nehmen jeden einzelnen Menschen wahr. Darin sehen wir unseren Auftrag in der Nachfolge Jesu. Wir schauen Not, Leid und Schwäche als Teil des Lebens ins Gesicht. Wir wenden uns nicht ab, sondern lassen uns anrühren.«[176]
Im Leitbild[177] gehe es darum, klar und deutlich zu formulieren, welche

emotionale, kreativ-chaotische. Die Impulse aus diesen beiden Hälften setzen Kräfte in Gang, die die Identität der Unternehmung ausmachen.
– GM geschieht in dem Bewusstsein, dass Be-Geisterung notwendig ist, damit die Unternehmung ihr Gesicht wahren und sich schön machen kann.«

173 Ebd., S. 145.

174 Vgl. Leitsätze für die Führung im Hause Bertelsmann, hrsg. v.d. Unternehmensleitung, Gütersloh 1985, zit. bei Degen, a.a.O., S. 145.

175 Ebd., S. 146.

176 Zit. in: Herz und Mund und Tat und Leben, Hsg. Kirchenamt der EKD, Gütersloh 1998, S. 76.

177 Vgl. Steffen Fleßa, Barbara Staedtler-Mach, Konkurs der Nächstenliebe? Diakonie zwischen Auftrag und Wirtschaftlichkeit, Göttingen 2001, S. 16: »Was bei der

Dienstleistung angeboten wird, welche Qualität sie hat und was sich der Kunde von ihr versprechen darf. Indem in Leitbild und Unternehmensphilosophie Ziel und effiziente Durchführung auf einen Nenner gebracht seien, könne sich der Betriebsablauf daran orientieren.
Zeitgenössisches Management stehe vor der Aufgabe, Sinnangebote zu stiften. Diese haben innerhalb der Organisation Geltung, sind jedoch auch nach außen kommunikabel.[178] Sie werden vereinheitlicht und auf repetierende Internalisierung hin codiert, gleichsam als betriebsphilosophische Haustafel.

Dabei wird die Notwendigkeit des Leitbildes und des damit katalysierten Leitbildprozesses gemeinhin unwidersprochen hingenommen: »Leitbilder erzeugen ... Sinntransparenz, die nach innen zu Identifikation und nach außen zur Akzeptanz führt.«[179]

Auf diesem Hintergrund hat ein EKD-Ausschuß 1998 – 150 Jahre nach Wicherns Rede zum Wittenberger Kirchentag – ein diakonisches Resumé festgehalten und nach außen und nach innen als strukturierende Leitlinien[180] festgeschrieben. Hier finden sich die grundlegenden EKD-Entscheidungen zum Leitbild-Prozess in der Diakonie abgedruckt, wie sie seither auch in den Diakonischen Werken der einzelnen Gliedkirchen umgesetzt werden.
Im Stil effizienzorientierter Selbstbejahung und -darstellung wird Stärke für den Anderen demonstriert. »Diakonie zeichnet sich aus durch Fachlichkeit, Menschlichkeit und Engagement ... Ein sich weiterentwickelndes Berufsethos dient der Professionalisierung und Entwicklung von Qualitätsstandards diakonischer Arbeit.«[181] Das Leitbild – aus der säkularen Wirtschaftskultur ja hinlänglich bekannt – wird unter christlichem Vorzeichen übernommen, zielt aber genauso wie sein weltliches Vorbild auf die Corporate Identity des entsprechenden Werkes.[182]

Diakonie ›Leitbild‹ heißt, trägt in anderen Einrichtungen den schwergewichtigen Namen Unternehmensphilosophie – letzten Endes zeigen mittlerweile alle Häuser, die auf Qualität bedacht sind, worauf es ihnen ankommt und womit der Kunde zu rechnen hat.«

178 Vgl. auch Peter Eberl, Entwicklungsorientiertes Management. Anregungen für die Gestaltung von Veränderungsprozessen in Wohlfahrtsverbänden, in: Unternehmen Barmherzigkeit. Identität und Wandel sozialer Dienstleistung, hsg. von Rainer Öhlschläger und Hans-Martin Brüll, Baden-Baden 1996, S. 55.

179 Ebd., S. 59.

180 Herz und Mund und Tat und Leben. Grundlagen, Aufgaben und Zukunftsperspektiven der Diakonie. Eine evangelische Denkschrift, Evangelische Kirche von Deutschland/Kirchenamt 1998, Anhang S. 76–80.

181 RGG, Bd. 2,, Art.: Diakonie v. Michael Schibilsky, 1999, Sparte 800.

182 Vgl. Michael Meyer-Blanck, Birgit Weyel, Arbeitsbuch Praktische Theologie, a.a.O., S. 150: »Auch Johannes Degen geht bei seinen Überlegungen zur ›Diakonie als soziale Dienstleistung‹ (Gütersloh 1994) von der Situation in Komplexanstalten aus. Diese großen diakonischen Einrichtungen fasst Degen als ›Unternehmungen

Auch in der Lebenswelt der katholischen Caritas hat sich der Leitbildprozess durchgesetzt: »Die Zeiten, in denen diese gemeinsame Basis dadurch gewährleistet war, dass die Diakonie-Institutionen auf dem Humus geschlossener weltanschaulicher Milieus wuchsen, sind längst vorbei. Heute bedarf es der gezielten Arbeit daran, wie sie … in Form von Leitbild-Prozessen überall geschieht … Da kann eine diakonische Unternehmenskultur wachsen, in der alle Beteiligten ansatzhaft spüren, was Heil und Befreiung bedeuten.«[183]

3.2.1 Leitbildprozess und Personalsteuerungsmaßnahme

Eine einschneidende Folge des Leitbildprozesses ist das Mitarbeiterjahresgespräch, das – zumindest in der Anfangsphase – von oben nach unten (d.h. vom jeweiligen Vorgesetzten) anberaumt wird und dem unbedingt Folge zu leisten ist.[184] Vor seiner systematischen Durchführung werden die Geschäftsführer, Bereichsleiter, Begleitenden Dienste, Fertigungsleiter, Heimleiter, Pflegedienstleiter u.a. zu einer Schulung eingeladen. Diese sollen neben den Techniken effektiver Gesprächsführung auch vermitteln, was Corporate Identity für das Leben des Einzelnen im Werk aussagt und bewirkt. Dafür speziell vorbereitete Beobachtungsbögen, die in der Personalakte aufbewahrt bleiben, werden turnusmäßig ausgefüllt, ergänzt und ausgewertet. Zur evidenten Effizienzsteigerung bedarf es eines klar umrissenen kybernetischen Instrumentariums:
1. Zielsetzung;
2. Mittelwahl;
3. Zielerreichung;
4. Kontrolle der Zielerreichung (Controlling).

Mit Hilfe des Mitarbeiterjahresgespräches möchte die effizienzorientierte Institution das Gesetz des Handelns wieder in die Hand bekommen. Unter diesem Vorzeichen wird der dargestellte Viererschritt so oft wiederholt, bis das gewünschte Ergebnis erreicht ist. Es geht um einen *operativen Regelkreis*, der von der Führungsebene gesteuert und verantwortet wird.
Ein anderes Phänomen im Rahmen des Leitbildprozesses und seines

der Diakonie‹. Damit will er sich bewusst von A. Jägers ›christlichem Unternehmen‹ abgrenzen … (S. 151) … Von dem kirchlich-theologischen Vorzeichen her sei schließlich die unternehmerische Identität, die Corporate Identity zu sichern. Bei Degen heißt das ›Geistiges Management‹, in dem die gemeinsamen ›Werte, Ziele und Aufgaben‹ für jeden präsent sind – nach innen wie nach außen. In dem Anliegen, theologische Begründungen des Diakonischen Handelns verstärkt in die grundsätzlich unternehmerische Gestalt der Einrichtungen zu integrieren, sind sich Jäger und Degen einig.«

183 Herbert Haslinger (Hsg.), Handbuch Praktische Theologie, Band II, Art. Markus Lehner: Eine diakonische Unternehmenskultur, Mainz 2000, S. 419.

184 Vgl. Herbert Lindner zum Mitarbeiterjahresgespräch in: Kontinuität und Systematik, a.a.O.

kybernetischen Instrumentariums begegnet uns in dem turnusmäßig neu festgelegten Qualitätsbonus[185], der dem grundsätzlichen Sockelgehalt hinzugefügt wird. Er wird nach spezieller Leistung und besonderem Engagement gegeben. Demzufolge wird die Arbeitsleistung des Einzelnen im Kollegenkreis, unter Vorsitz der Dienstaufsicht, bewertet und nach Maßgabe des Wertungsergebnisses entlohnt. Damit will man dem Engagement des Einzelnen[186] gerecht werden. Ein gesunder Ausgleich soll geschaffen zwischen denen, die immer wieder zur Überstunde bereit sind und denen, die eher auf ihrem Rückzug als auf gestaltender Bereitschaft bestehen.

Die Erfahrung der letzten sieben Jahre hat jedoch (besonders in den diakonischen Einrichtungen der Neuen Bundesländer) gezeigt, dass durch diese Instrumentalisierung der Bereitschaft und die vorauseilende In-Beschlagnahme der Übererfüllung gerade die Gestalter von gestern den

185 Vgl. zur Thematik *Qualitätsbonus / Personalhonorierung* Hanns-Stephan Haas, Integriertes Personalmanagement. Jazz-Combo statt Orchester, in: Diakonie Impulse / Magazin für Führungskräfte 5, Oktober 2003, Stuttgart 2003, S. 7. Hier überträgt der Verfasser kybernetische Instrumentarien des St. Galler Modelles auf das diakonische Unternehmen: »Personalmanagement folgt dem Schema von Messen und Verändern. In der Diakonie lässt sich eine gewisse Aversion erkennen, den Erfolg und die Qualität der Arbeit und erst recht den Mitarbeitenden zu messen. Messung kann auch eine Form der Wertschätzung sein. Die Mitarbeitenden eines Unternehmens sind dem Verantwortlichen etwas wert, deshalb möchte er ein differenziertes Bild von ihnen haben … Nichts schadet einem Unternehmen mehr als unmotivierte Mitarbeiter, die innerlich gekündigt haben. Kernfrage des Personalmanagements ist die Personalhonorierung, die neben dem Aspekt der Leistungsgerechtigkeit vor allem die langfristige Motivation im Blick haben muss … Im St. Galler Modell wird gefragt, wie sich bestimmte Honorierungen auf die Motivation von Mitarbeitenden auswirken. Dabei ist wichtig, dass man auf die Art und den Zeitpunkt der Honorierung achten muss. Es wird ein sogenanntes ›Cafeteria-System der Leistungshonorierung‹ entwickelt: In dieses System sind verschiedene Belohnungsarten als Anreize integriert, materielle wie auch nichtmaterielle.«

186 Ziel dieses Maßnahmenzirkels ist auch, den Mitarbeitenden das Gefühl zu geben, sie seien an Wohl und Wehe des Unternehmens im Sinne von persönlichen Shareholdern beteiligt. Vgl dazu Haas, Diakonie Impulse 5, a.a.O., S. 27: »A successful concern pays attention not only to the expectations of customers but also to the needs of its workers. The workers want to be kept informed and to have a share in the success of the venture. If this is consistently the case they are motivated to think about the work, to learn, to take responsability and to act as independent co-managers, who share in the profits and experience job satisfaction. A differential system of remuneration offers incentives and motivates the workers.« (ÜS: Ein erfolgreicher Konzern achtet nicht nur auf die Kundenerwartungen, sondern auch auf die Bedürfnisse der Mitarbeitenden. Die Mitarbeitenden wollen auf dem Laufenden gehalten werden und ihren Anteil am Erfolg des Unternehmens haben. Ist dies anhaltend der Fall, sind sie um so bereiter, ihre Arbeit zu reflektieren, dazuzulernen, Verantwortung zu übernehmen und als unabhängige Co-Manager zu agieren – die dann auch Anteil am Unternehmens-Profit haben und Befriedigung in ihrem Beruf finden. Ein differenziertes Belohnungs-System bietet Anreize und motiviert die Mitarbeitenden).

Rückzug angetreten haben. Das, was sie eben noch aus genuin geistlichem Impuls heraus taten, wollen sie nun nicht im Hinblick auf die Kontrolle des Kollektivs und des jeweils Vorgesetzten leisten. Berechnung und Abrechenbarkeit (auf Zuverdienst hin) ihres Dienstes lehnen sie als eine bisher unbekannte Größe ab.

4. Begriff und Wesen des Qualitätsmanagements

Kongruent mit den vorab beschriebenen Fragestellungen und Lösungsversuchen, die in der diakonischen Lebenswelt seit den 80er Jahren Raum gegriffen haben, konnten sich auch Begriff und Konzept/e des Qualitätsmanagement[187] (QM) heranbilden. Neben einer nötigen theologischen Begründung, bestehe Handlungsbedarf im Bereich Qualitätsmanagement, Qualitätssicherung und Effizienzerweis durch die Vorgaben des Gesetzgebers. Hinzu kämen die Erwartungen von Kostenträgern und Auftraggebern.[188] Außerdem böten die Fragen, die ein systematisches Qualitätsmanagement mit sich bringt, konkrete Berührungsebenen. Hier könnten sich die Mitarbeitenden unterschiedlichster Positionen und Kompetenzen im diakonischen Unternehmen begegnen.[189] Das könne in Planungsgremien, Qualitätszirkeln, Mitarbeiter-jahresgesprächen etc. geschehen und auf allen Ebenen Einheit und konzertierte Identität im Werk schaffen. Leitung und Mitarbeitende, ökonomische Zahlen und soziale Ziele stünden sich dann nicht mehr unversöhnt gegenüber. Viel eher bringe die innerbetriebliche Systematik des Qualitätsmanagements eine Fülle von Gremien mit sich, in denen Austausch und Konsenssuche innerhalb der verschiedenen Ebenen möglich ist.
Auch Kundenbefragung und Beschwerdemanagement gehörten zum Prozess des QM. Schienen sie auch aufwendig und kompliziert, böten sie doch die Möglichkeit, an Informationen zu kommen, die ansonsten nicht zu erhalten wären. »Eine Sozialarbeit, die sich dieser Instrumentarien bedient, gewinnt an Profil.«[190] Ein kybernetisches Proprium des Qualitätsmanagement sei, dass es die konkrete Beschreibung von Leistungen[191] voraussetzt. Es zwinge, gewohnheitsrechtliche Prozesse und gewachsene Strukturen im Unternehmen kritisch zu durchleuchten –

187 Vgl. Johannes Degen, Die Qualitätsfrage – Anfragen an die Konzeption kirchlich-sozialer Organisationen aus der Sicht der evangelischen Theologie, S. 255–272, in: Karl Bopp, Peter Neuhauser (Hrsg.), Theologie der Qualität – Qualität der Theologie. Theorie-Praxis-Dialog über die christliche Qualität moderner Diakonie, Freiburg 2001, Seite 271: »Die Nutzung von QM-Konzepten kann für Diakonie und Caritas ein Anstoß dazu sein, noch mehr als bisher ihr eigenes Profil umzusetzen, ihre Leistungen transparent zu machen.«
188 Ebd., S. 274.
189 Ebd., S. 274.
190 Ebd., S. 274.
191 Ebd., S. 274.

und auch die Ergebnisse der Leistungserbringung zu überprüfen (Qualitätssicherung/ Effizienzkontrolle). Es könne dann gar nicht anders sein, als dass die Anwendung solcher kybernetischer Instrumente ein hohes Maß an Transparenz mit sich bringe, wie es diese vormals in der sozialen Arbeit nicht gab. Leistungen würden erstmals präzise darstellbar, Kosten würden analysierbar und begründbar.

4.1 Das Effizienz-Kriterium

1993 mahnt Alfred Jäger für die Diakonischen Werke der Landeskirchen Funktionalität und Effizienz[192] an und definiert die Werke als »auf Dienstleistung abgezweckte Institutionen.«[193] Strategisches Management und Controlling scheinen sich inzwischen als Voraussetzungen für einen nachhaltigen Erfolg[194] bewährt zu haben. Das operative Management sei befähigt und beauftragt, die durch strategisches Management geschaffenen Erfolgspotentiale zu nutzen, die geplanten Vorgehensweisen umzusetzen und auf diesem Wege Qualität und Effizienz zu sichern.[195] Etablierte Einrichtungen – allen voran die »Komplexanstalten« – hätten es lernen müssen, privat-gewerbliche Akteure und andere gemeinnützige Dienstleister anzuerkennen[196], denn das Zeitalter des Kostendeckungsprinzipes gehöre der Vergangenheit an. Qualitätsmanagement, entsprechende Beratung von außen und Qualitätssicherung/ Controlling scheinen aus der Arbeit der diakonischen Institutio heute nicht mehr wegzudenken. Darin liege kein resigniertes Eingeständnis eigener Machtlosigkeit[197], sondern die Wahrnehmung von Chancen zu Innovation und Wettbewerbsfähigkeit im gegenwärtigen Anbieter-Konzert sozialer Dienstleistungen. Die unternehmerische Effizienz sei vom spezifischen Charakter einer diakonischen Einrichtung nicht mehr zu

192 Alfred Jäger, Konzepte der Kirchenleitung für die Zukunft. Wirtschaftsethische Analysen und theologische Perspektiven, Gütersloh 1993, S. 167.
193 Ebd., S. 167.
194 Vgl. Christian Harak, Strategisches Management, Kontrolle nach Plan, in: Diakonie 2 / Magazin für Führungskräfte, April 2002, Stuttgart 2002, S. 7.
195 Vgl. Dorothee Bergler, Ökonomisierung der diakonischen Arbeit, in: Diakonie 2, a.a.O., S. 36.
196 Vgl. Alfred Jäger, Diakonische Unternehmenspolitik, Gütersloh 1993, S. 229: »Das Bedürfnis nach externer, professioneller Unternehmensberatung in der Diakonie wächst deutlich spürbar und seit wenigen Jahren auch in Zahlen nachprüfbar … Besondere Leitungsberatung erhält ein zunehmend größeres Gewicht … Der traditionell eingespielte ›gute Rat unter Brüdern‹ reicht … zumeist nicht mehr aus. Zunehmend mehr Beratungsfirmen für Wirtschaftsunternehmen entdecken in diesem Zug ›Diakonie‹ … als neuen Nachfragemarkt.«
197 Ebd., S. 235: »Die Beanspruchung externer, professioneller Beratung ist für ein diakonisches Unternehmen und vor allem seine Leitung kein Eingeständnis des eigenen Versagens, sondern die rechte Wahrnehmung von Chancen, die derartige Angebote in der Regel bieten …«

trennen. Die Ökonomisierung der sozialen Arbeit der Kirche insgesamt artikuliert sich nun in Begriffen wie *Wettbewerb*, *Markt*, *Unternehmen*, *Qualität* und *Effizienz*.

III. Wie verhält sich das Modell Diakonie als Unternehmen zur Thematik: Diakonie und Spiritualität?

Im Rahmen der vorliegenden Arbeit stehen uns vier Konzepte diakonischer Spiritualität gegenüber, die miteinander ins Gespräch gebracht werden sollen:
1. Diakonische Spiritualität der Gründerväter
2. Diakonische Spiritualität des Überdauerns (Nachkriegszeit u. ehemalige DDR)
3. Diakonische Spiritualität im Unternehmen
4. Diakonische Spiritualität der Basisgemeinschaften/Kommunitäten

Um Institutio und Inspiratio in ein gerechtes Verhältnis zueinander zu setzen, ist es wichtig nach den spirituellen Wurzeln des unternehmerischen Modells zu fragen. Wenn man ihr diese nicht zugesteht und würdigend (aber ebenso kritisch) herausarbeitet, ist ein wirklicher Dialog nicht möglich.

1. Zur Spiritualität des Marketing – vom Glauben, der Berge versetzt

1.1 Spurensuche im Management-Begriff angelsächsischer Provenienz

Im Sinne einer arbeitshypothetischen Annahme lässt sich die Linie von der positiven Beurteilung materiellen Zugewinns in der Spiritualität des Marketing zur Calvinistischen Lehre von der Doppelten Prädestination ziehen. Wie Christoph Strohm[198] darstellt, hatte im zwanzigsten Jahrhundert Max Weber am deutlichsten die Linie zwischen Calvinismus und marktorientierter Wettbewerbs-gesellschaft gezogen. Der Nationalökonom und Soziologe, der in Freiburg, Heidelberg und Wien lehrte

198 Vgl. Christoph Strohm, Art. Calvinismus, in: Evangelisches Soziallexikon, hsg. v. Martin Honecker, Horst Dahlhaus, Jörg Hübner, Traugott Jähnichen, Heidrun Tempel, Stuttgart 2001, S. 236: »Der C. hat sich in wirtschaftlich aufstrebenden Regionen formiert und allein schon darum die Frage von frühindustrieller Produktion, Handel und Geldwirtschaft ausgehend vom göttlichen Gesetz (Diebstahlsverbot) in besonderer Weise thematisiert. Das kanonische Verbot der Zinsnahme … wird aufgehoben, auch wenn deren Praxis streng nach dem Kriterium der Billigkeit und Liebe zu regeln ist (nur 5 %). Max Weber hat den Geist des Kapitalismus auf die dem C. eigene innerweltliche Askese und das mit der Prädestinationslehre verbundene Streben, im wirtschaftlichen Erfolg Zeichen und damit Gewissheit der Erwählung zu finden, zurückgeführt.«

(1864–1920), begründete die *verstehende Soziologie*, die neben kausalen Erklärungen Sinnzusammenhänge aufzudecken versucht. »Was die Verbindung des modernen Kapitalismus mit dem Calvinismus betrifft, so ist hier die These Max Webers von entscheidender Bedeutung. Webers Studien über die protestantische Ethik und den Geist des Kapitalismus stellen die Bedeutung des Calvinismus und asketischen Protestantismus für die Entwicklung der politischen und ökonomischen Struktur der Moderne heraus.«[199] In der sichtbaren Segnung des Erwählten mit irdischem Gut sei ein positives Verhältnis zu Gewinnstreben und resultierendem Reichtum gegeben – es erscheine nicht länger als verdammenswert. Denn gerade der erworbene Reichtum und die rastlose Zielorientierung[200] zeugten von einem Leben, das der Sünde des Müßigganges abgesagt hat und darin gar nicht anders als erwählt sein könne. Stimme die Vorgabe der Erwählung, dann gehöre dem Tüchtigen die Welt. In den materiellen Früchten seines Berufes, zu dem er angetreten ist, zeige sich seine Erwählung vor aller Augen in Saeculum und Gemeinde.[201]

Weber beobachtete, dass das, was wir unter einer neuzeitlichen Markt-, Konkurrenz- und Kompetenzgesellschaft verstehen, sich in calvinistisch geprägten Staatsgebilden rascher und zielstrebiger entwickelte[202], als in

199 Jan Rohls, Geschichte der Ethik, Tübingen 1999, S. 571.

200 Ebd., S. 571: »Und in einer solchen Moral darf das rastlose Gewinnstreben, das den Privatunternehmer kennzeichnet, nicht länger als verdammenswert erscheinen, sondern es muss seine ethische Weihe erfahren. Diese Weihe verleiht ihm der asketische Protestantismus, und zwar insbesondere der Calvinismus.«

201 Saeculum und Gemeinde wurden im Calvinismus niederländischer, Genfer und frühamerikanischer Prägung (anders als im unterdrückten Hugenottentum, der *Kirche unter dem Kreuz*) in Einheit gesehen und gebracht.

202 Vgl. dazu Thomas Ekstrand, Max Weber in a Theological Perspective, Leuven/Paris/Sterling-USA 2000, S. 45: »Weber observes that the economy has developed in a capitalistic direction earlier and easier in areas in which Calvinism has been the dominating religious tradition, than it has in other areas. The reason for this is that reformed Christianity has fostered an ascetic way of living, which promotes production and restricts consumption. The result of this was accumulation of capital and since this wealth could not be used for consumption, the only way was to reinvest in production … Combined with the idea that leisure was sin, this created an industriousness that was tremendous, because if you could be said to live a sinful life, this was a sign that you did not belong to those elected for salvation.«
(ÜS: Weber beobachtet, das sich die Wirtschaft in Ländern mit einer vorwiegend calvinistischen Tradition früher und leichter in eine kapitalistische Richtung entwickelt habe, als das in anderen Regionen geschah. Der Grund dafür ist, dass die reformierte Christenheit einen asketischen Lebensstil hervorgebracht habe, der die Produktion fördere und den Konsum drossele. Daraus resultiere die Akkumulation von Kapital, und weil der Reichtum nicht im Konsum verbraucht werden könne, gebe es nur den Weg, in die Produktion zu reinvestieren … Verbunden damit, dass der Müßiggang als Sünde gegolten habe, sei eine gewaltige Betriebsamkeit erzeugt worden. Wenn dir ein sündiges Leben nachgesagt wurde, galt es als ein Zeichen, dass du nicht zu »denen gehörst, die zum Heil ausersehen sind«.)

den katholisch, lutherisch oder orthodox geprägten Nachbarstaaten. Das liege an der, wie Weber es formulierte, *innerweltlichen Askese* des calvinistischen Arbeitsethos. Die Ruhe finde der Christ erst in Jerusalem. Auf dem Wege dorthin sei von ihm Unruhe und kreative Rastlosigkeit zur Ehre Gottes gefordert.[203] Mit dem Aufkommen der Nation und der öffentlichen Staatsraison sei die starke Jenseitsorientierung des 16. und 17. Jahrhunderts zurückgetreten. Diese sei durch eine diesseitige, neue Sachlichkeit ersetzt worden. An der Stelle des frommen Puritaners stehe nun der zeitgenössische Wirtschaftsmensch.
Eine Max Weber ähnliche Verbindungslinie zog auch Ernst Troeltsch[204]. An die Stelle der »katholischen Doppelmoral« im Lichte des Aufstiegs von der Natur zur Gnade sah er nun die Berufsmoral getreten, die sich bemühe, durch Rationalisierung der Lebensweise in Gott geordnete Welt- und Gemeindeverhältnisse herzustellen.

1.2 Darstellung und Deutung einer Spiritualität des Marketing

Wie arbeitshypothetisch angenommen, hat die calvinistische Lehre von der doppelten Erwählung und der sichtbaren Segnung des Erwählten in den entsprechenden Ländern zu einem positiven Verhältnis zu irdischem Wohlstand/Wohlstandsstreben und einer kompetitiven, aber auf Gleichberechtigung[205] Wert legenden, Gesellschaft geführt. Das trifft, will man von einer gegenwärtigen, weltweit wirksamen, Spiritualität des

203 Vgl. dazu Jan Rohls, Geschichte der Ethik, a.a.O., S. 571: »Es ist das Individuum des asketischen Protestantismus puritanischer Provenienz, dessen Arbeits- und Sparzwang notwendigerweise zur Kapitalbildung führt … (S. 572) … Zu einem Übergang vom puritanischen Ethos zum Geist des Kapitalismus kam es dann, als die religiöse Dimension zusehends verblasste und an die Stelle der Jenseitshoffnung ein diesseitiger Utilitarismus trat. Der isolierte Wirtschaftsmensch trat die Nachfolge des Puritaners an, das bürgerliche Berufsethos die des puritanischen Heiligungsstrebens. Der erfolgreiche bürgerliche Unternehmer konnte so von dem Bewusstsein zehren, der Gnade Gottes teilhaftig und von Gott sichtbar gesegnet zu sein.«
204 Ebd., S. 584: »Wie Jellinek und Weber betont Troeltsch dabei den, wenn auch gebrochenen Zusammenhang zwischen Calvinismus auf der einen und Kapitalismus auf der anderen Seite. Der Katholizismus entwickelt die Zweistufenmoral auf dem Hintergrund des Aufstiegs von der Natur zur Gnade; eine Doppelmoral, die der Protestantismus dann auflöst. An die Stelle rückt hier die Berufsmoral. Doch während das Luthertum sich hier quietistisch in die gegebenen und durch die Sünde bestimmten Weltverhältnisse schickt, versuchen der Calvinismus und der asketische Protestantismus, innerhalb der Weltverhältnisse durch Rationalisierung ihrer Lebensweise eine heilige Gemeinde darzustellen.«
205 Ohne Berücksichtigung des Geburtsstandes, wie in der katholischen und lutherischen Gesellschaftsordnung des 16. bis 19. Jahrhunderts.

Management sprechen, in besonderer Weise auf die Vereinigten Staaten von Amerika zu[206].

Für diesen Zusammenhang lassen sich folgende spirituellen Maximen formulieren:

1. Wohlstand ist sichtbarer Segen[207], anvertraute und zu mehrende Materie – in einer vom Jenseitigen her geheiligten Diesseitigkeit.
2. Das Bekenntnis zu Gott ist gekoppelt mit dem Willen zur Durchsetzung, zur täglichen Ver-Öffentlichung des Segens, der auf dem verantwortlichen Tun des Erwählten liegt.
3. Die anvertrauten Pfunde zu mehren, Bestand zu sichern und effizient zu maximieren, kann keine geistliche Fehlhaltung darstellen. Es ist verantwortliche Haushalterschaft, die sich in Freiheit all dessen bedienen darf, was zur Durchsetzung formulierter Ziele notwendig erscheint.
4. Die Wahrung und Mehrung des anvertrauten Besitzes erfordert eine Militia, positivistisch und asketisch zugleich. Sie ist der weltgestaltenden Militia Christi, wie sie manche Flügel des Puritanismus prägte, ähnlich. In diesen Militia-Gedanken lassen sich Begriffe wie Strategie, Effizienz und Sicherung einordnen.
5. Eine Competitive Society[208] wird grundsätzlich bejaht. In ihr ist es Common Sense, sich nicht von den Schwachen, sondern von der Position der Stärke her zu definieren.
6. Dass der Starke natürlich in der (Christen-)Pflicht steht, dem Schwachen zu dienen, bleibt unbestritten. So unbestritten wie die Position

206 W. van't Spijker, R. Bisschop, W.J. op't Hof, Het puritanisme. Geschiedenis, theologie en invloed, Zoetermeer/Niederlande 2001, S. 373: er is »het puritanisme nergens ter wereld van zoveel betekenis geweest als in Noord-Amerika. De puriteinse inzichten hebben hier op alle gebieden doorgewerkt en zijn van enorme betekenis geweest voor de ontwikkeling van de Amerikaanse aard, cultur, religie en kerken. Het is niet te boud gesproken dat zonder het puritanisme Amerika nooit geworden zou zijn wat het nu geworden is.« (ÜS: Der Puritanismus. Geschichte, Theologie und Einfluss … Der Puritanismus hat nirgends in der Welt einen solchen Einfluss ausgeübt, wie in Nord-Amerika. Die puritanischen Erkenntnisse (Einsichten) haben sich hier auf allen Gebieten ausgewirkt (durchdrungen) und eine enorme Bedeutung erlangt für die amerikanische Lebensart, Kultur, Religion und Kirche. Es ist sicherlich nicht zu voreilig und stark formuliert, wenn man sagt, dass Amerika ohne den Puritanismus nicht zu dem geworden wäre, was es heute ist.)

207 Vgl. in diesem Zusammenhang Psalm 128, Verse 1 und 2: »Wohl dem, der den Herrn fürchtet und auf seinen Wegen geht! Du wirst dich nähren von deiner Hände Arbeit; wohl dir, du hast's gut.«

208 Vgl. dazu d. Art. von Hans Raffée, Marketing, in: Evangelisches Soziallexikon, Hg. v. Martin Honecker, Jörg Hübner, Traugott Jähnichen, Heidrun Tempel, Stuttgart 2001, S. 989: »Das heutige Marketingverständnis als spezifische Management-Konzeption hat als Leitideen die Kunden-, Wettbewerbs- und Gesellschafts- bzw. Umweltorientierung. Letztlich sollen alle Tätigkeitsbereiche der Unternehmung von diesen Leitideen – vor allem von der Kunden- und Wettbewerbsorientierung – geprägt sein.«

eigener Stärke, aus der heraus das Hilfe-Handeln, die Hilfe-Leistung geschehen soll.

Probates Mittel zur Bewahrung des Ist und zur Mehrung des Soll bleibt die Strategie des Marketing, welcher Zukunftsgestaltung und Krisenüberwindung zugetraut wird. Will man von einer Spiritualität des Marketing ausgehen, ist es ebenfalls notwendig, davon zu sprechen, wie sich die eben (in ihrer Genese) aufgeführten Leitgedanken auswirken. Dazu gehört, neben ihrer Rezeption im Sinne von Jäger, Degen und Lohmann für den Bereich der Diakonie, auch ein Blick auf die evangelischen Landeskirchenleitungen[209] Deutschlands. Die Diakonie ist ja von ihrer Kirche nicht getrennt zu sehen und zu behandeln. Wie das Liebeshandeln der Kirche, bekennt sich nun auch ihr Leitungshandeln[210] in zunehmendem Masse zu einer Spiritualität des Marketing, das sich fruchtbar auf das eigene Wachstum auswirken soll. Dies scheint den Verantwortlichen nicht nur tolerabel, sondern auch notwendig. Dem Management im Raum der Kirche wird zugetraut, als ein Konzept[211] der Kreativität neue Lösungs- und Handlungsräume für die Evangeliumsvermittlung zu erschließen, die dem Verbum Efficax allein offensichtlich nicht zugänglich zu sein scheinen.
Ein Veränderungskonzept hat Raum gegriffen, da »veraltete« Konzepte ganz offensichtlich zu einem rapiden Mitgliederschwund in den evangelischen Landeskirchen geführt haben. Insofern wird in der Anwendung von Marktstrategie und *Kirchenmanagement* die Zurückgewinnung (zeitgemäßer) missionarischer Dynamik angestrebt. Der Begriff der Kundenfreundlichkeit wird im Raum der Kirche neu buchstabiert und modifiziert. Angesichts neuer Verhältnisse in der Gesellschaft ist für den neuen Menschen eine neue Kirche – und eine neue Diakonie – erforderlich. Kirchenmanagement wird Innovationskraft[212] zugeschrie-

209 Vgl. dazu d. Art. v. Hans Raffée: Kirchenmanagement, a.a.O., S. 843: »Die Kirche als Institution steht seit eh und je vor der Notwendigkeit ständiger Erneuerung. Diese ›ecclesia semper reformanda‹ erhält dann ein besonderes Gewicht, wenn – wie gegenwärtig bei uns – die Akzeptanz von christlichem Glauben und Kirche besonders gefährdet ist. Wie können wir eine Erneuerung der Kirche wirksam herbeiführen, auf welche Kräfte und Potentiale sollen wir dabei zurückgreifen ...«

210 Vgl. II,1.1 Kirche als Unternehmen.

211 Vgl. Hans Raffée, Art.: Kirchenmanagement, a.a.O., S. 844: »Kirchenmanagement ist aber weit mehr – es ist neben seinem ›Kalkülbereich‹ ein Konzept der Kreativität und der Innovation(en), das neue Handlungs- und Lösungsräume für die Evangeliumsvermittlung erschließt, neue ›Anhänger‹ zu gewinnen und vorhandene zu halten versucht (Marketing als Erhaltungs-, Gewinnungs- und Erweiterungskonzept).«

212 Vgl. auch folgende Veröffentlichungen:
- Art. Hans Raffée: Marketing muss sein, in: Rheinischer Merkur. Christ und Welt, 8/99, Koblenz/Bonn 1999, 25.
- Evangelisch-Lutherisches Dekanat München / Mc Kinsey & Co Inc.: Das evangelische München-Programm. Zusammenfassung der Ergebnisse, München 1996.

ben, neue Perspektiven zu eröffnen. Ob es dabei nicht doch um mehr als die wertfreie Indienstnahme einer multipel anwendbaren Technik geht? Begibt man sich nicht in die (sanktionierte) Abhängigkeit von dem probaten Mittel Management und seinen Implikationen? Das zeigt u.a. der empfindliche Umgang mit Kritik aus den Reihen derer, die sich nach wie vor – zumindest primär – an der Wirkmächtigkeit und Fruchtbarkeit des Verbum Efficax orientieren wollen.[213]

1.2.1 Vertiefender Exkurs: Spiritualität des Marketing und Positives Denken im Vergleich

Im Rahmen dieser Dissertation halte ich es für richtig, die Phänomene *Leitbild*, *Controlling* und *Effizienz* mit den Grundsätzen des Positiven Denkens zu vergleichen. Die Frage nach einer Spiritualität des Marketing-Systems soll auch in der Betrachtung extremer, durchaus nicht mehr auf dem Boden der Kirche stehender Schulen und Bewegungen ausgeleuchtet und abgerundet werden. Denn aus der westlich orientierten Wirtschaftswelt sind psychotechnische Denk/Lebensentwürfe nach Vincent Peale, Dale Carnegie und Joseph Murphy nicht mehr fortzudenken.

Die spezifische Spiritualität des Positiven Denkens und die Spiritualität des optimistischen, maximierenden Management sind, auf dem Hintergrund der vorab gezeigten Wurzeln, an einigen Stellen[214] Verbindungen

- Arbeitsgruppe der Evangelischen Kirche in Berlin-Brandenburg: Wachsen gegen den Trend. Auf dem Weg zu einer missionarischen Kirche, Berlin 1998.
- Arbeitskreis evangelischer Unternehmer in Deutschland (AEU): Marketing – Irrweg oder Gebot der Vernunft? Vom Nutzen des Marketing für die Kirche, Karlsruhe 1998.

213 Vgl. dazu Hans Raffée, Kirchenmarketing, a.a.O., S. 846: »Gerade in dieser Hinsicht bzw. beim Konzept der Führung durch Zielvereinbarung (Management by Objectives; UbO) bestehen nicht nur weite Leerfelder im kirchlichen Bereich, sondern erhebliche Widerstände, die mit Argumenten wie ›Erfolg sei nicht der Name Gottes‹ oder der Unvereinbarkeit von zielgesteuerter Führung mit dem Wesen der Kirche zu begründen versucht werden … Ein ganz praktisches Problem steht jedoch der Einführung eines Kirchenmanagement entgegen: die *Lernbarriere* und die *Lernwiderstände* der in der Kirche Tätigen. In einer vorfindlichen Organisation neue Konzepte und neue Methoden zu implantieren, ist selbst bei kommerziellen Unternehmen ein außerordentlich schwieriges Geschäft – wie viel mehr in der Kirche! Es stimmt hoffnungsvoll, dass gerade in der Evangelischen Kirche an vielen Stellen – an der Basis und wie in den Kirchenleitungen – mit vielen Instrumenten des Marketing ernst gemacht wird. Hier kommen dem erwähnten Evangelischen Münchenprogramm oder der Schrift der Berlin-Brandenburgischen Kirche ›Wachsen gegen den Trend. Auf dem Weg zu einer missionarischen Kirche‹ ebenso große Verdienste zu, wie all dem, was sich an erfolgreichen Innovationen etwa im Gottesdienstbereich entwickelt hat (z.B. die Go-Special Gottesdienste in Niederhöchstadt).«

214 Spricht Hans Raffée (Kirchenmanagement, a.a.O., S. 844) von »neuen Menschen« als dem Verantworter und Partner des zeitgemäßen Marketing, so ist bei Vincent Peale (Ja zum Leben, München 1988, S. 7) vom »positiven Menschen« die

eingegangen: So werden Dale Carnegie-Trainingsprogramme mit Teilnehmern aus kirchlichen Werken oder anderer großer Wirtschaftsunternehmen durchgeführt.[215] Zieldefinition und Selbstkontrolle sind die tragenden Säulen der dogmatisch anmutenden Struktur, innerhalb derer sich der Wandel von Persönlichkeit und Geschick vollziehen muss. Der Zielvorstellung, dem schulungsinternen Leitbild[216] wird entsprochen.
In der Tat verwendet die *Dale Carnegie Management* Guideline eine Reihe von Begriffen, die u.a. aus den Begriffsvorgaben der St. Gallener Schule und vergleichbaren Instituten entliehen sind[217]: Unternehmerische Vision, Mitarbeitermotivation und Wettbewerbsvorteile. Das *Kapital Mitarbeiter*[218] in seinem anzunehmenden Potential, das sinnvoll zu takten, zu entwickeln und zu motivieren, aber auch auszuschöpfen[219] ist, tritt als Ressource vor Augen.

Rede, der folgendermaßen angesprochen wird: »Denke an die gewaltige Flut von Schwierigkeiten – an Krankheit, Schmerz, Gefahr, Furcht, Hass, Vorurteile oder Krieg. Gewappnet und mit Gottes Hilfe allem zu trotzen, vermag nur der positive Mensch.«

215 Eine ökumenische, dem Verfasser bekannte, Schule bei Leipzig war in den Jahren 1993/1994 sogar bestrebt, in ihrer Gesamtheit dem Carnegie-Profil gerecht zu werden. Der Schulleiter führte im Kollegenkreis Carnegie-Kurse durch, Inhalte von Carnegie und Murphy wurden im Deutschunterricht vermittelt.

216 Vgl. Margaret Zimmermann, Spiritualität und Positives Denken. Zwei Lebenskonzepte im Vergleich. Eine empirische Studie, aus: EHS, Reihe I, Psychologie, Bd. 500, Europäischer Verlag der Wissenschaften, Frankfurt/Main 1995, S. 73: »Deshalb sind ›Affirmationen‹, das sind positive Leitsätze, die zur inneren Bekräftigung wiederholt werden und die so Wirklichkeit werden sollen, ein wesentliches Mittel zur positiven Beeinflussung … Ziel der Selbstkontrolle ist die Senkung nicht erwünschten Zielverhaltens. Hierzu bedarf das Individuum der Fähigkeit, seine Ziele und die zur Verhaltensänderung notwendigen Schritte eindeutig zu erkennen … Ebenso muss das Individuum in der Lage sein, Pläne zu entwerfen, um die Umgebung und das Verhalten zu beeinflussen.«

217 Dale Carnegie Management, Managing Through People – Durch Menschenführung zum Erfolg, ÜS Uta Goridis, Düsseldorf 1995, Vorwort Dr. Jürgen Kramer, S. 7: »Entwickeln Sie Ihre unternehmerische Vision. Stellen Sie einen Plan für Ihre Karriere oder Ihr Unternehmen auf. Entwickeln Sie neue Strategien. Entwerfen Sie ein neues Organisationsschema. Führen Sie Delegations- und Kritikgespräche mit System … Lesen Sie nicht nur über Mitarbeitermotivation, sondern verbessern Sie tatsächlich Ihr Motivationsverhalten. Die Folgen werden schnell sichtbar: Kosteneinsparungen, neue Investitionsmöglichkeiten, engagierte Mitarbeiter, Senkung von Krankenstand und Fluktuation, Wettbewerbsvorteile, neue und zufriedene Kunden, mehr Freizeit.«

218 Vgl. dazu Anna-Margarete Oldenbourg, Ressource Mensch, in: Diakonie 1 / Magazin für Führungskräfte, Ausg. Februar 2000, Stuttgart 2000, S. 4: »Dienstleister erkennen ihre Mitarbeiter als Kapital, in das zu investieren sich lohnt.«
Vgl. auch Christiane Dithmar, Mitarbeitergespräche – kein Gespräch wie jedes andere, a.a.O., S. 10: »Personalentwicklung … funktioniert nur, wenn man sie taktet.«

219 Vgl. Dale Carnegie Management, a.a.O., S. 24: »Der erfahrene Manager hat verstanden, dass, wenn er sich nicht um die Weiterentwicklung seiner Mitarbeiter kümmert, nur ein Teil von deren tatsächlichen Fähigkeiten genutzt würde. Wird dieses Potential gebunden, bleiben langfristige Ziele und womöglich sogar das

Die Forderung nach einer unternehmerischen Vision[220] die zum Grundvokabular allgemeinen Managements gehört, wird auch hier erhoben. Zur konkreten Durchsetzung dieser Vision wird kybernetisches Werkzeug empfohlen: »Ein Vergütungssystem wird geschaffen, das allen Mitarbeitern ›Gutes für gute Arbeit‹«[221] garantiert. Denn es ist dafür zu sorgen, dass im Werk eine auf Resultate abzielende Grundeinstellung entsteht und die Mitarbeiter zu Spitzenleistungen motiviert werden. Zum Thema Effizienz heißt es: »Die Mitarbeiter schöpfen alle Möglichkeiten voll aus, sie verschwenden weder Material noch Zeit und beschränken sich auf ihre Stärken.«[222] Die *Kontrolle*[223] wird zu einem selbstverständlichen Bestandteil des hier dargestellten Unternehmenskonzeptes. Dabei steht sie in Gefahr, den Rubikon zu überschreiten, der den Einzelnen vor Gott von dem Zugriff der Leistungs- und Kompetenzgesellschaft – in schützender und heilsamer Weise – trennt. Diese Sätze/Ansätze machen transparent, warum Versuche, die Mitarbeiter größerer Einrichtungen der Neuen Bundesländer nach den Vorgaben von Dale Carnegie zu schulen, auf Schwierigkeiten stoßen. Denn mit Leitbildern einer 1989 beendeten Epoche hatte man bereits viele Erfahrungen gesammelt, ebenso mit Zielvorgaben, Internalisierung und Kontrolle. Doch in Ost und West muss der Widerspruch größte Kraft aufwenden, denn »es besteht eine positive Beziehung zwischen Positivem Denken und Dogmatismus.«[224]

Dale Carnegie's Buch »Sorge dich nicht – lebe«[225] ist im Laufe der ver-

Überleben des Unternehmens auf der Strecke. Wie können Sie dieses ›Potential‹ anzapfen? Das Management muss sich darum kümmern, dass sich der P-Faktor (menschliches Potential) und E-Faktor (gewünschte Ergebnisse) die Waage halten.«

220 Ebd., S. 37.

221 Ebd., S. 34.

222 Ebd., S. 35.

Außerdem möchte ich anmerken: Wir werden auf gewisse Weise an einen Kerngedanken Nouwens erinnert: Er besagt, dass, in dieser Effizienz Perspektive gesehen, viele Aktivitäten in der Actio des Assistenten einer Arche-Kommunität ein *waste of time* seien. Vgl. die, im Laufe der Dissertation folgenden, Erörterungen zu Henri Nouwens diakonischem Ansatz und der Arbeit der Arche – Kommunitäten. Henri Nouwen, Lifesigns, New York 1986, S. 49: »To anyone trying to succeed in our society, which is orientated toward efficiency and control, these people are wasting their time.« (ÜS: In den Augen all derer, die in unserer Gesellschaft – die auf Effizienz und Kontrolle ausgerichtet ist – erfolgreich sein wollen, verschwenden diese Leute ihre Zeit).

223 Doch sicher bringt diese Gefahren mit sich, wenn sie auf die Autonomie des *Wir* und *Selbst* der Mitarbeitenden übergreift. Vgl. Dale Carnegie Manangement, a.a.O., S. 253: »Positive *Kontroll*instanzen sollen die Mitarbeiter motivieren, die Leistungsnormen zu erfüllen, und damit auch ihre eigenen Ziele zu realisieren.«

224 Margret Zimmermann, Spiritualität und positives Denken, a.a.O., S. 135.

225 Dale Carnegie, Sorge dich nicht – lebe, (How to Stop Worrying and Start Living, New York 1948), München 1997, S. 211: »Obwohl ich protestantisch bin, gehe ich oft in die St. Patrick's Cathedral in der Fifth Avenue und mache mir klar, dass ich in dreißig Jahren tot bin, die großen geistigen Wahrheiten, die alle Kirchen

gangenen 12 Jahre zu den deutschen Bestsellern avanciert. Dieser hat seine Werke im Zeichen einer nicht näher bezeichneten *Spiritualität* verfasst. Sie bedient sich im Namen der guten kosmischen Energie und des Erzeugers aller Dinge verschiedenster Glaubensrichtungen[226], die punktuell in ihr Handlungssystem passen.
Ein christlich anmutendes Surrogat wird vermarktet, das aus den Wurzeln puritanischen Gottvertrauens und seinem, in der Neuen Welt gewachsenen Effizienzoptimismus, hervorgegangen ist. Selbst das Gebet scheint in den Dienst des Aktivisten gestellt und seinen Zielen unterworfen: Es tritt das positive Prinzip des Handelns in Kraft. Die funktionalistische Einordnung ureigenster Glaubenspraxis wird nicht gescheut.

IV. Diakonie-Symposium 2004 in Bethel: David Lohmann fordert die spirituelle Rückbesinnung auf kommunitäre Lebensformen innerhalb der Diakonie

Neben der Frage nach einer Spiritualität des Marketing soll nun auch die Frage nach spirituellen Aufbrüchen von den Quellen her gestellt werden. Dabei lässt sich die Beobachtung machen, dass mitten unter den Vertretern einer bislang unternehmerisch orientierten Diakonie dieselben Fragen gestellt werden. In seinem prophetischen Referat zur Finanzierung der Diakonie im Jahre 2010[227] hat Lohmann deutlich gemacht, dass die verfasste Diakonie wieder einmal vor historischen Einschnitten und Umbrüchen steht. Bemerkenswert ist, dass die Frage nach, und Aufzeigung von, spirituellen Alternativen und Vertiefungen von einem Schüler Alfred Jägers stammt. Sie ist inmitten eines Kreises von Theologen formuliert worden, die das unternehmerische Modell von Diakonie propagieren. Eingefahrene Wege werden hinterfragt. Dabei stellt Lohmann die Notwendigkeit der Besinnung auf die Wurzeln neben die ebensogroße Notwendigkeit pionierhaften Aufbruches. Das tut er mit Sicherheit in dem Wissen darum, dass die Gründerphase der gewachsenen Insitutio im 19ten Jahrhundert geprägt war von Persönlichkeiten, die einen Aufbruch wagten. Unsere Gegenwart ähnelt in zu-

lehren, aber ewig sind. Ich schließe die Augen und bete. Es beruhigt meine Nerven, wie ich festgestellt habe, es besänftigt meinen Körper und meinen Geist und hilft mir, alles in richtigem Zusammenhang zu sehen. Darf ich Ihnen empfehlen, mir dieses nachzutun?«

226 Ebd., S. 221: »Es ist der erste Schritt, etwas zu tun … Dr. Alexis Carrel sagte: ›Das Gebet ist die stärkste Form von Energie, die man erzeugen kann‹. Warum diese Energie nicht benutzen? Nennen Sie es Gott oder Allah oder Geist – warum sich über Begriffsbestimmungen streiten, solange die geheimnisvollen Kräfte der Natur für uns sorgen?«

227 Referat David Lohmann, gehalten 2004 auf einem Alfred-Jäger-Symposion in Bethel, Fianzierung der Diakonie 2010 – Herausforderungen und Lösungsansätze.

nehmendem Ausmaß der Zeit von Bodelschwingh, Wichern und anderen.[228] Sie fordert zu entsprechendem Handeln heraus.

In diesem Kontext erinnert Lohmann an die Tatsache, dass Diakonissen und Diakone für lange Zeit das Bild diakonischer Einrichtungen prägten. Einige aus seinem Hörerkreis in Bethel, Sommer 2004, haben in den 80er und 90er das geschwisterliche Modell (so z.B. das so genannte *Hausvatermodell)* einer vergangenen Epoche der Diakoniegeschichte zugeordnet. Denn mit den heutigen professionellen Strukturen einer unternehmerischen Diakonie habe das nichts mehr zu tun. Doch inzwischen ist Lohmann zu der Überzeugung gelangt, dass sich gerade im Aufbruch zu diesen Quellen an eine inspirative Tradition anknüpfen ließe. Diese könne der diakonischen Institution insgesamt Überlebensfähigkeit, Flexibilität und inneres Regenerationspotential verleihen. Ein solches Signal, dazu noch aus unvermuteter Richtung, lässt auf Umdenken und Aufbruch hoffen. Eine Erneuerung von innen her trägt langfristig mehr aus, als die Kritik von außen.
Und doch: Menschen, die sich einer Erneuerung von innen stellen, werden aufmerksam für die gewachsene Fülle von Aufbrüchen neben der Institutio – also gleichsam *von außen.* Ein fruchtbarer Dialog zwischen gleichgesonnenen Menschen in Institutio und Communitas legt sich nahe. Gruppen wie Die *Arche*, *La Poudrière* und die *Diakonischen Hausgemeinschaften* in Heidelberg können die Aufbruch weckende Rückbesinnung auf inspiratorische, kommunitäre Bewegungen und Strukturen diakonischer Existenz inmitten der Institutio auf den Weg bringen.
Hat David Lohmann hier etwas angesagt, das sich in den kommenden Jahren realisieren wird?[229] Ich sehe Grund, erwartungsvoll zu sein und ordne die folgende Darstellung von Kommunitäten, theologischen Ansätzen und spirituellen Kernkategorien in den Horizont dieser Hoffnung ein.

228 Vgl. dazu a.a.O.: »In ihren Anfängen hatten es die diakonischen Bewegungen, die dann später in die institutionalisierte Diakonie mündeten, größtenteils mit den gesellschaftlichen Notlagen zu tun, die der Frühkapitalismus mit sich brachte. Massenarmut, Proletarisierung ganzer Bevölkerungsschichten, Wanderbewegungen vom Land in die industriellen Ballungsgebiete, Bildungsnotstand und Entkirchlichung. Die moderne Diakonie wird es zunächst mit Notlagen zu tun haben, die der Spätkapitalismus mit sich bringt, und die sich sehr ähnlich anhören: Massenarbeitslosigkeit, Wanderbewegungen, Bildungsnotstand und Entkirchlichung.«
229 Ebd.: »Insofern kann es für Diakonie-Unternehmen durchaus sinnvoll sein, sich auf das System der diakonischen Schwester- und Brüderschaften zurück zu besinnen.« Es geht Lohmann um die »Rückbesinnung auf diakonische Lebensgemeinschaften, die sich in den Dienst einer Sache stellen im Gegenzug zur Sicherung eines Lebensstandards. Diakonie wird die Herausforderungen der Zukunft finanziell meistern können, wenn sie sich auf ihre Traditionen zurück besinnt.«

Im konkreten Anschluss an die Ausführungen von David Lohmann stellen sich die Fragen:

- Wo gibt es Gemeinschaften, die in ihrer Struktur, ihrer Spiritualität und ihrem diakonischen Anliegen Brücken- und paradigmatische Funktion haben können für den Aufbau von Vergleichbarem inmitten der unternehmerischen Institutio Diakonie?
- Wie kann ein fruchtbarer Dialog zwischen Institutio und Communitas entstehen? Und welche Formen des Zusammenlebens kann es geben?
- Mit welchen theologischen Ansätzen lässt sich die spirituelle Gestalt der Communitas, innerhalb und ausserhalb der Institutio, begründen?

B) Ausgewählte Kommunitäten als Paradigma für das diakonische Handeln der Kirche

V. Die Arche-Gemeinschaft als Beispiel und komplementäre Möglichkeit diakonischer Existenz

Die Frage von David Lohmann nach diakonischen Kommunitäten, die als inspirierendes Paradigma gelten und dienen können, möchte ich meinerseits mit der exemplarischen Auswahl der Arche-Gruppe beantworten. Wir begegnen hier dem Beispiel eines kommunitären Ansatzes, das diakonische Qualität besitzt. Der Blick auf ersten Impuls, Werden und Stabilisierung der Kommunität, der auch Henri Nouwen angehörte, ist an dieser Stelle sinnvoll. Die Vorstellung der Gruppe soll, pars pro toto, sensibel machen für spirituell-diakonische Lebensformen. Sie soll einen Impuls geben, innerhalb der großen Komplexeinrichtungen diese Modelle zu fördern, ihnen Raum zu geben und sie im Hinblick auf die Entwicklung eines eigenen geistlichen Profils aufmerksam zu hören.

1. Jean Vanier und die Arche-Bewegung

Jean Vanier wurde 1928 in Québec / Kanada als Sohn des kanadischen Generalgouverneurs Vanier geboren. Er erfuhr eine tiefe, spirituelle Prägung durch sein Elternhaus, das aus einer lebendigen katholischen Frömmigkeit lebte. Urbanität, Freude an der Begegnung, Weltweite und Weltverantwortung wurden ihm in die Wiege gelegt. Prägende Persönlichkeiten der Epoche gingen in seinem Elternhaus ein und aus. Früh entschied sich der junge Jean Vanier für die Marinelaufbahn in der British Royal Navy. Diese Etappe ließ ihn für eine Weile zum Mitglied des Britischen Establishment werden. In den Jahren vor dem Zweiten Weltkrieg besuchte er das berühmte Royal Naval College in Dartmouth, dem auch Prinz Philipp von Griechenland, der spätere Herzog von Edinburgh angehörte. Nach dem Krieg nahm er als junger, aussichtsreicher Offizier an der Fahrt der Englischen Königsfamilie nach Südafrika teil. Sein eigener Entschluss, 1950 die Marine zu verlassen, beendete eine verheißungsvolle Karriere in der Britischen Marine. Doch immer wieder wird er sich in späteren Jahren dazu bekennen, dass ihn diese Zeit tief geprägt hat – stets aber auch, dass er das Eigentliche dort nicht finden konnte. Mag sein, dass das Naval Training ihm die Gabe der Vision und ihrer, zumindest äußerlichen, Durchführung gegeben hat. Doch das

Element der spirituellen Durchdringung steht noch aus und wird sich erst in den zukünftigen Jahren zeigen.

So begab er sich mit 22 Jahren auf eine *Spiritual Journey*, die ihn zuerst zu seinen Eltern führte, die mittlerweile in Paris lebten. Während dieser Phase der Selbst- und Gottesfindung begegnete er Pater Thomas, der nach dem Kriege bei Compiègne (nördlich von Paris) eine *Gemeinschaft von Suchenden* ins Leben gerufen und um sich gesammelt hat. Er betrieb dort eine Art philosophisch-theologischer, aber auch diakonisch orientierter Privat-Akademie in Vita communis. Dieser schloss sich Jean Vanier an und wurde von dem Pater ermutigt, einen Doktorgrad im Fach Philosophie zu erlangen. In ihm begegnete der ehemalige Marine-Offizier einem Geistlichen mit hoher philosophisch-theologischer Kompetenz, der die letzte Erfüllung jedoch nicht in der höchsten Entwicklung geistiger Kapazitäten sah, sondern in der nachfolgenden Erlangung von spiritueller Kompetenz, die sich mit ganzem Einsatz in der Gottes- und Nächstenliebe erweist.
In der Begegnung mit dem Pater erfuhr Jean Vanier, der von Haus aus höchste Verantwortung und höchste Leistung gewohnt war, die beunruhigende Wichtigkeit der Frage nach höchster Hingabe und, damit gekoppelt: der Gottesbegegnung. Während dieser Zeit wurde sein Augenmerk, weg von dem Hohen und Bedeutsamen seines Elternhauses, zu den Marginalisierten – in diesem Fall den Menschen mit einer Behinderung – gelenkt. Pater Thomas, der immer wieder Menschen mit einer Behinderung in seine Vita communis einzubeziehen gewohnt war, lehrte Jean Vanier, diese Menschen und ihre besondere Notlage anzuschauen: so, dass diese Gruppe der Bevölkerung in der Gedankenwelt Vaniers einen immer größeren Stellenwert einnahm. Zu bemerken ist, dass zeitgleich die Emmaus-Kommunität in Paris die Welt der Obdachlosen wahrzunehmen begann (es bestehen intensive Kontakte zur Brüsseler Kommunität La Poudrière). Die Emmaus- Kommunität stellte das Mobiliar für die Anfänge in Trosly-Breuil 1964/65.
1964 kam es zu einer Initialbegegnung: Vanier, der sich mittlerweile in Trosly/Breuil-sur-Seine (bei Compiègne) niedergelassen hatte, begegnete in einer benachbarten staatlichen Einrichtung für Menschen mit einer Behinderung den *jeunes handicappés* Raphael und Philippe. Er war von ihrer marginalisierten Existenz in einem staatlich betriebenen Heim so erschüttert, dass er die beiden jungen Menschen, im spontanen Impuls, in sein Haus nach Trosly holte.[230] Bemerkenswert ist, dass keine

230 Jean Vanier berichtet über die Anfänge der Arche und ihren irreversiblen Charakter in: La Communauté. Lieu du pardon et de la fête, Paris 1989, S. 99: »Le cri pour l›amour – Quand je suis arrivé à Trosly-Breuil, petit village au nord de Paris; jái accueilli Raphael et Philippe. Je les ai invités à vivre avec moi à cause de Jésus et de l'Evangile. Cést ainsi que l'Arche a été fondéé. En acceuillant deux hommes qui venaient d'un asile, je savais, que c'ètait pour la vie: comment aurait-il-été possible de créer des liens avec eux, de fonder une nouvelle famille avec eux, puis de les

Kalkulation, kein Konzept diesem Entschluss voranging, sondern dass wir hier mit einem plötzlichen Impuls der Nachfolge konfrontiert sind. Hatte er einmal, im spontanen Zeichen und in der lebenslangen Bereitschaft, seinen Tisch, sein Selbst, mit Raphael und Philippe geteilt, gab es kein Zurück. Die abermalige Abschiebung in die Institution wäre eine gestorbene Hoffnung, ein Weg in den Tod vor dem Tod.

So waren Raphael Simi und Philippe Seux die ersten Kern-Mitglieder der entstehenden Gemeinschaft[231]. Raphael war wegen Meningitis seit seiner Kindheit behindert. Philippe hatte, durch Enzephalitis verursacht, neben der geistigen Behinderung einen lahmen Arm und ein lahmes Bein. Beide hatten sie das gemeinsame Schicksal erlitten, sofort nach dem Tod der Eltern in die Anstalt verbracht worden zu sein.

Vanier gab der jungen Basisgemeinschaft den Namen die *Arche*. Sie will den Menschen mit einer Behinderung ein rettendes Refugium in der gegenwärtigen, selektiven Leistungsgesellschaft sein.

In der Gründung der Gemeinschaft folgte er dem Ziel[232], eine bergende

renvoyer ensuite à l' hôpital ou n'importe où allieurs?« (ÜS: Der Schrei nach Liebe – Als ich in Trosly-Breuil ankam, einem kleinen Dorf im Norden von Paris, habe ich Raphael und Philippe aufgenommen. Ich habe sie eingeladen, zu kommen und mit mir zu leben – um Jesu und des Evangeliums willen. Auf diese Weise ist die ›Arche‹ gegründet worden. Indem ich diese beiden Männer, die aus dem Asyl kamen, aufnahm, wusste ich, dass es für die Dauer eines ganzen Lebens sein sollte: wie nur hätte es möglich sein sollen, Bindungen mit ihnen einzugehen und eine neue Familie zu begründen, nur um sie dann wieder in das Heim, oder sonst wo hin, zu schicken?)

231 Jean Vanier, Our Journey Home: Rediscovering a Common Humanity Beyond Our Differences, London 1997, S. IX: »I called the community l'Arche (the Ark) after Noah's ark, which saved humanity from the flood. The community of l'Arche wants to provide a refuge for people with mental handicaps, who can so quickly be drowned in the waters of our competitive society.« (ÜS: Ich nannte die Gemeinschaft die Arche – nach Noahs Arche, welche die Menschheit vor der Flut rettete. Die Arche – Gemeinschaft möchte ein Refugium für Menschen mit einer geistigen Behinderung sein, die sonst so leicht in den Fluten unserer Wettbewerbsgesellschaft ertrinken könnten).

232 Jean Vanier, La Communauté, a.a.O., S. 99: »Mon but en commencant l'Arche était de fonder und famille, une communauté avec et pour ceux qui sont faibles et pauvres à cause d'un handicap mental, et qui se sentent seuls et abandonnés. Le cri de Raphael et Philippe demandait de l'amour, du respect, de l'amitié et une vraie communion. Bien sûr, il désiraient que je fasse certaines choses pour eux, mais plus profondement ils désiraient être aimés en verité d'un amour qui reconaisse leur beauté et la lumière qui brille en eux, un amour qui leur révèle leur valeur et leur importance dans l'univers.«
(ÜS: Von Anbeginn der Arche an war es mein Ziel, eine Familie zu gründen; eine Gemeinschaft mit denen und für die, die infolge einer geistigen Behinderung schwach und arm geworden sind. Für die, die sich einsam und verlassen fühlen. Der Schrei von Raphael und Philippe ruft nach Liebe, nach Respekt, nach Freundschaft und wahrer Gemeinschaft. Natürlich erwarteten sie auch einige äußere Hilfestellungen von mir, aber in der Tiefe verlangten sie danach, wahrhaft geliebt zu werden – mit einer Liebe, die ihre Schönheit und das in ihnen scheinende Licht wahrnimmt

Familie ins Leben zu rufen, die von Liebe, nicht Dienstleistung her bestimmt ist. Und in der das geliebte, angenommene, wertvolle und gabenreiche Leben des Kernmitgliedes seine ihm innewohnende Leuchtkraft ausstrahlen kann.

Dem irreversiblen Impuls folgend, schlossen sich mehr und mehr Menschen (sei es als Betreuter, sei es als Betreuer) dem entstehenden Werk an. Pater Thomas, der Spiritus Rector und Begleiter der kleinen Gemeinschaft, wohnte zwar nicht im Foyer, war aber in seiner kleinen *Eremitage* in Trosly jederzeit ansprechbar. In Beratung, dem Hören der Beichte und der täglichen Feier der Eucharistie hatte er Anteil[233] an der geistlichen Ausprägung der Arche. Die junge Bewegung erfuhr vor Ort viel Anfeindung, aber auch viel Zuspruch in ermunternder und materieller Unterstützung. Zwar war der jungen Pflanze noch nicht die Bewegung anzusehen, die einmal daraus werden sollte, doch fielen in die direkten Jahre nach 1964 die Entscheidungen, die in den kommenden Jahren Form und Inhalte geben sollten:

- die Ausformung des Assistenten[234]-Amtes, seiner Selbstdefinition, seiner Gestaltung und seiner Vergütung;
- die Gestaltung der familiären Lebensform der Arche im Einzel-Foyer;
- der die Christozentrik versinnbildlichende Sakralraum im Zentrum des Foyers. Im Zentrum dessen steht das Tabernakel (als der Wohnort Gottes in der Mitte des Wohnortes der Menschen);
- die Selbstbeschränkung auf die Vita communis mit Menschen mit einer Behinderung – denn es wurde die Erfahrung gemacht, dass das Leben mit Drogenabhängigen, bzw. Obdachlosen die Kapazität der Gemeinschaft überforderte.

Die begonnene Arbeit erfuhr eine Ausweitung, indem – paradoxerweise – gerade Jean Vanier zum Heimleiter der Institution berufen wurde, aus dem er 1964 Raphael und Philippe herausgeholt hatte. Das verschaffte ihm eine neue (nur zögernd angenommene) Verantwortung und die Möglichkeit, Tradition und Inspiration in eigenem *Engagement* zusammenzubringen. In den sich weitenden Kreisen, die die junge Bewegung zog, das wohlwollende Augenmerk des Staates eingeschlossen, bewahrte Jean Vanier jedoch konsequent Autonomie und Autarkie für sein junges Werk. Er ist stets bestrebt gewesen, im konstruktiven Dialog mit der Institution von Staat und Kirche, eigenständig und seinem spirituellen Impuls treu zu bleiben. Bis heute hat Jean Vanier den Weg des Dia-

(erkennt/anerkennt). Eine Liebe, die ihnen ihren Wert und ihre Wichtigkeit im Universum offenbart.)

233 Dies ist der Rolle vergleichbar, die 30 Jahre später Henri Nouwen für die Gemeinschaft von ›Daybreak‹/Toronto spielen soll.

234 Der Name für *Betreuer* in der spezifischen Diktion der Arche – Bewegung.

logs, aber nicht der Gleichschaltung gewahrt, um fruchtbar zu bleiben und weder dem Programm, noch dem Aktivismus zu verfallen.

Bis heute steht der Schwache mit seiner Leben-stiftenden Gabe[235] im Mittelpunkt der Bewegung, die in 100 Arche-Kommunitäten in 27 Ländern ein basisgemeinschaftliches Netz der Liebe lebt.

1.1 Deutung des Begriffes Kernmitglied in der Begrifflichkeit der Arche-Kommunität

In der Vita communis aller Foyers[236] der Arche wird versucht, zu beherzigen, dass die Menschen mit einer geistigen Behinderung denen einzigartige Gaben zu bieten haben, die für sie sorgen. Und damit auch der Gesellschaft und der Kirche: wobei diese Gaben am fruchtbarsten in der Gemeinschaft zur Entfaltung kommen.
Der zeitgenössischen Diktion entgegen, wird hier vom Menschen mit einer Behinderung nicht als Klient oder Kunde, sondern als *Kernmitglied* gesprochen. Es sieht sich nicht gezwungen, sich für seine Behinderung zu schämen, sondern es kann sie als heilsame Gabe in die Gemeinschaft einbringen. Nicht auf die Klienten-Rolle veranstalteter Service-Leistung festgelegt, leistet **es** viel mehr dem Betreuer/*Assistenten*[237] den Dienst der Hilfestellung zur geistlichen Reifung.
Ist der Mensch mit einer Behinderung Kernmitglied der Gemeinschaft, predigt er in seinem geliebten Sein die radikale Barmherzigkeit Gottes, die Umkehrwirkung der Bergpredigt. Die Arche-Gemeinschaft will in ihrer Gesamtheit nicht stärker sein als ihr schwächstes Glied. So kann eine ungeahnte Salzkraft von ihr ausgehen. Gruppen, die Jesus Christus in seiner gebrochenen Gestalt erkennen wollen, dürfen mit verwandeln-

235 Jean Vanier, La Communauté, a.a.O., S. 262: »Le don le plus précieux dans la Communauté s'enracine dans la faiblesse … Au coeur de la communauté il y a toujours le petit, le pauvre, le faible. Cést quand on est faible et pauvre qu'on a besoin des autres, qu'on les appelle à la vie et à l'exercise de leurs dons … In devient source de vie pour les autres. C'est par ses blessures que nous avons été guéris (Is 53,5). Cést un mystère de foi.« (ÜS: Die kostbarste Gabe innerhalb der Kommunität wurzelt in der Schwäche … Im Herzen der Kommunität ist immer der Kleine, der Arme, der Schwache. Ist man schwach und arm, braucht man die Anderen … Er (der Arme) wird für die anderen zu einer Quelle des Lebens. ›Denn durch seine Wunden sind wir geheilt‹ (Jes 53,3). Das ist ein Geheimnis des Glaubens.)
236 Die Häuser der Arche nennen sich Foyer. Das frz. Wort Foyer ist verwandt mit dem wärmenden Herdfeuer im Zentrum des Hauses und spricht den gemeinschaftlichen Wunsch nach einem familiengemäßem Zusammenleben aus.
237 AssistentIn ist in der Arche-Gemeinschaft der Terminus technicus für BetreuerInnen. In der Wahl des Begriffes soll allem Dominanzstreben im Vorfeld gewehrt werden. Der Akzent liegt auf der Hilfestellung des Assistenten bei der Entfaltung von gelungenen Lebensmöglichkeiten des Kernmitgliedes.

den Kraftpotentialen rechnen. Der Nucleus ihrer Arbeit liegt in dem lebendigen Herrn und denen, die er selig preist.

1.2 Deutung des Schlüsselbegriffes Assistent in der Begrifflichkeit der Arche-Gemeinschaft

In der spezifischen Begrifflichkeit von Jean Vanier und Henri Nouwen ist *Gift of the Handicapped*[238] sowohl als Gabe, aber auch als Geschenk zu sehen. Der Mensch mit einer Behinderung gibt sie in das kommunitäre Lebensgefüge hinein. Die Gabe[239] der Behinderung wird von Nouwen zunehmend[240] dahingehend gedeutet, dass sich hier Christus – im Lichte von Matth. 25 – berührbar erfahren lässt.
Es ist diakonische Kernkompetenz ersten Ranges, die Gabe der Behinderung stets neu wahrzunehmen und zu beherzigen. Sie nimmt Gestalt an in einer kontemplativen Existenz. Sie nimmt die herausfordernde Erkenntnis des Nächsten, den Christus in ihm, zum Handlungsanlass. Sie ist eine Gabe, die sich nicht erlernen, sondern nur erbitten lässt – und in der Exerzitie bewahren und in der Tentatio des Alltags bewähren. Hat sich Christus in die Gebrochenheit begeben, verzichtet der Assistent umso bereiter auf das Bekenntnis zu angeeigneter Stärke. Und wächst sie ihm dennoch zu, dann als Gabe auf dem Weg Selbst-vergessener Nachfolge.

238 Für manch einen mag der Begriff sogar zynisch klingen. In der Tat ist er gewöhnungsbedürftig. Denn das, was hier ausgesagt wird, ist mit großem persönlichen Leid verbunden, das ernstgenommen sein will, bevor es sich annehmen lässt. Man kann den Begriff schwer verstehen, wenn man nicht weiß, dass die, die ihn geprägt haben (Jean Vanier, Henri Nouwen) die letzte Erfüllung darin sahen, sich in eine Vita communis mit den Kernmitgliedern zu begeben.
239 *Handicap* als *Gift* zu verstehen, schließt dabei die Erwartung möglicher Heilung, oder zumindest deutlicher Verbesserung der Lebensqualität, nicht aus. Vielmehr holt diese spirituelle Definition eines medizinischen Erscheinungsbildes den Menschen mit einer Behinderung aus den Fragestellungen des »Warum ich«, der Marginalisierung und des Selbstwertverlustes heraus. Ein entscheidendes Stück Heilung geschieht bereits in Annahme und Seligpreisung, die dem herkömmlichen Denken zunächst paradox und gewagt erscheint.
240 In den Jahren von 1985–1996, der fünften Phase seiner Vita.

2. *Kathryn Spink: »Jean Vanier & L'Arche; The Voice of the Poor«*

Kathryn Spink[241] hat für einige Zeit in den Arche-Kommunitäten von Trosly-Breuil (Frankreich), Erie (USA), Tegucigalpa (Mexiko), Choluteca (Honduras) und London mit gelebt. Dabei hat sie von der Möglichkeit des Gespräches mit dem Gründer Jean Vanier reichlichen Gebrauch gemacht. Sie stellt im genannten Quellentext Anfänge, Entwicklung, gegenwärtige Praxis und Ziele der Bewegung dar.
Im Folgenden seien die Kernaussagen des Textes genannt, soweit sie einen Beitrag zur Aussage der Dissertation liefern und sich in eine Conclusio einarbeiten lassen:

1. Der Anfang[242] der Arche (und ihre Chance) bestand darin, dass Jean Vanier 1964 die jungen Männer mit einer Behinderung, Raphael und Philippe, aus der Institution (asylum) St-Jean-des-Deux-Jumeaux[243] in die entstehende Gemeinschaft in Trosly-Breuil heimholte, um sie im Familienleben des Foyers zu bergen.
   Schon die reine Schilderung des Vorgangs bildet in sich eine Anfrage an die Anstalts- Diakonie (auch im zeitgenössischen Gewand), die einer möglichst großen Zielgruppe auf möglichst effiziente und kostendeckende Weise Dienst leisten möchte. Der Gedanke der familiären Einbergung ist zwar auch vorhanden, steht jedoch nicht am Anfang der Überlegung und prägt von daher nicht.

2. Von daher, und seitdem, spricht man in der Arche-Bewegung stets von der *Familie des Foyers*. Man weiß um den Schmerz des Menschen mit einer Behinderung, der allzu oft von seiner eigenen Familie ausgestoßen, der Kälte der Institution ausgeliefert und schlicht totgeschwiegen wird – im Leben und im Sterben. In der Kälte der Ein-

241 Kathryn Spink, Jean Vanier & L'Arche. A Communion of Love, Kapitel: The Voice of the Poor, S. 1–9 New York 1990: In ihrer Veröffentlichung »Life and Vision of Brother Roger of Taizé« hat sie in ähnlicher Weise den Begründer und die Kommunität/Bewegung dargestellt. Eine Reihe von Schriften zu Person und Werk von Mutter Teresa von Kalkutta ist ebenfalls entstanden.

242 Ebd., S. 1: Den Beginn schildert sie in folgenden Worten: »In response to a call which he could scarcely have defined but which he knew to be ›irreversible‹ invited three mentally handicapped people to leave the institution where they had been living and to make their home with him. It was an invitation issued, by Jean Vaniers own admission, naively but unquestioningly in the knowledge that ›Jesus wanted it‹«. (ÜS: All das begann mit einem Ruf, den er schwerlich hätte beschreiben können, aber von dem er wusste, dass er unumkehrbar war. Er lud drei Menschen mit einer geistigen Behinderung ein, die Institution, in der sie bislang gelebt hatten, zu verlassen und ein neues Zuhause bei/mit ihm zu finden. Die Einladung wurde, wie Vanier zugab, ganz naiv und vorbehaltlos ausgesprochen, einfach in dem Wissen darum, dass Jesus es wollte.).

243 Im Süden von Paris gelegen.

richtung wird ihm umso tiefer bewusst, was er an Geborgenheit vermisst. Die familiäre Dazugehörigkeit ist ein unersetzbares Gut. Das Foyer will eine Familiengemeinschaft sein, die in der Liebe zu Gott und zueinander wurzelt:
Assistent und Kernmitglied gehören zur selben Familie[244]. Sie sitzen um den gleichen Herd und den gleichen Altar. Diese konzentrische Ausrichtung führt dazu (und sagt aus), dass jeder jedem in gleicher Weise zugehört und dass die Verantwortung füreinander kein einseitiger Prozess ist.
Jedes Mitglied des Foyers definiert und erlebt sich selbst von dieser Familienzugehörigkeit her.
In der gemeinsamen Zugehörigkeit werden Grenzen überwunden; Stärke und Schwäche sind teilbare Größen.

Folgerung:
In der Familie ist man zueinander gestellt. Für jede diakonische Vita communis gilt also, dass es ihr hier viel eher um eine Befindlichkeit geht, als um das Resultat einer heilpädagogischen (u.a.) Konzeption von außen. Das *Ist* der Familiengemeinschaft bleibt geistliches Geschenk. Es lässt sich nicht konzipieren, sondern je und je in geistlicher Aufmerksamkeit empfangen.
Die Kategorien von Effizienz und Qualität können angesichts des Zieles der familia (Dei) nichts besagen und bewirken. Diese, von Gott her gestiftete Familiengemeinschaft ist Geschenk und entzieht sich menschlichem Aktions- und Kontrollbedürfnis. Sie findet sich unter Menschen verwirklicht, die sich am Ort, zurzeit dazu bereithalten.

3. Der Schwache macht dem Starken in der Regel Angst. Denn er hält ihm den Spiegel eigener Vergänglichkeit und Hinfälligkeit vor. Von daher ist die Stärke viel eher geneigt, an der Schwäche zu handeln, als sich ihr auszuliefern (vgl. Leitbild-DW »Stark für Andere«). Der Starke will am Schwachen agieren[245]. Wie oft reduziert er sich dabei selbst auf den Aktivismus, der die notwendige, aber beängstigende

244 Ebd., S. 2: »The communities … grew so rapidly out of the small house in Trosly-Breuil and the desire to create homes – not institutions but ›foyers‹ with all the associations of family life gathered about a shared hearth that the french word conveys – where handicapped people and assistants could experience together all the joy and the difficulties inspired by the Beatitudes …« (ÜS: Schnell gingen andere Gemeinschaften aus dem kleinen Haus in Trosly-Breuil hervor – und das Verlangen danach, ein Zuhause zu erschaffen: keine Institutionen, sondern *Foyers* mit all den *Familien*-Gruppen, die sich um einen Herd scharen (dieser Gedanke ist ja im französischen Wort Foyer ausgesagt). Ein Ort, an dem Menschen mit einer Behinderung und Assistenten zugleich all die Freude, aber auch all die Schwierigkeiten in Erfahrung bringen, die von den Seligpreisungen inspiriert werden).
245 Sozusagen als Objekt zum eigenen Effizienzerweis.

Berührung scheut, weil sie das Selbst verändern könnte. Der Starke hat Angst vor der Schwäche des Schwachen[246]. Denn die Entwicklung eines aktivistischen Hilfsprogramms ist nicht mehr, als die elegante Flucht vor der eigenen Schwäche, vor der Möglichkeit der Selbst-Veränderung.

Ich folgere:
Die genannte Beobachtung ist für die Gegenüberstellung von Effizienz[247]/Frucht und Actio/Aktivismus von höchster Bedeutung. Das Jäger'sche Modell muss sich diese grundsätzliche Frage gefallen lassen, ehe man sich auf Sachebene und konkrete Schritte zurückzieht. Auch das Leitbild »Stark für Andere« muss sich, was Vorbereitung und Auswirkungen betrifft, dieser Anfrage stellen, ohne in die Begrifflichkeiten von Sachzwang und Gegenwartsnähe zu fliehen.

4. Lässt sich der Assistent auf die Schwäche des Schwachen ein, beginnt ein heilsamer Prozess. Denn es geht auch um seine Heilung. Nach dem englischen Idiom »reduced to tears« (in Tränen schwimmen) benutzt Jean Vanier das Wortspiel, dass der Assistent »reduced to prayer«[248] wird. Er *bricht in Beten aus* und sieht sich diese einzig gebliebene Möglichkeit geworfen. Lässt der Assistent das Anliegen der (auch: geistlichen) Armut an sich heran, wird er zum Gebet hin geführt, heilsam herab-reduziert. Von Eigenwillen, Selbstdarstellung, Upward Mobility (vgl. Nouwen; s.o.) und Aktivismus hinweg gelangt er zur Gottes/Christusdarstellung und zum Gebet. Er entdeckt, dass

246 Ebd., S. 2: »The rich regard the poor and weak as problems and seek to resolve those problems according to their own vision, theories and personal plans, refusing to enter a dialogue of trust with those who are oppressed and in distress.« (ÜS: Die Reichen betrachten die Armen und Schwachen als Problem und versuchen, diese Probleme nach ihren eigenen Visionen, Theorien und persönlichen Plänen zu lösen. Dabei weigern sie sich, mit den Bedrückten und Traurigen in einen fruchtbaren Dialog zu kommen).

247 Ein ähnlicher Standpunkt wird in dem katholischen Orden der Kleinen Schwestern Jesu vertreten. Vgl. dazu Angelika Daiker, Kontemplativ mitten in der Welt. Die Kleinen Schwestern Jesu, Freiburg 1992, S. 269: »Auf die Frage der *Effektivität* lassen sich keine messbaren Ergebnisse vorzeigen. Denn die Solidarität trägt unvermeidbar den Aspekt der Armut, der Nicht-Effektivität in sich. So hat auch Jesus sich selbst jeder Fähigkeit und Macht, uns effektiv zu helfen, entledigt … Dass er unsere Armut durchlebt hat und uns hilft, sie auf neue Weise zu leben, dies ist eine Effektivität ganz anderer Art. Erst wenn sie zur Wirkung gekommen ist, wird es möglich, nach anderen Formen der Effektivität zu suchen. Aber ohne diese ›erste Effektivität‹, die oft sehr geheimnisvoll und ohne Resultat ist, hat die Suche nach einer anderen Effektivität keinen Sinn.«

248 Vgl. Kathryn Spink, Jean Vanier & L'Arche, S. 5: »It means becoming poor oneself … It means feeling oneself poor in the presence of the poor and so *reduced,* in the deepest meaning of the word, *to prayer.*« (ÜS: Es bedeutet, dass man selbst arm wird … Es bedeutet, dass man sich selbst arm fühlt in der Gegenwart der Armen – und so, im tiefsten Sinne des Wortes, auf das Gebet herab-reduziert wird).

die Armut nicht lediglich etwas zu Tolerierendes, in den Denkkategorien von Effizienz und Rentabilität zu Beseitigendes, sondern Anlass zur Seligpreisung sein kann. Diakonie ist ohne ein Leben aus der Bergpredigt nicht denkbar.

5. Kernanliegen des Assistenten ist von daher nicht der Einsatz von eigener Stärke, sondern die Bereitschaft, sich dem geteilten Leben auszusetzen. Er *leistet* keinen *Dienst*. Er begibt sich in ein Kraftfeld, um an der Gabe der Behinderung selbst heil zu werden. Er hat nichts anderes zu bringen, als die Gabe der Bereitschaft zur Gemeinschaft. Diesem Austausch der Gaben darf sich der Assistent nicht verschließen, wenn sein Tun im Kern fruchtbar sein soll.

6. In der Arbeit des Assistenten zeichnet sich, immer wieder neu, der Weg von »my work« über »our work« zu »God's Work«[249] Das ist etwas völlig anderes, als die von außen her aufgesetzte Corporate Identity, oder das zu internalisierende Leitbild. Der Weg des Assistenten zum God's Work ist eine Erkenntnis auf dem geteilten Weg. Sie entspringt der gelebten Verbindung von Actio und Contemplatio. Der Assistent setzt weder *sein*, noch *ein* Programm durch, er *handelt* nicht am Klienten. Auch geht es ihm nicht um die effiziente, resultatorientierte Durchführung einer Konzeption, die den Klienten im Vorfeld aus der Position des Dialogpartners drängt.
   Viel eher geht es darum, dass in mir, in uns und auf Gott hin eine Lebens-Art, eine gelebte Bergpredigt, Gestalt gewinnt. Die Liebe Christi kann sich in uns gestalten – als ein Geschehen vom Kern-Mitglied her, denn in ihm begegnet uns Christus selbst.

7. Kathryn Spink hat anlässlich ihrer Besuche bei den Arche-Gemeinschaften verschiedenster Länder die Erfahrung gemacht, dass ihr an allen Orten die Assistenten mit großer Freundlichkeit entgegenkamen. Doch wirklichen *sustain* erfuhr sie viel eher von den Kern-Mitgliedern und ihrer Begabung zur Eigentlichkeit[250]. Es war für sie eine Gelegenheit, die Unmittelbarkeit und das hohe Einfühlungsvermögen zu erfahren, die die Gabe der Behinderung mit sich bringen kann.

249 Ebd., S. 6: »Growth in community meant the progression from ›my work‹ to ›our work‹ to ›God's work‹.« (›ÜS: Wachstum in Gemeinschaft bedeutet, in kleinen Schritten von meinem Werk über unser Werk zu Gottes Werk zu gelangen).
250 Ebd., vgl. S. 8, man kann in diesem Zusammenhang auch von der Gabe der Unmittelbarkeit sprechen.

3. Übergreifende Beobachtungen zur Arche-Bewegung

1) Das Wachstum der Arche-Bewegung erfolgte/erfolgt nach dem Prinzip der geistlichen, kongruenten[251] Zellteilung (vgl. La Poudrière), nicht nach dem Prinzip der konzeptionellen Größtmöglichkeit.
Auch, wenn die Arche eine weltweite Bewegung geworden ist, existiert sie vor Ort im autarken Familien/Kommunitätenverband. Das ist schon in der Bedeutung des Wortes Foyer ausgesagt.
Die Diktion und In-Beziehung-Setzung von Assistent und Kern-Mitglied ist gewachsenes Proprium der Arche-Bewegung. Dies könnte mit Gewinn von anderen Gruppen/Institutionen übernommen werden: Henri Nouwen hat durch seine Veröffentlichungen zwischen 1985 und 1996 viel dazu beigetragen, Diktion und Ansatz der Bewegung einem großen, ökumenischen Leserkreis nahe zu bringen.[252]

2) Im Zentrum des Foyers liegt der Sakralraum, dessen Zentrum (oft) das Tabernakel ist. Dieser Ort der (Ver)Sammlung und des Gebetes wird in zeitlichem Regelmaß begangen. In den meisten Arche-Gemeinschaften wird täglich die Eucharistie gefeiert – als geglaubter und gestalteter Zusammenhang von Diakonie und Liturgie.
Die Aussagen über die Feier der Zeit und die Begehung des Ortes, wie sie in der vorliegenden Dissertation getroffen und gedeutet werden, finden eine mögliche Entsprechung (*gestalteter* Glaube) in der Lebensform der Arche.
Die Zentralstellung des Sakralraumes bezeichnet die Christozentrität der Arbeit. Räumlich ist zum Ausdruck gebracht, dass der Umgang mit Menschen mit einer Behinderung primär geistliches, und erst in sekundärer Hinsicht soziales Geschehen ist.
Auch wenn das Eine ohne das Andere nicht sein kann. Das soziale Handeln verlöre sich ohne die geistliche Mitte im Aktivismus.

3) Das Ineinander von Diakonie und Spiritualität wird gesucht in:
   a) der Entsprechung von Spiritualität und christozentrischer Werks-Kybernetik. Auch, wenn es um weltliche Vorgänge geht, will man doch nicht auf die betriebswirtschaftliche Ebene wechseln. Es geht viel eher darum, in der kybernetischen Gestalt konsequent die spirituelle Wurzel abzubilden.
   b) einer Entsprechung von Diakonie und Spiritualität, die die Grund-Wahrheit bezeugt, dass der Glaube seine Gestalt sucht und sich auf solche Weise in Erfahrung bringen lässt. Genese, Diktion, Dienstverständnis und Kybernetik der Arche-Bewegung haftet deutlich

251 D.h. Kongruenz in dem Sinne, dass das Wachstum an Einrichtung (Gebäude, Menschen) und spirituelles Wachstum sich die Waage halten.
252 In diesen Jahren gehörte der niederländisch-kanadische Theologieprofessor und Autor der Arche-Kommunität an.

das Bemühen an, Arbeit und Gebet nicht in ein Nebeneinander (oder gar Gegeneinander) geraten zu lassen. Die wechselseitige Beziehung soll in einem konkreten, täglich in der Eucharistiefeier zu erneuernden, Miteinander gehalten werden. Gottesdienst, Tagzeitengebet, Sakramentsfeier und Retraite sind also kein unverbindliches Zusatzangebot an die/den Mitarbeiter/in, sondern spiritueller, verpflichtender Kern der Arbeit. Nicht eine soziale, dienstliche, rechtliche und architektonische Konzeption wird im Nachhinein mit Spiritualität oder gar Betriebsphilosophie zu füllen gesucht. Es ist umgekehrt: der spirituelle Ansatz / Impuls / Grund findet seine konzeptionelle, dienstliche und architektonische Gestalt.

4) Zu Dienst und Standortbestimmung des Assistenten:
   a) Das Modell von Kompetenz/Competitio kann nicht greifen, da jeder Assistent regelmäßig spirituelle/dienstliche Rechenschaft vor einem Gremium der Kommunität ablegen muss.
   b) Das Effizienz-diakonische Modell der Zusatz-Entlohnung kann nicht greifen, da der Assistent auf Taschengeldbasis und Teilhabe am (bescheidenen) Besitzstand der Kommunität lebt. Dazu ist er aus dem Bewusstsein seiner Berufung heraus bereit. Sondervergütung und gesteigerter Lebensstandard des Assistenten bilden kein kybernetisches Kriterium, da von der (als evangeliumsgemäß empfundenen) Einfachheit des Lebensstandards ausgegangen wird.
   c) Der Assistent tritt nicht in Stärke auf, nicht als Geber, sondern auch als Lernender, Empfangender und Teilhabender.
   d) Die Spiritualität des Assistenten ist von einer eigenen[253], mitgebrachten Praxis Pietatis her bestimmt. Dies ist das entscheidende Kriterium zur Teilhabe an der Vita communis des Foyer. Von ihr her ist die Berufung zu einem Leben in der Arche, individuell und gemeinschaftlich, zu überprüfen.
   So ist sie nicht Klausel (unter vielen) einer vertraglichen Vereinbarung, wie wir sie vom Modell der AVR, die in der Institution Diakonie Gültigkeit hat, kennen.
   Die geistliche Einstellung des Assistenten ist auch nicht Einstellungskriterium, sondern persönliches Bekenntnis und innerer Hinweg zur Arche-Arbeit vor Ort. In seinem Tagebuch »Nachts bricht der Tag an«[254] finden wir eine entsprechende Weg-Beschreibung des Assistenten Henri Nouwen.

253 Vgl. Turre, Diakonik, S. 96: »Bruderschaften und Schwesternschaften waren zugleich Orte lebendiger und wirksamer Entfaltung des Glaubens ihrer Mitglieder … In ihnen wird Persönliches gestärkt, indem Menschen erfahrbar Anteil bekommen an der lebendigen Gegenwart Christi, wie sie in Wort und Sakrament vermittelt wird.«
254 Henri Nouwen, Nachts bricht der Tag an, a.a.O.

3.1 Der Mikrokosmos setzt sich nicht absolut

1) Kritisch sollte immer wieder neu die Frage gestellt werden, inwieweit man nicht selbst zur Institution neben der Institution geworden ist. Diese Frage ist auch relevant für jede andere Basisgemeinschaft und Kommunität.
   Dieser Zustand kann eintreten durch:
   a) die Verabsolutierung der Genese der Bewegung;
   b) die Verabsolutierung der Gestalt der Gruppe (vor Ort und insgesamt);
   c) die Verabsolutierung der Gründergestalt – seiner Vita, seines Ansatzes, seiner Äußerungen, seiner Vorlieben, seiner Abneigungen;
   d) den ur-menschlichen Lobbyismus, der stets im eigenen Bezugsrahmen und innerhalb eigener Organisationsformen existiert;
   e) das sogenannte Problem der zweiten und dritten Generation;
   f) Alle benannten Tendenzen/Verhärtungen würden Vernetzung und missionarische Größtmöglichkeit (im System spiritueller Zellteilung) hindern. Eine selbstverschuldete Insularität stünde dem missionarisch-diakonischen Anliegen entgegen. Nur ein Weizenkorn, das sein Selbst loslässt und sich verströmt, kann Frucht hervorbringen.

2) Die Namensgebung *Arche* darf nicht dazu führen, dass alles Leben außerhalb des bergenden Mikrokosmos der großen Flut überlassen bleibt. Gerade die Selbstzeugnisse Jean Vaniers aus den Jahren 1964 und 1965 besagen, wie sehr er um die Durchdringung des Ganzen (im Gegensatz zur Insularität) bemüht war.

3) Die Welt-Weite und die Tendenz, sich der Religion und den Gebräuchen der gastgebenden Nation anzupassen, sind zwar anzuerkennen. Sie können jedoch zu einer Trübung des ursprünglichen christozentrischen Ansatzes führen, der das Werk, in der Einheit von klar definierter Spiritualität und entsprechender Gestalt, prägt.
   Das Gleichgewicht von Bindung und Freiheit ist, um der Einheit willen, unbedingt zu halten.

4) Obwohl Jean Vanier wiederholt davor warnt, Armut und Behinderung spirituell zu verklären[255], steht die – zum fixen Begriff gewordene – Rede von der Gabe der Behinderung in Gefahr, das konkrete Leid der Betroffenen nicht angemessen ernst zu nehmen. Ist man in dieser Diktion gefangen, verstellt man den Blick und Weg für die Möglichkeit und Chance medizinischer und/oder geistlicher Heilung.[256] Die Begriffsverwendung der Gabe soll zwar die, kontempla-

255 Vgl. Quellentext »Jesus, the Gift of Love« von Jean Vanier; a.a.O.
256 Vgl. Josuttis und Hollenweger bzgl. der Gabe des Segens.

tiv wahrgenommene Schönheit des Menschen mit einer Behinderung aussagen. Sie darf aber nicht den möglichen Weg konkreter Heilung, den Jesus und sein Jünger immer wieder gegangen sind, verstellen.
Von der Gabe der Behinderung können nur zwei Menschengruppen authentisch sprechen:
a) die Menschen mit einer Behinderung selbst;
b) die Assistenten, die Förderung und Heilung nicht nur für möglich halten, sondern in Gebet und Handeln anstreben.

5) Das Kern-Mitglied, das die Gabe der Behinderung mit-teilen will, ist zwar der Lehrer. Doch daraus darf kein persönlicher Heils-Egoismus des Assistenten resultieren, der den notleidenden Adressaten seines Dienstes zum Ausgangspunkt eines ego-orientierten spirituellen Prozesses macht.

6) Die Verwendung des Begriffes Gabe der Behinderung darf nicht zu einer variierten Spielart Positiven Denkens und positiver Diktion auf anderer Ebene, in anderem Kontext, führen. Empfindet das Kernmitglied seine Befindlichkeit euphorisch verfremdet, nimmt sein Verhältnis zu sich selbst, zu Gott und zum Nächsten Schaden.

7) Auch die, mit Recht autonome, Bewegung der Arche wird nur überleben, wenn sie sich der Institution sinnvoll, und jeweils angemessen zuordnet.[257]
Es ist durchaus legitim, die weltweite Vernetzung innerhalb der eigenen Bewegung auszubauen und zu stabilisieren, wenn sie sich dabei auch in größere ekklesiologische Zusammenhänge begibt. So kann sie ihre Inspiration[258] der jeweiligen Tradition, der sie sich zuordnet, zur Verfügung stellt.
Der Vernetzung im eigenen Haus muss die Vernetzung im ökumenischen Welt-Haus entsprechen: eine Vernetzung, die sich, wie Duchrow betont, an der gewachsenen Parochie vor Ort (soweit sie Kirche Jesu Christi ist) orientiert.

257 Vgl. hierzu Hermann Josef Ingenlath, der den Basisgemeinschaften auf ekklesiologischer Ebene gar konstitutive Wirkung und Verantwortung zuspricht: »In ihnen kann die Kirche konkreten Ausdruck finden.« In: Ders., Bausteine für eine Theologie der Basisgemeinden, in: EHS, Reihe XXII/Theologie, Bd./Vol. 567, Frankfurt am Main 1996, S. 177.
258 Ebd., S. 185: Basisgemeinschaften können als »Netzwerk von ›Mini-Kirchen‹ zur Erneuerung der ›Institution Kirche‹ beitragen.«

4. Die Liebe zur Institutio fordert den Mikrokosmos auf, den Makrokosmos zu inspirieren

1) Die weltweite und ökumenische Ausrichtung der Arche-Bewegung macht es der einzelnen Gruppe unmöglich, sich der rechtlichen oder inhaltlichen Vorherrschaft der, jeweils lokal dominierenden Institution Kirche unterzuordnen. Sie kann aber in einen fruchtbaren Dialog mit dieser treten. Dann muss sie jedoch immer wieder neu den realen Status ihrer Autonomie überprüfen.

2) Ebenso wenig ist, aus den genannten Gründen, weder der betriebsphilosophische, noch der betriebswirtschaftliche Anschluss an eine diakonische Institution vor Ort möglich. Jedoch ist denkbar, sich – unter der Wahrung der Autonomie – innerhalb einer bestehenden Institution anzusiedeln. Die Communitas kann Angebote an die Mitarbeiter/Bewohner/Beschäftigten der Institution machen und mitten unter ihnen, pars pro toto, als Ferment des Aufbruchs existieren. Die Geschwister der Kommunitäten werden die Mitarbeiter daran erinnern, dass nur Besinnung und Gebet die Kraft zum Dienst geben.[259] Die fruchtbare Koexistenz innerhalb des gleichen Gebäude- und Bezugsensembles kann zu Konsequenzen und Früchten führen, die sich gegenwärtig nicht absehen, doch erglauben lassen.

3) Diese Gruppe darf jedoch nicht:
   - im Leitbildprozess,
   - im Zusatzlohn-Vergütungssystem,
   - im Mitarbeiterjahresgespräch,
   - in der Einmischung durch fremde Weisungsberechtigung

   von der Großinstitution abhängig gemacht oder gleichgeschaltet werden. Denn nur in der Wahrung der beiden Prinzipien 1) Autonomie und 2) geistliche/kongruente Zellteilung wird das Proprium gewahrt – und die Gabe, Frucht zu bringen. Auch auf dem Wege der Zuordnung um der verantwortlichen Liebe zur Institution willen darf die Arche das Sagen im eigenen Haus und ihre Kernaussage nicht verlieren.

4) Es wäre für die Institution (über-)lebenswichtig und notwendig, dass sich innerhalb ihrer Reihen mehr und mehr Menschen entschlössen, einen ernsthaften Brückenschlag hin zu Nachfolgegruppen und Kommunitäten[260] zu unternehmen. Das Ferment des Aufbruchs darf nicht nur beobachtet, sondern es muss auch beherzigt werden. Ein

259 Vgl. Reinhard Turre, Diakonik, S. 143.

260 Vgl. Peter Zimmerling, Die Spiritualität evangelischer Kommunitäten und ihre Bedeutung für die Gesamtkirche, in: Evangelische Theologie, Jg. 6, München 2001, S. 451: »Angesichts der gegenwärtigen Krise der Volkskirche kann sie (die kommunitäre Spiritualität, Anm.d.Vfs.) einen nicht zu unterschätzenden Beitrag zur kirchlichen Erneuerung leisten.«

Ferment des Aufbruchs ist auch ein Medikament, um zu überleben. Wo die Institution den Spiegel, oder den Widerspruch integriert, ohne ihn gleichzuschalten, erhält sie die Möglichkeit der Regeneration: aus den eigenen Wurzeln heraus[261] – und indem sie leib- und zeichenhaft an diese erinnert wird.

VI. Die Gabe der Behinderung in der Arche-Gemeinschaft

1. Jean Vanier: Jesus, the Gift of Love

ÜS: (S. 161) »Das Wort wurde Fleisch und Schwachheit, so dass sich das menschliche Geschöpf nicht vor Gott zu fürchten braucht. »Fürchtet euch nicht« wird stets von den Propheten und Jesus wiederholt. Das Wort wurde zu einem kleinen, machtlosen Kind. Ein gekreuzigter, machtloser Mann in den Armen von Maria – um Gemeinschaft mit uns zu erlangen … Die Starken und Reichen brauchen keine anderen, sie sind sich selbst genug. Die Schwachen bedürfen stets der anderen und berufen (rufen heraus) die anderen zu Gemeinschaft und Kommunion. (S. 161) Wenn Jesus seine Nachfolger dazu beruft, einander die Füße zu waschen, den letzten Platz einzunehmen, wie kleine Kinder zu werden, arm im Geist zu sein, klein, freundlich und demütig wie er – die Leiter des menschlichen Aufstiegs herunter zu gehen: Dann deshalb, weil er weiß, wie schnell wir Menschen Rollen anheim fallen, Position, Macht, sogar spiritueller Macht. Er weiß, wie schnell wir unser Wissen und die Gaben Gottes für unser eigenes Prestige, unsere eigene Ehre und Herrlichkeit benutzen, um andere damit zu kontrollieren. Zufrieden mit unserem spirituellen Selbst, schauen wir in einen Spiegel der Selbstzufriedenheit und verschließen uns vor Gott, dem Geber der Gaben, indem wir uns für die Elite Gottes halten. (S. 168) Er kam, um seine Nachfolger mit auf den Weg zu nehmen, der nach unten führt, um mit den Armen, den Lahmen, den Körperbehinderten und den Blinden zusammen zu sein, ihnen zu dienen und ihnen ihren wirklichen Wert, ihre wirkliche Schönheit zu offenbaren … Deshalb beruft Jesus seine Nachfolger dazu, den Armen, den Lahmen, den Körperbehinderten und Blinden nicht nur Nahrung auszuteilen, sondern sie an unseren eigenen Tisch einzuladen (Lk. 14), sich mit ihnen niederzusetzen und mit ihnen zu essen. Was dann allerdings beinhaltet, ihr Freund zu werden, ihre Gaben und ihre Liebe zu empfangen, sie durch die Liebe zu ermutigen und ihnen ihre eigene Schönheit, ihren eigenen Wert zu offenbaren. (S. 170) Dennoch dürfen wir die Armen und Schwachen – in all ihren Wunden – nicht idealisieren. Manchmal ist es sehr schmerzvoll, mit

261 In seinem oben genannten Referat macht David Lohmann Mut zur Rückbesinnung der Institutio auf ihre kommunitär-inspirativen Wurzeln.

ihnen zusammen zu sein; in all ihren Qualen. So, wie es einst schmerzvoll war, nahe bei dem gekreuzigten Jesus zu bleiben. Wir Menschen möchten so oft Dinge produzieren, Resultate sehen, unsere Qualität unter Beweis stellen. Aber der Liebe kommt es niemals auf Resultate an, sie ist ein freies Geschenk. Es ist allerdings nicht leicht, sich ineffektiv zu fühlen, unfähig zum Produzieren zu sein, nichts von unserer Arbeit vorzeigen zu können, keine Bestätigung, kein Lob. Es ist nicht einfach, nur präsent zu sein, zu lieben und zu dienen … Jesus ruft seine Nachfolger, den Weg zu gehen, der nach unten führt. Nicht nur im Sinne der sozialen Aktion, sondern, um mit dem Jesus in einer Gemeinschaft der Liebe zu leben, der in den Armen und Schwachen gegenwärtig ist.(S. 172) Die Armen werden Jesu Sakrament: ein Ort, an dem Jesus wohnt. Wir entdecken, dass gerade die Zurückgewiesenen Heiler der Herzen werden. (S. 172) Das Wort wurde Fleisch, um Schmerz und Leid eine neue Dimension zu eröffnen. (S. 174) Mit Jesus können aller Schmerz, aller Verlust, alle Ablehnung und Qual dem Vater als Opfer dargebracht werden und die Liebe offenbaren. Alles Gebrochene kann Frucht bringen: Als eine Quelle des Lebens, als ein Geschenk für andere.«[262]

2. Impulse aus »Jesus, the Gift of Love«[263]

1) Die entsprechende *Brokenness*, von der Vanier (und in der Folge

262 Jean Vanier, Jesus, the Gift of Love, New York 1994, S. 161–172

263 Originaltext Jean Vanier, Jesus, the Gift of Love, a.a.O., S. 161–172: (S. 161) »The Word became flesh and weakness so that human beings would not be afraid of God. ›Be not afraid‹ is repeated by the prophets and by Jesus. The word became a little, powerless child, a crucified, powerless man in the arms of Mary, on order to enter in communion with us … The strong and rich do not need others; they are sufficient to themselves. The weak are always in need of others, calling others forth to communion and community. (S. 164) If Jesus calls his followers to wash another's feet, to take the last place, to become little children, to be poor in spirit, to be little, humble and gentle like him, to go down the ladder of human promotion, it is because he knows how quickly we human beings become attached to roles, positions and power, even spiritual power. He knows, how quickly we can use knowledge and the gifts of God for our own prestige, honor and glory in order to control others. Pleased with our spiritual selves, we look into the mirror of self-satisfaction, closing ourselves from the God of gifts, thinking we are the elite of God. (S. 168) He came to draw his followers along his downward path to be with the poor, the lame, the crippled and the blind, but to invite them to their table (Lk.14), to sit down and eat with them, which means to become their friend, to receive their gifts and their love, to empower them with love and to reveal to them their beauty and value. (S. 170) We must not, however, idealize the poor and the weak with all their wounds. Sometimes it can be very painful to be with them in all their anguish just as it was painful to remain close to the crucified Jesus. (S. 171) We human beings want so much to produce things, to see results, to love our goodness. But love is never for results; it

Nouwen) oft spricht[264], begegnet uns nicht primär als ein zu behebender Notstand. Sie ist als ein geistliches Kraftfeld zu begreifen – ein Sein, in das sich Gott selbst inkarniert hat. Er lädt uns ein, uns mit dem Selbst hineinzubegeben, um Verwandlung zu erfahren. Gebrochenheit wird nicht (nur) als Notstand, sondern als Gabe aufgefasst. Sie schwächt und tötet nicht, sondern ruft zu Wachstum und Vita communis – konzentrisch um die Communio herum: ein Paradoxon der Gottesliebe.

2) Das Kraftfeld der Gebrochenheit führt zu einem klar umrissenen, im Kreuz Christi bezeichneten Ziel: vollkommene Communio untereinander aus der Communio mit Gott – Vita communis aus der sakramentalen Communio[265] heraus. Es ist gerade die Gabe der Behinderung, den Assistenten zu dieser Mitte zu führen (wo man es tatsächlich zulässt). Die Gabe der Behinderung wird zum Ruf zur Communio. Dem entspricht: »Die Liturgie ist der Herzschlag der Diakonie, die Diakonie der Handschlag der Liturgie.«[266]

3) Der Assistent, als ein »human being«, steht ständig in Gefahr, nach Macht, auch nach »spiritual power«[267] zu streben. Das hindert ihn, zum Empfänger der Gabe zu werden. Denn das ist das eigentliche, paradoxe Primat seines Dienstes. Zur »spiritual power« gehört das natürliche Verlangen nach Effizienz, sichtbarem Resultat, Controlling, Ich-lastiger (im Unterschied zu christozentrischer) Mitarbeiterführung und vieles Vergleichbare. Auch nur die Rede vom *Kapital Mitarbeiter*, vom *Kunden/Klienten* kann Bereitschaft und Empfang des Gift of the Handicapped verhindern. In der Diskussion um den Jäger'schen Ansatz und seine Auswirkung fällt auf, dass das allgemein Verständliche, Zwingende durchaus nicht geistlich sinnvoll sein

is a gift, a free gift. It is not easy just to be and to love and to serve … Jesus calls his followers to take the downward path, not just for social action but in order to live a communion of love with Jesus present in the weak and the poor. (S. 172) The poor become a sacrament of Jesus, a place where Jesus resides. We discover that those who have been rejected become healers of the heart. The Word becomes flesh to give a new dimension to pain and suffering. (S. 174) With Jesus, all pain, all loss, all rejection, all anguish can be offered to the father in sacrifice and reveal love, all that is broken can become fruitful, a source of life, a gift for others.«

264 Ebd., S. 161: »The word became flesh and weakness …«

265 Ebd., S. 161: »The weak are always in need of others, calling others forth to communion and community.«

266 Christian Möller: Zusammenhang und gegenseitige Verwurzelung von Liturgie und Diakonie in Lehre und Forschung von Herbert Krimm, Abschlussthese 7. In: Liturgie und Diakonie. Zu Leben und Werk von Hermann Krimm, Hsg. Volker Hermann, Diakoniewissenschaftliches Institut Heidelberg, Heidelberg 2003, S. 27.

267 Jean Vanier, ›Jesus‹, a.a.O., S. 164: »… because he knows how quickly we human beings become attached to … power, even spiritual power.«

muss. Vielleicht verstellen diese Sachzwänge unternehmerischer Kybernetik die Möglichkeit, die genannte Gabe zu empfangen.

4) Die »Effizienz-Diakonie« ist mit unwidersprochener Selbstverständlichkeit dazu übergegangen, vom Produkt der Service-Leistung zu sprechen. Dieses wird an eine klar umrissene, festgelegte Kunden/Klienten/Ziel-Gruppe geliefert. Das Produkt hat nichts mehr mit der sich verschenkenden Liebe und der zu empfangenden Gabe zu tun, von der Vanier im hier genannten Quellentext ausgeht. Sie stellt sich nicht zu hoch, selbst Empfangender einer Gabe zu sein: im Rahmen der Einübung einer gesunden, lebenstüchtigen Gegenseitigkeit.
Liebe und Freundschaft kalkulieren nicht im Vorfeld, sondern begeben sich aus ureigenstem, spirituellem Impuls mitten hinein. Indem der Veranstalter auf die (bisherige) Produkt/Klienten-Mentalität verzichtet, wird er frei er von seinem Macher-Ethos und spricht den Kunden zum König. Er wird bereit zu einem spirituellen Prozess im gelebten Paradoxon der Liebe, zu dem er sich im diakonischen Anspruch an sein Selbst befreit sieht.[268] Zwar geht es vordergründig um die Behebung von Notständen. Aber es dreht es sich doch in spiritueller, also eigentlicher, Hinsicht um die geistliche Entwicklung beider, Assistent und Kern-Mitglied. Beide befinden sich auf dem Weg zur Vita communis, die aus der Communio wächst.

5) Der Assistent ist bereit, »down the ladder of promotion«[269] zu gehen, um sich zum Empfang der Gabe des Kernmitgliedes bereit zu halten. Dies steht natürlich im Gegensatz zur Kybernetik des Jäger'schen Modells. Diese unterteilt sich in Leitungs-, Mittlere- und Ausführende Ebene und definiert sich vom Organigramm her. Auch persönliche Zielvereinbarung, jährliche Beurteilung (aktenpflichtig) und belohnendes Zusatzgehalt gehören dazu. Aufstiegs- und Motivationskriterium sind aneinander gekoppelt. Menschliches Konkurrenz-, Kompetenz- und Hierarchisierungsstreben werden genutzt, um eine messbare Qualität des Dienstes zu sichern. Vaniers Ansatz jedoch lässt den diakonischen Mitarbeiter auf der »ladder of promotion« den umgekehrten Weg anstreben. Sein Verdienst besteht aus dem spirituellen, nicht dem materiellen Gewinn. Den empfängt er mit der Gabe der Behinderung. Hier wird nicht von größtmöglicher Kompetenz,

268 Vgl. an dieser Stelle auch die kritische Sicht bei Joachim Weber, Diakonie zwischen Dienst, Dienstleistung und Freiheit, a.a.O., S. 344: »Die Ökonomisierung hat vielfältige Folgen, weil sie den gesamten Bereich des Helfens in grundlegender Weise verändert. Die Beziehungen innerhalb der Hierarchie der Institutionen sind davon genauso geprägt, wie die Kontakte zu den sogenannten ›Kunden‹ …«
269 Vgl. aktueller Quellentext, S. 164.

sondern vom heilsamen Selbst-Verlust und konstituierendem Gaben-Empfang her gedacht.

6) Im Lichte der Gabe der Behinderung kann es im diakonischen Selbstverständnis nicht darum gehen, ein Etwas auszuteilen[270], sondern das Selbst[271] zu teilen. Anstatt aus der Position der eigenen Stärke heraus zu geben, geht es darum, den eigenen Tisch zu teilen. Dann bleibt Christus, der im Armen begegnen will, nicht draußen vor der Tür. Einen Service zu leisten, berührt nicht unmittelbar das Selbst des Assistenten. Das aber sollte nach dem evangeliumsgemäßen, innerlichen und äußeren Prozess diakonischer Existenz so sein. Ohne diese Berührung wäre jedes weitere Nachdenken über Diakonie und Spiritualität fruchtlos.
In der Arche-Gemeinschaft teilen Assistent und Kern-Mitglied den Tisch der Mahlzeiten und des Abendmahls. Das familiäre und sakramentale Kerngeschehen eint sie in Christus.

7) Zu Beginn und am Ende des aktuellen Quellentextes[272] sagt Vanier aus, dass Gott den Weg der Schwäche wählt, um uns Menschen zu begegnen. Aus diesem Grund kann man in keinem diakonischen Leitbild, keiner Konzeption, die Stärke zum Kriterium der Förderung von, und Begegnung mit dem, anvertrauten Leben machen. Der Empfang der Segens-Gabe der Schwäche/Behinderung wird gehindert, wenn man auf die eigene Stärke fixiert bleibt.
Der Rückgriff der Effizienz-Diakonie auf wesensfremde *Spiritualität der Stärke* wird in der Krise virulent. Dann zeigt sich, aus welcher Materie das Haus und der Boden, auf dem es steht, gemacht sind.

8) Als wolle er einen potentiellen Angriff präventiv abwehren, betont Vanier, dass Armut und Behinderung leidvoll sind. Man darf sie weder spirituell noch theologisch überhöhen.[273] Es geht um Leid, Einschränkung und Lebensbedrohung für den Menschen mit einer Behinderung. Eigentlich darf die *Gabe* der Behinderung nur von dem ausgesprochen werden, der sich auf das gemeinsame Leben von Assistent und Kernmitglied einlässt. Einzig von daher kann er den Reichtum dieser Gabe bezeugen.

270 Vgl. aktueller Quellentext, S. 168: »… not just to give food to the poor … but to sit down and eat with them …«

271 Die Bereitschaft zum Empfang der Gabe des Kernmitgliedes macht zur Vergabe des Selbst bereit.

272 Ebd., S. 161 und S. 172.

273 Ebd., S. 170: »We must not, however, idealize the poor and the weak with all their wounds.«

3. Vom Kunden zum König – Beobachtungen zur Thematik

1) Zwar ist in der Effizienz-Diakonie vom Menschen mit einer Behinderung als Arbeit-Geber die Rede. Dies entspricht nicht dem Vanier'schen Ansatz. Vielmehr ist in der Lebensform der Arche der Mensch mit einer Behinderung der Inspirator und das Kern-Mitglied des Vorhabens. Im Arbeitgeber jedoch ist er von einem primär mechanistischen, funktionellen und betriebswirtschaftlichen Ansatz her definiert.

2) Das Kern-Mitglied ist Ausgangspunkt und Zielvorgabe des Vorhabens. Das drückt sich auf mehrere Weisen aus:
   a) Anstoß und Beginn der Arche-Bewegung ist in den beiden ersten Kern-Mitgliedern Gabriel und Philippe verkörpert (Trosly 1964).
   b) Die Rede und gegenseitige Zuordnung von Assistent und Kernmitglied drückt aus, dass der Mensch mit einer Behinderung unter dem Zeichen seiner Gabe gesehen wird, nicht seines Notstandes. Von daher steht er im Zentrum.
   c) Das Kern-Mitglied, in dem Christus sich finden lässt, verkörpert die christozentrische Mitte der Arche- Kommunität.

3) Nach dem Vorbild Davidischen Königtums bedeutet die Königsherrschaft des Menschen mit einer Behinderung:
   - er regiert im Zentrum der Stadt, des Landes;
   - er verkörpert die Gegenwart des Bundesgottes;
   - seine Regententätigkeit bestimmt, was man im Lande denkt, sagt und tut;
   - er prägt und bestimmt die Existenz seines Volkes;
   - der gute König weckt das gute Herz im Volk;
   - der gute König lehrt das Volk;
   - der gute König führt zum rechten Gottesdienst im Land;
   - nach den Jahren des Königs bezeichnet man die Zeit.

4) Ein Mensch wird (oft) der, als welchen man ihn zuvor denkt. Denkt man einen Menschen mit einer Behinderung zum König, entspricht dieser dem Vordenken der Liebe in seinem Sein. Ebenfalls in seiner Souveränität, in seiner Kraft zur Überwindung und nicht zuletzt in entwaffnender Ursprünglichkeit.
   Denkt man einen Menschen mit einer Behinderung zum Kunden, verurteilt man ihn dazu, stets Empfänger und niemals Geber zu sein. Indem man von ihm, schon im Vorfeld und in der konzeptionellen Festlegung nichts erwartet, schlägt man ihm seine Gabe aus der Hand. Als Kunde bleibt er potentieller Geldgeber/Verursacher. Er ist nicht viel mehr als ein Mittel zum Geld- und Beschäftigungsempfang via Trägerschaft. Auf diesem Wege wird er selten als jemand empfunden, der eine Bereicherung für das eigene Leben ist.

5) *Kunde* kommt also vom unternehmerischen Ansatz, *König* kommt vom spirituell-kommunitären Ansatz her.

6) Einem Kunden teilt man das für angemessen Erachtete zu, einem König stellt man das Selbst zur Verfügung: einem ganzheitlichen Anspruch wird mit dem Leben entsprochen.

7) Der Begriff des Kunden geht von einem befristeten Dienstleistungsverhältnis aus (zumindest implizit). Der Begriff des Königs geht von der Lebensdauer und einem Verhältnis gegenseitiger Treue und Verbindlichkeit aus.

8) In der Verleihung des Königstitels sieht und anerkennt man die Schönheit des Kern-Mitgliedes, die von jeder Notlage und schmerzhaften Gestalt unberührt bleibt. Von daher erlebt, ist diakonisches Handeln stets mehr, als soziale Aktion. Sie wurzelt in der kontemplativen Wahrnehmung der Königswürde behinderten Lebens.

9) In der zugedachten Königswürde der Schwachen zeigt eine Gruppe/ Gemeinschaft (und vielleicht auch Gesellschaft) ihr erlöstes Gesicht. Sie ist Hinweis auf das angebrochene Gottesreich.

10) Die nunmehrige Königsherrschaft des ehemaligen Kunden soll nicht Proprium der Arche-Kommunität bleiben. Sie kann in Ansatz, Diktion und entsprechender Kybernetik auch von anderen Gruppen/ Institutionen übernommen werden, die den Menschen mit einer Behinderung im Blick haben. Konzeption, Herkommen, Alltag und Planung sollten sich darauf hin überprüfen lassen, inwieweit der Kunde in der entsprechenden Gemeinschaft wirklich zum König geworden ist. Oder ob hierarchische (statt christozentrischer) Kybernetik, Effizienz-Orientierung und diakonisches Ego im Vordergrund stehen?

11) Wird dem Kernmitglied die Königswürde zugedacht, macht dieses die Erfahrung einer geschöpflichen Urlust: die, zu prägen. Es ist nicht mehr dazu verurteilt, Be-Handlungen und Strategien zu erleiden. Es wird vielmehr (auch non-verbal) die Erfahrung machen, dass es gestalten, lehren und führen kann. In der interaktiven Wechselwirksamkeit des kommunitären Wachstumsprozesses erfährt das Kernmitglied die Realität seines Königtums.

12) Dem Königtum des Kern-Mitgliedes steht die Kenosis des Assistenten gegenüber. Beide befinden sich in einem heilsamen Austausch[274]

274 Vgl. hier die spezifische Verwendung eines Begriffes von Manfred Josuttis, a.a.O.

miteinander. Gaben werden ausgetauscht. Das Leben des Einen wird von dem Leben des Anderen reich und fruchtbar gemacht. Es findet Entsprechung und Erfüllung in Gegenseitigkeit.

VII. Die Gabe des Segens – so, wie sie in der Arche-Gemeinschaft verstanden und gelebt wird

Die vorliegende Dissertation geht von gestaltenden Gaben aus, die in einer spirituelle verantworteten Diakonie empfangen werden. Die Gabe des Segens soll hier von Erlebnis und Erfahrung der Arche-Kommunität her beschrieben werden. Nach dieser Darstellung vom praktischen Vollzug her soll im weiteren Verlauf der Dissertation die theologische Vertiefung folgen. Der theologische Ansatz von Manfred Josuttis wird unter dem Schlüsselbegriff der Segensgabe gedeutet.

1. Darstellung der Gabe der Schwäche und der Gabe der Armut, wie sie sich auf dem Hintergrund der Vita communis der Arche deuten lassen

In den Lebensgemeinschaften der Arche ist erkannt worden, dass gerade die Armen und Schwachen die Gesegneten sind.[275] Sie sind Segensträger – und auf seinem geistlichen Hinweg bringt der Assistent dies mehr und mehr in Erfahrung. Die Begegnung rückt den, der helfen will, in den Machtbereich des Segens. Voraussetzung ist, dass er sich dem geistlichen Prozess nicht verschließt, sondern im Gleichklang von Vita activa und Vita contemplativa durchlässig für das Segensgeschehen wird. Die Tatsache, dass der Arme, Schwache dem Assistenten, der ganzen Vita communis, zum Segensmittler werden kann, findet sich im Gebet der Arche ausgedrückt: »Herr, segne uns durch die Hand Deiner Armen. Herr, lächle uns an im Blick Deiner Armen. Herr, nimm uns eines Tages auf in der gesegneten Gemeinschaft Deiner Armen.«[276] Die

275 Vgl. Michael Downey, A Blessed Weakness. The Spirit of Jean Vanier and L'Arche, San Francisco 1986, S. 103: »In the handicapped, we see the suffering … of which the sermon on the mount speaks, but we also see that it is such people who are the blessed, happy and privileged ones of God exalted in it … (S. 104) … it is precisely those who suffer … the poor and the lowly who are exalted and called blessed.« (ÜS: In den Menschen mit einer Behinderung sehen wir die Leidenden, von denen die Bergpredigt spricht, doch wir sehen hier auch, dass gerade sie die Gesegneten, Glücklichen und Privilegierten sind, die hier gepriesen werden … Es sind genau sie: die Leidenden, die Armen und Niedrigen, die gepriesen und die Gesegneten genannt werden).

276 Ebd., S. 107: »Lord, bless us by the hand of your poor. Lord, smile on us in the gaze of your poor. Lord, receive us one day in the blessed company of your poor.«

»Gesegneten des Vaters«[277] sind in den Augen von Jean Vanier die Armen – und all die, die sich zu ihnen stellen (Mt 25). Auf Armut und Schwäche liegt ein Segen, den der empfangen wird, der beide im Namen Christi teilt. In anderen Kulturen, so erwähnt Vanier, wird der Mensch mit einer Behinderung an sich als eine Segens-Gabe gesehen[278] und stellt damit seine christologische Deutung von Schwäche und Armut in einen erweiterten religionsphänomenologischen Kontext.
Doch nur das Evangelium[279] hat für den Samariter die initiierende Botschaft, in der der Stellenwert der geistlichen Armut, und auch ihr Aufruf, bezeichnet ist. Diese Botschaft, ihre Erkenntnis und Anerkenntnis, verleihen die Kraft sich zu öffnen. Inmitten der Leistungs- und Kompetenzgesellschaft kann die Gabe der Armut, der Schwäche zu einer überwindenden Gabe des Segens werden. In verbindlichen Gemeinschaften wird sie hier und dort entdeckt, beherzigt, empfangen und weitergegeben. Für eine Gesellschaft, die mit einem Netzwerk solcher Standorte überzogen ist, besteht Grund zur Hoffnung.[280]

277 Vgl. Jean Vanier, Jesus, the Gift of Love, a.a.O., S. 89: »He will invite to the kingdom all those who with compassion have touched and succored and welcomed the poor, the broken, the hungry, the strangers, saying: ›Come, blessed of my father, take inheritance, the Kingdom prepared for you since the foundation of the world.‹« (ÜS: Er wird alle in das Himmelreich einladen, die in ihrem Mitleiden die Armen, Zerbrochenen, Hungrigen und Fremden berührt, getröstet und Willkommen geheißen haben. Er wird ihnen sagen: Kommt, Gesegnete meines Vaters, ererbt das Königreich, das für euch bereitet ist vom Anbeginn der Welt).
278 Vgl. Jean Vanier, Ruf aus dem Schweigen, München 1975, S. 99: »Im Gegensatz zu dieser beschränkten Sicht des Menschen (in der Leistungsgesellschaft), bei der die Werte des Verstandes absoluten Vorrang haben, gibt es eine andere Position, in mehr geistlich orientierten Kulturen. Ein Freund – Vater eines Schwerbehinderten – erzählte mir, dass ihn auf dem Bahnhof ein Algerier, ein Kabyle, auf seinen Sohn hin angesprochen habe: ›Du hast Glück, ein solches Kind zu haben‹. Und als er das Erstaunen des Vaters bemerkt hatte, fügte er hinzu: ›Ja, bei uns gilt eine Familie, die ein solches Kind hat, als von Allah gesegnet.‹ Jemand, dessen geistige und körperliche Möglichkeiten beschränkt sind, wird in manchen Zivilisationen angesehen als jemand, der enger mit den höheren Wesen verbunden ist. In der griechischen Religion galt der Schwachsinnige oft als Prophet.«
279 Vgl. Jean Vanier, Heilende Gemeinschaft, Salzburg 1984, S. 175: »Allein das Evangelium kann uns daher den Sinn der Armen, der Schwachen und Unproduktiven offenbaren. Die Botschaft Jesu ist unzweideutig: die gute Nachricht ist den Armen verkündet … Sie haben ihren Platz und sie haben ihren Wert. Sie bergen ein Geheimnis. Nähert man sich ihnen mit dem Herzen, nähert man sich Gott. Sie erwecken das Kostbarste in jedem von uns, nämlich unsere Liebesfähigkeit. Sie sind wie eine geheimnisvolle Kraft, uns füreinander zu öffnen.«
280 Ebd., S, 175: Andernfalls besteht für Vanier Grund zur Sorge, denn in »einer Gesellschaft aber, in der die Unproduktiven und Schwachen an den Rand gedrängt werden, läuft man Gefahr, Verstandeskräfte, Aggressivität und Machtstreben weiterzuentwickeln. Sie wird bald zu einer Gesellschaft, in der niemand mehr feiert. Sie wird beherrscht von Zerwürfnissen, Konkurrenzdenken, Bruderstreit und Gewalttätigkeit.«

2. *Problemanzeige zu Diktion und Erwartung hinsichtlich der Gabe des Segens*

Jean Vanier und die Arbeit der Arche haben die Gabe der Behinderung/ Armut/ Schwäche im Wesentlichen ausgesagt und ausgedeutet. Es bleibt jedoch vor jeder falschen Verklärung dieses leidvollen Zustandes, gesundheitlich und materiell, zu warnen. Die Über-Idealisierung von Verwundung, Behinderung und Schwäche könnte dann doppelt unerträglich sein.

Problematisch ist es auch, wenn sich die Gabe der Behinderung der Gabe des Segens in ihrer faktischen, medizinisch nachweisbaren Auswirkung entgegenstellt.[281] Die Unter-Erwartung wäre hier so fatal wie die Über-Erwartung.

So darf die Gabe der Behinderung in keinerlei falscher spiritueller Verklärung dargestellt und belassen werden.[282]

Bestünde bei einem Menschen mit einer Behinderung die Gefahr, dass er sich durch eine entsprechende Diktion in seinem Leiden nicht ernstgenommen fühlt, muss man seine eigene, verbal und non-verbal zum Ausdruck gebrachte, Assistenten-Position – in Selbstbeobachtung und Hilfestellung von außen, genauestens überprüfen.[283]

Denn das Seufzen der Kreatur nach ihrer Erlösung ist gerade im Leben mit einer Behinderung am allerdeutlichsten. Und die Urgewalt des Schreies soll nicht gedämpft, sondern in der Teilhabe am Schmerz[284]

281 Was seine theologischen Spitzenaussagen in der Auseinandersetzung mit dem *Sozialrassismus* in der Behindertenarbeit betrifft, kann man Ulrich Bach eine solche Haltung vorwerfen.

282 Hier warnt Jean Vanier allerdings selbst vor spiritualisierenden Euphemismen und der Flucht vor der Kreuzes-Realität der Verwundung und Behinderung. Vgl. dazu Jean Vanier, The Broken Body, London 1989, S. 1: »So many of us flee from people crying out in pain, people who are broken … We can even hide in various groups of prayer and spiritual exercises …« (ÜS: So viele fliehen vor Menschen, die in ihrem Schmerz aufschreien, vor zerbrochenen Menschen … Wir können uns sogar hinter Gebetsgruppen und geistlichen Übungen verstecken).

283 Den Weg des Assistenten sollte nur gehen, der die in-Frage-stellende Macht der Verwundung nicht in eine Distanz hineinverbalisiert, die ihn vor der Berührung mit der eigenen Verwundbarkeit und Verletzlichkeit schützt. Bereitschaft zur Assistenz ist Bereitschaft zum eigenen Schmerz, nicht spirituelle Selbstbereicherung am (möglichst statischen) Zustand des Diakonischen Gegenübers. Vgl. hierzu Jean Vanier, Heilende Gemeinschaft, Salzburg 1984, S. 176: »Ich gestehe, erst nachdem ich mein eigenes Elend angesehen und meinen Hass erkannt habe, konnte ich mich von dem Erbarmen Gottes erreichen lassen und das Geheimnis Jesu entdecken, der die Herzen heilt und rettet. Erst danach habe ich zu lernen begonnen, das Elend der anderen anzusehen, ohne sie zu überfahren, zu ersticken.«

284 Vgl. Jean Vanier, Jesus, the Gift of Love, a.a.O., S. 174: »That does not mean, of course, that we glorify pain. We should do all we can to eliminate it … it can be transformed … into a gift that brings life.« (ÜS: Das bedeutet natürlich nicht, dass wir den *Schmerz* verherrlichen sollen. Wir müssen alles, was in unserer Macht steht,

überwunden werden. Wer diese spirituell-diakonische Tiefenbewegung nicht teilen möchte, steht in Gefahr, die eigentliche Botschaft des Wounded Prophet (als der das Kernmitglied in der Arche-Bewegung gesehen wird) zu überhören. Die Verherrlichung/Verklärung des Leidzustandes darf nicht die Herrlichkeit tatsächlicher körperlicher Heilung verdecken.

Genauso problematisch aber wäre es, wenn ein angenommener Segnungs-Heilungs-Automatismus (wie er u.U. bei Hollenweger[285] und Josuttis anzunehmen und abzuleiten wäre; vgl. d. weiteren Verlauf der Diss.) zu einem Riss[286] zwischen dem Behinderten und seinem Behinderungsbild führen würde. Denn auf diesem Terrain Versöhnungsarbeit zu leisten, ist erklärtes, vielfach formuliertes und täglich gelebtes Ziel der Arche-Gemeinschaft.

2.1 Segen, Heil und Heilung haben ihren bezeichneten Ort in einer diakonischen Vita communis

Heilung und Heil sind nicht miteinander zu identifizieren[287] – obwohl sie zusammenhängen – jedoch niemals als Automatismus, sondern stets so, dass die Erstgenannte auf das Zweite hinweist.
Das Handwerk des Segens/Segnens[288] verleiht dem Agierenden keine Vollmacht, die sich über den Geist, der weht, wo er will, stellt.
»Wie schon die neutestamentlichen Texte zeigen, darf das Kranken-

tun, um ihn zu beseitigen … (aber) dann kann alles … in eine Gabe verwandelt werden, die Leben bringt).

285 Vgl. dazu Walter Hollenweger, Enthusiastisches Christentum. Die Pfingstbewegung in Geschichte und Gegenwart, Wuppertal/Zürich 1969.
Vgl. dazu auch Peter Zimmerling, Die charismatischen Bewegungen. Theologie-Spiritualität-Anstösse zum Gespräch, Göttingen 2000, S. 147: »Trotz eines fortschreitenden Säkularisierungsprozesses in den westlichen Gesellschaften hat die Sehnsucht nach geistiger – ›spiritueller‹ – Heilung gegenwärtig Hochkonjunktur. Die traditionelle Schulmedizin befriedigt viele Zeitgenossen nicht mehr. Dieses veränderte Klima kam vor allem den zeitgleichen Bemühungen der innerkirchlichen Charismatiker um eine Wiedergewinnung der Gabe der Krankenheilung in den Gemeinden entgegen … (S. 150) … Hinter dem verpflichtenden Gedanken des Krankengebetes steht … die Auffassung, dass es Gottes Wille sei, die Krankheit zu überwinden und die Heilung herbeizuführen.«

286 Auf die Gefahr einer auf Heilung fixierten Krankensalbung weist ja, wie gesagt, Ulrich Bach in seinen, bereits benannten, Veröffentlichungen hin:
1) Heilende Gemeinde? Versuch, einen Trend zu korrigieren, Neukirchen-Vluyn 1988.
2) Dem Traum entsagen, mehr als ein Mensch zu sein, Neukirchen-Vluyn 1986.
Vgl. dazu auch Jürgen Moltmann, Diakonie im Horizont des Reiches Gottes, Neukirchen-Vluyn 1989.

287 Vgl. dazu Peter Zimmerling, Die charismatischen Bewegungen, a.a.O., S. 156.

288 Vgl. die Prägung und Füllung des Begriffes bei Manfred Josuttis, a.a.O.

gebet nicht auf die punktuelle Reparatur körperlicher Schäden reduziert werden. Heilungen sind, wo sie in den Evangelien näher beschrieben werden, Teil der Gottesgeschichte des Geheilten. Es geht bei der Heilung immer auch um die Erneuerung der Beziehung zu Gott.«[289]

Will man einen Segnungs-Heilungs-Automatismus kritisch beleuchten, ist der Zusammenhang zwischen Vergebung und Heilung hervorzuheben. In zentralen Anreden sagt Jesus bekanntlich: »Deine Sünden sind dir vergeben« und »Dein Glaube hat dich geheilt«.[290] In der Begegnung mit Jesus Christus empfängt der Mensch:
- in jedem Fall die Vergebung;
- die Heilung in der Gestalt, die Gott meint. Als Leben im Arrabon, in noch verborgener Gestalt – oder in sichtbarer körperlicher Manifestation/Verkörperung des (in jedem Fall) tatsächlich eingetretenen Heilszustandes.

Tritt eine tatsächliche Heilung körperlicher Gebrechen ein, so ist die Heilung des Leibes ein Ruf zur Änderung von Herz und Leben.[291]

Heil und Heilung sind nicht unbedingt identisch. Heilshandeln manifestiert sich nicht immer und überall in körperlicher Heilung. Diese Spannung muss ausgehalten werden. Ein Leben unter dem Segen, im ganzheitlichen Schalom, ist auch im Horizont des Arrabon, des Angeldes auf künftiges und gegenwärtiges Heil (das eine noch andauernde Behinderung einschließen kann), möglich. Behinderung der Gesundheit behindert nicht den erfüllten Heilszustand – denn der kann in der glaubenden Antwort auf das gepredigte Wort, hier und jetzt, erlangt werden. Die Segensfülle ist nicht am medizinischen Krankheits/Gesundheitsbild messbar. Die Aus- und Zuteilung des Segens geht über Bitten und Ver-

289 Ebd., S. 156.

290 Vgl. Jean Vanier, Jesus, the Gift of Love, a.a.O., S. 98: »Jesus healed many though he continually affirmed them: your faith has made you whole. It is not just the healing power flowing from his flesh but also the ›faith power‹ in the person healed.« (ÜS: Jesus heilte viele, trotzdem er beständig zu ihnen sagte: ›Dein Glaube hat dich geheilt‹. Es ist nicht nur die Heilkraft, die von seinem Fleisch ausgeht, sondern auch die Glaubenskraft in der geheilten Person selbst).
– In fortführender Übertragung lässt sich dazu aussagen, dass der spirituelle Ansatz der Entdeckung der Gabe der Behinderung das Kernmitglied Vergebung und Heilung von innen her erfahren lässt. Dabei handelt es sich nicht um eine Prä-Disposition im Tridentinischen Sinne, sondern um Vergegenwärtigung des Heils im Inneren Menschen, die den Eintritt in den Schalom Gottes nicht von gelungenen Segenshandlungen abhängig macht.

291 Ebd., S. 108: »Others came just to be healed: their bodies racked with pain, their hearts with shame, not understanding, not expecting that the healing of their bodies would be a call to a change of heart and of their lives.« (ÜS: Andere kamen einfach, um geheilt zu werden: Ihre Körper vom Schmerz gebrochen und ihre Herzen von Scham. Sie verstanden und erwarteten nicht, *dass die Heilung ihrer Leiber zu einem Ruf, ihr Herz und ihr Leben zu ändern*, werden sollte).

stehen. Planbarkeit und Kontrolle von Segens-Automatismen oder Invokationen, die in ihrer Wirkkraft vom segnenden Menschen abhängen, haben im Neuen Testament keine Grundlage.

In dieser Hinsicht ist das filigrane Netzwerk einer diakonischen Vita Communis vor Verabsolutierungen und schwärmerischer (durch das Wort nicht gedeckter) Übererwartung zu bewahren.
Gott waltet über seinem Segenshaushalt. In einem ausgewogenen Verhältnis der Dreiheit:

- Vita activa,
- Vita contemplativa
- und Vita communis,

nach Ort und Zeit begangen, gewinnt Spiritualität im diakonischen Alltag Gestalt.
Die diakonische Lebenslandschaft hält sich bereit zum Einzug des Segens in der Gestalt, die Gott meint. Eine Vita communis unter dem Segen wird zum Netzwerk des Segens, in dem die gleichnamige Gabe einander in großem Erscheinungsreichtum und eindeutig spürbarer Kraft gegeben wird.

2.2 Die Segens-Vergabe in der Gemeinschaft geschieht in Gegenseitigkeit

Es bleibt stets zu beherzigen, dass in der Vita communis jeder jedem zum Segen werden kann. Er will nicht in Einbahnstraßen ausgeteilt werden. So, wie sich die Gemeinschaft nicht in stete Starke und Schwache aufteilen lässt, so auch nicht in stete Geber und Empfänger. Assistent und Kernmitglied sind wechselseitig und gleichberechtigt Geber und Empfänger.

Zur Segens-Gabe des Kernmitgliedes:
Findet sich die körperliche, seelische oder geistige Behinderung auch belassen, so wird gerade die Gabe der Schwäche im Horizont des gegenwärtigen Heiles zu einer Segensgabe. Im »Geheimnis seines Opfers«[292] wird das Kernmitglied zur, und gibt die Segensgabe. Von daher kann Michael Downey in dem Titel seines Berichtes über einen persön-

292 Vgl. Jean Vanier, Gemeinschaft. Ort der Versöhnung und des Festes, Salzburg 1983: »Die wertvollste Gabe einer Gemeinschaft wurzelt in ihrer Schwäche. Wenn man schwach und arm ist, dann braucht man die anderen. Man weckt sie dadurch zu Leben und Ausübung ihrer Gabe. Im Herz der Gemeinschaft steht immer der Kleine, der Arme, der Schwache. Wer sich unnütz vorkommt, der Kranke, der Sterbende, der in seinen Empfindungen Gestörte tritt in das *Geheimnis des Opfers* ein. Durch seine Demütigung, durch die Aufopferung seines Leidens wird er zur Quelle des Lebens für andere. Durch seine Wunden sind wir geheilt (Jes. 53,5). Es ist ein Geheimnis des Glaubens.«

lichen Lebensabschnitt in der Arche-Gemeinschaft auch von der »Blessed Weakness«[293] sprechen.

Die gesegnete Schwäche des Kernmitgliedes wirkt Segen im Assistenten, weil sie zu evangelischer Dienstbarkeit beruft und im Samariter Kräfte, Einsichten und Fähigkeiten freisetzt, die über Bitten und Verstehen gehen. Sie stehen jenseits von menschlicher Konzeption und Kontrolle – und können oft erst im staunenden Rückblick erkannt werden.[294] Auf diese kann der Assistent mit seiner Gabe der Bereitschaft, seines Selbst, antworten.
Natürlich ist es möglich und gut, innerhalb von Tagzeitengebet, Gottesdienst und Sakramentsfeier Segenshandlungen aneinander zu vollziehen. Gott wird dem Einzelnen und der Gemeinschaft dann seinen Segen schenken – in der Gestalt, die er will.
So lässt sich sagen:

- (Auch) durch konkrete Segenshandlungen schenkt Gott seinen Segen nach dem Geist, der weht, wo er will – der die Gestalt annimmt, die er will.
- Das Kernmitglied schenkt die Segensgabe der Schwäche.
- Der Assistent schenkt die Segensgabe der Bereitschaft zur Teilhabe.
- Man gibt einander Segen, indem man einander etwas ist.

VIII. Die Gabe der Stabilitas

1. Die Verortung der Vita communis ist im Foyer bezeichnet

Im französischen Wort Foyer[295], das die Sammlung um ein bergendes Herdfeuer aussagt, wird auf bildliche, einladende Weise deutlich, dass

293 Michael Downey, A Blessed Weakness. The Spirit of Jean Vanier and L'Arche, San Francisco 1986.
294 Vgl. dazu Bill Clarke, Enough Room for Joy. Jean Vaniers L'Arche. A Message for our Time, Toronto 1974, S. 67: »The power of the Spirit is finally the only explanation for the continuing survival and growth of L'Arche.«
(ÜS: Die Kraft des Geistes ist schließlich die einzige Erklärung für das beständige Überleben und Wachstum der Arche-Gemeinschaft).
295 Vgl. Kathryn Spink, Jean Vanier & L'Arche. A Communion of Love, New York 1991, S. 2: »The communities which grew so rapidly out of the small house in Trosly-Breuil and the desire to create homes – not institutions but ›*foyers*‹ with all the associations of familiy life gathered about a shared hearth that the french word conveys – where handicapped people and assistants could experience together all the joy and the difficulties of a community life inspired by the Beatitudes – would inevitably vary in their outer expression.« (ÜS: Die Gemeinschaften, die so rasch aus dem kleinen Kern-Haus in Trosly-Breuil hervorgingen (und aus dem Bedürfnis, ein Zuhause zu schaffen), mussten natürlich von Ort zu Ort ein recht verschiedenes Gepräge haben. Sie wollten sich nicht als *Institutionen*, sondern als *Foyers* verstehen – mit all den Assoziationen von Familienleben, das sich um ein gemeinsames

im gewählten Begriff der natürliche Lebens- und gewiesene Glaubensort der Vita communis bezeichnet ist.
Jean Vanier beklagt den Verlust von bezeichneter Landschaft[296] im Leben des modernen Menschen. Und diese destruktive Zeiterscheinung trifft die Marginalisierten. Die Gabe der Stabilitas begegnet uns hier als spezifische Auslegung der Stabilitas Loci, die in der Treue zum bezeichneten Ort Lebens- und Glaubensqualität (und deren Stabilität, individuell und gemeinschaftlich) hervorbringt. Im bergenden und stabilisierenden Wesen des Foyers finden Kernmitglied und Assistent eine bezeichnete, bergende Lebenslandschaft[297], die beides – Engagement und Krise – birgt und trägt.[298]

Herdfeuer schart: so, wie es das französische Wort transportiert. Ein Ort, an dem Menschen mit einer Behinderung und Assistenten all die Freude und all die Schwierigkeiten eines gemeinsamen Lebens – das von den Seligpreisungen inspiriert ist – in Erfahrung bringen können).

296 Vgl. Jean Vanier, La Communauté. Lieu du Pardon et de la Fête, Paris 1979, S. 1: »Les temps ont changé. La societé moderne est issue de la désintegration … Ceux qui maintenant vivent dans la même localité ne font plus partie d'un groupe homogène. Les villes et bientôt les campagnes sont faites de voisins qui s'ignorent. Chacun s'enferme, par peur, derrière les murs de sa maison. La communauté humaine n'est plus au niveau de la rue, du quartier ou du village. Il y a un brassage de peuple, de religions et de philosophies, dû à la mobilité.« (ÜS: Die Zeiten haben sich geändert. Die moderne Gesellschaft ist Gegenstand der Desintegration … Diejenigen, die heutzutage am gleichen Ort wohnen, sind nicht mehr Bestandteil einer homogenen Gruppe (vgl. den wiederholten Verweis Steffensky's auf die ›bezeichnete Landschaft‹ seiner Kindheit und Jugend im ländlichen Volkskatholizismus, Anm.d.Vfs.) Die Städte – und bald wird es auch auf dem Lande so sein – bestehen aus Nachbarn, die sich ignorieren. Aus Angst verschließt sich jeder hinter den Mauern seines Hauses. Die menschliche Gemeinschaft lässt sich nicht mehr an Straße, Viertel oder Dorf festmachen. Vielmehr findet sich ein Gebräu vom Menschen, von Religionen und Philosophien; und all das verdankt sich der modernen Mobilität).

297 Vgl. Michael Downey, A Blessed Weakness, a.a.O., S. 65: Downey zitiert hier aus einem (bislang) unveröffentlichten Manuskript Vaniers: Lifelong Homes for the Adult Mentally Retarded, S. 5/6: »We must give to our mentally handicapped an element of beauty, a home warm with intimacy, the possibility to make a fire in a big fireplace. We must make the homes hospitable and harmonious, a place where the retarded can feel at home.« (ÜS: Wir müssen für die uns anvertrauten Menschen mit einer Behinderung ein Element der Schönheit bereithalten, ein wärmendes, unmittelbares Zuhause; die Möglichkeit, ein Feuer in einer großen Herdstelle zu entzünden. Wir müssen dieses Zuhause gastfreundlich und harmonisch gestalten – als einen Ort, an dem sich der Mensch mit einer geistigen Behinderung zuhause fühlen kann).

298 Vgl. Jean Vanier, Heilende Gemeinschaft, Salzburg 1984, S. 79: »Das Herz aber braucht ein Heim und nicht nur vier Wände; ein ›Zuhause‹, das Sicherheit und Abgeschiedenheit vermittelt, vor allem aber Entspannung und Freundschaft.«

2. Der Wohnort Gottes im Wohnort der Menschen: *Foyer* und *Tabernakel*

Der spirituelle, konkret verortete Mittelpunkt des Foyers ist die Hauskapelle[299] – von Gemeinschaft zu Gemeinschaft verschieden ausgestaltet, doch überall genutzt. In der Begehung des Sakralortes und der gefeierten Zeit unterscheidet sich die Gemeinschaft von der Institution. An jedem Wohnort der Menschen, ihrem Foyer, muss sich auch ein regelmäßig begangener[300] Wohnort Gottes befinden. In der Mitte steht das Sakrament[301]: so wie es im Begriff Tabernaculum ausgedrückt ist. Foyer und Tabernaculum haben ihre unauflösliche Entsprechung.

2.1 Die Gabe der Stabilitas und die gefeierte Zeit

Die Gabe der Stabilitas wird von allen Gliedern der Vita Communis in der regelmäßig am bezeichneten Ort gefeierten, geistlich gestalteten, Zeit empfangen – im beständigen, gemeinsamen Gebet.[302] Gebet, Vita

299 Vgl. Kathryn Spink, Jean Vanier & L'Arche. A Communion of Love, a.a.O., S. 3: »›L'Arche in Trosly-Breuil has an oratory and two chapels, one of which is a converted barn the stone walls of which are still exposed. Chapels in communities elsewhere may be even simpler and more improvised: a tiny room with … matting on the floor, an icon, a tabernacle where the blessed sacrament is reserved, an unoccupied bedroom or the corner of an attic.« (ÜS: Die ›Arche‹ in Trosly-Breuil hat einen Gebetsraum und zwei *Kapellen*; eine davon ist ein umgewandelter Stall, dessen Steinmauern noch deutlich sichtbar sind. Kapellen in anderen Gemeinschaften können einfacher und improvisierter sein: ein kleiner Raum mit Matten auf dem Boden, eine Ikone, ein *Tabernakel*, in dem man das Sakrament aufbewahrt, ein leerstehendes Schlafzimmer oder eine Ecke auf dem Dachboden).

300 Die Feier-Zeit spielt im Leben der Arche eine entscheidende, konstitutive Rolle. Vgl. dazu Jean Vanier, Our Journey Home. Rediscovering a Common Humanity Beyond our Differences, London 1997, S. 199: »Celebration creates unity in the community, and also flows from it … A community that does not celebrate is in danger of becoming just a group of people that gets things done. It becomes an institution.« (ÜS: Die Feier(Zeit) schafft Einheit der Gemeinschaft und fließt wiederum aus ihr heraus … Eine Gemeinschaft, die nicht feiert, steht in Gefahr, zu einer bloßen Gruppe von Menschen zu werden, die Dinge abhandelt/erledigt. Sie wird zur Institution.)

301 Vgl. Jean Vanier, Heilende Gemeinschaft, a.a.O., S. 153: »Im Herzen der christlichen Gemeinschaft steht die Feier: die Eucharistie. Im Herzen der Feier steht Gott, der klein und arm geworden ist für uns, der verborgen ist unter den Gestalten von Brot und Wein … (S. 165) … Die Eucharistie ist Stärkung auf dem Weg der Liebe und der Befreiung. Sie verbindet in geheimnisvoller Art die dargebrachten Freuden und Leiden, den Bund, das Wort und die Kommunion mit Gott, Brüdern und Schwestern.«

302 Jean Vanier, Gemeinschaft. Ort der Versöhnung und des Festes, Salzburg 1983, S. 144: »Das Gebet in Gemeinschaft ist eine wichtige Nahrungsquelle. Eine Gemeinschaft, die zusammen betet, die in die Stille und Anbetung geht, wird durch das Wirken des Heiligen Geistes zusammengeschweißt. Bittet man Gott gemeinsam

communis und alle Art von Arbeit gehören unauflöslich zusammen und wirken im regelmäßigen Pulsschlag miteinander.[303] Die Stabilitas der Vita communis[304] und die Stabilitas des Gebetes bedingen einander. Die Entwicklung der natürlichen- und der Glaubenspersönlichkeit gehören zusammen. Im bildenden-heranbildenden[305] Regelmaß wird dieser Zielsetzung entsprochen.

2.2 Die Gabe der Stabilitas und die Eucharistie-Feier

Henri Nouwen, selbst Assistent und Hausgeistlicher der Arche-Kommunität *Daybreak* in Toronto, bezeugt in den Schriften seiner letzten zehn Lebensjahre (1986–1996) die tägliche Eucharistie-Feier im Foyer; auch in seinem persönlichen Leben, auf Reisen und während einiger Sabbatical-Zeiten.[306] Sakramentaler, konzentrischer Mittelpunkt des gemeinsamen Lebens und Stifter des Pulsschlages ist die tägliche Eucharistiefeier im Foyer. Sie ist die »Gemeinschaftsfeier par excellence«[307] –

um eine Gabe … dann hört Gott uns.« Also wird, wie oben gesagt, in der gemeinsamen, beständigen Bitte darum die Gabe der Stabilitas empfangen.

303 Diese Einheit von Alltag und Gemeinsamem Gebet ist auch in einigen Punkten der »Charte des Communautés de L'Arche« (die überall verbindliche Regula der Arche) ausgedrückt. Die derzeit gültige Fassung stammt aus dem Jahr 1993 und ist wiedergegeben in Jean Vanier, Histoire de L'Arche. Des communautés à découvrir, Paris 1995, Seiten 114–117.
Vgl. hierzu Punkt III.1 a.a.O.: »Des communautés de foi: 1.1 Chaque communauté est une communauté de foi. Enracinée dans la prière et la confiance de Dieu, elle veut se laisser guider par lui et par le plus faible qui révèle sa présence.« (ÜS: Kommunitäten des Glaubens: 1.1 Jede Kommunität ist eine Gemeinschaft (Kommunität) aus dem Glauben. Verwurzelt im Gebet und im Vertrauen auf Gott, möchte sie sich von ihm leiten lassen – und vom Allerschwächsten, der Seine Gegenwart offenbart.)

304 Ebd.: »2. Appelés à l'unité … 2.1 L'unité se construit dans la durée et la fidelité et les communautés s' engagent à accompagner leur membres confirmés toute leur vie si tel est leur désir.« (ÜS: 2. Zur Einheit berufen … 2.1 Die Einheit baut sich in Beständigkeit und Treue auf – und die Kommunitäten setzen sich ein, die anvertrauten Mitglieder für die Dauer ihres ganzen Lebens zu begleiten, wenn sie es wünschen).

305 Ebd.: »Appelés à la croissance … 3.3 Les communautés veulent donner à chacun les moyens de développer sa vie spirituelle afin de progresser vers une union et un amour plus de Dieu et des autres.« (ÜS: 3. Zum Glauben berufen … 3.3 Die Kommunitäten wollen jedem das Werkzeug in die Hand geben, sein geistliches Leben zu entwickeln, um so zu einer größeren Einheit mit Gott und dem Nächsten voranzuschreiten).

306 Vgl. Nouwen, Nachts bricht der Tag an, a.a.O. – und: Sabbatical Journey, San Francisco 1998. Letzteres Buch ist eine posthume Veröffentlichung seines letzten Sabbatical-Tagebuches 1995–1996 durch Sue Mosteller.

307 Jean Vanier, Gemeinschaft, a.a.O., S. 145: »Das Bindeglied zwischen persönlicher und gemeinschaftlicher Nahrung, nämlich beides zugleich, ist die Eucharistie.

in ihr wird das Geschenk der Beständigkeit in Unmittelbarkeit und Eindeutigkeit empfangen. Wir haben Anteil an einer Wirklichkeit, die wir nicht selbst konzipieren und bewirken können. Uns wird etwas gegeben, damit wir sein können. Bevor wir etwas anfangen, müssen wir empfangen. Und das prägt den gesamten diakonischen Ansatz. Im beständigen Empfang des Sakraments wird die Gabe der Beständigkeit gewährt; und der Empfänger wird zur Weitergabe derselben befähigt.
Der dem Handschlag der Diakonie verschwisterte Pulsschlag der Liturgie[308] hat hier Kern-Ort und Kern-Zeit.

Die regelmäßige, beständige Feier des Altarsakraments[309] in der Mitte der Gemeinschaft verleiht die Gabe, Christus im anderen wahrzunehmen – und damit die Gabe der Gemeinschaft. Hier wird immer wieder neu bewusst und lebendig, dass die zentralen Konstitutiva diakonischer Gemeinschaft nicht konzipiert, erworben und abgerechnet werden, sondern (wie es der Begriff der Gabe ja aussagt) nur empfangen werden können. Die regelmäßige, beständige Feier des Altarsakraments in der Mitte der Gemeinschaft verleiht den Anwesenden eine seelische Stabilitas, die weder zu konzipieren, noch rein humanwissenschaftlich zu erklären ist. Diese Erfahrung wird in Arche-Gemeinschaften immer wieder gemacht. Oft sind es gerade die Kernmitglieder mit schwersten Behinderungen, von quälender Motorik getrieben, an denen diese un-

Sie ist die Gemeinschaftsfeier par excellence, denn sie lässt uns die Hingabe Jesu immer neu gegenwärtig werden. Sie ist der Ort, gemeinsam Dank zu sagen.«

308 Vgl. Christian Möller, Zusammengehörigkeit und gegenseitige Verwurzelung von Liturgie und Diakonie in Lehre und Forschung von Herbert Krimm (1905–2002), in: Liturgie und Diakonie. Zu Leben und Werk von Herbert Krimm, hrsg. v. Volker Hermann, Diakoniewissenschaftliches Institut der Ruprecht-Karls-Universität Heidelberg, 2003; S. 27: »(1.) Liturgie und Diakonie brauchen eine gegenseitige Verwurzelung. Ist die Diakonie nicht mehr im christlichen Gottesdienst verwurzelt, droht einerseits dem Gottesdienst ein liturgischer Leerlauf und andererseits der Diakonie eine soziale Vielgeschäftigkeit. (2.) Eine Diakonie, die nicht mehr in der Liturgie verwurzelt ist, gleicht einem vielleicht sehr imposanten Baum, der eine Weile noch blüht und Früchte trägt, in Wahrheit aber schon dem Tod geweiht, weil an der Wurzel bereits abgestorben ist … (5.) Aufgabe von Diakon und Diakonin im alltäglichen Handwerk der Diakonie sind die sinnvolle, möglichst effektive Verwendung der dargebrachten Gaben und die daraus sich ergebende Reflexion und Gestaltung sozialer Verhältnisse in Kirche und Gesellschaft … (7.) Die Liturgie ist der Herzschlag der Diakonie, die Diakonie der Handschlag der Liturgie.«

309 Vgl. Michael Downey, A Blessed Weakness, a.a.O., S. 105f: »We discover more clearly the presence of God in our wounds and others‹ when we share the sacrament of the body and the blood of Jesus. The real presence of Jesus in the Eucharist enables us to experience his hidden presence in ourselves and others in our poverty, weakness and woundedness.« (ÜS: Wir entdecken die Gegenwart Gottes in unseren und anderer Wunden noch deutlicher, wenn wir gemeinschaftlich das Sakrament des Leibes und des Blutes Jesu feiern. Die tatsächliche Gegenwart Jesu in der Eucharistie befähigt uns, seine verborgene Gegenwart in uns und anderen – in aller Armut, Schwäche und Verwundung – in Erfahrung zu bringen).

erklärliche Symptomatik des Friedens[310], die von der Sakramentsfeier ausgeht, manifest wird. Durch ihre Reaktion auf das Geheimnis der Gegenwart wird dem gesunden Menschen am augen- und sinnenfälligsten deutlich, welch überwältigende und stillende Dynamis die regelmäßige Sakramentsfeier in der Gemeinschaft und im Einzelnen wirksam werden lässt. Die Stabilitas der ewigen Welt teilt sich denen am deutlichsten mit, die mit dem Herzen sehen können: eine Fähigkeit, die den Kernmitgliedern in der »Charte des Communautés de L'Arche« mit spürbarer Beteiligung zugesprochen wird.[311] Und auch, dass sie, die mit dem Herzen sehen können, die Gabe haben, die Herzen zu berühren (le don de toucher les coeurs) und zur Einheit zu rufen.

Die Gabe der Stabilitas, die in der regelmäßigen Begehung der Sakramentsfeier sicht- und spürbaren Ausdruck findet, entspricht auch der Erfahrungs/Erwartungswelt der Oligophrenie. Sie sucht in besonderer Weise nach Rhythmisierung, Wiederholung – und darin die Sicherung des Gegebenen. Schutz, Beständigkeit und Bestätigung werden in Ritual und dauerhafter Zuwendung erfahren.

Eine solche diakonische Communitas wird allen Mitgliedern, bei den Schwächsten begonnen, in liturgisch/sakramentaler Beständigkeit mehr Lebens – *Qualität* vermitteln, als die effizienteste Planung je zu geben imstande ist.

3. Liturgische Stabilitas und Stabilität des Ortes

In Foyer und Tabernakel ist die Standortbestimmung der Liebe Gottes zu den Armen[312] ausgesagt. Diese in Tagzeitengebet und regelmäßiger

310 Vgl. Jean Vanier, Heilende Gemeinschaft, Salzburg 1984, S. 150: »Einige Menschen mit sehr schweren Behinderungen sind fähig, bei einer Liturgie lange Augenblicke des Friedens zu erleben … während sie sonst in konstanter Erregung sind. Das ist ein Zeichen, dass sie etwas Echtes erleben. Vielleicht entdecken sie dabei ihre innere Schönheit und ihren Platz im Herzen der Kirche und der Welt: ihren Platz im Herzen Gottes. Diese ganz echte Gotteserfahrung, die den Intellektuellen und den Überaktiven oft vorbehalten bleibt – all jenen, die sich zu viele Sorgen machen um ihren Platz in der Gesellschaft – lässt die geistig behinderten Menschen ihre wahre Solidarität entdecken.«

311 Vgl. Statuten der Arche, a.a.O., Artikel I.3: »Les personnes qui ont un handicap mental ont souvent des quailtés d'accueil, d'emerveillement, de spontaneité et de verité. Dans leur dépouillement et leur fragilité, elles ont le don de toucher les coeurs et d'appeler à l'unité. Elles sont ainsi pour la societé un rappel vivant des valeurs essentielles du coeur sans lesquelles le savoir, le pouvoir et l'agir perdent leur sens …« (ÜS: Menschen mit einer Behinderung haben oft die (besondere) Fähigkeit, willkommen zu heißen, zu staunen, spontan und wahrhaftig zu sein. Inmitten ihrer Schwachheit und Zerbrechlichkeit besitzen sie die Gabe, die Herzen zu berühren und zur Einheit zu rufen. Auf diese Weise sind sie auch für die ganze Gesellschaft eine lebendige Erinnerung an die zentralen Werte des Herzens, ohne die alles Wissen, Können und Handeln ihren Sinn verlieren …).

312 Vgl. Jean Vanier, The Broken Body, London 1988, S. 104: »Yes, insecurity and weakness are like a door through which passes the strength of God. Do not flee

Sakramentsfeier begangene Standortbestimmung von Gott her geht all unserer Antwort in Feier und Alltag voraus. Darin ist auch alles Tun und Geschehen zwischen Assistent und Kernmitglied verankert und verortet.
Der Treue zur geistlichen Standortbestimmung in gefeierter Zeit und begangenem Ort entspricht die Stabilitas des Ortes, d.h. die Treue zu den erkannten und bekannten Zielen in der Welt der Alltäglichkeit. Alltag und Feier sollen sich entsprechen.

Darum lässt sich Folgendes festhalten:
- Die liturgisch/sakramental[313] mitgeteilte Gabe der Stabilitas verleiht Assistent und Kernmitglied Festigkeit und Ausdauer, den vereinbarten Zielen treu zu bleiben.
- In dieser geistlichen Festigkeit kann man destruktiven Tendenzen von innen und außen stets neu entgegentreten und standhalten. Es lassen sich alle möglichen Formen von Krise überstehen. Sie können gar Inspiration zu neuem Aufbruch werden, da man mit dem neuschaffenden Geist begabt ist.

Der Gabe liturgischer Stabilitas entspricht ergo die Gabe kommunitärer Stabilitas[314]. Sie macht den zwischenmenschlichen Schatz nicht vom

from insecurity; do not seek to have all the answers. If you do, you risk turning away from God who is leading you into the kingdom. The Lord gives power to the weary and to the helpless ones he gives strength … If we are called to walk with the poor in community Jesus will always be there, saying: ›Do not be afraid, for I am with you.‹« (ÜS: Ja, Unsicherheit und Schwäche sind wie eine Tür, durch die sich die Stärke Gottes begibt. Fliehe nicht vor der Unsicherheit (Unabgesichertheit), versuche nicht, alle Antworten zu wissen. Wenn du das tust, riskierst du, dich von Gott abzuwenden – der dich doch in sein Königreich führen will. Der Herr gibt den Schwachen Kraft und den Hilflosen Stärke. Wo wir berufen sind, in der Gemeinschaft mit den Schwachen (durch das Leben) zu gehen, wird Jesus stets gegenwärtig sein und sagen: Habt keine Angst, denn ich bin bei euch.)

313 Vgl. Jean Vanier, der die Kraft zur spirituell gewirkten stabilitas im Lebensalltag in der regelmäßigen Feier des Sakraments begründet sieht: Jesus, the Gift of Love, New York 1994, S. 180: »In communion with Jesus we are inspired by the Holy Spirit. It is no longer we who speak, but the the Holy Spirit in us. It is no longer we who live, but Jesus in us. Jesus came to make all things new. In communion with him in the Holy Spirit we too can make all things new …« (ÜS: In der (sakramentalen) Gemeinschaft mit Jesus werden wir durch den Heiligen Geist inspiriert. Dann sind es nicht mehr wir, die sprechen, sondern der Heilige Geist, der in uns wohnt. Es sind nicht mehr länger wir, die leben, sondern Jesus, der in uns ist. Jesus ist gekommen, um alle Dinge neu zu machen. In der (sakramentalen) Gemeinschaft mit ihm, im Heiligen Geist, können auch wir alle Dinge neu machen).

314 Vgl. Jean Vanier, Community and Growth, London 1979, S. 33: »The gift of community, of unity, will come only when all members of the community are truly themselves, living love totally and using their unique gifts. So the community becomes one, because it is fully under the influence of the Spirit.« (ÜS: Die Gabe der Gemeinschaft, der Einheit, wird nur Gestalt gewinnen, wenn alle Mitglieder der Gemeinschaft authentisch werden, Liebe in der Fülle leben und ihre einzigartigen

Dienstverhältnis abhängig, sondern geht grundlegend über das Preis-Leistungs/Service-Verhältnis hinaus. Das Wesen dienstbarer Liebe nach dem Evangelium findet sich in liturgischer und kommunitärer Gestalt[315] ausgesagt, die die sachlichen Verhältnismäßigkeiten und Vereinbarungen des Klienten-Bildes sprengt. Die Gabe der Stabilitas und die Hin-Gabe, deren Früchte Zuverlässigkeit und Verbindlichkeit, die Bausteine tragender Communitas[316] sind, gehören zusammen. Verbindlichkeit und Festigkeit der Gemeinschaft eines Foyers sind begründet in der spirituellen (und) alltäglichen Stabilitas ihrer Mitglieder. Hier sind alle Geber, alle Empfänger.

Hin-Gabe und Beständigkeit um Christi und des Nächsten willen legen den Grund zu einem Foyer.

Gaben nutzen. So wird die Gemeinschaft zu einer Einheit, weil sie sich ganz unter den Einfluss des Heiligen Geistes begibt).

315 Vgl. Jean Vanier, Our Journey Home. Rediscovering a Common Humanity Beyond our Differences, London 1997, S. 50: »Real communion is difficult. It implies a choice, commitment, gentleness, trust and a respect for the other and for his freedom. Communion is the gift of self, and through this gift comes immense joy and even a form of ecstasy.« (ÜS: Wahre Gemeinschaft ist eine schwierige Sache. Sie schließt eine Entscheidung, Hingabe, Freundlichkeit, Vertrauen und Respekt vor dem anderen, und seiner Freiheit, ein. Gemeinschaft ist die (Hin)Gabe des Selbst – und aus dieser Gabe bekommen wir immense Freude, ja, eine Form freudigen Außer-Sich-Seins).

316 1976 beschieb Jean Vanier in einem Fernseh-Interview (Télé-Québe,; Kanada) seine Vorstellung von echter Communitas auf folgende Weise (zit. bei Jean Toulat, Les forces de l'amour, Paris 1976, S. 25): »Je verrais volontiers se créer des communautés de gens qui refusent la societé de consommation et son système de valeurs (richesse, puissance, domination) pour vivre un nouveau idéal: amour, compassion, rencontre avec le pauvre. Je crois qu'aujourd'hui l'Esprit de Dieu appelle les riches à se dépasser, à partager et à créer avec les marginaux des communautés de paix et d'amour, qui deviendront comme un levain dans la pâte.« (ÜS: Gern sähe ich Freiwillige, die sich Gemeinschaften aufbauten, welche sich der Konsumgesellschaft und ihrem Wertesystem (Reichtum, Macht, Beherrschbarkeit) verweigern, um einem neuen Ideal zu leben: Liebe, Mitleid, Begegnung mit dem Armen. Ich glaube, dass heute der Geist Gottes die Reichen dazu aufruft, sich zu verleugnen, zu teilen und mit den Marginalisierten Gemeinschaften des Friedens und der Liebe aufzubauen, die wie ein Ferment im Teig wirken.)
Interessant ist, dass wir sowohl bei Vanier, als auch bei Duchrow den Begriff des Fermentes (levain) finden, das den Aufbruch hier und dort initiiert. In beider Visionen wird die Leistungsgesellschaft kritisch beurteilt. Nachfolgegemeinschaften seien hier imstande, zu überwinden.

4. Zur Ver-Gabe der Stabilitas

4.1 Der Assistent gibt die Gabe der Stabilitas

In der Gabe der Stabilitas ist die Hin-Gabe des Assistenten[317] an die Lebenswelt des Kernmitgliedes[318] ausgesagt. Neben der liturgischen Beständigkeit bildet das Lebenssystem der Arche-Gemeinschaften die (in unserem Kontext verstandene) Stabilitas des Ortes im Engagement des Assistenten ab.

Seine Selbstverpflichtung zur Beständigkeit des Ortes und der Beziehung gewähren dem Kernmitglied, in dem Christus wahrgenommen wird, schützenden Raum und Möglichkeit zur Entfaltung von Gaben. Die schädigenden Folgen des Schichtsystems und des raschen Personalwechsels[319], wie wir ihm in vielen Institutionen begegnen, wird hierin vermieden. Die zwischenmenschliche Gabe kann in wachsendem Umfang vergeben werden.

Der liturgisch verstandenen Gabe der Stabilitas entspricht das täglich erneuerte, beständige und zuverlässige Ja des Assistenten zur Lebenswirklichkeit des Foyers – mit allen Opfern und allen Möglichkeiten.[320]

317 Vgl. Bill Clarke, Enough Room for Joy. Jean Vaniers Arche. A Message for our Time, Toronto 1974, S. 61: »There can be discerned a certain central core or inner circle of assistants who assure an element of stability for the life and the spirit of the community.« (ÜS:›Es lässt sich ein gewisser interner, oder: Kern-Zirkel, von Assistenten wahrnehmen, die ein Element der Stabilität für das Leben und den Geist der Gemeinschaft gewährleisten.)

318 Vgl. Jean Vanier, Our Journey Home, a.a.O., S. 194: »L'Arche communities are rooted in the relationship of love and trust between people with handicaps and those who have been chosen to live with them.« (ÜS: Die Arche-Gemeinschaften sind verwurzelt in einem Verhältnis von Liebe und Vertrauen zwischen Menschen mit einer Behinderung und denen, die auserwählt wurden, mit ihnen zu leben).

319 Vgl. Jean Vanier, Heilende Gemeinschaft, a.a.O., S. 82: »Wenn die Assistenten nur kommen und gehen, dann kann es auch dort keine echten Beziehungen zwischen ihnen und den Behinderten geben. Diese können dann keine Wurzeln schlagen und sich nicht in Sicherheit fühlen. Sie sind keine Familie mehr.«

320 Eindrückliche Ausführungen zur Stabilitas, die der Arche-Assistent empfangen und gewähren kann, finden sich in Henri Nouwens Veröffentlichung: Nimm sein Bild in Dein Herz (eine geistliche Bildbetrachtung des Gemäldes von Rembrandt van Rijn, Die Rückkehr des Verlorenen Sohnes in der Petersburger Eremitage, Freiburg 1993.

– Er bekennt dort, selbst Assistent der Arche-Gemeinschaft Daybreak/Toronto, wie wichtig es ihm ist, dort ein endgültiges Zuhause für sein ruheloses Leben gefunden zu haben. Von daher interpretiert er den Begriff Heimkehr, der ja auch das Thema des Gemäldes bildet. Eindrücklich bleibt, dass Henri Nouwen im September 1996 (in seinem Heimatland Holland, in Hilversum) auf der Hinreise zum Bild der Heimkehr stirbt.

– In dem benannten Werk finden sich Ausführungen zum geistlichen Vater-Werden (orig: »On Becoming a Father«), das die Bereitschaft zu Bindung und Verantwortung im Lebenskontext der Arche und in der Möglichkeit der Übertragung auf die jeweilige Lebenswelt des Lesers, in herausfordernder Vertiefung, aussagt.

Mit der Gabe der Stabilitas gibt der Assistent auch das Geschenk der Langfristigkeit, der emotionalen Zuverlässigkeit, der gesunden Berechenbarkeit. In ihr wird er bereit zu geistlich-diakonischer Vater/Mutter/Geschwisterschaft[321], die sich auf einem ganz anderen Terrain befinden, als die Beziehungen, die das Dienstleistungs-Modell zulässt und wünscht. In der, hier spezifisch gedeuteten, Stabilitas Loci ist der Assistent bereit, in Zeit und Ort verbindliche Bindungen einzugehen und sich mit dem Kernmitglied auf eine geistliche Erfahrung einzulassen.
In seiner Bereitschaft, sich auf diese Dauerhaftigkeit einzulassen, gibt der Assistent seinem Dienst eine Bezeichnung, die in liturgischer und menschlicher Stabilitas ihre Gestalt findet. Sie ermöglicht dem Kernmitglied den Zutritt zu einer bergenden Lebenslandschaft[322]. Stabilitas, Dauerhaftigkeit und Zuverlässigkeit werden von Seiten der Einrichtung und seiner Assistenten nicht auf Effizienzkriterien und finanzielle Bedingungen, sondern auf verbindliche geistliche Entscheidungen gegründet.
In Gottes Treue und Beständigkeit (der die anhaltende, regelmäßige liturgische Gestalt Antwort gibt) ist die Stabilitas des Assistenten gegründet. Von dieser Be-Gründung her findet er Vollmacht und Ausdauer, wiederum Verlässlichkeit, Beständigkeit und Treue in der Lebenslandschaft zu stiften, in die hinein er berufen ist. Er gibt seiner Dienstbarkeit in seinem persönlichen Engagement vor Ort (in Tag-

321 Vgl. Jean Vanier, Heilende Gemeinschaft, a.a.O., S. 104/105: »Eine Gemeinschaft ist immer auch der Ort des Bundes: ein Leib, dessen Glieder zusammengefügt sind durch gegenseitiges Vertrauen und die Anerkennung des anderen. Eine Familie hat ein Herz und eine Seele, ein Kollektiv aber hat nur Regeln. Zur Gemeinschaft gehört echte Brüderlichkeit, man muss sich zuhören können und sich wirklich lieben – und die Mauern, die sich zwischen (S. 105) Menschen und Erziehern auftürmen, soweit wie möglich fallen lassen. Denn diese Mauern dienen manchmal nur dazu, die Assistenten zu schützen und ihnen ihre Macht zu bewahren. Sie können also nur durch gegenseitiges Vertrauen überwunden werden. Die Assistenten treten in einen Bund mit den behinderten Menschen ein. Sie kommen, um zu geben und zu dienen, aber auch zu empfangen und ihre eigene Menschlichkeit zu entdecken. Sie gehen das Risiko ein, andere zu lieben … So kann der Mensch mit einer geistigen Behinderung, wie auch der Assistent, seine eigene Berufung entdecken. Mit einem liebenden Herzen und der Fähigkeit, in Freundschaft zu dienen, können sie … echte persönliche Beziehungen eingehen.«

322 Vgl. Charte des Communautés de L'Arche, a.a.O., S. 115: »Pour développer ses capacités et ses dons et se réaliser, chaque personne a besoin d'un milieu dans lequel elle puisse s'épanouir. Elle a besoin de tisser des liens avec d'autres au sein d'une famille ou d'une communauté. Elle a besoin de vivre dans la confiance, la securité, l'affection réciproque. Elle a besoin d'être reconnue, acceptée, soutenue par des relations chaleureuses et vraies.« (ÜS: Um seine Fähigkeiten, seine Gaben, kurzum, sich selbst verwirklichen zu können, braucht jeder Mensch ein Umfeld, in dem er aufblühen kann. Er hat das Bedürfnis, Beziehungen zu anderen zu knüpfen – sei es im Herzen der Familie, oder in einer Gemeinschaft. Er hat das Bedürfnis, im Vertrauen, in Sicherheit und in gegenseitiger Zuneigung zu leben. Er hat das Bedürfnis, durch warmherzige und echte Beziehungen anerkannt und gestützt zu sein).

zeitengebet und Sakramentsfeier je und je erneuert) eine bezeichnete, langfristige Form und Gestalt. Dabei macht der Assistent die beglückende Erfahrung, dass auch für ihn die Arche-Gemeinschaft zur bezeichneten Lebenslandschaft wird.[323] In dem Maße, in dem er annimmt, wird er angenommen. Die freudig gegebene Gabe kehrt zu ihm zurück – in einer Stärke, die Nouwen als Heimkehr bezeichnet. Seinem Ja zu der Gemeinschaft entspricht das Ja, mit dem diese Gemeinschaft ihn aufnimmt – und ihn durch Zeiten inspirierten Engagements, aber auch der Krise, trägt. In der Gabe der Stabilitas bergen sich sowohl Assistent, als auch Kernmitglied in eine übergeordnete Stabilität, die beiden Standpunkt, Festigkeit und Ausdauer verleiht.

4.2 Das Kernmitglied gibt die Gabe der Stabilitas

Auch das Kernmitglied kann die Gabe der Stabilitas geben. Von der Bedürfnis- und Lebenswelt der Oligiphrenie[324] her leitet der Mensch mit einer Behinderung zur Beständigkeit spiritueller Formgebung an: indem er sie einfordert, schenkt er sie. Er lehrt den Assistenten, die alte Regel neu zu beherzigen: Repetitio est Mater Spiritualitatis. Sie gibt dem diakonischen Feier- und Alltag Fundament und Fortdauer.
In der Lebenswelt der Arche-Kommunitäten wird die Erfahrung gemacht, dass das Kernmitglied in seiner Gabe der Gemeinschaft und der Liebe zu den kleinen, aber konstituierenden Dingen des Alltags zum Grundstein der Communitas wird. Es kann den Assistenten aus seiner getriebenen, kompetitiven Herkunftswelt in ein neues Selbstverständnis rufen, zu einer neuen Lebensbegehung ermutigen. Indem es dem Kernmitglied gegeben ist, das Herz zu erreichen, besitzt es eine neuschaffende Gabe der Stabilitas. Sie kann Krisen überwinden und ohne sie ist die Communitas auf Dauer nicht zu denken. Sie bedeutet für Lebendigkeit, Fruchtbarkeit und Fortdauer der Gemeinschaft mehr, als ein Veranstalter es konzipieren kann.
Kernmitglieder lehren die Assistenten Stabilitas, indem sie den geistlichen Standort der Communitas in ihrer *gesegneten Schwachheit* bezeichnen und einladen, Christus dort zu begegnen. Dabei geht es nicht allein um die gesegnete Schwachheit des Kernmitgliedes, sondern genauso um die – im Prozess der Vita communis – aufgedeckte und angenommene Schwäche des Assistenten.

323 Vgl. die, eingangs erwähnten (B.I.2.2) Erfahrungen von Henri Nouwen in der 1-1 Pflege/Betreuung von Adam Arnett. Er hat sie in dem Buch »Adam. Ein Leben unter uns«, a.a.O., auf eindrückliche und inspirierende Weise niedergeschrieben.
324 So wird in vielen Arche-Gemeinschaften ein einfaches, aber regelmäßiges Tagesgebet gehalten. Dabei wird auf die rhythmische, nach Wiederkehr verlangende Erlebniswelt der Oligophrenie eingegangen – und es wird so zu einem festigenden, internalisierenden, spirituellen Pulsschlag für die ganze Hausgemeinschaft.

Entsprechend der eben beschriebenen Gabe der Stabilitas, die das Kernmitglied in die Communitas einbringt, schenkt es in ganz besonderer Weise die Gabe der Gemeinschaft selbst: »Entscheidend ist dabei, daß behinderte Menschen eine Begabung zu gemeinsamem Leben haben, die verstandesmäßig höher entwickelten Menschen abgeht. Menschen mit einer Behinderung haben eine erstaunliche Fähigkeit, andere aufzunehmen und anzunehmen. Sie geben Leben und Geborgenheit; sie erkennen und anerkennen den Menschen im anderen.«[325]

In diesem Kontext ließe sich das diakonische Leitbild »Stark für Andere« wohl eher auf »Schwach für Andere« umdeuten und -benennen. Dabei wäre ein Zweifaches zu bedenken:

a) die eingestandene, angenommene Schwäche des Assistenten ist bereits eine geistliche Frucht und macht zum Hervorbringen weiterer Frucht bereit;
b) die gesegnete Schwäche des Kernmitgliedes stiftet Gemeinschaft, Nähe und die sensible Einheit der Vita Communis von ihrem schwächsten Glied her. Klarer könnte der Unterschied zwischen Jäger'schem und Vanier'schem diakonischen Ansatz (und Umsetzung) nicht formuliert sein. Fände sich das Primat der Stärke durch das geistliche Primat der Schwäche[326] ersetzt – oder zumindest ergänzt – würden mit Sicherheit auf breiter Linie neue Erfahrungen gemacht werden.

5. *Die Gabe der Stabilitas als Denk- und Handlungsimpuls für die Institution Diakonie*

Die Gabe der Stabilitas hängt mit Standort und Standpunkt zusammen. Damit ist in der Gabe der Stabilitas auch eine geistliche Standortbestimmung der Arche-Kommunität ausgesagt. Sie impliziert (im Horizont der hier behandelten Fragestellung), dass man nicht ständig Qualität sichern und Effizienz manifestieren muss, um Bestandsrecht vor den

325 Jean Vanier, Heilende Gemeinschaft, a.a.O., S. 147

326 Vgl. Jean Vanier, Jesus, the Gift of Love, a.a.O., (an der Herausgabe dieses Buches war auch Henri Nouwen beteiligt; dieses findet sich in der Widmung berücksichtigt), S. 166: »When weakness is accompanied by trust … it becomes the way through which the power of God enters into our being … The weak need the strong, just as the strong need the weak in order not to close up in suicidal acts of power and pride, wounding the child within. The mutual need of hearts is communion.« (ÜS: Wenn Schwäche vom Vertrauen begleitet ist, wird sie zum Weg, auf dem die Stärke (Macht) Gottes in unser Leben eintreten kann … Die Schwachen brauchen die Starken – genauso, wie die Starken die Schwachen brauchen – damit sie sich nicht in selbstzerstörerischen Akten von Stärke und Stolz selbst behindern und das Kind in sich verletzen. Das gemeinsame (gegenseitige) Bedürfnis ist die Gemeinschaft). Im sakramental verstandenen Kontext lässt sich *Gemeinschaft* auch mit *Kommunion* übersetzen.

Menschen und vor Gott zu haben. Sie bringt ein In-Sich-Ruhen und ein Ruhen-vor-Gott mit sich, das durch das liturgische Regelmaß und die anagnostische Lebenslandschaft eines stabilen Alltages der diakonischen Gemeinschaft gefestigt wird.
Der bergende Ort, die bergende Zeit vermitteln auf allen Ebenen eine heilsame, schützende Umgebung.
Die Gabe der Stabilitas verhindert, dass weder Kernmitglied noch Assistent auf die a-emotionale und a-spirituelle Ebene von bloßer Vertragserfüllung und Ab-Leisten eines Dienstes reduziert werden. Sie ermutigt vielmehr zu gegenseitiger Vertrauens- und Gemeinschaftsbildung – auch in Zeiten, in denen sich die Komplexanstalten genötigt sehen, von personeller Verschlankung und effizienter Personalentwicklung zu sprechen. Die einzig bestimmte Gegebenheit ist das gegebene Ja zur Vita communis, das den eigenen Werdegang nicht vom Weg der Gemeinschaft trennen möchte.

Die vier Stabilitäten:
1) des Ortes,
2) der regelmäßigen Feier-Zeit,
3) des geistlichen Ja der Professio,
4) des menschlichen Ja der Freundschaft
sichern und beherbergen das Leben von Kernmitglied und Assistent. In diesen vier Stabilitäten finden sich die Konstitutiva bezeichneter Lebenslandschaft in den Kommunitäten der Arche ausgesagt.
Die Begehung von Ort und Zeit findet sich in all- und feiertäglichem Lebensstil verwirklicht.
Und die Leitourgia vor dem Tabernakel bezeugt, predigt und vertieft, was man im Foyer leben will.
»In der Mitte Christus, die Fülle der Menschlichkeit in Gott; ein Leben, das sich austeilt, um vielen das Leben zu ermöglichen und mit diesem Gestus die unendliche Bewegung des Gebens und Empfangens in Gang setzt, so dass sie im Weitergeben die Gabe vermehrt.«[327]

Ausblick:
Drei Gaben (Behinderung, Segen und Stabilitas) sollen im weiteren Verlauf dieses Buches anhand von drei theologischen Ansätzen (Nouwen, Josuttis, Steffensky) veranschaulicht und inhaltlich belegt werden. Im Kontext dieses Buches werden sie also zuerst in der Lebensgestalt der Arche wahrgenommen, fixiert und dann wissenschaftlich erhärtet/belegt. Auch die Entwicklung der spirituellen Kernkategorien von Ort und Zeit wird aus der Wahrnehmung ihrer Begehung

327 Christian Möller, Lehre vom Gemeindeaufbau, Band 1: Konzepte-Programme-Wege, Göttingen 1991. Auch rezipiert und zitiert in: Christian Frühwald, Den Frieden feiern. Gemeindeaufbau zwischen biblischem Leitmotiv und Fest, Bonn 2002, S. 238.

im diakonischen Alltag der Arche-Kommunität gefolgert. Erkenntnisse von Fulbert Steffensky zur Spiritualität im Alltag (gefolgert: im *diakonischen* Alltag) werden zur theologischen Beweisführung hinzugenommen.

IX. Kontexterweiterung und ekklesiologische Lokalisierung: Nicht Gegenutopie, sondern Ferment des Aufbruchs

1. Grundsätzliches

Nachdem wir in der Arche-Gemeinschaft eine einzelne Gestalt von Communitas kennen gelernt haben, soll es hier um die kirchlich/diakonische Gesamtschau gehen. Die Frage gilt der Vernetzung solcher Gruppen untereinander. Sie gilt auch der Vernetzung mit der Institutio von Kirche und Diakonie, vor Ort und überregional. In der Frage danach, ob und wie sich die benannten basisgemeinschaftlichen Gegenutopien ekklesiologisch verorten lassen, kann eine Orientierung an den Erkenntnissen von Duchrow hilfreich sein. Er ist um eine Zusammenschau von Basisgemeinschaft/Kommunität und Kirche/Welt-Kontext bemüht.
Da der Einzelgemeinschaft vor Ort oft der Vorwurf gemacht wird, über dem Mikrokosmos den Makrokosmos zu vergessen, ist Duchrow's Vorgehensweise von Bedeutung. Denn über das Einzelne hinweg schaut er auf das Ganze und ermutigt zu Einordnung in den globalen, oder zumindest regionalen Kontext.
Das individuelle Vorhaben vor Ort darf nicht verabsolutiert werden, sondern findet sich im gesamtgesellschaftlich/kirchlichen Kontext verankert, darauf bezogen und mit anderen Basisgemeinschaften in lebendige Beziehung gebracht (vgl. ›Netzwerk Baden‹ in den 80er Jahren).
Ulrich Duchrow gehört in den 80er und 90er Jahren zu den Hauptvertretern des Konziliaren Prozesses im deutschsprachigen Raum. Von daher ist ihm das ökumenische Anliegen eine Selbstverständlichkeit. Er geht von der grundlegenden Rolle und Bedeutung der Parochie als der Kirche vor Ort, aus Fleisch und Blut, aus. Das basisgemeinschaftlich-kommunitäre Vorhaben sollte die Orientierung an der Parochie um beider Bestand und Aussage willen nicht aufgeben. Diese Aussage lässt sich analog auch auf die Institution Diakonie beziehen. Widerspruch, Koexistenz, Zusammenwirken: alle drei Möglichkeiten bleiben stets an der gewachsenen Parochie orientiert. Zwischen Widerspruch/Widerstand und Separatismus wird gewissenhaft unterschieden. Basisgemeinschaft, Parochie und gewachsene Diakonie-Institution sollten die Chance zu Gespräch und Wechselwirkung ergreifen. Da die eine Seinsform die andere nicht ausschließt, ist der Weg der Vernetzung sinnvoll.

Im Duchrow'schen Modell haben wir nicht das einzig mögliche Beispiel für ekklesiologische Verortung und Vernetzung. Es sei an dieser

Stelle exemplarisch für das Weiterdenken und Verwirklichen genannt. Dabei wären durchaus weitere anzuführen, gerade, wenn sie von einem anderen theologischen und politischen Standpunkt ausgehen. Duchrow sei pars pro toto genannt. Mir erscheint er an dieser Stelle wichtig als einer der Vertreter des Wunsches, dass ekklesiologische Verortung und Vernetzung der Basisgemeinschaften/Kommunitäten möglich und notwendig ist. Sein Anliegen, die Einheit im Zusammenklang von Inspiration und Tradition zu wahren, ist Auswahlkriterium, ihn an dieser entscheidenden Stelle zu benennen und zu befragen. Werden Mikrokosmos und Makrokosmos ins Gespräch miteinander gebracht geschieht dies einerseits, um Türen zur Wiederbelebung der Institution zu öffnen, andererseits, um die spirituelle Initiative vor Ort vor der selbstgewählten oder oktroyierten Isolation zu schützen.

Die konkrete Beschreibung der, ihm persönlich bekannten, Brüsseler Kommunität La Poudrière im Werk Duchrows gilt nicht der Verabsolutierung des Einzelvorhabens, sondern seiner Einordnung in den kirchlich-gesellschaftlichen Weltkontext und seine Fruchtbarmachung für diesen. Die Gesamtschau bleibt Leitkriterium.
Das entspricht durchaus dem Anliegen der von Duchrow benannten Gruppe(n) – vgl. auch Grandchamp und Taizé – die er in mehreren Aufenthalten vor Ort kennen gelernt hat. Das entspricht auch dem Anliegen, welches das Einzelne pars pro toto beschreiben möchte. Gabe und Geber werden als Möglichkeiten genannt, um es für das Ganze fruchtbar zu machen.

Basisgemeinschaften/Kommunitäten rechtfertigen sich zwar nicht durch ihre ekklesiologischen Verortung, sondern von ihrer Berufung, ihrem eigenen Weg der Nachfolge her. Begeben sie sich jedoch auf den Weg der ekklesiologischen Selbst-Verortung, geschieht es aus Liebe zur Institution Kirche. Sie wollen sie um der Bewahrung des Ganzen willen nicht verlassen. Sie geben sich aber nicht dazu her, mitzulaufen, sondern sie wollen innerhalb des Gewachsenen einen autonomen Weg der spirituellen und (daher) konzeptionellen Alternative gehen. Sie wissen um die Gefahr, in der Gleichschaltung ihre Salzkraft zu verlieren – vielmehr möchten sie im gleichberechtigten Dialog fruchtbar sein.

2. Zur Rolle der Basisgemeinschaften und Kommunitäten im Werk von Ulrich Duchrow

In Duchrows 1970 erschienenen Veröffentlichung »Christenheit und Weltverantwortung«[328] zeichnet sich bereits die Linie ab, die die Kirche

328 Ulrich Duchrow, Christenheit und Weltverantwortung. Traditionsgeschichte und systematische Struktur der Zwei-Reiche-Lehre, 1970

auffordert, sich in prophetischen Zeichen an die Seite der Armen zu stellen, d.h. der im Evangelium geforderten Parteinahme gerecht zu werden. In diesem Sinne will er die klassische Zwei-Reiche-Lehre umgedeutet wissen:[329] indem er auf die Freiheit von Ideologien und Versklavungen hinweist. Eine Freiheit, die zu schöpferischem Wirken beruft und verantwortlich am weltlichen Geschehen beteiligt. Eigene Nachfolgebereitschaft und die damit verbundene Anspruchslosigkeit und Teilhabe an der Armut führen zu einem Leben in Kampf und Kontemplation – in individueller und verbindlich-gemeinschaftlicher Spiritualität. In zunehmendem Maße nimmt Duchrow Kerngedanken aus dem Werk von Hans Dombois auf. Dessen Bemühung um die Erforschung und Einordnung der rechtlichen Struktur der universalen Kirche öffnet Duchrow den Blick für den weltweiten konziliaren Prozess, an dem er sich in den 80er und 90er Jahren intensiv beteiligt.[330]
Mit Wolfgang Huber[331], der ebenfalls die Arbeit der Forschungsstätte der Ev. Studiengemeinschaft Heidelberg geprägt hat, stellt Duchrow die Frage nach der Geschichte, der Gestalt und der Funktion der Ekklesia.

329 Bernhhard Härig, Frei für Christus. Moraltheologie für die Praxis des christlichen Lebens, Bd. III, Die Verantwortung des Menschen für das Leben, Freiburg 1981, S. 272: Hier nimmt Bernhard Härig Bezug auf die deutende Motivation Duchrows der Lehre von den *Zwei Reichen und Regimenten*: »Im prophetischen Zeugnis gegenüber den Übermächtigen, Übermütigen, Gewalttätigen und Unterdrückten mache die eigene Armut frei für die wahre Solidarität mit den Schwachen und Unterdrückten. Zur evangelischen Armut des Propheten gehört die Gewaltfreiheit, die uns um so eher gelingen wird, je mehr wir uns bewusst sind, dass wir stets einer vertieften Bekehrung hin zu jener Gewaltfreiheit bedürfen, die ganz und gar auf die Macht der Liebe und der rettenden Gerechtigkeit Gottes hinweist. So ergibt sich auch von hier die Notwendigkeit, dass das Volk Gottes eine Exodusgemeinschaft sein muss im Mitvollzug der kenosis Jesu Christi …«

330 Hans Dombois (1907–1997) war ab 1958 an der Forschungsstätte der *Evangelischen Studiengemeinschaft Heidelberg* tätig. Neben Heckel und Erik Wolf legte er drei rechtstheologische Entwürfe nach 1945 vor – in der Anknüpfung hieran bemüht sich Duchrow um die authentische, echte Gestalt von Kirche in der, für die, Welt. Dombois' Hauptwerk, das dreibändige »Recht der Gnade« ist darum bemüht, die rechtlichen Strukturen der universalen Kirchen in ihrer realgeschichtlichen Einheit zu begreifen und auf ihre Legitimität hin zu überprüfen. Die notwendigen Legitimitätskriterien entwickelt er im Rahmen einer Periodisierungstheorie des Kirchenrechts, die an R. Sohms Spätwerk anknüpft und auf der Idee der Maßgeblichkeit des Rechts der Alten Kirche fußt.

331 In seiner Veröffentlichung »Welche Volkskirche meinen wir?« (in: Folgen christlicher Freiheit. Ethik und Theorie der Kirche im Horizont der Barmer Theologischen Erklärung, Neukirchen-Vluyn 1985, S. 131–145) stellt Wolfgang Huber die Volkskirche in den folgenden empirischen Seinsweisen dar:
1) ›Kirche d u r c h das Volk‹ (im Gegensatz zur konsistorial geleiteten Staatskirche)
2) ›Kirche h i n z u m Volk (als eine Kirche, die in Anknüpfung an J.H. Wichern die volksmissionarische Aufgabe in ihr Zentrum stellt)
3) ›Kirche e i n e s Volkes‹ (vgl. Nationalkirchen)
4) ›Kirche f ü r d a s Volk‹ (offen für alle Bevölkerungsgruppen).

Dabei geht es um die ekklesiologische Verortung der verschiedenen spirituellen Ansätze. Sowohl die Großkirche als auch die verschiedenen kommunitären Gemeinschaften nehmen für sich in Anspruch, nach dem Evangelium leben zu wollen. Das spannungsreiche Gespräch zwischen ihnen hat gerade erst begonnen.

Duchrow fordert, Kirche in Deutschland und weltweit solle sich als »Kirche hin zum Volk«[332] verstehen. Dabei plädiert er für eine deutliche, zeichenhafte Option für die Armen, die sich mit den Initiativen Wicherns durchaus vergleichen lässt. Auch die basisgemeinschaftlich/kommunitären Gruppen erhalten ihren ekklesiologischen Ort als Kirche hin zum Volk, die stets zugleich eine Kirche für das Volk ist.

Die Option für die Armen, im Lande und weltweit, macht für Duchrow das Nachdenken über die Wirtschaftstheorie der Einen Welt notwendig: ein Ansatz, der sich von dem in dieser Dissertation vorgestellten marktwirtschaftlichen Modell puritanischer Provenienz grundlegend unterscheidet. Teilhabe an der Armut[333] und die sichtbare Segnung des Erwählten sind zwei grundverschiedene spirituelle Existenzmodelle, die im Laufe der Kirchengeschichte gleichermaßen begegnen. Wirtschaftsethik und Bekenntnis stehen im Zusammenhang. Die theologische Aussage kann sich von konkreter Wirtschaftsethik und -praxis nicht trennen.[334] Gemeindliche und gemeinschaftliche Existenz kann nicht anders, als im Horizont des Kampfes für eine gerechtere Welt stattfinden. »Wir schleppen immer noch die Last der neulutherischen ›Zweireichelehre‹ mit uns herum, die uns glauben machen will, weltliche Lebensbereiche wie die Wirtschaft seien ›eigengesetzlich‹ und hätten deshalb mit Glauben und Kirche nichts zu tun. So wird dieses Feld allein den ›Fachleuten‹ überlassen.«[335] Auf diesem Hintergrund beschreibt Duchrow 1994 in seinem Werk »Alternativen zur kapitalistischen Weltwirtschaft« die Belgische Kommunität *La Poudrière* (Brüssel)[336] – die in unserem Zu-

332 vgl. Deutung 2) nach Huber, s. vorhergehende Fußnote.

333 Z.B. Franz von Assisi, Elisabeth von Thüringen, Vinzenz v. Paul, Charles de Foucauld u.v.a.

334 Kritik an Duchrow's »vagem Sozialismus« in Bezug auf die neue Weltwirtschaftsordnung übt Dietz Lange in seiner Veröffentlichung: Ethik und evangelische Perspektiven, Grundfragen christlicher Lebenspraxis, Göttingen 1992, S. 469: »Für das Letzte ist charakteristisch Ulrich Duchrow: ›Weltwirtschaft heute – ein Feld für Bekennende Kirche?, München 1987‹. Das Buch ist ein Beispiel christlicher Gesinnungsethik, die an die Stelle ökonomischer Kalkulation ein Bekenntnis setzt. Der empfohlene Lösungsweg ist der ökumenisch derzeit weitverbreitete eines vagen Sozialismus (191–196), der aber keine plausiblen ökonomischen Argumente für sich ins Feld zu führen weiß, von der Frage der Realisierbarkeit ganz zu schweigen.«

335 Ulruch Duchrow, Weltwirtschaft heute, a.a.O., S. 17.

336 Ulrich Duchrow, Alternativen zur kapitalistischen Weltwirtschaft. Biblische Erinnerung und politische Ansätze zur Überwindung einer lebensbedrohenden Ökonomie, Gütersloh/Mainz 1994, vgl. Kernangabe (Buchdeckel): »Der Kapitalismus produziert weltweit zunehmend Verarmung, Verelendung und Naturzerstörung. Trotzdem scheint er 50 Jahre nach Errichtung des gegenwärtigen Wirtschaftssys-

sammenhang jedoch nicht nur von einem bestimmten wirtschaftstheoretischen Ansatz, sondern gerade in der Frage nach diakonischer Spiritualität wichtig ist.[337]

Sieben Jahre zuvor, 1987, erscheint (in Zusammenarbeit mit Gerhard Liedke)[338] die Veröffentlichung Schalom[339], die die Weltversammlung für ›Frieden, Gerechtigkeit und Bewahrung der Schöpfung‹ 1990 in Seoul (mit-)vorbereiten soll. Es geht darum:

1) die Gründe und Mechanismen der Zerstörung von Gerechtigkeit, Frieden und der Schöpfung wahrnehmen zu lernen – und die Alternativen (eben auch in den basisgemeindlich/kommunitären Ansätzen), die es dazu gibt
2) von der Bibel her Kriterien zu überzeugtem Handeln zu empfangen
3) nach diesen Kriterien dann auch tatsächlich zu handeln.

Auch, wenn die integrative Programmatik des Konziliaren Prozesses vielgestaltig und vieldeutig bleibt, finden sich hier doch Grundgedanken ausgesagt, die die Korrelation von Diakonie und Spiritualität angemessen darstellen und die Brücke zu diakonischen Basisgemeinschaften schlagen:

tems in Bretton Woods und nach dem Zusammenbruch des real existierenden Sozialismus ohne praktische Alternative zu sein. Duchrow befragt die Bibel, welche Orientierung sie heute für Praxis und politische Strategie geben kann, um die lebensbedrohenden Mechanismen der kapitalistischen Weltwirtschaftsordnung aufzuhalten. Visionen einer sozial-ökologischen Wirtschaftsdemokratie werden dabei deutlich, aber auch praktische Alternativen …«.

337 Daneben seien auch folgende Veröffentlichungen des gleichen Kontextes genannt:
– H. Zwiefelhofer, Katholische Soziallehre und Neue Weltwirtschaftsordnung, München 1982.
– G. Fels (Hg.), Kirche und Wirtschaft in der Verantwortung für die Zukunft der Weltwirtschaft, Köln 1987.
– G. Furger / J. Wiemeyer, Von der Dependenz zur Interdependenz. Anstöße und Grenzen der Dependenztheorie, Hg. v. d. Wissenschaftlichen Arbeitsgruppe für weltkirchliche Aufgaben der Deutschen Bischofskonferenz, Bonn 1994.
– U. Pöner / A. Habisch (Hg.), Signale der Solidarität. Wege christlicher Nord-Süd-Ethik, Paderborn 1994.

338 Ulrich Duchrow / Gerhard Liedke, Schalom. Der Schöpfung Befreiung, den Menschen Gerechtigkeit, den Völkern Frieden, Stuttgart 1987.

339 In der engl. Veröffentlichung des benannten Werkes heißt es auf S. 156: »All dimensions of being the church are involved. The liberation of creation, justice and peace are not only concerns of diakonia (the church's social service) but are connected with witness (martyria, kerygma), liturgy (prayer) and fellowship (koinonia).«
(ÜS: Alle Dimensionen des Kirche-Seins sind eingeschlossen. Befreiung der Schöpfung, Gerechtigkeit und Frieden sind nicht nur Aufgabe und Anliegen der Diakonie, des sozialen Dienstes der Kirche – sie sind verbunden mit dem Zeugnis (martyria, kerygma), Liturgie (Gebet) und Gemeinschaft (koinonia)).

- Diakonie, die sich rein äußerlich als soziale Arbeit der Kirche darstellt, ist weit mehr, als das: sie ist mit Martyria, Leitourgia und Koinonia verknüpft.
- In ihrem Handeln will Diakonie nicht verbessern, noch nachbessern, sondern in der radikalen, gemeinschaftlichen Nachfolge bezeugen.
- Diakonia und Koinonia gehören zusammen. Hier liegt der Schlüssel zur hervorgehobenen Bedeutung der Basisgemeinschaften und Kommunitäten, wie sie Ulrich Duchrow ausgesagt und verstanden wissen will.

Duchrow: Kirche und Diakonie müssen ihre gegenwärtige Praxis kritisch auf die (gegenwärtige) alleinige Verwendbarkeit des marktwirtschaftlichen Modells, seiner Denk- und Handlungsweisen und seiner geistigen Wurzeln hin überprüfen. In der Entdeckung der notwendigen spirituellen Komplementarität der Nachfolgegruppen, und im fruchtbaren, integrativen Umgang mit ihnen, der notwendig ist, liegt das Ferment für Aufbruch und Überwindung.[340] Die Liebe der Innovatoren und Inspiratoren zur *Kirche aus Fleisch und Blut* findet in einem lebendigen Netzwerk von geistlichen Zellen Gestalt, das die gewachsene, ökumenische Ekklesia an allen Orten vom Ort der Erneuerung her belebt sein, wachsen und überdauern lässt.

3. »Alternativen zur kapitalistischen Weltwirtschaft. Biblische Erinnerung und politische Ansätze zur Überwindung einer lebensbedrohenden Ökonomie.«

In seinem Buch »Weltwirtschaft heute«[341] ist Duchrow bemüht, Kernaussagen des Alten und Neuen Testamentes für die Gestalt einer ge-

340 Ebd., Gütersloh 1994.

341 Ulrich Duchrow, Weltwirtschaft heute – Ein Feld für bekennende Kirche?, München 1986, S. 232ff.: »Die großen Zeichen der Hoffnung sind die neu erwachten K o m m u n i t ä t e n in der Tradition des Mönchtums, denn sie sagen am radikalsten Nein zum Geist des Mehr-Haben-Wollens. In der katholischen und orthodoxen Kirche nie erloschen, wurden sie nach dem 2. Weltkrieg auch im Protestantismus zu einer Q u e l l e d e r E r n e u e r u n g. Inzwischen sind die Brüder von Taizé und die Schwestern von Grandchamp vielbesuchte Gemeinschaften von Menschen, die in der Kontemplation Hören auf das Wort Gottes, Feiern seiner Gaben in den Sakramenten und konkrete Nachfolge einzuüben versuchen. Darüber hinaus sind, als eine Art von weltlichen Orden, Familien-Kommunitäten in den USA und Europa entstanden. Ich rechne aber zur Gestalt dieser Nachfolgegruppen auch solche Gemeinschaften, die zwar nicht als Kommunitäten zusammenleben, aber verschiedene ihrer Kennzeichen verkörpern: statt voller Aufgabe Teilen des Besitzes, statt Aufgabe der Familie Öffnen des Hauses und der Familie, statt Aufgabe der eigenen Ortsbestimmung Unterordnung der Karriere unter den Ruf des Geistes. Diese Kennzeichen, die ihre Einheit in der Tendenz haben, von den Mächten dieser Welt unabhängig zu machen, verdanken sich der Kontemplation, dem Leben, das sich immer wieder aus Gottes Geist empfängt, und zielen auf die freie

rechten Ökonomie fruchtbar zu machen. Er steht im Dialog mit den Ökonomen – und versucht, beide in ein Gespräch miteinander zu bringen. Die Stimme alttestamentlicher Prophetie und die Lebensaussage der »messianischen Gemeinschaft« sollten in der »Present World Wide Economy« nicht überhört werden, will man den »Fall der Hure Babylon« nicht teilen.[342]

Es geht darum, ökonomische Konzepte biblisch-theologisch zu durchdringen, zu rechtfertigen und Basisgemeinschaften vorzustellen, die das beschriebene Ideal (einer gerechteren Welt) zeichenhaft leben. So wird das Buch der Kommunität von Grandchamps (auch in Stellvertretung für andere, ähnliche Kommunitäten) gewidmet: »Die Schwestern von Grandchamps nenne ich besonders unter den vielen Kommunitäten und Basisgemeinschaften, denen ich dieses Buch widme, weil sie, nicht nur wie diese, ein lebendiges Zeichen gelebter Alternative sind.«[343] Die Schwesternschaft von Grandchamps wird also, in einer Reihe mit verwandten Gründungen als gelebte Alternative, komplementäre Existenzform verstanden. Sie ist nicht als Gegenutopie zu einer gegenwärtig gelebten Unmöglichkeit zu betrachten, sondern als ein einladendes, abholendes und überwindendes Gegenüber. Mit ihr lassen sich Kommunitäten wie Taizé, Imshausen, die Communität Casteller Ring, La Poudrière und viele andere nennen: notwendige Mikrokosmen. Sie sind Korrektur, Inspiration und, wo man es zulässt, lebendige Zielbeschreibung.

Einige kritische Überlegungen zu Utopie und Gegenutopie:

- Der Begriff der *gelebten Alternative* müsste konkretisiert werden im Hinblick auf ein Gegenüber. Da es sich in der Gegenwart um ein solch vielgestaltiges Gegenüber handelt, bedarf es hier genauerer Definition. Die geteilte Armut, die in vielen Kommunitäten und Basisgemeinschaften beherzigt und gelebt wird, ist noch nicht in sich wirtschaftstheoretisches Programm[344]. Sondern schlichte Beherzigung der Bergpredigt, aus der heraus das wächst, was wachsen soll.

Teilnahme an Gottes Kampf für die Ausbreitung des Reiches seiner Liebe in dieser Welt. Im Blick auf die Ortsgemeinde und kirchliche Großinstitutionen üben diese am weitesten in die weltliche Existenz vorgeschobenen radikalen Nachfolgegruppen eine Art von Brückenfunktion aus. Sich stützend auf die weltüberwindenden mönchischen Formen christlicher Gemeinschaft versuchen sie, in der weltlichen Existenz solche Schritte der Nachfolge zu finden, die einladend für jeden Christen und jede Gemeinde sein können.«

342 A.a.O.

343 Ebd., S. 9.

344 Von daher ist auch folgende Widmung Duchrow's kritisch zu beleuchten (ebd., S. 1): »Gewidmet den Schwestern von Grandchamp, die durch ihre Praxis die Hoffnung wachhalten, dass Solidarität und darum Wirtschaft für das Leben möglich sind.«

- Die Kontemplation, die die Kommunitäten leben, steht vor dem Programm: Dieser Gedanke, der sich bei Henri Nouwen vielgestaltig wiederholt findet, gibt Anlass, Duchrows Widmung im Licht der Praxis Pietatis der angesprochenen Gruppen kritisch zu betrachten. Immer steht die Contemplatio vor der Actio, sowohl in zeitlicher wie inhaltlicher Reihenfolge. Bei Duchrow findet sich das Kernanliegen diakonischer Vita Communis lediglich im Teilaspekt, nicht im spirituellen Kern, ausgesagt.
- Bei der Verwendung der Begriffe *Alternative*, *Solidarität* und *Wirtschaften* bedarf es noch genauerer Spezifikation und biblisch-theologischer Rückbindung. Diese Begriffe werden sonst mit sehr vielen anderen, weltanschaulich verschiedenst gelagerten Gruppen geteilt, sie bleiben verwechselbar und vieldeutig.

Darüber hinausgehend möchte ich folgendes festhalten:

- Das Proprium der kommunitären, *gelebten Alternative* liegt nicht in Konzeption und Durchführung eines Programmes. Sondern in der handelnden Beherzigung der Bergpredigt und im Vertrauen auf die Salzkraft evangelischer Konsequenz in Gemeinschaft. Hier kommt der Nouwen'schen Unterscheidung von Actio und Aktivismus (wie sie im Schlussteil aufgezeigt wird) entscheidende Bedeutung zu.
- Nachfolgegruppen in Kirche und Diakonie üben in ihrer radikalen Ausrichtung und Lebensführung heilsame und nicht zu überhörende Kritik am Ganzen, in dessen Horizont sie doch leben und arbeiten wollen.
- Ihnen ist es, in ihrer gelebten Orientierung an der Bergpredigt, gegeben, auch mitten im (möglichen) Zusammenbruch sozialer und anderer Systeme dienstbereit und dienstfähig zu bleiben. Darin verlassen sie, in gesunder Emanzipation, die Ebene von – absolut gesetztem – Leitbild, Effizienz und Qualitätssicherung.
- Es zeigt sich in anderen Ländern bereits die Stärke der Koinonia, die sich auch in (wirtschaftlichen) Zusammenbrüchen zur Diakonia bereit zu halten vermag. Die Vita communis unter dem Kronenkreuz rettet die Langfristigkeit des Anliegens – auch über die Krise hinweg.
- Kommunitäre / Basisgemeinschaftliche Diakonie hat den Geist, die Gemeinschaft und die daraus hervorgehenden Konzepte des Überdauerns und der Heilung. Von diesem Aspekt her können sie anknüpfen an dem geistlichen Erbe diakonischer Einrichtungen der ehemaligen DDR.

Die Kraft der geteilten Armut gemeinschaftlich zu entdecken, heißt nicht, die Ungerechtigkeit als notwendigen Hintergrund festzuschreiben, sondern etwas zu bewahren, das stärker ist als das, was ein Leitbild *Stark für Andere* zu geben vermag, wenn es seiner wirtschaftlichen Handlungsgrundlagen beraubt ist. Das Kapital diakonischen Handelns sind die anvertrauten Pfunde. Seine Ressource die Bereitschaft des Einzelnen zur Antwort auf diesen Ruf in Nachfolge und Samariterdienst.

4. Die Kommunität La Poudrière in Brüssel

4.1 Darstellung der Lebensgemeinschaft

1) Duchrow beschreibt die belgische Gemeinschaft *La Poudrière*(bei Brüssel), die sich seit 1949 aus einer Kerngemeinschaft zu mittlerweile fünf Teilgemeinschaften herausgebildet hat. Der Ansatz von Abbé Pierre (Paris), und der von ihm begründeten *Emmaus-Gemeinschaft* stand Pate.

2) Die *Armen* sind von vornherein nicht das Objekt effizienter Dienstleistung, sondern selbst Subjekt. Ihnen wird, unter dem Schutz des geteilten Lebens, verantwortliches Handeln und eigener Broterwerb zugetraut. Die Forderung fördert und befähigt. Armut wird nicht deklassiert, sondern als Chance zu Eigentlichkeit und bewusster Lebensgestaltung wahrgenommen. Analog der *Gabe der Behinderung* (s.o.) kann man hier von einer *Gabe der Armut* sprechen. Armut und Obdachlosigkeit sind kein Makel.
Auch bildet es keinen Grund, einen Menschen auszugrenzen. Viel eher fordert die Bergpredigt dazu auf, Christus in der Gestalt des Leidenden zu begegnen.

3) 1994 zählt die Gemeinschaft 100 Mitglieder. Ein Umzugsunternehmen wird betrieben, ebenfalls eine alte Brauerei. Für das Recycling von Sperrmüll ist eine alte Fabrik ausgebaut worden, außerdem werden handwerkliche Dienste angeboten. Der Hauptteil der Ernährung wird durch eine Farm erwirtschaftet.

4) »So ist die Gemeinschaft … eine autonome Zelle der Armen für Arme in einem totalitären wirtschaftlichen System – und darum reicher und überlebensfähiger als die, die jetzt von der ›Hure Babylon‹ reich werden (vgl. Apk. Joh. 18) und dann in deren katastrophalen Fall hineingerissen werden.«[345]

5) Die Menschen dieser Vita communis führen ein ganzheitliches Leben von beeindruckender Ausstrahlungskraft, das von Freude und Heilung gekennzeichnet ist. Menschen werden zum Neubeginn ermutigt und auf ihren Schritten begleitet.

6) Die fünf selbst benannten Ziele (les objectifs) der Gemeinschaft lauten[346]:

345 Ebd., S. 235.
346 Aus: La Poudrière. Bulletin de Liaison, Brüssel, Mai 1993, 10 (ÜS Ulrich Duchrow): »Am Anfang stand ein sehr genaues, sehr reflektiertes Ziel: anwesend sein … sich inkarnieren … in der Nachbarschaft, im Herz der Massen … zusammen

a) mitten unter den Menschen anwesend sein (être présent);
b) Freundschaft;
c) Gerechtigkeit;
d) Utopia[347];
e) Hoffnung.

Wichtiger als das *Handeln an* ist das *Leben mit* dem – fälschlicherweise und vielerorts so genannten – Klienten, der in der von Bereitschaft und Gebet gestalteten Vita communis zum Freund wird.

Die Lebensform von La Poudrière kann in Gelassenheit mit dem Vorwurf des Utopismus umgehen, denn es bleibt abzuwarten, ob sich die Flucht des zeitgenössischen westlichen Menschen in Effizienz und marktstrategisches Denken nicht selbst als hybride Utopie herausstellt. Diesen *Fall* wollen die Menschen der *Archen* überdauern.

4.2 Die objectifs, die für alles kommunitäre Leben von Bedeutung sein können

Die schwere, desorientierte Zeit nach dem Zweiten Weltkrieg hat viele gleichartige Gruppen hervorgebracht. In jener Epoche hat sich im französischen Burgund die Communauté de Taizé konsolidiert. Für Deutschland seien, auch in Stellvertretung für andere Gemeinschaften die *Communität Casteller Ring (CCR)* in Franken und die *Kommunität Imshausen* in Nordhessen genannt.

Für die Entstehung der genannten Gruppen, und ihre diakonische Arbeit, gelten die gefolgerten und gebündelten Beobachtungen:

a) Die Actio erwächst aus der Contemplatio.
b) Es geht nicht um das Weltverbesserungsprogramm des Aktivismus. Ein konkreter Ruf wird vernommen und in konkretem Dienst (in der Bescheidenheit des pars pro toto) beantwortet.

mit den einfachen Leuten, genauso leben wie sie … um ein Sauerteig zu sein, ein Ferment des Festes. Zur gleichen Zeit entdeckten wir die Bedeutung der Freundschaft … und unsere Aufmerksamkeit richten wir darauf, Freundschaft zu verschenken, ohne darauf zu warten, etwas dafür zurückzuerhalten … wir sagten uns, dass, wenn Freundschaft möglich bleiben soll, mehr Gerechtigkeit nötig ist. Zwei Tendenzen traten hervor: Die einen wollten sich in der Politik engagieren und Verantwortung in Parteien übernehmen, die anderen wollten einfach anwesend sein, ohne gleich danach zu trachten, eine Kaderperson zu sein, und statt nur für den *großen Abend* zu kämpfen, schon *kleiner Morgen* zu sein … Die, die daraufhin die Kommunität verließen, nannten die anderen Utopisten, Träumer … so wurde unsere Utopie (an den Menschen, den ganzen Menschen zu glauben) ein Programm. Wir entdeckten auch, dass wir uns selbst verändern mussten, um die Gesellschaft der anderen zu verändern. So wurde uns die Bedeutung der Selbstdisziplin bewusst.«

347 Vgl. die Verwendung des Begriffes Utopie – Gegenutopie im Titel dieses Kapitels der Dissertation, gemeint ist nicht eine Gegenutopie, sondern Utopie als Ferment des Aufbruchs.

c) Nicht Konzeptionsgläubigkeit oder Qualitätssicherung begleiten die ersten Schritte, sondern die stete Frage, in welchem Nächsten mir Christus zur Zeit, am Ort begegnen will. Und wie ich diesem Anruf im aufmerksamen Gehorsam begegnen kann.
d) Der Einzelne steht im Vordergrund: nicht die gelungene und effiziente Durchsetzung einer Konzeption an einer bestimmten Zielgruppe.
e) Der Dienst am Nächsten ist keine bloße Service-Leistung mit Qualifikations-orientierter Struktur. Er bildet gewachsenen Bestandteil der christozentrischen Vita communis:
Der Assistent leistet keinen Dienst ab, er gibt sein Selbst.
Der Assistent setzt nicht Ziele und Eigenvorgaben durch, sondern wurzelt in der gegenseitigen Teilhabe der Gaben (z.B. der Armut, der Gemeinschaft und der Behinderung in der Arche-Kommunität).
Der Assistent definiert sich nicht von der Trennung von Starken und Schwachen her (im Gegensatz zum Diakonie-Leitbild 1998 *Stark für Andere*), sondern lässt sich führen und prägen von der Gabe des Kern-Mitgliedes.
f) Die Einheit von Martyria-Leitourgia-Diakonia liegt allem Samariterdienst zugrunde.

Duchrow berichtet davon, dass die Urzelle der Kommunität in La Poudrière von 1949 sich zu mittlerweile fünf Zellen vervielfacht hat. Wir sehen hier, was für einige, vergleichbare Gemeinschaften auch gilt: die von Duchrow in das Gespräch eingebrachte Gemeinschaft geht vom Prinzip der Zellteilung aus.
Damit befindet sie sich im Gegensatz zur Effizienzdiakonie, die von Größtmöglichkeit und Kalkulierbarkeit zugleich ausgeht. Ein großer baulicher und personeller Rahmen wird gesetzt, der vielerorts (mit recht geringem Erfolg) spirituell und inhaltlich, im Nachhinein, zu füllen gesucht wird. Oft gelingt es gar nicht. Infolgedessen wird Spiritualität durch Betriebsphilosophie und das Nachdenken über ethische Fragestellungen und reine Werkstechnika ersetzt. Aber kann das die Bereitschaft ersetzen, sich in eigener Person dem evangelischen Proprium diakonischen Tuns zu stellen?
Im basisgemeinschaftlich-kommunitären Modell der Zellteilung aber kann die Größe der Einrichtung mit der Qualität ihrer Spiritualität kongruent, d.h. im Einklang wachsen.

Der Arme ist nicht das Objekt, an dem gehandelt wird, sondern er ist bestimmendes Subjekt eines heilenden diakonischen Verlaufes.
Der Metamorphose vom Objekt zum Subjekt entspricht diejenige, die den Kunden zum König wandelt. Er ist nicht lediglich herabgewürdigt, mit sich geschehen zu lassen, sondern er bekommt die Fähigkeit zugesprochen, glaubendes Leben in der Vita communis selbst zu gestalten. Ihm ist Vollmacht gegeben, zu prägen, denn sein Leben ist vor Gott in gleicher Weise wertgeschätzt – dann soll es auch unter den Menschen

so sein. Ihm wird zugetraut, zugestanden, zugemutet, abverlangt. Er wird in der Forderung gefördert. Die Schranke zwischen Schwäche und Stärke ist im praktischen Vollzug aufgehoben.

Duchrow spricht von La Poudrière als autonomer Gruppe. Diese Autonomie ist eminent wichtig, weil sie einen alternativen Weg sucht innerhalb der westlichen Gesellschaft. Diese ist noch deutlich an den Vorgaben und Konsequenzen der Wettbewerbs- und Marktgesellschaft orientiert, an der Effizienz der Stärke. Geistliche, geistige und materielle Autonomie innerhalb einer solchen Gesellschaft muss, um der Identität und der Zielsetzung willen, stets neu gesucht und verwirklicht werden. Autonomie heißt hier: nach anderen Gesetzmäßigkeiten, nach vor Gott, dem Nächsten und sich selbst verantworteten Regeln und Strukturen zu leben.

Auf basisgemeinschaftlich-kommunitärer Ebene wird das Experiment unternommen, aus dem weltweiten Wirtschaftstotalitarismus heraus zur Einen Welt hin durchzubrechen.

Die von Duchrow betonte Autonomie ist wichtig für deutsche Basisgemeinschaften und Kommunitäten, die mit der institutionellen Diakonie in Dialog oder Beziehung getreten sind. Ihre spirituelle und ökonomische Autonomie dürfen sie im Dialog mit den Einrichtungen, die vom Jäger'schen Modell geprägt sind, beim Verlust ihres Propriums nicht aufgeben. Wird der Weg des Dialogs oder der Beziehung gegangen, muss die Position des Gegenübers erkennbar bleiben.

Sollten sich Basisgemeinschaften und Kommunitäten im Rahmen etablierter Einrichtungen ansiedeln, dürfen sie zwar den Raum teilen, jedoch nicht den gleichen Geist atmen. Nur dann können sie Wind der Inspiration bleiben, der für die Institution überlebenswichtig ist.

Die Liebe zur Diakonie »aus Fleisch und Blut« (Dibelius) darf nicht an der festgeschriebenen Befindlichkeit des Großen und Gehabten ersticken.

Eines der fünf *objectifs* von La Poudrière ist die *Freundschaft*. Das Wesen dieser Freundschaft wird so gedeutet und bestimmt:

a) Freunde haben Respekt voreinander. Sie sehen die jeweilige Gabe des Anderen und danken es sich gegenseitig. Der Assistent bringt die *Gabe der Bereitschaft*, kurzum seines Selbst. Damit hängt die Selbst-Vergessenheit seines Tuns zusammen. Das Kernmitglied von La Poudrière gibt die *Gabe der Armut*. Beide werden im Respekt voreinander erkannt, wertgeschätzt und in der gestalteten Vita communis fruchtbar gemacht.

b) Freunde freuen sich aneinander. Sie sagen sich: Schön, dass du da bist! Der Begriff des *Kunden* oder *Klienten* ist im Vorfeld mit einer gegenseitigen Erwartungs- bzw. Abwehrhaltung besetzt. Man handelt an ihnen in Rahmen des (detailliert beschriebenen und festgelegten) Dienstes. Er wird für die Dauer eines vereinbarten, und in seiner

Finanzierbarkeit stets überprüften Zeitraumes geleistet. Das Kunden- oder Klientenbild schließt Freundschaft aus. Es gehört zum Ethos der Service-Leistung, mit dem Adressaten des erbrachten Dienstes nicht auf eine persönliche Ebene abzukommen. Dies hat aber wenig mit der Freude am Da-Sein des Gegenübers, für das man Verantwortung trägt, zu tun. Und mit dem Ausschluss der Freundschaft wird durch die Konzeption bereits im Vorfeld alles gemieden, was zum geteilten Leben führen könnte – wo doch die Emotionalität ihren berechtigten und kreativen Ort hat.

Das in La Poudrière gelebte und von Duchrow als belebend aufgezeigte Primat der Freundschaft in allem diakonischen Handeln bringt die notwendige, bewegende Emotionalität in das Gespräch hinein. Es ist genau das, was in Diktion, Selbstdarstellung und Kybernetik der Effizienz-Diakonie so deutlich fehlt. Vielmehr drängt sich der Eindruck auf, man wolle alles, was auch nur peripher mit Emotion zu tun hat, akribisch vermeiden – und bewusst mit der Distanz arbeiten. Im Leben von der Freundschaft her, wie sie im entsprechenden *objectif* von La Poudrière genannt wird, begegnet uns ein diametral entgegengesetztes Bild diakonischer Vita communis.

c) Freunde sind miteinander auf dem Weg: Hier gibt es keine Methode (auch wenn met-hodos das Auf-dem-Weg-Sein ausdrückt), die den Stärkeren in Gefahr bringt, Herrschaft auszuüben. Viel eher geht es um einen gleichberechtigten Weg, auf dem man viel voneinander lernt und sich gegenseitig korrigiert. Diakonisches Lernen ist dialogisches Geschehen, bei dem niemand nur Lehrer ist und jeder sich zur Veränderung bereit hält.[348]

4.2.1 Das Bulletin de Liaison und die Hauptbegriffe der Statuten von 1993

1) Die Gemeinschaft spricht davon, dass sie sich vor Ort inkarnieren möchte. Die Botschaft, mit der sie betraut ist, will sie nicht primär durch ein Wortgeschehen, sondern durch ein Leibgeschehen verwirklichen. Wenn eine Gemeinschaft sich vor Ort inkarniert, dann lässt sie das, was sie im Evangelium gehört hat, vor Ort Fleisch und Blut werden.[349]

2) Vor Ort, mit den Nachbarn, mit den kleinen Leuten leben: das hat Parallelen zur Existenzform der Kleinen Schwestern Jesu (Begründerin: Madeleine Hutin), die sich in Kommunitäten an sozialen Brennpunkten niederlassen und bewusst in sogenannt niedrige Berufe vor

348 Vgl. Nouwen's Veröffentlichung *Adam* (a.a.O.), in der er seiner Freundschaft zu dem Kernmitglied der Arche-Gemeinschaft Daybreak/Toronto, Adam Arnett, ein Denkmal setzt.

349 Vgl. ähnliche Aussagen bei Henri Nouwen und Jean Vanier.

Ort gehen. Damit leben sie eine Form des *être présent* – in der geteilten Armut mit dem, den man um des Evangeliums willen aufsucht. Die, die sich zur Hilfe berufen und gerufen wissen, kommen nicht mit einem Programm und ermitteln Personal- und Betreutenschlüssel, bevor sie selbst da sind. Sie konzeptionieren nicht im Vorfeld (um letztlich darin zu verbleiben), sondern sie begeben sich mitten hinein.
Sehr oft haben große und klassische Einrichtungen der Diakonie in der Tat mit dem être présent und dem (kontemplativ begründeten) System der Zellteilung begonnen: damit ist bewiesen, dass dieser Ansatz (vom Evangelium her) größtmöglich und flächendeckend sein kann. Nur kommt es darauf an, und hier liegt auch die Gefahr, den inspiratorischen Initialfunken durch die Generationen der Mitarbeiterschaft hindurchzutragen:
Entscheidend bleibt jedoch, dass der große Rahmen nicht im Vorfeld gesteckt wird, so dass Spiritualität und Arbeitsfläche im kongruenten Miteinander wachsen können: in einem gesunden, fruchtbaren Verhältnis der Gegenseitigkeit.
Das Problem der Effizienz-Diakonie ist, dass sie von Größtmöglichkeit und Kalkulierbarkeit her plant. Was das erste angeht, baut sie ein Haus, das sie spirituell und atmosphärisch nicht zu füllen imstande ist. Was das zweite angeht, geht sie manches Notwendige nicht an, weil es sich nicht rechnet. Nicht zu ersparen ist der Diakonie als Wirtschaftsunternehmen die Frage, was im Konzert der LIGA-Anbieter ihr Proprium ausmacht.

M.E. hat nicht die Kalkulation und der Blick darauf, was sich rechnet, am Beginn des Einsatzes zu stehen, sondern man muss sich mitten hinein begeben und in Fleisch, Blut und Zeichen wirksam werden. Im Licht des Brotwunders ist gerade das spirituelle Prinzip der Zellteilung *effizient*, weil es die Kraft hat, die, die kommen, satt zu machen – allerdings aus einer anderen Quelle heraus.

3) In der Ihr-Seid-Anrede Jesu an seine Gemeinde ist La Poudrière ekklesiologisch verankert: denn was der Gemeinde Christi gesagt ist, gilt auch ihr. Mikrokosmos (Kommunität) und Makrokosmos (Kirchen-Institution) stehen unter derselben Verheißung: deshalb müssen sie auch in Beziehung zueinander stehen. Dem Mikrokosmos kommt dabei die besondere Berufung zu, im Makrokosmos, auch der ganzen Gesellschaft, Ferment des Aufbruchs, Salz und Zeichen zu sein. Er kann Kirche sein in der Welt und für die Welt; in ökumenischer Bereitschaft.

4) Über den Kontext von La Poudrière hinaus finden sich hier übergreifende Begründungen, die mich veranlassen, mit dem Begriff Gabe der Armut oder Behinderung … o.ä. vorsichtig umzugehen.

a) Das Lob der Armut kann in authentischer Weise nur von den Armen selbst gesungen werden. Nie darf dies von außen oder von einem diakonietheoretischen, vielleicht gar ästhetisierenden Standpunkt aus geschehen. Armut bedeutet heftige und notvolle Einschränkung der Lebensqualität: Kein Wohnraum, keine Nahrung, keine lebenswichtigen Medikamente, Schulden und vieles andere mehr. Nur mit ungeschützter Bereitschaft, selbst arm zu werden (Imitatio / Kenosis) kann der Assistent das Lob der Armut anstimmen. Sonst wäre es ein Zynismus, der sich an der Notlage des Adressaten geistlich bereichert. Über die Verheißung der seliggepriesenen Armut kann nur derjenige vollmächtige Aussagen machen, der sich selbst in sie hineinbegibt.
b) Über der Wertschätzung der Gabe der Armut darf auch nicht vergessen werden, dass sie sehr oft ein Produkt von Ungerechtigkeit und Schuld ist. Jede Beschreibung des *Kleinen Morgens* muss die widerständige Klage über diesen Ausgangspunkt beinhalten, wenn sie authentisch bleiben will. Der genannte Quellentext aus dem *Bulletin de Liaison* weist die (implizite) Tendenz auf, diejenigen, die die Kommunität um eines gesamtgesellschaftlichen Engagements willen verlassen haben, als Apostaten abzutun – so, als hätten sie das einzig mögliche, eigentliche Werk verlassen. Doch der politische Einsatz kann dem zeichenhaften Ansatz durchaus entsprechen, auch wenn beide auf verschiedenen Ebenen stattfinden. Und manchmal handelt sich dabei um je verschiedenes Engagement in einer Person. Es geht um zwei Berufungen, die einander nicht ausschließen, sondern ergänzen. Und damit wäre eine Form der Einheit von Kampf und Kontemplation realisiert, die der Duchrow'schen Vorstellungswelt (in seiner Verbindung von weltweitem Konziliaren Prozess und kommunitärer Praxis Pietatis nahe steht. Die inspirierte, motivierende Hoffnung auf den *Großen Abend* schließt die Erwartung des *Kleinen Morgens* nicht aus.
c) Effizienz-Diakonie hat oft mangelnde Bereitschaft oder Unfähigkeit zu ernsthaftem Dialog mit alternativen, autonomen basisgemeinschaftlichen Ansätzen diakonischen Lebens gezeigt.
   Genauso negativ wäre es, wenn nun diejenigen, die als Utopisten oder Gegenutopisten bezeichnet werden, in dieselbe Unfähigkeit zum Dialog verfielen.
   Beide potentiellen Gesprächspartner dürfen sich selbst nicht absolut setzen: Sie können einander in komplementärer Weise Ergänzung sein und zu gemeinsamen Wegen finden. Von daher sind gegenseitige Vorverurteilungen zu meiden.
d) Es hat sich gezeigt, wie viel Schaden der Aktivismus der Effizienz-Diakonie nimmt, wenn sein Leben in einem Programm besteht. Doch das gilt für die basisgemeinschaftlich-kommunitäre Welt in gleichem Maße.
   Auch Duchrows Entwurf muss sich auf den Vorwurf der Program-

matik hin untersuchen lassen, denn basisgemeinschaftliche Zeichenhaftigkeit ist an keinerlei (Weltwirtschafts)Programm, sondern an der Präsenz Gottes und seiner Gerufenen orientiert.
Das être présent kommt vor jeder Art von Leitbild: nicht konzeptionieren, sondern inkarnieren.
Es geht um nicht mehr und nicht weniger als darum, Mikrokosmos von Kirche (und Welt) im Horizont des Reiches Gottes zu sein. Will der Mikrokosmos den Makrokosmos diktieren, will er mehr sein, als ihm verheißen ist. Er wird programmatisch und geht seiner spirituellen Wurzel verlustig. Gerade die zuversichtliche Selbstbeschränkung auf die Komplementarität lässt das gelebte Zeichen Früchte tragen.
Sie sind Experimentierfelder des Kirche-Seins. Sie sind gelebte Zielvorstellung dessen, was Gemeinschaft sein kann – und Kraftfelder des Liturgischen Vollzugs.

5. Konkretion: Die Diakonischen Hausgemeinschaften e.V. in Heidelberg

An dieser Stelle sollen zur weiteren Veranschaulichung die Diakonischen Hausgemeinschaften e.V. in Heidelberg stehen. Sie sind mir selbst seit einiger Zeit gut bekannt und es hat bereits eine Reihe gemeinsamer Gottesdienste und Gesprächsnachmittage zu Schriften von Jean Vanier und Henri Nouwen gegeben. Immer deutlicher wird dabei, von welch grossem Belang es für diakonische Institutio und Parochie ist[350], sich für dieses Ferment des Aufbruchs zu öffnen. Bei Reinhard Turre findet sich diese Sicht bestätigt: »Darüber hinaus werden die Kommunitäten eine Warnung vor Verbürgerlichung unserer diakonischen Arbeit sein. Sie werden alle Institutionen an ihre dienende Funktion erinnern und vor dem Herrschen bewahren müssen. Die diakonischen Mitarbeiter werden an den Gliedern kommunitärer Lebensform die Variabilität und Verfügbarkeit lernen im Interesse der Menschen, die der Hilfe und des Beistandes bedürfen.«[351] Unter dem Zeichen dieser beweglichen Verfügbarkeit, die die Glieder der Hausgemeinschaft auszeichnet, fanden sich in den letzten fünf Jahren zwischen 10 und 30

350 Reinhard Turre, Diakonische Einsichten, a.a.O., S. 143. Turre geht hier mit Selbstverständlichkeit von der wechselseitigen Durchdringung von Kommunität & Parochie & Institution aus: »Für die diakonische Arbeit lässt sich sagen, dass nur bei der Bereitschaft zu bruderschaftlichem und schwesternschaftlichem Leben auch weiterhin ein Angebot der Hilfe für andere aufrecht erhalten werden kann.«
Vgl. auch Turre, Diakonik, a.a.O., S. 96: »Diakonische Kommunitäten können die ganze Institutio an ihren sakramental-liturgischen Pulsschlag erinnern, der all ihr Tun geistlich verwurzelt: ›Die Konzentration auf Christus ermöglicht so die innere Kommunikation und die äußere Aktion‹.«
351 Reinhard Turre, Diakonische Einsichten, a.a.O., S. 143.

Menschen zur »integrativen Freiwilligeninititiative«[352] zusammen. Jährlich wechselt die Anzahl der *Engagierten,* die das Leben dieser Vielfaltsgemeinschaft in verschiedenen Aktionsfeldern gestalten[353]. Das bewusst gewählte Prinzip der Freiwilligkeit führt zu einer offenen Struktur. Von daher muss man hier, anders als in der Arche oder in La Poudrière, eher von einer Basisgemeinschaft als von einer Kommunität sprechen. Doch das Kernanliegen der Hausgemeinschaften wird von den anderen genannten Gemeinschaften geteilt: »Gemeinsam können wir Lebensräume gestalten und ein Modell für gegenseitige Unterstützung aufbauen. Junge und Alte, Familien und Alleinstehende, Studierende, Berufstätige, Arbeitslose, Menschen in glücklichen und in schwierigen Lebensphasen gehören dazu. Sie eröffnen einander persönliche Entwicklungschancen. Zum Gelingen des gemeinschaftlichen Lebens tragen Menschen mit Behinderungen wesentlich bei[354].«

Die Entwicklung der Diakonischen Hausgemeinschaften lässt sich nach der Aussage ihres Begründers, Ingo Franz[355], in drei Phasen unterteilen:

1) Der Aufbau des Pilotprojektes fiel in die Jahre von 1989–1994 und hatte seinen Ort in Freiburg im Breisgau. Um eine Frau herum geschart, die wider ärztliche Prognose aus dem Koma erwacht war, wuchs ein Kreis von freiwilligen Betreuern[356] und man versuchte, gemeinsam in eine Bresche des sozialen Netzes zu springen: Heilende Gemeinschaft statt Abschiebung[357] in das Pflegeheim.[358] Junge und

352 In: Einblick. Leben in den Diakonischen Hausgemeinschaften, Heidelberg 2004, S. 1.

353 Z.B. Kultur, Freizeit, Bildung, Feste, Kommunikation, Haushalt, Computer-Netzwerk, persönliche Assistenzdienste.

354 Ebd., S. 1.

355 Ingo Franz, Die Initiative Diakonische Hausgemeinschaften e.V. als Impuls für die diakonische Gemeindeentwicklung. Ein Projektbericht, in: Diakonische Kirche. Festschrift für Theodor Strohm, Hsg. Arnd Götzelmann, Veröffentlichungen des Diakoniewissenschaftlichen Instituts Heidelberg, Heidelberg 2003, S. 192ff.

356 Ingo Franz, Alte Herausforderungen, neue Perspektiven. Die Diakonischen Hausgemeinschaften entwickeln sich weiter, in: Diachronie. Das Magazin der Diakonischen Hausgemeinschaften, Heidelberg 2001, S. 4: »Vielleicht haben die ersten Freiwilligen mitgemacht, weil sie vor allem helfen wollten. Da gab es ja auch viel zu tun, denn die Aufgabenstellungen bei der Mitwirkung im Rehabilitationsprozess einer Frau, die mit einer erheblichen Gehirnschädigung und nach monatelangem Koma ein neues Zuhause benötigte, war den etablierten Kliniken damals zu schwer ... Dabei wuchs nicht nur die Überzeugung, dass es sich lohnt, neue Verbindungen von freiwilligem Engagement und professionellen Diensten zu wagen. Es war für viele, die mitgemacht haben, auch ein Weg des Glaubens: die eingestandenen Unsicherheiten und die offenen Fragen führten diese Lerngemeinschaft von einer oberflächlichen Kommunikationsebene auch zu einem tiefen Austausch über existentielle Fragestellungen.«

357 Vgl. Filip Weidenbach, Einfach anders. Einfach schön, in: Diachronie 2001, a.a.O., S. 50: »Sozial Schwache und Menschen mit Behinderung werden abseits der

ältere Menschen fanden sich in vier benachbarten Häusern zu einem lebendigen Beziehungsgefüge zusammen. Bald konnten zwei Personen mit schweren erworbenen Behinderungen integriert werden. Auch andere Menschen, die unter besonders schweren Bedingungen lernen mussten, ihr Leben zu bewältigen, fanden hier einen Lebensmittelpunkt.

2) Da die Arbeit der Initiative wuchs und Kreise zog, begann 1995–1997 die Planungsarbeit für größere Projekte, zu denen auch der Aufbau eines dezentralen Netzwerks in Heidelberg gehören sollte. Eine gewisse Verwandtschaft zu Genese und Atmosphäre der Arche-Kommunität(en) ist spürbar.

3) Aufgrund der Schwierigkeiten[359], für ein größeres Projekt den baulichen Rahmen zu schaffen, wurde damit begonnen, Häuser und Wohnungen zu mieten, die für die verschiedenen Zielgruppen, jeweils an unterschiedlichen Orten, einen bergenden und attraktiven Lebensraum bieten können. »In einem integrativ gestalteten Lebensfeld ereignen sich Zeichenhandlungen, die auf eine Welt mit anderen Spielregeln hinweisen. Sie werden am besten vernommen und am reinsten zur Darstellung gebracht in einer heilenden Gemeinschaft, die gleichzeitig Freiheit und Verbundenheit gewährt[360].« Das Pfarrhaus der evangelischen Markusgemeinde in Heidelberg wurde zum *Zentrum* des wachsenden *Netzwerkes*. Mit zwei jungen Bewohnern, die vom Pflegeheim in das neue Projekt umsiedelten, begann die *Vita communis im Markusforum*. Dabei bildet der offene Mittagstisch im Markushaus von Anfang an einen zentralen Treffpunkt, an dem Kontakte geknüpft und vertieft werden konnten. Zwischen 1999 und 2004 wurde jährlich für etwa 15 neu hinzukommende Personen Wohnraum in Häusern und Wohnungen angemietet. Etwa 20% der Beteiligten

Gesellschaft gehalten und dort in Heimen ›untergebracht‹. Bei den Diakonischen Hausgemeinschaften kommen Menschen mit den unterschiedlichsten Lebenswegen zusammen und machen es möglich, aus dem Reichtum der verschiedenen Lebenserfahrungen zu schöpfen.«

358 Im Kontext dieser Dissertation ist erwähnenswert, dass einige der ersten freiwilligen Helfer einem Kreis um Henri Nouwen angehörten. Durch Nouwens Freundschaft zu der Freiburger Verlegerfamilie Herder hielt er sich oft in dieser Stadt auf und hielt viele gut besuchte Vortrags- und Gesprächsabende in der Herder-Buchhandlung. Sein Tagebuch ›Nachts bricht der Tag an‹, a.a.O., beschreibt u.a. seine Freundschaft zu der Verlegerfamilie und ihrer Heimatstadt.

359 Vgl. Ingo Franz, Alte Herausforderungen, neue Perspektiven, a.a.O., S. 6: »Das Scheitern dieses Projektes im Jahr 1998 hat unsere Finanzen längerfristig belastet. Das positive Ergebnis dieser teuren kommunalpolitischen Lektion war die Entscheidung für eine dezentrale Organisationsform miteinander vernetzter kleiner Teilprojekte. Wichtig sind gemeinsam genutzte Räume, die für möglichst alle, die in den verstreut gelegenen einzelnen Wohnungen leben, gut erreichbar sein sollen.«

360 Ebd, S. 4.

sind aufgrund von verschiedenartigen Behinderungen oder chronischen Krankheiten kontinuierlich auf Assistenzdienste[361] angewiesen. Das Wohnen im Kontext der Hausgemeinschaften bildet für manche die Alternative zum Leben in einem Pflegeheim.[362]

Ähnlich der besonderen Wertung der Gabe der Behinderung, wie sie in den Kommunitäten der Arche wahrgenommen wird, ist man auch in der Heidelberger Initiative bemüht, den gleichberechtigten Austausch zwischen Assistent und Kernmitglied am Leben zu erhalten. Grenzen zwischen Menschen mit oder ohne einer Behinderung werden nicht gezogen. Das Miteinander der verschiedensten Gaben wird als eine Experimentierstation für menschlichere Spielregeln erlebt[363]. Ingo Franz, der Begründer der Gemeinschaft beschreibt diese Erfahrung mit den folgenden Worten: »Nicht nur jene wirken diakonisch, die hauswirtschaftliche Hilfen erbringen, einen Rollstuhl schieben oder Assistentenleistungen organisieren, sondern auch Menschen mit Behinderungen sind mit ihren besonderen *Gaben* und Eigenarten *diakonisch wirksam*, weil diakonische Gemeinschaft keine Kommunikation nur in einer Richtung zulässt. In Projekten der Hausgemeinschaften – auch darüber hinaus in Kirche und Gesellschaft – kommt der Dienst jener zur Entfaltung, die nach der Terminologie der Kostenträger ›Leistungsempfänger‹ sind.«[364]

Die lebendige und fruchtbare Verbindung zwischen Parochie, Institutio und Basisgemeinschaft, findet sich hier schon zeichenhaft verwirklicht. Vernetzung und Kooperation sind erklärtes Ziel der Diakonischen

361 Wie in der Arche-Gemeinschaft findet sich auch in den Diakonischen Hausgemeinschaften der Begriff der *Betreuung* durch *Assistenz* ersetzt.
362 Am Beispiel des Gemeinschaftsmitgliedes Arnfried Gebhardt sehen wir, wie das Kernmitglied zum Gastgeber und Inspirator werden kann: Im Alter von 28 Jahren erlitt er eine schwere Schädel-Hirn-Verletzung durch einen Unfall. Nach mehreren Wochen aus dem Koma erwacht, war seine Erinnerung fast vollständig gelöscht und er konnte weder gehen noch sprechen. Zuerst schien es für ihn keine andere Lösung zu geben, als in einem Alten-Pflegeheim zu leben. Die Diakonischen Hausgemeinschaften luden ihn ein, mit ihnen zu leben. Und diese heilende Gemeinschaft hat unerhörte Veränderungen hervorgerufen: Er kann wieder flüssig sprechen, ohne Unterstützung gehen und die vielen Gäste im ›Markusforum‹ mit großer Souveränität und Herzlichkeit begrüssen. Ich habe das selbst so in Erfahrung gebracht. Es war eine der bislang eindrucksvollsten Begegnugen im Kontext von Diakonie und Spiritualität. In »Einblick«, a.a.O., heisst es über Arnfried Gebhardt: »Wir stellen fest, dass Arnfried Gebhardt druch seine soziale Kompetenz und seine Lebensweisheit vielen Menschen in schwierigen Situationen Hoffnung und Mut vermittelt.«
363 In: Einblick. Leben in den Diakonischen Hausgemeinschaften, Heidelberg 2004, S. 2: »Wir lernen, unser Miteinander so zu gestalten, dass jede/r Beteiligte als einmaliges Original zur Entfaltung und zur Geltung kommt. So kann jede/r zum Gelingen des Ganzen beitragen – auch Menschen mit Behinderungen entfalten ihre Gaben und ihre Befähigung zum Dienst für ein gutes Miteinander. Die Vielfalt von Diensten ist wichtig für unsere Gemeinschaft.«
364 Ebd., S. 197.

Hausgemeinschaften – und aus diesem Grund für das Anliegen der Dissertation so wichtig[365]:

- Das Kommunikationsforum der Hausgemeinschaften befindet sich in einem ehemaligen Pfarrhaus. Menschen der Parochie kennen von Kindheit an den Weg zum Markushaus und machen die Erfahrung, dass sich etwas ganz Neues in altgewohnter Umgebung beheimatet hat. Für die Basisgemeinschaft ist die lebendige Einbindung in den parochialen Kontext eine Selbstverständlichkeit.[366]
- Regelmäßige Hausandachten oder die Mitgestaltung von Abendgottesdiensten in der evangelischen Kirchengemeinde gehören für eine Kerngruppe zum Bestandteil des gemeinsamen Lebens.
- Gemeindemitglieder schließen sich dem Initiativkreis der Diakonischen Hausgemeinschaften an und fassen es als gemeindliches Engagement auf. Damit unterscheiden sie nicht mehr zwischen Communitas und Parochie, sondern vereinen beides in ihrem persönlichen Engagement.
- Die TheologInnen, die der Gemeinschaft angehören, werden für Predigtdienste in der Gemeinde angefragt.
- Die Diakonischen Hausgemeinschaften bieten ein gemeindliches Kommunikations- und Aktionsfeld an, das zur Partizipation einlädt.[367]
- »Inzwischen gibt es eine langsam wachsende Schnittmenge zwischen Gemeinde und der freien diakonischen Initiative.«[368]

365 Ingo Franz, Alte Herausforderungen, neue Perspektiven, a.a.O., S. 5: Vernetzung und Kooperation. Mit dieser Hoffnung sind unsere Hausgemeinschaften entstanden und haben sich zu dem entwickelt, was sie heute sind. Die Hausgemeinschaften sind nie ein ›sozialwirtschaftliches Unternehmen‹ gwesen, haben sich nie auf eine ›Zielgruppe‹ festlegen lassen, haben nie in ein vorhandenes Raster gepasst. Damit die Dynamik dieser Erneuerungsbewegung erhalten bleiben konnte, waren die Hausgemeinschaften aber immer darauf angewiesen, *eng mit den vorhandenen etablierten Organisationen zusammenzuarbeiten.* Dabei haben wir meistens sehr gute Erfahrungen gemacht und durchaus *modellhafte Konstruktionen neuer Kooperationsformen entwickelt.«*

366 Von seiten der Badischen Kirchenleitung wird dieses Bemühen gesehen und gewürdigt. So äussert sich Landesbischof Ulrich Fischer folgenderrmassen (Einblick, a.a.O., S. 4): »Im Frühjahr des Jahres 2004 habe ich die Diakonischen Hausgemeinschaften in Heidelberg besucht. In höchstem Maße beeindruckt hat mich das untrennbare Miteinander von diakonischer Arbeit und geistlichem Leben. Hier trägt christlicher Glaube wahrhaft Hand und Fuß. Ferner zeichnet die Diakonischen Hausgemeinschaften aus, dass sie mit den Pfarrgemeinden der Kirchengemeinde Heidelberg in enger Weise vernetzt sind und damit diakonische Arbeit eine gemeindliche Einbindung erfährt.«

367 Ingo Franz, Alte Herausforderungen, neue Perspektiven, a.a.O., S. 5: »Obwohl die Diakonischen Hausgemeinschaften noch keine große Organisation sind, arbeiten sie doch mit einer ungewöhnlichen Vielzahl von kirchlichen, bürgerschaftlichen, städtischen und sozialwirtschaftlichen Institutionen und Dienststellen mit dem Ziel von nachhaltiger sozioökologischer Projektentwicklung zusammen.«

368 Ebd., S. 205.

Was heute zwischen der evangelischen Markusgemeinde und den Diakonischen Hausgemeinschaften möglich ist, kann morgen auch zwischen der Arche-Kommunität und einer der großen Komplexanstalten möglich sein. Vielleicht blickt eine Bilanz des Jahres 2010 schon auf eine Reihe solcher gemeinsamer Wege zurück?

C) Vertiefung: Drei theologische Ansätze, drei Gaben

X. Henri Nouwen und die *Gabe der Behinderung*

1. Einleitende Bemerkungen zur Vita von Henri Nouwen

Das Leben eines so vielseitigen Mannes wie Henri Nouwen darzustellen, ist nicht einfach. Denn es verbinden sich Priester, Pastoralpsychologe, Mystiker, Poet und Kunsthistoriker in einer Person. In den Archiven der Divinity-School von Yale finden sich Artikel, Predigten und Vorlesungen, die die verschiedensten Stile aufzeigen: akademisch-theologisch, psychologisch, polemisch, homiletisch, literarisch-poetisch. Seine seelsorglichen[369] und diakonischen Bemühungen wurzeln in der Kontemplation. Es geht ihm nie um den Vorrang der Fertigkeit und Technik[370] über das spirituelle Anliegen, sei es im Pastoral-Training, sei es im Dienst des Assistenten in der kommunitär-diakonischen Arche-Bewegung. Immer geht es um die gemeinsame Suche nach Gott, die die Trennlinien zwischen vordergründig Starken und Schwachen aufhebt.

Versucht man, sein Leben in Etappen aufzuteilen, zeigt es sich, dass eine Gliederung in folgende fünf Abschnitte sinnvoll ist. In ihrer Darstellung lässt sich ein biographisch-spiritueller Weg aufzeigen:

Die erste Etappe zeigt ihn als Jesuitenschüler und Priesterkandidat der 50er Jahre in den heimatlichen Niederlanden. Durch die Familie tief in der Frömmigkeit der Provinz Limburg (Südniederlande) verwurzelt, fiel er doch unter seinen Mitstudenten als unruhiger, mitreißender und innovativer Geist auf.

Die zweite Etappe zeigt ihn auf dem Weg in die Vereinigten Staaten. Das Studium bei Han Fortmann in Nimwegen weckte in ihm das Ver-

369 Henri Nouwen, Schöpferische Seelsorge, Freiburg 1989, S. 114: »Seelsorge bedeutet den unablässigen Versuch, sein eigenes Suchen nach Gott mit all seinen Höhen und Tiefen an Schmerzen und Freude, an Trostlosigkeit und Hoffnung all denjenigen zur Verfügung zu stellen, die sich ebenfalls auf diese Suche begeben möchten, aber nicht wissen, wie sie es anstellen sollen.«

370 Ebd., S. 104: »So gesehen, ist die Kontemplation nicht nur ein wichtiger Aspekt im Leben des Priesters oder eine unerlässliche Bedingung für eine fruchtbare Seelsorge. Seelsorge ist Kontemplation … Von daher lässt sich Einzelseelsorge nie auf die Anwendung irgendwelcher Fertigkeiten oder Techniken einschränken, denn letztlich besteht sie im ständigen Suchen nach Gott im Leben der Menschen, denen wir dienen wollen.«

langen, dem Gegenüber in angemessener pastoral-psychologischer Schulung zu begegnen.[371] Bei dem Erlernten und Erfahrenen wollte er nicht stehen bleiben. In der Beschäftigung mit dem Werk von Allport, Boisen, Hiltner und Clinebell fand er seine Position. Im Laufe eigener Lehrtätigkeit gelangte er zur weiterführenden Formulierung von eigenen Ansätzen und Zielsetzungen. All das bereitete den Boden, mit der für ihn typischen Frage nach der eigenen Spiritualität des Seelsorgers einzusetzen. Die Veröffentlichungen »The Wounded Healer«[372] und »Creative Ministry«[373] erregten Aufsehen in der Fachwelt.
Der zweimalige Aufenthalt in Genesee-Abbey[374]/New York State während der siebziger Jahre steht für die dritte Stufe: die bewusste, eigene Suche nach authentischer Spiritualität – und ihre Einübung. Bei den Dioretikern, im Orthodoxen Hesychasmus, bei Thomas Merton und seiner Rezeption Trappistischer Kontemplation fand er Antworten, die er literarisch verarbeitete[375]. Schriften zum Gebet, zur kontemplativen Einübung und zum Wesen der Spiritualität an sich entstanden.
(4. Etappe) 1979 nahm Nouwen aufmerksam Notiz vom Gang der Konferenz in Puebla. Durch die Lektüre der Schriften von Clodovis und Leonardo Boff[376] sah er sich zu konkreten Schritten gestaltenden Glaubens herausgefordert. Im Oktober 1981 wagte Henri Nouwen den Schritt von Yale nach Bolivien. Er lernte dort spanisch, um dann eine Zeit unter den Allerärmsten im Limaer (Peru) Stadtteil Ciudad de Dios zu verbringen. Trotzdem die Kraft zu einem längerfristigen Durchhalten auf diesem Weg nicht reichte, wurden ihm die Monate in Lima zur prägenden geistlichen Erfahrung. Die Suche nach persönlicher Teilhabe an der Gabe der Schwachen, die viele Gottsucher eint, war es, was ihn dann nach Daybreak[377] führte.
(Fünfte Etappe) 1985 trafen sich Henri Nouwen und Jean Vanier auf einer Tagung in Chicago. Dort wurden die Weichen gestellt für einen sechswöchigen Aufenthalt in Trosly-Breuil bei Paris, dem Ursprungsort der Arche-Gemeinschaft. Schon im August desselben Jahres ging Nouwen für neun Monate nach Trosly. In dieser Zeit entstand sein Buch

371 Ende 50er / frühe 60er Jahre.
372 Henri Nouwen, The Wounded Healer, New York 1972.
373 Henri Nouwen, Creative Ministry, New York 1972.
374 Vgl. Henri Nouwen, The Genesee Diary. Report from a Trappist Monastery, New York 1976.
375 Vgl. Henri Nouwen, The Living Reminder, Minneapolis 1976.
– Ders., Clowning in Rome: Reflections on Solitude, Celibacy, Prayer and Contemplation, New York 1979.
– Ders., Making All Things New: An Invitation to the Spiritual Life, San Francisco 1981.
– Ders., A Cry for Mercy. Prayers from the Genesee, New York 1981.
376 Auch von Jean Luis Segundo, Jon Sobrino und Gustavo Gutierrez.
377 Arche-Gemeinschaft in Toronto / Kanada.

»Lifesigns«[378], das auf Harvard-Vorlesungen basiert. Allerdings wird diese Universität im Buch mit keinem Wort erwähnt. Hier finden sich die Begriffe von *Frucht*, *Fruchtbarkeit*, *Effizienz*, *Aktion* und *Aktivismus* am deutlichsten abgebildet. Wie in Genesee-Abbey, zeichnete er auch diese Zeit in einem Tagebuch[379] auf. Bald schon erhielt Nouwen, während der Monate in Trosly, die verbindliche Einladung, sich der Arche-Kommunität Daybreak in Toronto/Ortsteil Richmond anzuschliessen. Er sah darin ein Nach-Hause-Kommen, das er in seiner Betrachtung zum *Verlorenen Sohn*[380] von Rembrandt van Rijn beschrieb.
Der Bitte, der Gemeinschaft als Pastor zu dienen, kam er gerne nach. Neben der regelmäßigen Messfeier hielt er viele Andachten und Vorträge[381], die uns in Mitschriften und Aussagen der damals Anwesenden überliefert sind.

2. *Henri Nouwen entdeckt die* Gabe der Behinderung *in Adam Arnett*

Die Menschen mit einer geistigen und körperlichen Behinderung bilden den Kern[382] der Arche-Gemeinschaft. Dabei sind die Lebensweisen von Assistent und Kernmitglied in besonderer Weise auf den Leib[383] und

378 Henri Nouwen, Lifesigns, New York 1986.
379 Henri Nouwen, The Road to Daybreak, New York 1989 / Nachts bricht der Tag an, Freiburg 1989.
380 Henri Nouwen, The Return of the Prodigal Son: A Meditation on Fathers, Brothers and Sons, New York 1992, S. 9: »Returning from an exhausting lecture to a safe place had been a homecoming; leaving the world of teachers and students to live in a community for mentally handicapped men and women felt like returning home … (S. 10) … I was convinced that, after more than twenty years in the classroom, the time had come to trust that God loves the poor in spirit in a very special way and that – even though I may have had little to offer them – they had a lot to offer to me.« (ÜS: Nach anstrengender Lehrtätigkeit an einen geborgenen (sicheren) Ort zu kommen, empfand ich als Heimkehr. Die Welt von Lehrern und Studenten zu verlassen, um in einer Gemeinschaft für geistig behinderte Männer und Frauen zu leben, erfuhr ich als Nach-Hause-Kommen … Ich war überzeugt davon (nach mehr als zwanzig Jahren im Seminarraum), dass die Zeit gekommen war, (praktisch) darauf zu vertrauen, dass Gott die Armen im Geist in ganz besonderer Weise liebt, und dass sie – obwohl ich nicht viel zu bringen hatte – mir viel geben könnten).
381 Vgl. Robert A. Jonas, Henri Nouwen, New York 1998, Prologue, S. 51.
382 Vgl. Jurjen Beumer, Biographie Henri Nouwen, a.a.O., S. 182: »Die geistig und oft auch körperlich behinderten Menschen bilden den Kern der Lebensgemeinschaft. Um sie herum sind die anderen Betreuer. In eindrücklicher Nähe leben sie zusammen, und nirgendwo wird tiefer erfahren, wie sehr auch die ›Gesunden‹ an Leib und Seele verwundet sind und einen Arzt brauchen.«
383 Ebd., S. 183: »Füttern, waschen, berühren, festhalten – darauf ist die Gemeinschaft aufgebaut. Worte kommen an zweiter Stelle. Die meisten behinderten Menschen haben nicht viel zu sagen, und viele reden überhaupt nicht. Die Körpersprache

seine Bedürfnisse bezogen. Es entwickelt sich eine eigene Spiritualität, die in bewegender Form Ausdruck finden kann – auch ohne das akustisch vernehmbare Wort. So wurde in Daybreak/Toronto[384] die Begegnung mit dem schwerstbehinderten jungen Mann Adam Arnett für Henri Nouwen zur entscheidenden spirituellen Begegnung. Für die Dauer von 14 Monaten ließ er sich auf die (an die Grenzen der Kraft gehende) 1-1-Pflege von Adam ein. Zuerst nahm Henri Nouwen die Aufforderung der Gemeinschaft, sich der Fürsorge von Adam zu widmen, mit Beunruhigung auf. Dann widmete er sich dieser Aufgabe intensiv und begab sich in die Erlebniswelt täglicher Nähe[385]. Schon bald wurde die Begegnung mit Adam Arnett zu *der* Christuserfahrung in seinem, bislang sicherlich nicht begegnungsarmen Leben. Von Tag zu Tag fühlte er sich geehrter, dass die Gemeinschaft ihm den schwächsten und am schwersten behinderten Menschen der ganzen Kommunität anvertraute. Sein ganzes Leben war bislang von Worten, Ideen und Büchern geprägt gewesen. Doch nun begann er, die Prioritäten anders zu setzen. Adam reagierte sofort und unmittelbar[386], wenn Nouwen einmal die innere Verbindung zu seinem täglichen Tun verlor. Das Einsetzen von Routine und Betriebsamkeit erspürte der junge Mann mit einer Behinderung mit seismographischer Sensibilität[387]. So hielt er dem Assistent Nouwen einen ehrlichen Spiegel vor. In dem Maße, wie sich die Beziehung zwischen ihnen stabilisierte, begann Henri Nouwen, mit Adam ins Gespräch zu kommen. Er erzählte ihm seine Geheimnisse, sprach über seine Stimmungen, seine Frustrationen, über gute und schwierige Beziehungen und über sein Gebetsleben. Die ruhige, friedvolle Gegenwart von Adam heilte den, der heilen wollte. Der Schwache gab dem Starken Kraft. Er

ist viel wichtiger. ›Das Wort ist Fleisch geworden‹. Das ist der Kern der christlichen Botschaft.«

384 In der Arche-Gemeinschaft »Daybreak« im Torontoer Stadtteil Richmond/Kanada war Henri Nouwen von 1986 bis 1996 Assistent. Auf dem Friedhof der Gemeinschaft liegt er begraben. 1996 wurde er von den Niederlanden dorthin überführt.

385 Vgl. Michael Ford, Wounded Prophet. A Portrait of Henri J.M.Nouwen, London 1999, S. 171.

386 Ebd., S. 172: »He realised that Adam was offering him his body in total vulnerability – and being near to Adam's body brought him closer still to Adam.« (ÜS: Er realisierte, dass Adam ihm seinen Leib in all seiner Verletzlichkeit anvertraute – und Adams Leiblichkeit fürsorgend anzunehmen, brachte ihm Adam noch näher.)

387 Ebd., S. 172: »Adam was communicating with me, and he was consistent in reminding me that he wanted and needed me to be with him unhurriedly and gently. He was clearly asking me to follow his rhythm and adapt my ways to his needs. I found myself beginning to understand a new language, Adam's language.« (ÜS: Adam kommunizierte mit mir, und er erinnerte mich beharrlich daran, dass er meinen ungehetzten und behutsamen Umgang mit ihm forderte und benötigte. Er hat mich unmissverständlich dazu aufgefordert, seinem Rhythmus zu folgen und meinen Takt seinen Bedürfnissen anzupassen. Ich begann, eine neue Sprache zu verstehen, Adams Sprache.)

rief ihn zurück in die Stille, »mitten im Herzen des Wirbelsturms«[388]. Der, der die Gabe der Behinderung zu verschenken hatte, gewährte sie dem Gesunden Henri Nouwen. Der Schwerstbehinderte wurde sein Lehrer. Nicht die alleinige Wertschätzung von Professionalität und Effizienz haben die Brücke zwischen Betreuer und Betreutem geschlagen. Schon gar nicht der getriebene Aktivismus, dem Nouwen dann und wann doch verfiel.

In dem Zeugnis der Freundschaft, der Veröffentlichung »Adam«, dankt[389] ihm Henri Nouwen. In ihm ist dem Schriftsteller und Theologen das Herz Gottes sichtbar geworden[390]. Alles Kopfwissen ist in der Begegnung mit Adam zum eigenen Herz vorgedrungen. Adam hat Zeugnis davon abgelegt, dass menschliche Berufung in ihrer Tiefe nicht in Dienst-Leistung, sondern im Mit-Leiden besteht.[391]

Gerade in seiner Hilflosigkeit hat der Schwerstbehinderte die Kraft, in dem Gegenüber, das sich in seinem Leiden öffnet, einen gemeinsamen spirituellen Weg zu katalysieren. Auf ihm wurde der, der ursprünglich nur geben wollte, reich beschenkt.

Die Fronten der Leistungsgesellschaft wurden in heilsamer Weise verwischt. So, wie im spirituellen Selbstverständnis der Arche-Kommunität, so auch im persönlichen Bewusstsein Nouwens. Angesichts der bezwingenden Hilflosigkeit von Adam fand er zum befreienden Eingeständnis eigener Schwäche[392]. Sie erst befähigt in der Tiefe zu eigentlicher diakonischer Existenz. Das Anschauen fremder Behinderung bringt auch dazu, eigene Behinderung zu erkennen[393] und anzunehmen.

Am 13. Februar 1996 starb Adam, ein halbes Jahr vor dem Tod Henri Nouwens. Immer wieder war es Nouwen wichtig zu sagen, dass es wenige Menschen gegeben habe, die sein Leben so sehr beeinflusst hätten, wie Adam Arnett. In einem ausführlichen, handschriftlichen Bericht

388 Henri Nouwen, Adam, London 1997, S. 36: »… someone who seemed to call me back to stillness in the eye of the cyclone.«

389 Ebd., S. 3.

390 Ebd., vgl. S. 173: Nouwen sieht ihn gar als Prophet dieser herausfordernden Wahrheit und Daybreak ist zum Ort der Wirksamkeit in seinem öffentlichen geistlichen Amt (Public Ministry) geworden. Vergleichbar Jesus Christus ist Adam in die Welt gekommen, um wie dieser, eine Mission zu erfüllen, die nicht in der Tätigkeit, sondern im Erleiden besteht: Hier bleibt allerdings die Frage offen, ob Nouwen die Linie nicht etwas zu weit zieht. Anm. d. Vfs.

391 Ebd., S. 173: »He believed that Adam, like Jesus, had been sent into the world to fulfil a unique mission not in action but in passion« (ÜS: Er glaubte, dass Adam, wie Jesus, in die Welt gesandt worden war um eine einzigartige Mission zu erfüllen. Nicht in der Aktion, sondern in der Passion /nicht im Tätig-Sein, sondern im Erleiden.)

392 Vgl. Michael Ford, The Wounded Prophet, a.a.O., S. 173.

393 Henri Nouwen, Adam, a.a.O, S. 65: »The fact my handicaps were less visible than those of Adam and his housemates didn't make them less real.« (ÜS: Die Tatsache, dass meine Behinderung(en) weniger sichtbar war(en), als diejenige(n) von Adam und seinen Mitbewohnern, machte sie jedoch nicht weniger real).

über seinen Tod schrieb Nouwen: »Während dieser Tage habe ich noch deutlicher als je zuvor erkannt, dass Adam der lebendige Christus unter uns war«[394]. Adam – der Name steht für eine Wirklichkeit. Adams Name wurde Nouwen zum Zeichen.

XI. Manfred Josuttis und die Gabe des Segens

1. Einleitende Bemerkungen zur Vita von Manfred Josuttis

Manfred Josuttis wurde 1936 in Willkischken/Ostpreussen geboren. In einer Predigt über Hebr. 13, 14–16, gehalten am 17.11.1985 in Göttingen[395], beschreibt er seinen Heimatort und die frühzeitige Erfahrung von Krieg und Flucht. In den Jahren von 1955–1960 studierte er evangelische Theologie in Wuppertal, Göttingen und Bonn. Von 1960–1962 war er Assistent bei Rudolf Bohren in Wuppertal und dieser unterstützte ihn beim Vorhaben seiner Dissertation: »Die Gegenständlichkeit der Offenbarung; Karl Barths Anselm Buch und die Denkform seiner Theologie«[396]. Diese legte er im Sommersemester 1962 der Friedrich-Wilhelm-Universität zu Bonn vor. In seinem Vorwort zur Dissertations-Veröffentlichung, das er in seiner ersten Pfarrstelle Gödenroth/Hunsrück im März 1964 schrieb, dankte er Professor Walter Kreck dafür, dass dieser ihn in die Theologie Karl Barths eingeführt habe. Die genannte Pfarrstelle im Hunsrück bekleidete er von 1962–1968. In diesen Jahren setzte er die wissenschaftliche Betätigung fort, vor allem mit der Veröffentlichung »Gesetzlichkeit in der Predigtarbeit«[397], durch die er erstmals in die aktuelle theologische Diskussion eintrat. Von 1968–2000 war er Professor für Praktische Theologie an der Universität Göttingen.

1.1 Zur religionsphänomenologischen Phase im Werk von Manfred Josuttis

Nachdem Manfred Josuttis sich eingehend mit kommunikationswissenschaftlichen Fragestellungen, der Frage nach dem Prediger[398] (seinem

394 Liegt als Handschrift vom Juli 1996 im Archiv der Universität Harvard vor.
395 Manfred Josuttis, Über alle Engel. Politische Predigten zum Hebräerbrief, München 1990, S. 20f.
396 Manfred Josuttis, Dissertation: Die Gegenständlichkeit der Offenbarung. Karl Barths Anselm-Buch und die Denkform seiner Theologie, Bonn 1965.
397 Manfred Josuttis, Gesetzlichkeit in der Predigtarbeit, Studien zur Praktischen Theologie 3, München 1966.
398 Manfred Josuttis, Der Prediger in der Predigt. Plädoyer für das Ich auf der Kanzel, 1974 in: Zum Verständnis der Predigt und zur Praxis der Predigt in der Neuzeit, hrsg. v. Friedrich Wintzer, München 1990, S. 221–234.

Ich) und Predigthörer beschäftigt hatte,[399] widmete er sich der Bemühung um eine authentische pastoraltheologische Konzeption. Große Beachtung fand 1982 seine Veröffentlichung »Der Pfarrer ist anders«[400], das sich einmischte in die mit Karl Wilhelm Dahms Buch »Beruf: Pfarrer«[401] neu entfachte pastoraltheologische Diskussion. In ihr ging es um Selbstverständnis und Rollenerwartung (kirchlicherseits und allgemeingesellschaftlich) des Pfarrers. Josuttis zeigte den Berufsstand im Spannungsfeld der Festlegungen und Erwartungen als »merkwürdige Zwitterfigur«[402]. Nach Amtstracht und Ausbildung trete er als Gelehrter auf, durch die Art seiner Dienstleistung jedoch als Priester. Und nach seinem theologischen Selbstverständnis spreche und handelte er gern als Prophet. So sei er einer permanenten Rollendiffusion unterworfen. Die Überlegungen wurden 1988 im »Traum des Theologen«[403] weitergeführt. Die Spannungsfelder pastoraler Existenz wurden anhand von folgenden Konkretionen erörtert: das Amt, die Gemeinde, die Macht, das Wort, der Tod, die Zeit, das Geld, die Sexualität, die Frömmigkeit und die Ausbildung. Beide genannten Werke gehören zu den wichtigsten Veröffentlichungen der humanwissenschaftlichen (oder auch sozialwissenschaftlichen) Phase im Werk des Göttinger Theologen.
Die Frage nach der Macht führte 1993 schließlich zu »Petrus, die Kirche und die verdammte Macht«[404]. In der Linie der Gedanken wird der Theologe deutlich, der zwar gern an der Allmacht Gottes partizipieren[405] möchte. Er verzichte aber aus mehrfach begründeter Selbstbescheidung darauf. In das andere Extrem geratend, flüchte er in eine künstliche Ohnmacht. Der Theologe weiche vor der Macht des Segnens, der Macht der Beichte und anderen geistlichen Machtdimensionen aus.

399 Man könnte diese Linie auch als *kerygmatische Phase* in seinem Werk bezeichnen.

400 Manfred Josuttis, Der Pfarrer ist anders. Aspekte einer zeitgenössischen Pastoraltheologie, München 1982.

401 Karl-Wilhelm Dahm, Beruf: Pfarrer. Empirische Ansätze zur Funktion von Kirche und Religion in unserer Gesellschaft, München 1974.

402 Vgl. TRE, Band XXVI, Art. Friedemann Merkel: Pastoraltheologie II, München 1996, S. 80ff.

403 Manfred Josuttis, Der Traum des Theologen. Aspekte einer zeitgenössischen Pastoraltheologie II, München 1988.

404 Manfred Josuttis, Petrus, die Kirche und die verdammte Macht, Stuttgart 1993.

405 Manfred Josuttis, Der Pfarrer ist anders, a.a.O., S. 70: »Das Dilemma, in dem er sich befindet, lässt sich so charakterisieren, dass er einerseits, wie schon die Berufswahl signalisiert, unbewusst an der Allmacht dessen, in dessen Namen er auftritt, partizipieren möchte, dass er sich auf der anderen Seite aber den Wunsch nach Macht im Namen der Allmacht Gottes oder aber auch im Namen von Humanität verbieten muss und deshalb mit schlechtem Gewissen leicht in ein Verständnis seiner Position flieht, das von seinen Ohnmachtsgefühlen bestimmt ist.«

In den Jahren von 1993 bis zur Gegenwart[406] beschritt Josuttis den Weg von der psychotherapeutisch orientierten zur energetischen Seelsorge[407]. In diesem Zusammenhang ist der 1993 erschienene Aufsatz »Seelsorge und Phänomenologie«[408] als innovativ zu bezeichnen. In ihm wurde auch die bleibende Bezugnahme auf den Kieler Philosophen Hermann Schmitz[409] eingeführt. In dessen Prinzipien und Begriffen[410] sah Manfred Josuttis die Mittel gegeben, eine neu definierte Poimenik zu begründen. In ihrem spezifischen Profil angesichts herkömmlicher psychotherapeutischer Konzepte hat sie ein eigenes Profil entwickelt und eine Wende auf dem Fachgebiet verursacht.

Wie auch in der kerygmatischen Seelsorge, geht es auch hier um das heilvolle Wort. Begriff, Struktur und Wirkungsweise werden jedoch anders gefasst: »Könnte die Aufgabe von Seelsorge dann nicht daraus bestehen, leidende Menschen in den Wirkungsbereich von Worten zu führen, die, wenn man sich ihnen zu nähern und auszusetzen vermag, die Macht göttlicher Atmosphären heilvoll aus sich zu entlassen?«[411]

Das Werk »Die Einführung in das Leben«[412] ist als ein weiterer, entscheidender Schritt auf dem Weg zu der Erkenntnis zu sehen, die Man-

406 TRE, Bd. XXXI, Art. Eberhardt Hauschildt: Seelsorge,S. 66: »Schon 1993 (›Seelsorge und Phänomenologie‹) sich andeutend, hat er 1998 den Weg von der psychotherapeutischen zur energetischen Seelsorge beschritten, und meint, die Theorie morphogenetischer Felder des Biochemikers Rupert Sheldrake (geb. 1942) auf die Pneumatologie des Geistes in zwischenmenschlichen Beziehungen übertragen zu können. Seelsorge würde dann darin bestehen, das Kraftfeld des Heiligen Geistes in zwischenmenschliche Beziehungen übertragen zu können. Seelsorge würde dann darin bestehen, das Kraftfeld des Heiligen Geistes durch gestaltete morphische Resonanz so zu realisieren, dass schädigende Mächte beseitigt werden und heilende Ströme neue Strukturen schaffen.«

407 Vgl. Martin Nicol, Grundwissen Praktische Theologie, Stuttgart 2000, S. 111: »Bedenkenswerte Hinweise auf eine Seelsorge der Zukunft liefert Manfred Josuttis. Er hatte sich einst selbst engagiert in die poimenische Debatte zwischen Kerygma und Therapie eingemischt. Jetzt nimmt er zwar Impulse aus beiden Richtungen auf, konzipiert aber etwas Neues: Seelsorge im Energiefeld des Heiligen, oder, wie er selbst es nennt, energetische Seelsorge.«

408 Manfred Josuttis, Seelsorge und Phänomenologie, in: PTh 82, 1993.

409 Ebd., S. 532: »Wichtige Anstöße zu einem Seelsorgeverständnis, das den religiösen Phänomenen wie den pastoralen Aufgaben gerecht wird, dürfte das Werk des Kieler Philosophen Hermann Schmitz beinhalten.«

410 Ebd., S. 540: »Der Abstand zwischen diesen gewaltigen Manifestationen göttlicher Präsenz und den alltäglichen Gesprächen in der Seelsorge scheint riesengroß, praktisch und theoretisch. Aber wie sich mit Hilfe der phänomenologischen Kategorien von H. Schmitz ein neues, vertieftes Verständnis des Gottesdienstes erschließen lässt (vgl. Manfred Josuttis, Der Weg in das Leben. Eine Einführung in den Gottesdienst auf verhaltenswissenschaftlicher Grundlage, München 1991), so könnten die Prinzipien und Begriffe des Kieler Philosophen auch der Poimenik helfen, ihre Eigenart gegenüber psychotherapeutischen Konzepten zu profilieren.«

411 Ebd., S. 540, vgl. auch: Gespräche, Atmosphären, in: Rehabilitierung des Subjektiven, Festschrift für Hermann Schmitz, Bonn 1993, S. 267ff.

412 Manfred Josuttis, Die Einführung in das Leben, Gütersloh 1996.

fred Josuttis in der letzten großen Veröffentlichung seines aktiven akademischen Dienstes formuliert – »Segenskräfte«[413].
Das erstgenannte Buch entwirft ein Bild von der geistlichen Identität des Seelsorgers, wie es die pastoraltheologischen und poimenischen Werke der 80er Jahre noch nicht ankündigen. Das pastorale, poimenische Ziel wird dahingehend formuliert, in die »verborgene und verbotene Zone des Heiligen«[414] zu führen. Eine neue Wirklichkeitserfahrung, und damit verbunden, eine neue Selbsterfahrung wird vorausgesetzt.
An die Stelle der Selbst-Erfahrung therapeutischer Modelle tritt eine neu definierte Schau derselben. Diese bringt die Erschließung neuer Erfahrungswelten[415] mit sich. Der in Entwicklung stehende Begriff der *Poimenischen Rezeptionsfähigkeit* befindet sich in engster Verbindung mit der lebendigen Spiritualität des Seelsorgers.
Poimenische Kompetenz wurzelt in der spirituellen Kompetenz, in der Selbst-Erfahrung (im Sinne von eigener Erfahrung[416]) in und mit der Macht des Heiligen. Aber keine Grenzüberschreitung kann gelingen, wenn sie nicht im Namen und unter dem Schutz des »einzigen Grenzgängers Jesus Christus«[417] erfolgt. Das siebente Kapitel des Werkes »Die Einführung in das Leben«[418] bildet die Vorstufe zu demBuch »Segenskräfte«. In seiner Bezeichnung ist es für das eine grundlegende

413 Manfred Josuttis, Segenskräfte. Potentiale einer energetischen Seelsorge, Gütersloh 2000.
414 Manfred Josuttis, Die Einführung in das Leben, a.a.O., Ia) Mystagogik und Christologie, S. 32: »Pfarrer und Pfarrerinnen sollen in die verborgene und verbotene Zone des Heiligen führen … Die Einführung in diese Zone ist nicht nur ein hermeneutisches und nicht nur ein subjektbezogenes Unternehmen. Es geht um eine Wirklichkeit, die nicht nur ein neues Selbstverständnis ermöglicht, sondern neue Erfahrungswelten erschließt (S. 32) … Am Ziel der Einführung in das Leben geht es durch jene heilig-unheimliche Tür, in der sich das Reich Gottes, der Leib Christi, die Fülle der Liebe erschließen.«
415 Ebd., II5) Spiritualität der Grenzüberschreitung, S. 49: »Spiritualität pflegen heißt dann: jenen inneren Raum pflegen, innerhalb dessen alle Dinge vielfältig miteinander in Verbindung stehen, alles Denken in Sektionen hinter sich lassen und die Dinge erspüren jenseits ihrer undurchsichtigen, mitunter auch brutalen Faktizität als Worte, Inspirationen, Symbole und Bedeutungsträger auf einer höheren Ebene.«
416 Ebd., S. 49: »Auch und gerade das Pfarramt braucht Männer und Frauen, die die Grenze der sichtbaren und unsichtbaren Welt zu übersteigen vermögen. Sie werden andere in die verborgenen und verbotenen Zonen des Lebens nur begleiten können, wenn sie selbst *Erfahrungen* mit dem Machtbereich des Heiligen haben. Jeder einzelne religiöse Akt verlangt eine spirituelle Präparation. Jede professionelle Begegnung schließt in der Religion die mediale Ausrichtung ein. Jede Grenzüberschreitung scheitert, wenn sie nicht im Namen und unter dem Schutz des einzigen Grenzgängers Jesus Christus erfolgt.«
417 Ebd.
418 Ebd., S. 119–127, vgl. auch Manfred Josuttis, Von der psychotherapeutischen zur energetischen Seelsorge, WzM 50, 1998, Seiten 71–84.

Verhältnismäßigkeit dieser Dissertation von Bedeutung: Segenskräfte – Segensgabe.

2. *»Segenskräfte«*

In dem im Jahre 2000 erschienenen Werk von Manfred Josuttis finden wir einen vorläufigen Kristallisationspunkt der Entwicklung im Werk von Manfred Josuttis, der sich mit *Phänomenologischer Phase* umschreiben lässt. Gedanken, die 1996 unter dem Titel »Der heilsame Austausch«[419] erstmals vorgestellt wurden, finden sich fortgeführt. Josuttis führt seinen Begriff der energetischen Seelsorge ein. Gleich zu Beginn stellt er fest, dass er die seelsorgerliche Praxis der vergangenen Jahre nicht umstoßen, sondern erweitern wolle. Dies solle geschehen, indem er die seelsorgerliche Bemühung nicht mehr auf einem psychologisch, sondern religionsphänomenologisch orientierten Modell begründet.[420] Leiborientierung und bewusstseinsübersteigende Dimension treten deutlich hervor. Energetische Seelsorge könne geschehen, weil, auch unabhängig von aller pastoralen Aktivität, latent Segenskräfte zwischen Menschen hin- und her fließen. Und das gilt ganz besonders für den Lebenskontext der Gemeinde der Heiligen.
Er nimmt in der Darstellung seines seelsorgerlichen Ansatzes Bezug auf die Möttlinger Vorgänge (1842) um die Gottliebin Dittus, in die sich der Landgeistliche Blumhardt gestellt sah. Hier findet Josuttis ein Paradigma für die lebendige Verbindung zwischen Geistlichen und Theologen. Denn es ist überliefert, dass er mit Handauflegung, Gesten und Formeln gearbeitet habe – und der oftmaligen Wiederholung des Satzes: »Der Herr Jesus helfe dir; der Herr Jesus bewahre deinen Leib und deine Seele«. In solchem Geschehen könne sich das Evangelium als Dynamis erweisen. Von daher sollte man Seelsorge, vom historischen Beispiel her verallgemeinernd, als Kampfgeschehen und pneumatisches Geschehen fassen. Erfahrungen der Heilung hätten es dabei mit der Heiligung zu tun, die im Kontakt mit dem Heiligen zur Wirklichkeit wird.
Auch verzehre sich Seelsorge nicht in der mühsamen Abarbeitung von Sinnfragen. Viel eher unterstelle sie, im Segen, den Menschen der göttlichen Macht. Und um diese Stunde des Segnens zu erspüren, müsse der *Theologe zum Geistlichen*[421] werden. Dabei werde das Handwerk des

419 Manfred Josuttis, Die Einführung in das Leben. Pastoraltheologie zwischen Phänomenologie und Spiritualität, Gütersloh 1996, Kapitel: Der heilsame Austausch, Seiten 119ff.

420 Manfred Josuttis, Segenskräfte. Potentiale einer energetischen Seelsorge, a.a.O., vgl. S. 10.

421 Vgl. Manfred Josuttis, Segenskräfte, a.a.O., S. 110: »In psychologischen Ausbildungsphasen werden die eigenen und fremden Bilder von Gott reflektiert. Aber die Erfahrungen werden nicht im Vollzug theologischer Reflexion gemacht … das

Geistlichen zur entscheidenden Frage. Und dieses beginne mit Beten und Segnen.

Von der Reflexion gelte es in die Erfahrung hineinzugehen. Theologische Existenz wolle in den Strukturen persönlicher Praxis Pietatis gelebt werden. Nicht in der intellektuellen Auseinandersetzung mit dogmatischem Gut, sondern erst im persönlichen Vollzug[422] gingen Erkenntnis und Gedanke in Fleisch und Blut über. Der Weg vom Geistlichen zum Theologen vollziehe sich darin, dass er transparent wird für das, was durch ihn hindurchfließen will. Um werdende Geistliche an ihren Dienst heranzuführen, bedürfe es einer Ausbildung, die über das kognitiv geprägte Studium weit hinausführt.

Für die Segens-Handlung in der Diakonie ist die programmatische Formulierung von Seelsorge von Belang: In dieser gehe es nämlich darum, »mit der Macht des Heiligen zu rechnen, Räume für das Wirken von Segenskräften zu öffnen«[423]. So sehe sich auch der Leib-Raum des Partners der Seelsorge[424] in den Transitus von der alten zur neuen Kreatur mit hineingenommen. Machtheilige Wörter, Freisprüche, Blicke und Berührungen im Geiste Gottes könnten die Freisetzung von Vitalkraft initiieren. Somit bestehe die Hebammenkunst pastoraler Führerschaft darin, einen leidenden, negativ erfüllten Leib-Raum in ein gänzlich neues, heilvolles Kraftfeld zu führen und dadurch neues Leben ans Licht zu bringen.

Es könne für Theologen und Diakonoi nicht mehr lediglich um die kognitiv-methodische Aneignung von Modellen, Strategien und Instrumentarien gehen, sondern um ein Gespür dafür (in steter Einübung) was im Raum steht und sich ereignen will.[425] Der Segenskraft gewähren wir Einlass, lassen das Flussgeschehen zu. Den Kräften des Unguten werden heilige Worte und Zeichen entgegengesetzt, so dass sie unseren Raum nicht besetzen können, bzw. zurückweichen müssen.

Im Salben und Segnen nimmt Josuttis ein Element poimenischer Praxis wahr, das das intersubjektive Geschehen weit transzendiert und auf die Ebene des *heilsamen Austausches* führt. Hier verweist Josuttis auf die

zentrale Wirkungsfeld der Wirklichkeit des Heiligen bildet nicht die Theologie, sondern jene Praxis, die gegenwärtig gern Spiritualität genannt wird. Theologische Existenz, die ihren Gegenstand nicht nur sichtbar bedenken, sondern objektive Macht und Realität auch erfahren will, wird in der Struktur der Frömmigkeitspraxis gelebt. *Theologen* können *Geistliche* werden, wenn sie sich der Wirkungsmacht des Heiligen methodisch auszusetzen lernen.«

422 Ebd., S. 109: »Aus Wissenschaftlern sollen Handwerker werden, aus gebildeten Akademikern lebenserfahrene Geistliche … in persönlicher Hinsicht müssen die Seelsorger/innen selbst die Veränderungskraft und die Tragfähigkeit jener Wirklichkeit einigermaßen erfahren haben, die im Handlungsrepertoire einer energetischen Seelsorge zur Welt kommen soll.«

423 Vgl. Rückseite des Einbandes der Erstauflage von »Segenskräfte«, a.a.O.

424 Das lässt sich auch auf die Lebenswelt der Diakonie übertragen.

425 Ebd., S. 169.

entsprechenden Beobachtungen und Erkenntnisse Walter Hollenwegers[426]. Salben und Segnen misst Josuttis derartige Bedeutung bei, dass er die drei konstitutiven Elemente, die überhaupt in der Einzelseelsorge wichtig sind, aufzählt: Anrufung, Fürbitte, Salbung/Handauflegung. In der Invocatio werde die not-wendige Macht angerufen. In der Fürbitte werde die Fülle von notvollen Punkten ausgebreitet. In der Unctio (die durchaus nicht nur als Ultima Unctio verstanden werden soll), und der damit verbundenen Handauflegung, komme es zum Durchbruch von Vitalkräften. Diese entspringen jedoch nicht dem energetischen Reservoir[427] des vordergründig Agierenden.
Hier ist nicht therapeutische (diakonische) Kompetenz, sondern die Gabe der Durchlässigkeit gefragt. Ohne sie wird man – auch bei bestem Willen – Blockaden verursachen, die allen Beteiligten schaden. Dass in dieser Salbungs- und Segnungspraxis die kognitive oder emotionale Ebene verlassen wird, bezeugen Heilungsberichte, die medizinisch unerklärlich sind. Diese heilvollen Wirkungen[428] entziehen sich der Methodisierung und der Versuchung, Verursacher zu benennen und hervorzuheben. Es geht um Demut, Durchlässigkeit, Fasten, Schweigen – und die Selbst-Vorbereitung, kleines (berufenes, aber nicht unerlässliches) Movens im großen Flussgeschehen zu sein.

3. Folgerungen für die Diakonie

Im Laufe seiner phänomenologischen Phase warnt Manfred Josuttis zunehmend davor, die biblischen Texte (d.i.: die Realität Gottes, des Reiches, des Leibes Christi, des Heiligen Geistes) metaphorisch oder symbolisch verstehen zu wollen. Man solle sich ihnen im Zeichen des »Offenen Geheimnisses«[429] zu nähern. »Das Heilige ist eine Wirklichkeit«[430]. In diesem Licht gesehen, habe es Seelsorge[431] nicht mehr lediglich mit sprachlichen, physischen, medizinischen und pflegerischen Prozessen zu tun (im Sinne von möglicher Domestizierbarkeit), sondern

426 Ebd., S. 231.
427 Ebd., S. 231: »... die Anrufung jener Macht, die das Unheil abwenden soll ... Die Wirklichkeit des Heiligen soll auch jetzt heilvolle Wirkungen realisieren ... Fürbitten: Dabei werden gewissermaßen die Punkte benannt, auf die die Heilsmacht sich konzentrieren soll. Die angerufene Heilsmacht und das angesprochene Leiden werden im medialen Akt der Salbung, bzw. der Handauflegung zusammengebunden. Unterstellt ist dabei, dass durch diese Behandlung Vitalkräfte fließen, die nicht aus dem energetischen Reservoir des Handelnden stammen.«
428 Sie sind Wirkung des Segens, menschliche Verursacher sind also nicht zu benennen, a.a.O., S. 232.
429 Manfred Josuttis, Offene Geheimnisse, Gütersloh 1998.
430 Manfred Josuttis, Die Einführung in das Leben. Pastoraltheologie zwischen Phänomenologie und Spiritualität, Gütersloh 1996, S. 126.
431 Und damit auch die Leib-Sorge, die Diakonie.

mit der Macht des Heiligen, mit der der Weg des Heilsamen Austausches in Kontakt bringe.
Das habe natürlich entscheidende Auswirkungen auf die Person[432] des/der in der Diakonie Tätigen. Das *Handwerk*[433] des Geistlichen in der verborgenen und verbotenen Zone des Heiligen bedürfe der Arbeit an sich selbst und der steten Offenheit, sich im Machtfeld dieser Wirklichkeit zu verändern und neu strukturieren zu lassen. Diesen Raum könne man nicht im Selbstgefühl unangreifbarer Professionalität betreten. Wer hier Dienst tut, sei stets aufgefordert, sich die Frage stellen: »Was für ein Mensch muss ich sein, damit ich in diesem Wirkungsfeld arbeiten kann?«[434] Auch für den/die diakonische/n MitarbeiterIn treten die »hochbrisanten Aktionsformen«[435] in den Vordergrund: Segnen, Beten, Fasten, Beichten und Austreiben.
Was Manfred Josuttis 2000 (in »Segenskräfte«) für die theologische Ausbildung fordert, gilt genauso für die diakonische Ausbildungsstätte: »In wissenschaftlicher Hinsicht müssen die Seelsorger/innen selbst die Veränderung und Tragfähigkeit jener Wirklichkeit einigermaßen erfahren haben.«[436] Es geht nicht lediglich darum, die Theologoumena und Phänomene des Segens theoretisch zu reflektieren, sondern, sich ganz und gar in spirituelle Präparation und Vermittlung zu begeben. »In der Spiritualität geht es um eine Praxis.«[437]

432 Hier findet sich eine gewisse Parallele zu Henri Nouwens Auffassung von der Person des Seelsorgers, wie er ihn auf dem Hintergrund seiner Lehre von der *Gastfreien Seelsorge* entfaltet.
433 Vgl. Manfred Josuttis, Seelsorge in der Gemeinde, in: Pastoraltheologie. Wissenschaft und Praxis in Kirche und Gesellschaft, Jg. 90 – 2001, Göttingen 2001, S. 408: »Frömmigkeit ist ein *Handwerk,* das in Handlungen praktiziert wird. Man kann unendlich viele Bücher lesen, ohne segnen zu können … Das Beten … umfasst alle Bereiche menschlicher Leiblichkeit. Man muss stehen, sitzen oder knien können. Man öffnet oder faltet die Hände … (S. 407) … jene Fähigkeit, im alltäglichen Austausch von Blicken, Gesten und Worten göttliche Segenskraft fließen zu lassen.«
434 Manfred Josuttis, Die Einführung in das Leben, Kap.: Die heilige Handlung, a.a.O., S. 126.
435 Ebd., S. 127.
436 Manfred Josuttis, Segenskräfte, a.a.O., S. 109.
437 In seinen neuesten Ansätzen ist Manfred Josuttis im Begriff, eine Theologie der Spiritualität, die auf den phänomenologischen Beobachtungen (u.a. eben auch zum Segen/Segnen) fußt, zu formulieren. Vgl. dazu: Leiblichkeit/Segen, in: Verkündigung und Forschung/Praktische Theologie, 47. Jg 1-2002, Gütersloh 2002: »Weil es in der Spiritualität um eine Praxis geht, die sich in leiblichen Handlungen vollzieht, werden wissenschaftliche Ansätze, die nur die darin enthaltenen theologischen Lehraspekte, subjektive Reflexionsakte oder psychologischen Konfliktkonstellationen untersuchen, unzureichend bleiben. Eine Theologie der Spiritualität benötigt auf jeden Fall auch eine Theorie der Leiblichkeit … Weil es in der Spiritualität um eine Praxis geht, die den Kontakt mit dem Göttlichen intendiert, enthalten alle wissenschaftlichen Ansätze, die nur die darin zweifellos enthaltenen psychologischen und soziologischen Dimensionen analysieren, eine Tendenz zur

Auch die besondere Organisationsform, innerhalb derer die in der Diakonie Beschäftigten ihren Dienst tun, ist in den Machtbereich des Segens hinein genommen. Auch für sie gelte, dass im Lebenskontext der Gemeinde der Heiligen unablässig Kräfte hin und her fließen. Die heilsame (Wieder-)Entdeckung dieser Wirklichkeit kann konkrete Auswirkungen auf die Organisation[438] Diakonie haben. Auch sie ist von schwerwiegendem Ressourcenmangel, materiell wie spirituell, betroffen. Geräte die Diakonie wieder in das Kraftfeld der Gemeinde der Heiligen[439], müsse sich ihr Gesicht zwangsläufig verändern. Sie werde von den Segenskräften Gebrauch machen, die, unabhängig von Erkenntnis oder Anerkenntnis, hin und her fließen.

Im folgenden Abschnitt soll es um Überlegungen zum Leib-Raum gehen:
Für den Diakonos ist von großer Bedeutung, was Manfred Josuttis in Bezug auf den Leib-Raum feststellt[440]. Denn in der Diakonie ist ja die Not des Leibes konkreter, und allgemein als primär verstandener Handlungsanlass. Josuttis' Überlegungen zur phänomenologischen Wahrnehmung des Leib-Raumes[441] beziehen sich deutlich auf das Werk von Hermann Schmitz. Im Seelsorgegespräch wie in der diakonischen Begegnung gehe es um ein Aufeinandertreffen[442] von atmosphärisch so oder so besetzten Leib-Räumen. Diese befänden sich dementsprechend in antagonistischer oder harmonischer Konstellation. Schon in der Paulinischen Rede vom Leib als dem Tempel Gottes werde deutlich, dass es

Reduktion. Eine Theorie der Spiritualität muss auf jeden Fall die von dieser Praxis intendierte Wirklichkeit prinzipiell und kategorial respektieren.«

438 Vgl. dazu Manfred Josuttis, Seelsorge im energetischen Netzwerk der Ortsgemeinde, in: Auf dem Weg zu einer seelsorglichen Kirche / Theologische Bausteine, Festschrift für Christian Möller zum sechzigsten Geburtstag. Hg. v. Manfred Josuttis, Heinz Schmitt, Stefan Scholpp u.a., Göttingen 2000, S. 124: »Der lebendige Kontakt mit der Macht des Heiligen ist deshalb so wichtig, weil aus der Begegnung mit dieser Wirklichkeit Heiligung, Heil und Heilung erwachsen … Die Wirkungen der energetischen Wirklichkeit werden bis ins Leibliche hinein wirken. Auch die *organisatorische* Ebene der Kirchengemeinde wird durch die energetischen Strömungen der spirituellen Praxis Impulse erhalten.«

439 Wo sie nach dem Bericht der Urgemeindlichen Diakonenwahl auch entstand – und wie es die Basisgemeinden und Kommunitäten exemplarisch abbilden.

440 Vgl. die dementsprechende Linie, die Josuttis in seinem Werk »Segenskräfte« auszieht.

441 Damit verbinden sich Konsequenzen für das aktualisierte Selbstverständnis des Seelsorgers und Diakonikers.

442 Vgl. Hermann Schmitz, Neue Grundlagen der Erkenntnistheorie, Bonn 1994, S. 125: »Wenn ein anregender Gesprächspartner den anderen, ein Lehrer die Schulklasse mitreißt, nachdem sie eine Hemmschwelle der Lustlosigkeit und des Widerstandes überwunden haben, bildet sich eine gemeinsame Situation … und Atmosphäre, worin die Beteiligten miteinander warm werden und sich gemeinsam die Bälle zuspielen.«

um einen Raum gehe, der mit Heiligkeit (vgl. Jes. 6), aber auch mit Ungeist und Widerspruch erfüllt sein kann.
DiakonInnen, die sich ihrer Befindlichkeit als Leib-Raum in einem atmosphärisch geladenen, je und je dominierten Feld bewusst sind, werden also darauf achten, dass der eigene Leib-Raum[443] so beschaffen ist, dass er, antagonistischer Verwirrung zum Trotz, sein Handwerk im Umgang mit dem Heiligen unbeirrt ausüben kann. Auch, und gerade, als Leib-Raum handelt er ja eigentlich in medialer Durchlässigkeit – keinesfalls in der selbstüberschätzten, selbstgewählten Reduktion auf das Anbieter- bzw. Service-Leister-Selbstverständnis. Im Sinne eines lediglich eigenmächtig und eigengesetzlich handelnden Helfer-Ichs.[444]

4. Vom »Theologen zum Geistlichen« – von der Service-Leistung zum bevollmächtigten Zeugnis

1993 stellte Manfred Josuttis in seinem Buch »Petrus, die Kirche und die verdammte Macht«[445] fest, dass die Kirche sich in den letzten Jahren mit einer gewissen Effizienz an den Methoden von Psychologie, Soziologie und Kommunikationswissenschaften orientiert habe. Darüber sei jedoch ihr eigentliches Arbeitsfeld, der Kontakt mit dem Heiligen, vernachlässigt worden.[446] Und das mag für die Diakonie, die seit der Wahl des Stephanus ureigenste Aufgabe von Gemeinde und Kirche ist, auch gelten.
Qualitätssicherung, Service-Leistung, Kompetenzgläubigkeit und Betriebsphilosophie lassen, ehe man sich's versieht, schon rein sprachlich die Vorstellung der von Josuttis benannten Fähigkeiten nicht mehr zu. Und dabei sollte der Diakonos sich einüben in vollmächtige, spirituelle Kompetenz – und sich nicht in schützende, verheißungsvolle, aber a-spirituelle Diktion und Strategie flüchten: Eine künstliche Ohnmacht unter dem Zeichen der Stärke für die Schwachen. Denn das Proprium der Diakonie besteht nicht lediglich darin, größtmögliche Lebensqualität

443 Vgl. Manfred Josuttis, Texte und Feste in der Predigtarbeit. Homiletische Studien., Bd. 3, Kap.: Die Himmelspredigt, Gütersloh 2002, S. 61: »Die Expedition in den göttlichen Weltraum kann nur gelingen, wenn der menschliche Leibraum von der Dynamik des Evangeliums ergriffen wird. Den Thron Gottes erblickt nicht nur, wer über die Macht Gottes reflektiert oder sich in die Welt Gottes hineinphantasiert. Auch in der aufgeklärten Gegenwart gilt: Die Fülle der Gottheit muss Menschen erfüllen, das Licht Gottes muss sie erleuchten, die Kraft Gottes muss sie erfassen.«
444 Vgl. Manfred Josuttis, Segenskräfte, a.a.O., S. 163: »Gespräche finden nicht einfach zwischen zwei (oder mehr) Menschen, sie finden in machtvollen Atmosphären statt. Energetische Seelsorge muss damit rechnen, dass die Partner, die miteinander kommunizieren, keineswegs autonome Subjekte sind.«
445 Manfred Josuttis, Petrus, die Kirche und die verdammte Macht, Stuttgart 1993.
446 Ebd., S. 196.

für einen möglichst umfassenden Kreis von Menschen zu garantieren. Sondern darin, marginalisiertes und leidendes Leben in den heilenden Macht- und Schutzraum Gottes zu führen. Dies geschieht in geeigneten Exerzitien[447]. Die Vollmachten des Stephanus: Beten, Segnen und in Vollmacht reden, suchen auch heute ihr Leben, ihre Gestalt in Arbeit und Feier diakonischer Existenz.
In den diakonischen Ausbildungsstätten sollt die Einführung in spirituelle Exerzitien über einen »Raum der Stille« hinausgehen. Fachkompetenz und spirituelle Kompetenz müssen wieder in ein fruchtbares Miteinander geraten. »Der lebendige Kontakt mit der Macht des Heiligen ist deshalb so wichtig, weil aus der Begegnung mit dieser Wirklichkeit Heiligung, Heil und Heilung erwachsen.«[448]

Bemerkenswert ist, dass Holger Eschmann in seiner Dissertation »Theologie der Seelsorge«[449] Nouwen und Josuttis nebeneinander nennt. Beide legen großen Wert auf das genuin geistliche Element in der Ausbildung zum Theologen (ergo auch Diakonos). Nouwens kategorische Unterscheidung zwischen Professionalität und Spiritualität – die sich nur dann gegenseitig befruchten können, wenn man ihre Unterscheidung begreift – steht tatsächlich in enger Verwandtschaft zu Josuttis' Begriff vom Handwerk des Segnens. Es lässt sich unter Reduktion auf die kognitive Ebene und ohne heilsamen Selbst-Verlust nicht lernen. Was die Theologenausbildung betrifft (und m.E. nach auf die Ausbildung diakonischer MitarbeiterInnen übertragen lässt) beklagt Manfred Josuttis schon 1983, dass im Verlauf der Lern- und Lehrtätigkeit der Versuch unterlassen wird, die Linie zwischen Heilsgeschichte und eigener Lebensgeschichte[450] zu ziehen. Und für jeden, der seine Vita in das

447 Vgl. Manfred Josuttis, Seelsorge im energetischen Netzwerk der Ortsgemeinde, in: Auf dem Weg zu einer seelsorglichen Kirche, Festschrift Professor Christian Möller zum sechzigsten Geburtstag; a.a.O., Göttingen 2000, S. 124: »In den kollektiven Ritualen, die den Kontakt mit der evangelischen Kraft vermitteln, wird die Seele von jenem Einfluss geprägt, der sie zur Seelsorge fähig macht. Und in dieser Seelsorge können Menschen lernen, den Weg von der Trauer zur Freude, von der Angst zum Vertrauen, vom Stress in die Ruhe zu gehen, indem sie in spirituelle *Exerzitien* eingeführt werden. Der lebendige Kontakt mit der Macht des Heiligen ist deshalb so wichtig, weil aus dieser Begegnung mit dieser Wirklichkeit Heiligung, Heil und Heilung erwachsen.«
448 Ebd.
449 Vgl.Holger Eschmann, Theologie der Seelsorge, Neukirchen 2000, S. 231: »Die Bücher von Nouwen sind zwar bereits Anfang der 70er Jahre in den USA erschienen, haben aber ihre Wirkung im deutschsprachigen Raum erst Ende der 80er Jahre entfaltet. Manfred Josuttis fügte schon 1982 seiner Veröffentlichung ›Der Pfarrer ist anders‹ ein Kapitel ›Der Pfarrer und die Frömmigkeit‹ ein (S. 191–210), behandelte die Thematik dort aber zunächst als Thema unter anderen, um sie dann in den neunziger Jahren ganz in dem Mittelpunkt seiner Überlegungen zu stellen.«
450 Vgl. Manfred Josuttis, Der Pfarrer ist anders. Aspekte einer zeitgenössischen Pastoraltheologie, München 1983, S. 102: »Was das Studium nicht leisten kann und

Kraftfeld diakonischer Existenz einordnen will, ist es von entscheidender Bedeutung, inwieweit er das Ineinander von Heilsgeschichte und Heilungsgeschichte[451] in heutiger Vita communis aktualisiert. Diakonische Existenz im Kraftfeld des Heiligen Gottes lässt sich nicht qualitätssichern[452], nicht kontrollieren und zieht sich nicht auf Slogans zurück. Sie rechnet grundsätzlich, fast nüchtern, mit dem Hereinbrechen der ganz anderen Wirklichkeit dessen, der beruft, durchträgt und vollendet.

Auf dem Weg vom Anbieter zum bevollmächtigten Zeugen braucht es die handwerkliche, geschulte Fähigkeit[453] im Umgang mit und in der Macht des Heiligen – die sich jedoch nur unter dem Schutz des Namens Jesu begehen und erleben lässt. Doch dann zeigt sich dem bevollmächtigten Zeugen der diakonische Alltag als alles andere, als ein abrechenbarer Betriebsablauf sozialer Versorgungstätigkeiten[454]. Er wird zur spirituellen Erlebniswelt, für die sich diakonische MitarbeiterInnen in geistlicher Vorbereitung und Erlangung spiritueller Kompetenz bereithalten sollen. »Unheil stiftende Mächte« werden »zurückweichen und Raum geben für den Einfluss heilender Ströme«[455] die neue Strukturen schaffen. Mitten in die Welt des effizienzbetonten und qualitätsgesicherten Betriebsablaufes[456] brechen, möglicherweise, befreiende Machterfahrungen herein, initiiert durch eine konsumtive Askese, durch die

will und unter den derzeitigen Bedingungen auch nicht leisten kann, ist die Herstellung einer notwendigen Beziehung zwischen Wort und Person, zwischen *Heilsgeschichte und Biographie*. Die Macht des Wortes bleibt extern, in der Ferne der Vergangenheit, in der Abstraktheit der Lehre, in der Distanziertheit der Reflexion. Die Verknüpfung der Heilsgeschichte mit der eigenen Person, und damit die notwendige Voraussetzung für die Entdeckung der Heilkraft des Wortes im eigenen Leben, bleibt den Studenten selbst überlassen.«

451 Die seines Lebens und diejenige dessen, für den er Verantwortung tragen will.

452 In seiner 5. Lebensphase in Daybreak/Toronto macht Henri Nouwen seiner (ehemaligen) akademischen Umwelt einen ähnlichen Vorwurf, indem er die Upward Mobility der Downward Mobility gelebter Christusverwirklichung und bejahten Selbst-Verlustes entgegenstellt.

453 Vgl. par. die Aussagen von Manfred Josuttis zur Ausbildung von TheologInnen in seinem Vortrag: Arbeit im Machtbereich des Heiligen, gehalten am 4. Februar 2000 als Abschlussvorlesung des Wintersemesters 1999/2000 im Theologischen Seminar der ev. methodistischen Kirche / Reutlingen. Der vorliegende Text ist eine vom Autor überarbeitete Tonbandnachschrift, die Dozent Achim Härter angefertigt hat, in: ThFPr 26/2, Theologisches Seminar der EMK / Reutlingen, 2000, S. 138: »Diejenigen von Ihnen, die jetzt noch offiziell studieren, werden die eigentliche Lernaufgabe des Glaubens nach dem Theologiestudium noch vor sich haben. In theologischen Hochschulen wird man zum Theologen ausgebildet; in der gemeindlichen Praxis werden Geistliche gebraucht – das ist ein himmelweiter Unterschied.«

454 Vgl. Johannes Degens Auffassung von *Diakonie als sozialer Dienstleistung.*

455 Manfred Josuttis, Petrus, die Kirche und die verdammte Macht, a.a.O., S. 59.

456 Von dieser Warte her lohnt sich eine kritische Analyse des Jäger'schen Modells.

Austreibung negativer Kräfte und die Erfüllung des Leib-, Sprach- und Zeit-Raumes mit göttlichen Worten und heiligen Namen.
Kirche und Diakonie stehen – in Ausbildung und Praxis – in Gefahr, im Bannkreis des Heiligen die Macht des Heiligen zu scheuen. Man ist dabei, in einem »Wust von Qualifikationen und Techniken« der »Apostolischen Fähigkeiten« und Bevollmächtigungen verlustig zu gehen – und, entgegen aller Intention, »methodische Analphabeten«[457] im Hinblick auf das zu sein, was es Leben, Sterben und Auferstehen eigentlich geschieht.
Mit zunehmender Vehemenz hat Manfred Josuttis in den vergangenen zehn Jahren darauf hingewiesen, welche entscheidende Rolle die Beschäftigung mit (und Einübung von) lebendiger Spiritualität im pastoralen Dienst, und ergo in der diakonischen Praxis, einnehmen sollte. »Für ihn wird es zur entscheidenden Überlebensfrage der Kirche, ob es ihr gelingt, die Realität der Macht des Heiligen in ihr Glauben und Handeln mit einzubeziehen. Wo das der Fall ist, wird es nach Josuttis tiefgreifende Auswirkungen auf das gesamte pastorale Handeln haben.«[458]

5. *Ulrich Bachs Ansatz als korrigierender und ergänzender Kontrapunkt*

Ulrich Bachs Buchtitel: »Dem Traum entsagen, mehr als ein Mensch zu sein«[459] überschreibt ein Buch, das sich mit dem Spannungsverhältnis von *behindert* und *normal* befasst. Es könnte sich jedoch auch gegen ein spiritualistisch-übersteigertes (oder auch schamanistisch-mediales) Verständnis von Segensvermittlung richten. Mehr als ein Mensch, dessen Zeugnis in Wort und Sakrament gründet, kann der/die diakonische MitarbeiterIn nicht sein. Er/sie hat, nach dem Evangelium, keine Möglichkeit, sich einzuüben in effektive Handlungs- und Wirkweisen, die Segensmittler und -Empfänger unter Erwartungsdruck setzen. Hinzu kommt die, nach Schuldzuweisung suchende, Enttäuschung auf beiden Seiten bei Ausbleiben des angestrebten Heilungserfolges.
Die spezifische Wahrnehmung eines Heil-Heilungs-Zusammenhanges deutet sich bei Manfred Josuttis schon früh an, indem er schreibt: »Gott ... ist ein Feind der Krankheit, weil Gott, dieser Gott, ein Freund des Menschen ist. Ich muss vor allem auf die neutestamentlichen Wunderberichte verweisen, in denen Jesus als Arzt und Retter des Menschen dargestellt wird. Jesus redet den Menschen nicht ein, dass ihre Krankheit einen Sinn enthielte; Jesus holt sie aus der Krankheit heraus.«[460]

457 Josuttis, Petrus, die Kirche und die verdammte Macht, a.a.O., S. 57.
458 Holger Eschmann, Theologie der Seelsorge, Neukirchen-Vluyn, S. 235.
459 Ulrich Bach, Dem Traum entsagen, mehr als ein Mensch zu sein, Neukirchen-Vluyn 1986.
460 Manfred Josuttis, Der Sinn der Krankheit. Ergebung und Protest.; in (Ders.): Praxis des Evangeliums zwischen Politik und Religion, München 1974, S. 128.

Dieser Aussage seien, in exemplarischer Weise, die Worte von Ulrich Bach entgegengestellt: »Der Satz, Gott wolle diesen Behinderten, nicht aber dessen Behinderung, wird hier eine völlig nichtssagende Abstraktion … Wenn Gott wirklich ›nein‹ dazu sagt, dass ein Mensch so lebt, wieso sollte er ›ja‹ dazu sagen, dass ein Mensch lebt? … Denn dieser Mensch ist so stark geprägt von seiner Behinderung und deren Auswirkungen, dass er selbst ins anthropologische Abseits gerät.«[461]
Indem Bach Raum gibt für Annahme und Wertschätzung der Behinderung (und damit des Menschen mit seiner Behinderung selbst[462]), bewahrt er die diakonischen MitarbeiterInnen davor, in ein falsches Helferverständnis zu geraten und wohlmeinenden Heilungsdruck auszuüben. Die – durchaus legitime – Wertschätzung heilenden Segnens darf nicht auf der anderen Seite dazu führen, dass die Würde der Behinderung geschmälert[463] wird. Er geht sogar so weit, die Sicht aus der Perspektive der Behinderung als wahrhaftige Lebens- und Gottesanschauung zu würdigen. Die von Josuttis im Heil-Heilungszusammenhang absolut gesetzte Gesundheit kann einer vertieften Empfindung von Leben und Spiritualität geradezu widerstehen.[464]
Analog dazu greift Ulrich Bach in seiner Streitschrift »Heilende Gemeinde«[465] die bekannte Rede vom Doppelamt Jesu in Predigen und Heilen an. Ebenfalls wird der Kirche der, daraus abgeleitete, Doppelauftrag abgesprochen. Diese Verbindungslinie, und das daraus resultierende Selbstverständnis von Geistlichem und Diakonos, habe keine Begründung im Evangelium. Die Heilungen seien dem Predigtamt eindeutig untergeordnet. Die angenommene Verbindungslinie des Dop-

461 Ulrich Bach, Getrenntes wird versöhnt. Wider den Sozialrassismus in Theologie und Kirche., Neukirchen 1991, S. 47.

462 Damit nähert sich Bach dem Nouwen'schen Verständnis von Kernmitglied und Gabe der Behinderung an.

463 Ulrich Bach legt Wert auf die unbedingte Gleichstellung von Betreuer und Betreutem. Vgl. *Getrenntes wird versöhnt,* a.a.O., S. 47: »Offensichtlich war für Jesus wichtig, dass Gesunde und Kranke als Gleiche vor Gott und miteinander leben. Dazu waren die Heilungen gewiss eine Erleichterung. Aber sie sind keine Voraussetzung dafür.« Dabei schreckt Ulrich Bach vor der drastischen Verarbeitung von Gleichnisinhalten nicht zurück: »Jesus setzt einmal den Fall, dass Hand oder Fuß oder Auge (also Teile unserer Gesundheit) uns daran hindern, mit Gott in Ordnung zu sein, und er rät, in solchen Fall Hand oder Fuß abzuhauen bzw. das Auge wegzuwerfen: ›Es ist besser, dass der als ein Behinderter zum Leben eingeht, als dass du zwei Hände habest und fahrest in die Hölle‹ (Mk 9,43). Wichtig für Jesus ist die Frage, ob wir zu Gott finden; ob einer dabei nur eine Hand hat oder noch beide Hände.«

464 Bei solcher Vehemenz, Drastik und entschiedener Parteinahme ist zu bedenken, dass Ulrich Bach es in seinem Leben selbst lernen musste, eine einschneidende Behinderung in sein Leben zu integrieren und Tun/Aussage danach zu strukturieren. Selbst auf den Rollstuhl angewiesen, hat er sich in unterschiedlichen Zusammenhängen zum Sprecher derer gemacht, denen die diakonische Fürsorge gilt.

465 Ulrich Bach, Heilende Gemeinde? Versuch, einen Trend zu korrigieren, Neukirchen-Vluyn 1988.

pelamtes findet sich auch in den handwerklichen Anweisungen für den Geistlichen/Diakonos bei Josuttis ausgeführt. Degradiert nicht eine solche theologische Annäherung, wenn auch ungewollt, behinderte Menschen zu Fehlern und Unfällen der Schöpfung? Damit lebten sie noch auf der Defizit-Seite des Lebens, gar des Heils.

Bach fasst das *Zeichen* als Illustration der Rede Jesu vom Gottesreich auf, das sich einstellt, wann und wo Gott es will. Einen Mechanismus, ein Hand-in-Hand-Gehen, eine Einübung von Techniken des Heilens im wirkmächtigen Wort-Tat Zusammenhang gibt es nicht. Und wenn nicht für den Meister, dann auch nicht für die Brüder. Auf dem Hintergrund eigener Behinderung setzt Bach dem normalisierenden und komplettierenden[466] Helfer-Modell die *Partnerschaftliche Theologie* entgegen. Eine Diakonik wird entworfen, die Gemeinde als partnerschaftliches, versöhntes Miteinander von Menschen mit und ohne Behinderung versteht.[467] Das herkömmliche diakonische Handeln verliert hier seine Austeilungsstruktur. Diese wird, mitsamt ihrer gespaltenen Anthropologie als Fehlhaltung (und Fehlauswirkung) erkannt. Das fehlerhafte Modell wird durch gelebte Wechselseitigkeit von Geben und Nehmen ersetzt. Die besondere Chance einer partnerschaftlichen Diakonie liegt darin, dass sie bewusst auf konzeptionelle Spaltungen und Stufungen im theologischen Denkhorizont (vgl. *theologischer Sozial-Rassismus)* verzichtet. Damit kann sie sich auch auf Ekklesiologie und Anthropologie im erweiterten Kontext auswirken.[468]

Die konkrete Gegenüberstellung Josuttis – Bach an diesem Ort, zu den genannten Aspekten, ist sinnvoll, um dem radikalen Anspruch einer neu entwickelten Segens-Theologie/Diakonik modifizierend entgegenzutreten. Die von Josuttis vorgestellten Möglichkeiten müssen unbedingt

466 Wie man den Josuttis'schen Ansatz leicht missverstehe könnte.
Vgl. auch Ulrich Bach, Der behinderte Mensch als Thema der Theologie (1984) in (Ders.): Dem Traum entsagen, mehr als ein Mensch zu sein, a.a.O.; S. 126: »Alle reden davon, dass ein Mensch, der nicht normal ist, normalisiert werden muss; wir Christen auch. Alle reden davon, dass dieser Mensch möglichst gesund, möglichst stark, möglichst arbeitsfähig gemacht werden soll; wir Christen auch.«

467 Hier besteht eine starke Affinität zum entsprechenden Gedankengut der Arche-Foyers, die sich ebenfalls als versöhnende Gemeinschaften beschreiben ließen.

468 Vgl. dazu auch Theodor Strohm, Diakonisch-soziale Arbeit im europäischen Einigungsprozess – Schwerpunkte und vorrangige Aufgaben. In: Diakonie an der Schwelle zum neuen Jahrtausend. Ökumenische Beiträge zur weltweiten und interdisziplinären Verständigung, hrsg. v. Theodor Strohm in Zusammenarbeit mit Annette Leis, Susanne Koschmider, Volker Hermann u.a., Heidelberg 2000, S. 524: »Gottes Schalom als Ziel der Diakonie ist nicht die ›heile Welt‹, sondern die tröstende Gewissheit, dass jeder Mensch mit seinen Schwächen, ob gesund oder krank, ausgestoßen oder integriert, unbedingt angenommen ist und von Gott gleiche Würde zugesprochen erhält. Es ist deshalb die Aufgabe der christlichen Gemeinde, die Annahme jedes Menschen, die Würde und Versöhnung des ›Getrennten‹ als ihre eigentliche Botschaft und ihr Handlungsziel zu erkennen.«

wahrgenommen werden. Sie sollten sich jedoch auch konstruktiv anfragen oder gar in Frage stellen lassen, wenn sie auf die wirkmächtige Dynamik des Geistes vertrauen, der eben weht, wann und wo er will. Zum anderen wird in der korrigierenden Hineinnahme des Bach'schen Ansatzes die Brücke geschlagen zu den Modellen von Nouwen und Vanier.

6. Kritische Anmerkungen zum Josuttis'schen Konzept

In der Energetischen Seelsorge, wie er sie in seinem Werk »Segenskräfte« definiert, ist Manfred Josuttis bemüht, kirchlicher Selbstdefinition, kirchlichem Handeln Territorium zurück- und hinzuzugewinnen. Ein Gebiet, das er Strömungen außerhalb der empirischen Gestalt von Kirche nicht überlassen sehen möchte. Viel eher scheint er, in der Hineinnahme allgemeineren religionsphänomenologischen Gedankengutes[469] und entsprechender Diktion, der Suche der Zeitgenossen nach neuen religiösen Wegen entsprechen zu wollen. Kritisch sei hier zu bedenken gegeben, dass es in der Tat irreführend wäre, wenn der Diener am Wort zum Schamanen des Wortes »mutierte«[470]. Schwierig wäre es auch, wenn Pastoraltheologie bzw. Poimenik sich in einem diffusen und verfremdeten Begriffssystem verfinge. Auch dann, wenn es ihr darum geht, auf neue Weise Handlungskompetenz zu erwerben. Eine solche Poimenik spricht den zum Agieren Berufenen zwar spirituell an, stimuliert und motiviert ihn wohl auch. Sie steht aber auch in Gefahr, ihn wiederum desorientiert und um so ohnmächtiger zurückzulassen. Die Erörterungen von Manfred Josuttis zu den Segenskräften stellen in der Tat eine fruchtbare und quellenreiche Landschaft dar. Doch ist im protestantischen Schriftprinzip und in der Bindung an Wort und Sakra-

469 Vgl. die Rezeption des Gedankengutes von Rupert Sheldrake, bes. die Lehre von den Morphogenetischen Feldern.
Vgl auch Art. Hauschildt: Seelsorge, in: TRE Bd. XXXI, 2000, S. 66: »Schon 1993 (›Seelsorge und Phänomenologie‹) sich andeutend, hat er (Josuttis, Anm.d.Vfs.) 1998 den Weg von der psychotherapeutischen zur energetischen Seelsorge beschritten, und meint, die Theorie morphogenetischer Felder des Biochemikers Rupert Sheldrake (geb. 1942) auf die Pneumatologie des Geistes in zwischenmenschlichen Beziehungen übertragen zu können. Seelsorge würde dann darin bestehen, das Kraftfeld des Heiligen Geistes durch gestaltete morphische Resonanz so zu realisieren, dass schädigende Mächte beseitigt werden und heilende Ströme neue Strukturen schaffen …«
– Vgl. auch Rupert Sheldrake / Matthew Fox: The Physics of Angels, San Francisco 1996.

470 Vgl. Michael Meyer-Blanck, Rezension Segenskräfte von Manfred Josuttis, in: ThLZ 125, 2000, S. 1336: »Der Geistliche muss Theologe bleiben und darf seinen drohenden Bedeutungsverlust nicht dadurch kompensieren, dass er … zum vormodernen Schamanen zu mutieren versucht.«

ment[471] der Kompass gegeben, sich auf der spirituellen Expedition nicht zu verlieren.

In dem Kapitel »Zu den göttlichen Energien«[472] des Buches »Segenskräfte« scheint die persönliche Annahme des Rechtfertigungsgeschehens (die ja im reformatorischen Sinne eine tägliche Aneignung der Taufe ist) als ein rein kognitiver, am kirchlichen Selbstverständnis orientierter, Akt missverstanden. Sie wird hier als eine äußerlich manifestierte Rechtgläubigkeit aufgefasst. Auf diese Weise stehe sie jedoch in Gefahr, die tatsächliche, ganzheitliche Verwandlung von Leib, Seele und Geist zugunsten einer vordergründigen Bekenntnisebene zu vernachlässigen. Dem wird, m.E. in überspitzter Pointierung, ein Theosis-Konzept (aus der Orthodoxie bekannt) entgegengesetzt, das der Erfahrung des Ergriffen-Seins und der Hoffnung auf Neustrukturierung in der Wirkmacht Gottes sehr viel eher entspreche. Im Lichte der Cognitio Dei generalis, auch einer Theologia Gloriae, die die Welt durch spirituelle Einübung in verklärtem Tabor-Licht zu sehen vermag, ist dagegen theologisch nichts einzuwenden. Doch in der Orientierung an lutherischer Theologia Crucis, die für einen protestantischen Geistlichen ja nicht aus der Luft gegriffen ist, stellen sich Fragen:

Asketische Anweisungen zur graduellen Erlangung von Stadien der Theosis haben durchaus ihren Platz in der Frömmigkeits- und Theologiegeschichte der Orthodoxen Kirche – und es bietet sich ein Fülle von unschätzbarem Material, das zur Entwicklung von Evangelischen Exerzitien im klassischen Ignatianischen Sinne beitragen kann (Herzensgebet; Textmeditation u.a.). Und doch kommt immer wieder die Erkenntnis Luthers in den Sinn, dass die Selbstbestimmung Gottes als Deus incarnatus durch keine spekulative Mystik (z.B. auch im Rahmen der Via Negationis) aufgehoben und übertroffen werden kann. Spekulative Überbrückungen und moralische Vervollkommnungen sind nicht gewichtiger, als die Verheißungen Gottes. Nicht umsonst hat Luther sich auf den Deus praedicatus, dem in Wort und Sakrament zu begegnen ist, beschränkt. Damit wollte er Tendenzen wehren, die im Bestreben entstehen können, die Mitte zu verlassen, der in der Confessio Augustana, Art. V., prägender Ausdruck verliehen ist. Auch die Gabe des Segens hat nicht mehr zu bewirken, als von dieser Mitte her gewirkt wird. Der Handelnde bleibt Gott, nicht der Segnende. Und die spirituelle Präparation zu dieser Handlung beinhaltet nichts anderes, als das,

471 Vgl. Michael Klessmann, Seelsorge zwischen Energetik und Hermeneutik, in: PTh 90, 2001, vgl. S. 41: Michael Klessmann stellt hier die nicht unberechtigte Frage nach den Unterscheidungskriterien für den Umgang mit dem Heiligen. Diesbezüglich stelle es in der Tat ein gewisses Manko dar, dass die *reformatorischen Exklusivpartikel*‹ (sola fide, sola scriptura etc.) nicht vorkämen. Und in dem Außer-Acht-Lassen des *protestantischen Prinzips* sei die akute Gefahr gegeben, in die Nähe esoterischer Anschauungen zu geraten, bzw. zur »religiösen Legitimation pastoraler Machtausübung wie zur technischen Verfügung über das Heilige.«

472 Manfred Josuttis, Segenskräfte, a.a.O., S. 47–61.

was die JüngerInnen von 2000 Jahren Kirchengeschichte im Evangelium vernommen haben.
Die kritische Anfrage Holger Eschmanns bezüglich der Genus-Bestimmung des Heiligen[473] (mask. oder neutr.) möchte ich hier aufnehmen. Daraus ergibt sich die weitere Anfrage, ob der (nach mask. Fassung) Kontakt mit dem Theos hagios, Theos ischyros nicht etwas grundsätzlich anderes ist, als die Präparationstechniken einer diffusen, zeitgenössischen Auffassung von Spiritualität. Um so weniger der Begriff des Heiligen in evangelischer Klarheit bestimmt wird, desto weniger kann er für den Pastoraltheologen und Diakoniker fruchtbar gemacht werden. Eher wird der Mangel an Klärung zum Skandalon, das die Geister scheidet, ehe man an die Arbeit gehen kann. Eine Definition im mask. Sinne würde mit Sicherheit Einsicht und Interesse diakonischer MitarbeiterInnen wecken. Viele unter ihnen haben Ansprüche, Bedürfnisse und Sehnsüchte bewahrt, die über Betriebsphilosophie und Leitbildstruktur hinausgehen. Allerdings muss dazu *der* Heilige im Werk von Manfred Josuttis deutliche Kontur gewinnen und aus der Unbestimmtheit einer »Art hermeneutischer Kategorie«[474] heraustreten.

7. Konsequenzen – Formulierung in Thesen

1) In der Diakonie geht es um mehr, als das, was ein Mensch planen, berechnen, dienstleisten und erwarten kann. Menschlicher Aktivismus, Effizienzstreben und Kontrollbedürfnis entsprechen nicht der geistlich-dynamischen Wirklichkeit, die Diakonie eben auch ist/sein kann/sein soll.

2) In der Diakonie geht es um Kampfgeschehen:
Im diakonischen Handeln vollzieht sich ein Machtkampf. Nicht nur im Sinne der Competitio und des befriedigten Selbstdarstellungstriebes, sondern im Sinne des geistlichen Kampfgeschehens, dem sich kein irdisches Leben entziehen kann. Es geht darum, den Mächten der Sünde, des Verfalls und der Verlorenheit zu heiligendes und geheiltes Leben abzuringen. Zwar ist es richtig, die Gabe der Behinderung wahrzunehmen und für das eigene (und kommunitäre) Leben fruchtbar zu machen. Doch darf die Freude an der geschenkten, neuen Wahrnehmung dieser Gabe nicht den Blick für die Gabe der Heilung verstellen. Diese ist eben auch möglich – und kann im Horizont des herankommenden Gottesreiches gegeben und empfangen werden.

473 Vgl. Holger Eschmann, Die Theologie der Seelsorge, Neukirchen-Vluyn 2000, S. 229.
474 Ebd., S. 236.

3) In der Diakonie geht es um ein pneumatisches Geschehen:
Auch der bis ins kleinste Detail festgeschriebene diakonische Ablauf muss sich bereithalten für das Hereinbrechen des Geistes. Denn er kann all das, was wir planen und erwarten ad Absurdum führen. Der Dienst am Kleinsten und die Erwartung des Größten schließen sich nicht aus. Diakonie hat die Kraft, zu überdauern, wo sie neben allem Kalkulieren dennoch mit Gott rechnet wie mit Zahlen. Nicht im Sinne von Manipulation und Beherrschung, sondern in dienstbereiter Erwartung, die sich der letztendlichen Macht des Allmächtigen, des Heiligen, bewusst ist.

4) Die Gabe des Segens ist im Anbieter/Kundensystem nicht be- noch abrechenbar. Das, was dort geschieht, ist im Rahmen von Betriebsphilosophie und Corporate Identity nicht darzustellen. Effiziente kirchlich-soziale Verwaltungssysteme müssen sich der Gefahr bewusst werden, dass (a-spirituelle) Überorganisation der geistlichen Tiefenwirkung entgegenstehen kann.

5) Im Lebenskontext der Gemeinde der Heiligen fließen unablässig Segenskräfte hin und her. Die Entdeckung und Aneignung dieser Wirklichkeit kann Auswirkungen auf die Diakonie als Lebensgestalt und Organisation zugleich haben – gerade in ihrer (kaschierten) Selbstdefinitionskrise und ihren Geldsorgen. Unter Umständen verstellt die propagierte Flucht in die Strategien den Blick für die Möglichkeiten, die aus einer veränderten spirituellen Grundtendenz heraus, im Umgang mit dem Heiligen, erwachsen könnten. Gerät Diakonie tatsächlich wieder in das Kraftfeld der Gemeinde der Heiligen, muss sich ihr Gesicht zwangsläufig verändern. Sie wird in fruchtbarer Weise von den Segenskräften Gebrauch machen, die dazu einladen, in Erfahrung gebracht zu werden.

6) Im Netzwerk der Gemeinde, als die sich eine diakonische Gemeinschaft (im Kontext der Parochie allerdings) auch versteht, fliessen Segenskräfte hin und her. Diese werden um so erfahrbarer, je verbindlicher die Gemeinschaft ist (vgl. Kommunitäten, diakonische Basisgemeinschaften).

7) Dass die Gabe des Segens/des Segnens/der Heilung durch die Erkenntnisse von Manfred Josuttis, Walter Hollenweger u.a. aufmerksam wahrgenommen worden ist, sollten die offiziellen diakonischen Gremien (kritisch) würdigen – und dem um/gestaltenden Geist Raum geben.

7.1 Konsequenzen für den bevollmächtigten Zeugen

1) Im diakonischen Handeln darf der/die Einzelne mit der Macht des Heiligen rechnen und Räume für das Wirken von Segenskräften eröffnen. Dann sieht sich der Leib-Raum des gewiesenen Gegenübers in den Transitus von der alten zur neuen Kreatur mit hineingenommen. Die Hebammenarbeit diakonischer Kompetenz besteht darin, einen gequälten, negativ erfüllten Leib-Raum in ein gänzlich neues, heilvolles Kraftfeld zu führen und dadurch neues Leben ins Licht zu geleiten.

2) Die Arbeit des bevollmächtigten Zeugen beginnt bei der Arbeit an sich selbst. Sie gehört zum Handwerk des Segnens. Dies hat nicht so sehr mit dem (in besonderer Weise seit dem Wirken von Albert Jäger so benannten) herkömmlichen Verständnis von Professionalität zu tun, sondern mit *spiritueller* und *diakonischer Kernkompetenz*.

3) Zu einer angemessenen DiakonInnenausbildung gehört die Einführung in das Handwerk des Segnens. Auch er/sie muss zum/zur Geistlichen werden, soll der Dienst nicht nur im Horizont bewahrender Therapie, sondern (möglicher) Heilungsprozesse geschehen. Dies entspricht durchaus dem evangelischen Verständnis des Diakonats, wie es von Wilfried Brandt ausgesagt wird: »Der Diakon ist gesegnet zum Segnen.«[475]

4) Für DiakonInnen gilt ebenfalls, was Josuttis für den Ausbildungsgang der TheologInnen fordert: »In wissenschaftlicher Hinsicht müssen dabei psychologische durch religiöse Handlungsmuster ersetzt werden. Und in persönlicher Hinsicht müssen die SeelsorgerInnen (bzw. DiakonInnen) selbst die Veränderungskraft und die Tragfähigkeit jener Wirklichkeit … erfahren haben, die im Handlungsrepertoire einer energetischen Seelsorge zur Welt kommen soll.«[476]

5) Die Gabe des Segens/Segnens ist kein Besitz. Sie übt keinen Zwang aus und weiß um die Würde und Prophetie (Nouwen/Bach) der Behinderung. Eine Kerngemeinschaft im Zeichen des Kreuzes, die einander täglich mit dem Kreuz be-zeichnet (vgl. lat. »signare«), setzt im Einzelnen Kräfte frei. Diese werden sich auf die seelsorgerlich-diakonische Arbeit auswirken, zu der er sich berufen weiß. Einen Heil-Heilungs-Zwang existiert jedoch nicht.

475 Wilfried Brandt, Für eine bekennende Diakonie, Neukirchen-Vluyn 2001.
476 Manfred Josuttis, Segenskräfte, a.a.O., S. 109.

XII. Fulbert Steffensky und die Gabe der Stabilitas

1. Einleitende Bemerkungen zur Vita von Steffensky

Fulbert Steffensky wurde 1933 im Saarland geboren, in traditionell katholischer Umgebung. Zu Kindheit und Jugend in einer solcherart bezeichneten Landschaft hat er eine bleibende Nähe behalten. Sie wurde ihm zur biographischen, spirituellen und theologischen Deutungskategorie[477], auf die er in seinem Werk immer wieder zu sprechen kommt. Angesichts des gegenwärtigen Verlustes von Bezeichnung und Beheimatung würdigt er die stabilisierenden Rituale und Be-Gehungen, an denen er schon als Kind und Jugendlicher teilnahm. In ihrer Stetigkeit erfuhr schon damals, freilich unbewusster als der Erwachsene, eine Antwort auf die Frage nach dem Wohin und Woher.
Die Entscheidung, Benediktinischer Ordensmann zu werden, führte ihn in die Klöster Maria Laach und Beuron. Der gleichmäßig pulsende Klang von Gebet und Arbeit hat viele Aussagen geprägt, die er in einer späteren Zeit als evangelischer Theologe macht. So, wie die Folgende, in der sich wohl ein Lebensabschnitt im Raum der festen Zeit des regelmäßigen Tagzeitengebetes spiegelt: »Die unaufgeregte Geläufigkeit hilft der Konzentration. Wiederholung, Bekanntheit der Form und Formel … sind spirituelle Elemente, und sie gehören zu jeder Gestaltung der Frömmigkeit … Es gibt keine Spontaneität ohne Form. Die Form verhindert Spontaneität nicht, sie ermöglicht sie.«[478]
1969 verließ er mit 33 Jahren das Kloster und konvertierte zum evangelischen Glauben. Bald erfolgte die Heirat mit der protestantischen Theologin Dorothee Sölle. Gemeinsam verantworteten sie (bis 1971) das »Politische Nachtgebet«[479] und erarbeiteten gemeinsame Veröffentlichungen[480].

477 Vgl. Fulbert Steffensky, Spiritualität und Soziales Handeln. Geschichten zur Vergegenwärtigung der Erinnerung, in: Spiritualität und Diakonie. Anstöße zur Erneuerung christlicher Kernkompetenz, Hrsg. Beate Hofmann, Michael Schibilsky, in: Diakoniewissenschaft / Grundlagen und Handlungsperspektiven, hrsg. v. Jürgen Gohde und Michael Schibilsky, Bd. 3, Stuttgart 2001, S. 87: »Ich glaube, dass man nicht auf Dauer in unbezeichneten Welten leben kann. Der alte Volkskatholizismus war deshalb so stark, weil er in den Herzen verwurzelt war mit den Gesten, Formen, Ritualen, Rhythmen, Zeitgliederungen, die die wichtigen Dinge im Leben hatten: die Aussaat, die Ernte, die Gesundheit des Menschen, die Krankheit, der Tod, Abschied, Ankunft, Geburt und so weiter. Alles geschah in bezeichneten Welten. Das sind nicht nur Äußerlichkeiten. Der Geist braucht liturgische Landschaften. Solche gestalteten Landschaften sind Lebenswelten, die durch Gedenkzeiten bestimmt sind, durch Orte, durch Rituale, Begehungen, vor allem aber durch diese Sprache, die wir geerbt haben.«

478 Fulbert Steffensky, Was ist liturgische Authentizität?, in: PTh 89, 2000, S. 109.

479 Fulbert Steffensky und Dorothe Sölle, Politisches Nachtgebet, Köln 1969.

480 Fulbert Steffensky, Dorothee Sölle, Nicht nur Ja und Amen. Von Christen im Widerstand, Hamburg 1983.

Da seine Vita eine Symbiose zweier, differenziert wahrgenommener, Konfessionen darstellt, bezeichnet sich Fulbert Steffensky als evangelischen Katholiken. Er formuliert diesen Gedanken in der Beobachtung aus, dass Martin Luther stets katholisch gewesen sei, jedoch nicht römisch. Sein Plädoyer für ein (seinerseits so verstandenes) vertieftes Verständnis von Frömmigkeit richtet sich an alle, die nach konfessionsübergreifenden Formen von Spiritualität suchen.
Seine Grundgedanken finden sich in folgenden drei Hauptwerken ausgesagt:

- »Feier des Lebens. Spiritualität im Alltag.«[481]
- »Wo der Glaube wohnen kann.«[482]
- »Das Haus, das die Träume verwaltet.«[483]

Sie entstanden während seiner Tätigkeit als Professor für Religionspädagogik am Fachbereich Erziehungswissenschaften der Universität Hamburg.
Als eine seiner theologischen Kernaussagen sind folgende Sätze anzusehen: »Die Innerlichkeit ist außen! Meinen Mut, meine Hoffnung und meine Lebensvision habe ich nicht nur verschwiegen in mir selbst. Ich habe sie nicht nur in Überzeugungen. Ich habe sie auch, indem ich sie mir begegnen lasse in Gestaltungen von außen; in Gesten, in Bezeichnungen, in Übungen. Die Innerlichkeit ist außen! Spiritualität ist nicht die umweglose und faule Unmittelbarkeit zu Gott. Sie ist die Feier und ständige Einübung der Aufmerksamkeit Gottes für seine Welt. Spiritualität ist Gedächtnis des Leidens und Gedächtnis der Versprechen, die den Leidenden gemacht sind. Und so lenkt sie uns nicht von der Welt ab, sondern führt uns zu ihr hin. Denn Gott ist nicht abgelenkt von seiner Welt, sondern führt uns zu ihr hin. Dem Gott in diese Versunkenheit zu folgen, das wäre das Herz der Frömmigkeit«.[484]
In einer Zeit geistlichen Substanzverlustes und der unbezeichneten Landschaft religiösen und säkularen Lebens sucht Steffensky nach vermittelbaren und bergenden Normen geistlicher Gestaltung. In diesem Rahmen führt er die Begriffe »Form« und »langfristige Gestalt«[485] in

– Fulbert Steffensky, Dorothee Sölle, Kuno Füssel, Die Sowohl-als-auch-Falle. Eine theologische Kritik des Postmodernismus, Luzern 1993.

481 Fulbert Steffensky, Feier des Lebens. Spiritualität im Alltag, Stuttgart 1984.

482 Fulbert Steffensky, Wo der Glaube wohnen kann, Mainz 1994.

483 Fulbert Steffensky, Das Haus, das die Träume verwaltet, Würzburg 1998.

484 Fulbert Steffensky, Wo der Glaube wohnen kann, a.a.O., S. 51.

485 Fulbert Steffensky, Das Haus, das die Träume verwaltet, Würzburg 1998, S. 95: »Der Mensch lebt sich nicht nur von innen nach außen, sondern von außen nach innen … Der innere Lebensglaube lebt vom Rhythmus, Regel und Lebensfigur gewordenen äußeren Glauben. *Formen*, Figuren sind nicht nur sein äußeres und entbehrliches Gewand; sie sind die Aufführung und das Spiel der Innerlichkeit … (S. 96) … Diese Figur baut den Menschen von außen nach innen. Er findet sich bezeichnet und gegliedert, und das äußere Ritual wird zu einer inneren Ordnung, er fühlt sich nicht mehr als ein Mensch in ungegliederter Zeitlosigkeit … Zeit und Ort werden wieder erfahrbar durch ihre Gliederungen … Die abgegrenzte Zeit oder der

seiner spezifischen Verwendung ein, um Bewährtes durch die Gegenwart hindurch zu bewahren. Die Treue seiner Übung lässt den Menschen wachsen. Von außen nach innen.
Der große Akzent liegt auf Einübung[486] des bekannten Glaubens. Demzufolge ist Steffenbsky's Werk in den 80er und 90er Jahren von der Bemühung durchdrungen, Mut zu kleinen, aber konkreten geistlichen Schritten zu machen. In der Festigung und Bewahrung des Anfangs soll der Grund für die Vollendung gelegt werden.
Seine Lust an begrifflicher Neuschöpfung und Poesie teilt sich dem Leser mit. Neuschaffende Diktion (re-kreatorisch) und die aktuelle Deutung von Tradition (Aktualisierung) sprechen ein weites Publikum an, auch im nichtkirchlichen Bereich.
Steffensky's Aussagen eignen sich, das Thema »Spiritualität im Alltag«[487] zu der Thematik *Spiritualität im diakonischen Alltag* zu erweitern. Denn hier wie dort geht es darum, das Geglaubte und Erkannte in der konkreten Lebenssituation zu gestalten.

2. *»Was ist liturgische Authentizität?«*

In seinem Aufsatz »Was ist liturgische Authentizität«[488] empfiehlt Steffensky dem an Bewusstheit und Rationalität orientierten Protestanten, sich (nicht unter Aufgabe der beiden genannten Größen) in die Welt des

abgegrenzte Ort rufen eine besondere Erwartung hervor … (S. 100) … Ich stelle mir einen Menschen vor, der seinem Leben eine methodisch-spirituelle Gestalt gegeben hat … Er vollzieht ein Ritual, weil es Zeit dazu ist, nicht weil ihm danach zumute ist. Er entfernt sich also von sich selbst und begibt sich in strenge Regeln. Es geht ihm also nicht um die kurzfristige Echtheit des Augenblicks und der erfüllten Stunde. Der Mensch baut sich in der Treue seiner Übung von außen nach innen. Er gibt seinen Lebensabsichten eine *langfristige Gestalt*. Dieser Mensch bildet sich in der Regelmäßigkeit und in der Wiederholung seines Rituals.«

486 Fulbert Steffensky, Was ist liturgische Authentizität?, in: PTh 89, 2000, S. 115: »Entschließe dich zu einem bescheidenen Vorhaben auf dem Weg zur religiösen Aufmerksamkeit (so übersetze ich am liebsten das Wort Spiritualität) … Wenn wir dies nicht könnten, so liegt es nicht an der Hektik und Überlastetheit unseres Berufes, sondern daran, dass wir falsch leben.«

487 Vgl. seine gleichlautende Veröffentlichung, a.a.O.

488 Fulbert Steffensky, Was ist liturgische Authentizität?, a.a.O., S. 110: »Die Zeichen und Formen sprechen uns an, sie sind deutlich, aber sie sprechen eine andere Sprache als die argumentativ-explizierende … Ich glaube, dass hier die Stärke und Schwäche des Protestantismus liegt. Seine Stärke: er schätzt Bewussheit, Klarheit, Sagbarkeit, Rationalität gegen alles Dunkelmännerhafte und Ungefähre. Seine Schwäche: Er glaubt, dass allein die Bewussheit das Leben rettet. Ein Pfarrer aus der Arbeit mit Behinderten hat mir geschrieben: ›Es ist Eltern behinderter Kinder nicht möglich, kirchliche Mitarbeiter zu finden, die bereit sind, ihre Kinder zu konfirmieren! Es fehlt ihnen die Bewussheit. Das ist ein deutliches Beispiel dafür, wie Bewusstheit, argumentative Sprache und Rationalität selber zum Aberglauben werden können.«

Zeichens, des Symbols und der Form hineinzugeben: Sie werden als »spirituelle Elemente«[489] wahrgenommen und verhelfen dem Betenden zur »unaufgeregten Geläufigkeit«[490] geistlicher Konzentration.
Was das konkrete Vorhaben angeht, empfiehlt Fulbert Steffensky:

- sich zu einem zwar bescheidenen, dafür aber umso beständiger durchgehaltenen Vorhaben zu entschließen. Einem Vorhaben auf dem Weg zur *religiösen Aufmerksamkeit* (wie er selbst das Wort Spiritualität übersetzt)
- seinem Vorhaben eine *feste Zeit* zu geben. In Bezug auf die Gestimmtheit gibt es Zeit und Unzeit, von denen man sich nicht abhängig machen darf
- seinem Vorhaben einen *festen Ort* zu geben
- Strenge mit sich selbst zu üben. Er legt dringend nahe, sich nicht an eigener Befindlichkeit und Gestimmtheit zu orientieren, sondern seinem Glauben anhand der drei Kategorien von *Methode*, *Zeit* und *Ort*[491] Gestalt zu geben. Für das betende Herz, um das es geht, stellt sich eine kathartische Wirkung ein
- nicht damit zu rechnen, dass das Vorhaben ein Seelenbad sei, sondern Arbeit, »›labor‹, manchmal schön und erfüllend, oft langweilig und trocken. Das Gefühl innerer Erfülltheit rechtfertigt die Sache nicht, das Gefühl innerer Leere verurteilt sie nicht.«[492]
  Die Ein-Übung und Exerzitie, die hier in ihrer unbeirrten Beibehaltung nahe gelegt werden, haben nichts mit dem Gedanken gemein, damit ein religiöses Werk zu erbringen[493]. Auch soll nicht auf einem mechanistischen Wege zur Theosis gelangt werden. Ratschlag und entsprechende die Bemühung geschehen im Kontext der Gabe der Stabilitas
- nicht auf »Erfüllung«[494] aus zu sein, sondern schon für die geglückte Halbheit dankbar zu werden. Denn es gibt Ganzheitszwänge, die jede Handlung der Praxis Pietatis bereits im Vorfeld lähmen
- Beten und Meditieren nicht als Nachdenken aufzufassen. Denn es geht bei allem Vorhaben zuallererst um »Stellen hoher Passivität«[495]. Indem man in Gelassenheit und Vernehmen der Texte, Liedverse und

489 Ebd., S. 109.
490 Ebd., S. 115.
491 Ebd., S. 115: »Die Beachtung von *Zeiten, Orten* und Methoden reinigt unser Herz.«
492 Ebd., S. 115: Vgl. die Gegenüberstellung von Opus Dei – Labor Manuum in der Regula Benedicti. Dabei wird Labor als mühevolles Tun aufgefasst. Steffensky verwendet hier, allerdings im verfremdeten Gebrauch, einen Begriff, der implizit Bezug auf die Regula nimmt (vgl. die folgenden Kapitel *Ort* und *Zeit* der vorliegenden Dissertation, die die Bezugnahme belegen und erläutern).
493 U.U. wird von daher die Verwendung des Begriffes Opus vermieden.
494 Ebd., S. 115.
495 Ebd., S. 115.

Gebete zum »Gastgeber der Bilder«[496] wird, gerät man inmitten der Vita activa auf den geistlichen Weg der Vita contemplativa.
Anhand der ernst genommenen Rahmenbedingungen von fester Zeit und festem Ort gerät man in einen *pathischen Raum*, der einen Menschen, seine Arbeit, die Niederlage, die Umkehr und Frucht in Gott verbergen kann.[497] Es ist die Geborgenheit[498], die gestaltende und fruchtbare Stärke verleiht.
Frei von der »ungestörten Heutigkeit des Subjektes«, dem »neuen Feind der Erinnerung«[499] kann der Beter in seinem Inneren die Texte und liturgischen Gestaltungsformen beherbergen (Gastgeber der Bilder), die denen vor ihm und denen nach ihm Kraft zukommen ließen und lassen werden

- darauf zu vertrauen, dass wir im Regelmaß unserer Praxis Pietatis auf die überwindende und vollendende Kraft des Heiligen Geistes vertrauen können. »Birg deinen Versuch in dem Satz von Röm. 8: ›Der Geist hilft unserer Schwachheit auf. Denn wir wissen nicht, wie wir beten sollen, wie sich's gebührt. Sondern der Geist tritt für uns ein mit unaussprechlichem Seufzen‹. Wir bezeugen uns nicht selber, der

496 Ebd., S. 115.

497 Fulbert Steffensky, Segnen. Die Fähigkeit, zu geben, was ›man nicht hat‹, in: PBl 140 / II, 42, Stuttgart, S. 42: »Der Segen ist der Ort höchster Passivität. Es ist der Ort, an dem wir werden, weil wir angesehen werden … Die Schönheit, die Kraft, die Lebensstärke und die Ganzheit garantieren nicht wir uns selbst. Wir haben sie im Blick, der auf uns ruht … Man möchte sich fallen lassen in die Bilder. Man möchte sich einschmiegen in die wiegende Bewegung der Formel. Ich möchte also nicht gespannt und aufmerksam sein … Ich brauche eine Geste und ein Wort, das ich kenne, das sich schon oft wiederholt hat und das mir nicht die Mühe der Bewusstheit abverlangt. Ich brauche einen *pathischen Raum*, einen Raum also, in dem ich empfangen, annehmen und versinken kann.«

498 Vgl. dazu Fulbert Steffensky, in: Diakonie. Theorie-Erfahrungen-Impulse. Zeitschrift des Diakonischen Werkes der Evangelischen Kirche in Deutschland und des Evangelischen Verbandes für Diakonie, 23. Jg. 1997, Stuttgart 1997, S. 233: »Keiner ist seither verschont geblieben von den Niederlagen, von der Krankheit, von der Schuld und vom Tod. Aber gegen alle Niederlagen gibt es eine hilflose, eine schwache, eine unbewiesene Geschichte von der neuen Schöpfung, vom neuen, guten Anfang allen Lebens. ›Wo war ich, als ich noch nicht geboren war?‹ hat unsere Enkeltochter gefragt. ›Ich war in Gott versteckt‹ hat sie sich selbst geantwortet. Wir waren alle schon einmal gemeint in jenem großen ersten Anfang und in jenem großen zweiten, den wir die Auferstehung Jesu Christi nennen.«

499 Vgl. Paul Konrad Kurz zu Steffensky: Das Haus, das die Träume verwaltet (a.a.O.), in: Zeitwende/Wissenschaft, Kultur, Kirche, hsg. v. Gerhard Ruhbach, Manfred Seitz u.a., Jg. 1999, Karlsruhe 1999, S. 61: »Der überlieferte, gemeinschaftliche, auch rituelle Glaube kam früher dem einzelnen zuvor, nahm ihn auf in eine gemeinsame Verbindlichkeit der Lebensdeutung und Erfahrung. Der *neue Feind der Erinnerung* könnte die *ungestörte Heutigkeit* der Subjekte werden; der traditionsfreie Mensch, der sich selber Horizont und Norm ist.«

Geist gibt Zeugnis unserem Geist! Wir sind besetzt von einer Stimme, die mehr Sprache hat, als wir selber.«[500]

3. Die Gabe der Stabilitas – liturgisches Leben und diakonischer Lebensraum

Diakonische Verantwortung schützt und inspiriert anvertrautes Leben in Berechenbarkeit und Konsequenz. Die lebendigmachende, liturgische Wiederkehr, die den Raum schafft, von außen nach innen zu wachsen, gibt diakonischer Praxis Kraft und Phantasie, zu überdauern.

Kernmitglied und Assistent: beide fühlen sich beheimatet in der anagnostischen Landschaft[501] einer beherzigten Liturgie, die das aufgetragene Anliegen langfristig zu begleiten und zu erinnern imstande ist. Diakonische Liturgie, die sagt, betet und singt, was sie in ihrem Dienst bezeugen will, verleiht ihrem Glauben dauerhafte Gestalt.

Elemente der Zufälligkeit und der mangelnden Bereitschaft zur Festlegung verunsichern den Menschen mit einer Behinderung, der seine Schwäche nur in dem Maße bejaht, in dem er vertraut.

Die wiederkehrenden Elemente einer in *Ort* und *Zeit* festgemachten Liturgie vermitteln ein Gefühl der Geborgenheit. Sie schaffen ein gedeutetes Woher und Wohin, das Generationen[502] der gemeindlichen und diakonischen Lebenswelten überschreitet und zusammenfasst.

Steffensky erkennt einen Grundmangel unserer betriebsamen und getriebenen Zeit darin, dass wir die »Tugend der Passivität«[503] verlernt haben. Damit ist nicht an das bloße Nichts-Tun gedacht, sondern an die kontemplative Begabung, in der geschenkten Distanz geborgener Betrachtung zur fruchtbaren Kreativität der Re-Creatio (mit der der Schöpfer das Geschöpf befähigt und betraut hat) bereit zu werden. »Eine Aktivität, die die Passivität nicht kennt, wird bedenkenlos, ziellos, erbarmungslos.«[504] Und hier liegt eines der Haupthindernisse für die Ent-

500 Fulbert Steffensky, Was ist liturgische Authentizität?, a.a.O., S. 116.

501 Vgl. Fulbert Steffensky, Spiritualität und soziales Handeln, a.a.O., S. 87: »Der Geist braucht liturgische Landschaften. Solche gestalteten Landschaften sind Lebenswelten, die durch Gedenkzeiten bestimmt sind, durch Orte, durch Rituale … Was nicht in Spiel, Sprache in Gestalt gebracht wird, wird auf Dauer schattenhaft bleiben.«

502 Vgl. Fulbert Steffensky, Das Haus, das die Träume verwaltet, Würzburg 1998, S. 11: »Die Gebete der Kirche, ihre Lieder und ihre Gesten sind immer besser, als sie sind, weil die Toten, die sie vor uns gesprochen und ihren Glauben darin ausgedrückt haben, sie gewaschen haben mit ihren Tränen und Hoffnungen. Ein Psalm ist ein abgegriffener Stein, der durch viele Hände gegangen und schön geworden ist durch die Wärme der Geschwister.«

503 Fulbert Steffensky, Spiritualität und soziales Handeln, a.a.O., S. 84: »Wir haben die *Tugenden der Passivität* verlernt. In unserem Sprachgebrauch ist Aktivität gut und Passivität eher problematisch.«

504 Ebd., S. 84.

wicklung christlicher Spiritualität unserer Kultur. Denn in ihr sind die macherischen Fähigkeiten[505] ins Unermessliche gewachsen sind und die pathischen Begabungen des Menschen verkümmert.
Was den Lebens- und Handlungsraum der Diakonie betrifft, ist es von Belang, den spirituell-diakonischen Kernkompetenzen neuen Raum zu schaffen. Das ist nach Jahren professionaliserter, nach den Kriterien der Effizienz strukturierter Aktivität umso nötiger. Innerhalb einer an Produktivität und Ergebnissicherung orientierten Institution müssen die pathischen Begabungen von Stille-Sein, Raum-Geben, Atem-Holen und Hindurch-Schauen (vgl. di-orao der frühchristlichen Dioretiker) für den gegenwärtigen Lebenskontext neu buchstabiert werden.
Liturgische Alltags- und Festtagsbegehung in der diakonischen Hausgemeinschaft wird gestaltende Hinbewegung zur eschatologischen Vollendung. Sie sieht sich, entgegen allen Effizienzzwängen zur Endlichkeit befreit[506]. Sie ist Anlass und Ausdruck einer geistlichen Haltung, die nicht nach Lohn fragt – nach dem, was sich rechnet. Sie ist aus tiefster Ruhe heraus zutiefst wirksam und erwartet die Frucht aufgrund der Verheißung, nicht im Vertrauen auf die eigene Kompetenz.
Die Freiheit davon, in Planung, Durchführung und Kontrolle »selbst Gott spielen zu müssen«[507], befreit dazu, Gott in befähigender Erwartung zu loben. Und im befreienden Eingeständnis eigener Schwäche, Schuld und Fehlbarkeit für die Stärke, Gabe des Nächsten zu danken. Es entsteht die »Geschwisterlichkeit.«[508] Kann die Corporate Identity durchaus einen, im Vorfeld paralysierenden Systemzwang darstellen, findet man sich hier bereit, gestaltende Familia Dei zu werden.

3.1 Die Spiritualität im diakonischen Alltag

Für das diakonische Handeln ist (in Erweiterung von Steffensky's theologischen Erhebungen zur *Spiritualität im diakonischen Alltag*) axiomatisch zu formulieren, dass die konkrete Form die Langfristigkeit spiritueller Durchdringung und Gestaltung gewährleistet. Ihnen soll, nach der Herleitung aus den Erkenntnissen von Steffensky, ein gesondertes Kapitel dieser Dissertation gewidmet werden.

505 Wichtig ist die Unterscheidung zwischen kreativ-rekreativen und macherischen Fähigkeiten.
506 Fulbert Steffensky, Spiritualität und soziales Handeln, a.a.O., S. 84: »Sich ins unendliche Geheimnis sagen zu können, heißt auch, befreit sein zur Endlichkeit. Davon befreit sein, selbst Gott spielen zu müssen.«
507 Ebd.
508 Ebd., S. 84: »Nur Wesen, die sich ihrer Endlichkeit bewusst sind, können geschwisterliche Wesen sein, können geschwisterlich miteinander umgehen und können den Systemzwängen entsagen.«

Es geht darum, dem Wort Raum zu geben:

- an festem Ort[509];
- zu fester Zeit[510];
- unter steter Einladung an alle Mitglieder der Hausgemeinschaft.

3.1.1 Der Ort nach der Herleitung aus dem Werk Steffensky's

- Der feste Ort[511] des Gebetes im Gebäude-Ensemble einer diakonischen Einrichtung gibt dem Vorhaben des Gebetes langfristige, zeichenhafte und architektonische Gestalt. So entsteht eine, in Stein, Glas und Stoff manifeste Einladung zur Gebets-Arbeit. Diese darf sich nicht im momentanen Impuls und situativer Gestimmtheit verlieren.
- Manche diakonische Hausgemeinschaft lebt in einem historischen Gebäudeensemble. Dabei lässt[512] sich an die einstmals selbstverständliche Tradition des Tagzeiten/ Morgen/ Abendgebetes anknüpfen. In einer solchen Begehung stimmt man ein in den Psalm der vorangegangenen Geschwister. Sie bewirkt die Weiterführung und Fortentwicklung einer tragfähigen geistlichen Gestalt[513], die auch die beheimaten kann, die nach uns kommen werden.

509 Vgl. auch Michael Schibilsky, Spiritualität in der Diakonie. Annäherungen an den Alltag, in: Spiritualität und Diakonie, Hsg. Hofmann, Schibilsky u.a., a.a.O., S. 7: »Nach jahrelangen ökonomisch motivierten Diskussionen um die Unternehmenskultur diakonischer Einrichtungen werden nun Sinnfragen, weltanschauliche Grundlagen und sich wandelnde Frömmigkeitsformen zum Ausgangspunkt weiterer Überlegungen … Spiritualität schafft religiöse Beheimatung.«

510 Ebd., S. 24: »Zeitunterbrechung und ritualisierte Wiederholungen: Spiritualität im diakonischen Alltag hat es mit Zeitunterbrechungen und symbolischen Wiederholungen, mit Ritualisierungen zu tun. In biblischer Überlieferung wird die zeitunterbrechende Ruhe als Krönung des göttlichen Schöpfungswerkes verstanden und mit der Ordnung von Tagen und der Begründung des Ruhetages verknüpft. Diese zeitunterbrechende Ruhe ist eine dem Menschen Freiheit verleihende Kraft. Der siebte Tag, der Ruhetag, ist Ort der *Spiritualität* auch im *diakonischen Alltag.* Er ist die schöpferische Pause, die Begrenzung von beruflicher Anstrengung und Verpflichtung. Das dieser Zeitstruktur zugrundeliegende Wissen steht dem linearen Zeitverständnis industrieller und postmoderner Wirklichkeit diametral entgegen.«

511 Vgl. Fulbert Steffensky, Was ist liturgische Authentizität?, a.a.O., S. 115: »Gib deinem Vorhaben einen festen Ort! Orte sprechen, Orte bauen an unserer Innerlichkeit. Unseren Enkelkindern erzählen wir die Märchen auf der dritten Treppenstufe. Diese Stufe, häufig beachtet, öffnet den Geist der Kinder für phantastische Geschichten. Wir Protestanten setzen zwar lieber auf den Geist und auf die Wahrheit, in der wir anbeten, und neigen dazu, *Orte* und *Zeiten* – Äußerlichkeiten eben – zu missachten.«

512 Oft ist eine Hauskapelle vorhanden – oder ein architektonisch geeigneter Ort, der sich zum Raum der Stille umgestalten lässt.

513 Vgl. Fulbert Steffensky, Feier des Lebens. Spiritualität im Alltag, Stuttgart 1984, S. 39, Die konkrete geistliche Gestalt kann sich mitten im Alltag ansiedeln: »Aber wir müssen auch schweigen, hören, lesen, fasten, segnen, Blumen aufstellen,

- Die Fähigkeit, seinem Gebet einen heiligen, aus dem üblichen Lebenskontext ausgesonderten und bezeichneten Platz zu geben, bewirkt auch die Fähigkeit, anvertrautes Leben zu beheimaten. Wem Gastfreundschaft bei Gott gewährt ist, der kann wiederum Gastfreundschaft gewähren.

3.1.2 Die Zeit nach der Herleitung aus dem Werk Steffensky's

- Will man im diakonischen Kontext, im Regelmaß der Einübung, Tradition und Inspiration zugleich »Raum«[514] geben, sind die Kategorien von Zeit und Ort von zentraler Wichtigkeit. Fernab jeder Mechanistik betet man, weil es Zeit[515] dazu ist.
- Die feste, eingeübte liturgische Feier-Zeit mitten im betriebsamen Ablauf einer diakonischen Einrichtung gibt dem Vorhaben langfristige Gestalt. Für die *Effizienz-Diakonie* ist es lebenswichtig, die Wahrheit der kreativen Sonntag/Sabbathruhe[516] konzeptionell und spirituell aufzunehmen. Gebet und Arbeit gehen eine gewachsene – und wachsende – Symbiose ein. Beginnen die Mitglieder einer Haus-

beichten; in vielen Gesten uns selbst wiederholen. Wir müssen uns selbst erkennbar sein als Glaubende, sonst wird der Glaube kraftlos. Und das alles muss etwas Alltägliches sein, es kann nicht nur in herausgehobenen Festzeiten geschehen. Denn gerade der Alltag braucht seinen regelmäßigen Trost, seine regelmäßige Erbauung, seine regelmäßige Reinigung … Es geht um unsere tägliche Ernährung.«

514 Bernhard Wolf, Diakonische Identität und Spiritualität, in: Spiritualität und Diakonie, a.a.O., S. 71: »Zu solch herstellbaren Bedingungen gehören u.a. *Räume, Zeiträume*, Angebote liturgischer Formen und ein gewisses Maß an Selbstdisziplin … Gelebter Glaube braucht *Formen* … Diakonische Identität und Spiritualität – wir bleiben Lernende.«

515 Bezugnehmend auf die eigene Kindheit und Jugend formuliert Steffensky in: Das Haus, das die Träume verwaltet, a.a.O., S. 101: »Man lebte in einer Welt gegliederter Zeiten … Es gab also *hervorgehobene Zeiten*. Zeiten waren unterscheidbar und hatten ihre Rhythmen. Die Beachtung der Zeit macht uns kenntlich. Man wird sich selbst deutlich durch Markierungen und Ordnungen. Dazu gehört die Markierung in der Zeit und mit der Zeit. In allen spirituellen Entwürfen hat man sich der Zeit und ihrem Wechsel angefügt. Man hat den Morgen und den Abend beachtet, man hat den Rhythmus der Wochen, Monate und Jahre beachtet. Menschen haben sich in der Einhaltung von Zeiten kenntlich gemacht. Der Rhythmus heilt, weil er vergewissert.«

516 Fulbert Steffensky, Das Haus, das die Träume verwaltet‹, a.a.O., S. 102 – in Bezug auf die Sonntags/Sabbathruhe wird ausgesagt: »Eine störrische Größe hatte jene alte Zeit, in der Sabbath oder Sonntag beachtet wurden. Die Menschen entzogen sich trotz der Armut und der Kargheit jener Zeit dem Diktat des Funktionierens. Die Zeit, die Kräfte der Menschen und Tiere lagen brach, sie brachten keinen Profit, sie wurden nicht genutzt. Menschen sagten sich einen ganzen Tag lang, wer sie sind, indem sie sich dem Profit und dem Funktionieren entzogen. Für einen Tag verweigerten sie sich dem Reich der Zwänge … (S. 102) … Der Sonntag ist eine Einrichtung, die die Maschinenhaftigkeit des Daseins stört.«

gemeinschaft zu beten, weil es Zeit dazu ist, wird es nicht lange dauern, bis die inwendige Gestalt ihr äußeres Gesicht zeigt.

- Kleine, konsequente Schritte[517] stehen am Anfang jeder umfassenden Gestaltung. Wir werden erinnert an den Rat Dietrich Bonhoeffers, dass das Halten der Ordnung letztendlich uns selbst halten wird.
- Zu einem fruchtbaren geistlichen Leben braucht es neben dem heiligen Ort die heilige Zeit. Sie sind zeichenhaft und notwendigerweise ausgesondert, um Vorläufigkeit und Letztendlichkeit in einem Verhältnis auszusagen, der sich auch die effizienteste diakonische Bemühung unterordnen muss, um ihrer Wurzel nicht verlustig zu gehen.

4. Conclusio

- Diakonische Kernkompetenz ist es, in spirituellen Exerzitien/Ein-Übungen zu Formen zu gelangen, in denen der Mensch sich von außen nach innen leben kann. Diakonische Kernkompetenz ist es auch, verloren gegangene Geborgenheit[518] wiederzugewinnen. Ein strukturierter Tag, eine gemeinsam zu begehende Zeit verliert die beängstigende Entgrenzung. Sie verwandeln die Terra incognita des Kommenden in gegliederte, erträgliche und schließlich lebensvolle Zeit.
- *Fester Ort* und *feste Zeit*[519] bauen in der diakonischen Lebenswelt den Raum, im welchem geistliches Leben wachsen und Gestalt finden kann. Willkür, Einmaligkeit und augenblicklicher Gestimmtheit

517 Vgl. Fulbert Steffensky, Was ist liturgische Authentizität?, a.a.O., S. 115.

518 Vgl. Beate Hofmann, Leben gestalten, in: Spiritualität und Diakonie, a.a.O., S. 103: »Solche Alltagsrituale ermöglichen die Sammlung von Gedanken und Energien ... das Abendgebet bringt mich in Verbindung mit Gott und mir selbst. So vermitteln Rituale *Geborgenheit*, sie geben Kraft und Orientierung. Alltagsrituale gestalten daher den individuellen Pulsschlag der inneren Uhr eines jeden Menschen ... Auch in der Behindertenhilfe, wo das Elementarisieren in Vollzügen und Gedanken besonders gefordert ist, ist die Bedeutung von Ritualen gut zu beobachten. Durch die bewusste, liebevolle, regelmäßige und dadurch wiedererkennbare Gestaltung (vgl. *anagnostische Landschaft* der Liturgie bei Fulbert Steffensky, Anm. d. Vfs.), z.B. von Sonntagen ... ist dort die Bedeutung solcher Übergänge auch für geistig behinderte Bewohner/innen erfassbar und spürbar.«

519 Vgl. dazu Cornelia Coenen-Marx, Dem Geist Gottes Raum geben. Spiritualität als diakonische praxis pietatis, in: Diakonie und Spiritualität, a.a.O., S. 49: »Religion ist der Weg zu einem erfüllten, sinnvollen, gesteigerten Leben. Dabei bedient sich die Therapieszene der Faszination *heiliger Zeiten* und *heiliger Orte* ... Gemeinsame Zeiten und auch oft Räume für das Gebet fehlen ... Während die Werbung sakrale Orte inszeniert, haben wir das Gefühl für die Würde unserer Lebensräume fast verloren. Was es bedeutet, wenn bei uns die Glocken läuten, welchen Klang die Farben des Kirchenjahres haben, wie man einen Altar mit Blumen schmückt, wie man Kerzen anzündet, all das muss gelernt und weitergegeben werden ... Die Einrichtung und *Gestaltung unserer Räume*, die Einübung dieser elementaren Gesten haben etwas mit der *Würde diakonischer Arbeit* zu tun.«

kann dieses nicht gelingen, denn das Regelmaß ist, im Licht der – Geborgenheit schenkenden – Stabilität (Gabe der Stabilitas), wichtiger als der geglückte Augenblick. Das ist Arbeit, doch sie trägt Frucht. Gestimmtheit und Emotion werden sich nur dann und wann zurzeit, am Ort, einfinden. Doch im Festhalten an der, im betenden Miteinander vereinbarten und gewachsenen, Regula entsteht der tragende Pulsschlag geistlichen Lebens. Das Regel-Maß bildet es, im Geist, heran.

- Die anagnostische Landschaft wiederholender, bergender und heilender Liturgie bereitet dem Creator Spiritus den Raum, in uns und durch uns das Leben vor Gott zu gestalten.

D) Der Glaube sucht seine Gestalt – Verortung und Begehung

XIII. Vom Begehen des Ortes

Ausgesonderte und regelmäßige Begehung von Ort und Zeit bauen in einem diakonischen Lebensgefüge den Raum, in welchem geistliches Leben wachsen und Gestalt finden kann. Das ist mit Hilfe der oben genannten Erkenntnisse von Fulbert Steffensky belegt worden. An dieser Stelle halte ich es nun für notwendig, beide Kategorien nacheinander eingehend zu untersuchen. In dem Zusammenhang ist es sinnvoll, sie als *spirituelle Kernkategorien* zu bezeichnen. In ihnen sind die beiden Fundamental-/Ecksteine der paradigmatischen spirituellen Architektur eines diakonischen Gefüges gegeben. Um sie her können sich dann die drei Gaben[520], und viele andere mehr, legen. Es gilt, sie zu entdecken.

1. Biblisch-theologische Erhebungen zur Kategorie Ort

1) Der schlechthinnige, be-zeichnete und geheiligte Ort (hebr.: maqom) begegnet uns im Alten Testament im Tempel[521] Salomos. Hier findet sich das Urbild aller Be-Zeichnung und Aussonderung/Heiligung, ohne die auch ein evangelisches Verständnis der Orts-Begehung ihren biblischen Ursprung verloren hätte.

2) Jesus hält, trotz aller Kultkritik, den Jerusalemer Tempel[522] als Ort des Gebetes zum Vater heilig und scheint so dem menschlichen Bedürfnis nach ausgesondertem und geheiligtem Raum Rechnung zu tragen. Dennoch sagt er (vgl. Joh. 4,22 u. 23) zu der samaritischen Frau: »Aber es kommt die Zeit und ist schon jetzt, dass die wahrhaften Anbeter werden den Vater anbeten im Geist und in der Wahrheit;

520 Gabe der Behinderung, Gabe des Segens, Gabe der Stabilitas.

521 Encyclopédie des Religions, Hg. Fréderic Lenoir, Ysé Tardan – Masquelier, Paris 1997, Bd. I: Le Judaisme, S. 273: »Le temple, encore appelé le Beit hamiqdach, est le seul endroit ou l'on puisse accomplir les sacrifices.« (ÜS: Der Tempel, auch Beit hamiqdach genannt, ist der einzige Ort, an dem man das (rechte) Opfer darbringen darf).

522 Vgl. Lexikon für Theologie und Kirche, 8. Bd., Art.: Raum- liturgisch, Teil III v. Albert Gerhards u. Andreas Odenthal, Freiburg 1991.

denn der Vater will haben, die ihn also anbeten«[523] Dass der Topos der Anbetung keine geographische Verortung hat, verlagert das heilige Geschehen nicht nach Utopia, sondern dorthin, wo man im Geiste Christi Reich Gottes, die Liebe, lebt.[524]

3) Immer wieder ist im Alten und Neuen Testament vom *Wohnen Gottes* am bezeichneten Ort die Rede. Was den Wohn-Ort Gottes inmitten seines Volkes betrifft, stellt Susanne Owzarek in ihrer Dissertation[525] dar, wie die Rede von seinem Wohnort unter seinem Volk (Ex 29,45) aufgegriffen und auf das Neue Jerusalem übertragen wird (Offb. 2, 13). Die direkte und unvorstellbare Gegenwart Gottes prägt das Verständnis von Kirche als der Beheimatung des Christen bei Gott in Wort und Sakrament – ein von daher bezeichneter Ort. Die Kirche ist der Ort, an dem die Gegenwart des lebendigen Gottes erfahrbar und die Gemeinschaft mit ihm in Wort und Sakrament spürbar wird.
Nach der neutestamentlichen, eschatologischen Existenz des Christen »anothen« gibt es keinen irdischen Ort mehr, der in Bezug auf Heiligkeit als bevorzugt oder benachteiligt gelten könnte. Abgesehen von

523 Vgl. dazu George R. Beasley-Murray, John, in: Word Biblical Commentary, Hsg. David Hubbard u. Glenn Barker, Bd. 36, Waco, Texas / USA 1987, S. 61: »Jesus champions neither Jerusalem nor Garizim, for the hour is coming in the eschatological hour, initiating the new age of the kingdom of God – when worship of the father will be tied to no place … (S. 65) … ›The hour is coming and now is‹ is first used in relation to the worship of the father in spirit and in truth. It is possible only by reason of this action of the Christ who brings the new age, wherein the temple of Jerusalem becomes as irrelevant as the sacred site of Gerizim.« (ÜS: Jesus bevorzugt weder Jerusalem noch den Berg Garizim, denn die Stunde ist im Kommen, die eschatologische Stunde, die das neue Zeitalter des Gottesreiches mit sich bringt – in welcher die Verehrung des Vaters an keinen Ort gebunden ist. ›Die Stunde ist gekommen und ist schon jetzt‹ wird in erster Linie in Verbindung mit der Anbetung des Vaters in Geist und Wahrheit ausgesagt. Dies ist nur auf der Grundlage des Handelns Christi möglich, das ja den neuen Äon herbeiführt, in der der Tempel von Jerusalem (kultisch, Anm. d. Vfs) so bedeutungslos wird wie der heilige Ort von Garizim).

524 Vgl. Chant de Taizé: »Ubi caritas et amor – ibi Deus est«.

525 Susanne Owzarek, Die Vorstellung vom Wohnen Gottes inmitten seines Volkes in der Priesterschrift: zur Heiligtumstheorie der priesterlichen Grundschrift, Frankfurt/M 1998. EHS, Reihe 23, Theologie, Bd. 625, zugl. Erlangen, Univ. Diss. 1996, S. 327: »Zum andern wird die Verheißung, die dem … Heiligtum gilt (Ex 29,45f) in der Johannesapokalypse aufgegriffen und auf das neue Jerusalem übertragen (Offb. 21,3). Bezeichnenderweise ist in diesem Zusammenhang nicht von einem neuen Tempel, sondern nur von dem neuen, vom Himmel herabkommenden Jerusalem die Rede (vgl. auch J. Roloff, Die Offenbarung des Johannes, ZBK NT 18, S. 199). Entscheidendes Wesensmerkmal der endzeitlichen Offenbarung der Gottesstadt ist Gottes direkte und unvorstellbare Gegenwart unter den Menschen … Die Kirche ist der Ort, an dem die Gegenwart des lebendigen Gottes erfahrbar und die Gemeinschaft mit ihm in Wort und Sakrament spürbar wird.«

der Gemeinde Jesu Christi, oder neben ihr, gibt es keine heilige Stätte in se.

4) Der Sakralraum (nach Mt. 18,20) ist Lebens- und Gebets-Ort der Gemeinde, die sich um Wort und Sakrament versammelt. Hier wird klar, dass es um keinen heiligen Raum an sich gehen kann, der um dieser seiner Qualität willen begangen wird. Der im Gottesdienst Angebetete heiligt und prägt ihn. Der Raum ist nicht auf Inhabitatio hin gestaltet, sondern soll der Gemeinde zur Invitatio Gottes werden.

1.1 Der Mensch sondert den Ort aus, um ihn zu begehen

- Der in Jesus Christus offenbare Gott hat sich nicht an Orte gebunden. In der Verehrung des Sakralortes lässt er sich nicht wahrnehmen. Dennoch ist die Begehung eines zu diesem Zweck ausgesonderten und gestalteten Ortes Hilfe zu einer geordneten, und darum heilsamen Praxis Pietatis. Die Gestaltung und Begehung des *äußeren Raumes* kann Impulse für die Gestaltung des *inneren Raumes* geben. Der Mensch lebt sich – mit Worten von Fulbert Steffensky – von außen nach innen. Indem wir an unserem Wohnort einen Raum zur sakralen Nutzung be-zeichnen, stellen wir den gesamten Lebensraum unter das Kreuz.
  Es hat sich als eine sinnvolle Ordnung erwiesen, dass der Gottesdienst an einen bestimmten Ort gebunden ist. Doch Gott hat sich an keinen bestimmten Ort gebunden. Es geht also um keine theologische, sondern um eine primär anthropologische Kategorie. Zum gestalteten Heilsweg des Anthropos gehört es, sich immer wieder aus Sünde und Welt in Gottes umfriedeten und freisetzenden Raum zu begeben. Für diesen Weg sind uns viele spirituelle Hilfestellungen und leibliche Nachvollzüge in die Hand gegeben. Schon die rein äußerliche Praxis des Kirchgangs kann die Gelegenheit bieten, einen leiblichen Weg geistlich zu begehen.
- Bei der neuen, *spirituellen* Suche[526] nach heiligen Orten handelt es sich eher um psychologische und phänomenologische als um theologische Kategorien. Abgesehen von der Gemeinde Jesu Christi gibt es keinen heiligen Ort an sich auf der Erde. Dennoch hat die Christenheit in Katakombe, Krypta, Kathedrale u.a. die Erfahrung gemacht, wie gut es ist, für den Gottesdienst und die persönliche Praxis Pietatis einen Ort zu bezeichnen, ihn architektonisch und künstlerisch zu gestalten. Architektur und Kunst einer Kirche halten ihre eigene Predigt. Das alles hat jedoch seine Mitte in Entstehung, Sammlung und Bewahrung der Gemeinde Jesu Christi. Nicht jedoch im (angenom-

526 Wie wir sie in manchen Strömungen der Esoterik (Neo-Druidentum, wiederentdeckte keltische, altsächsische und germanische Kultorte) beobachten können.

menen) innewohnenden Sakralcharakter, nicht in der fehlerfreien Invokation und auch nicht in der architektonisch und kultisch bewerkstelligten Inhabitation. Trennte man hier die Gestaltungsmaximen- und Erwartungen von der grundlegenden biblisch-geistlichen Einsicht, entstünde eine neue Gesetzlichkeit, die sich an Vorgaben bindet, welche sich aus dem Neuen Testament nicht herleiten lassen.
Das architektonische Ensemble, seine Aufeinander-Bezogenheit und seine Predigt in Symbolik und Raumstruktur kann aber sehr wohl das Sein und Tun der Gemeinde »von oben her« (anothen) repräsentieren[527].

- Christlicher Gottesdienst bildet einen geistlichen Raum.[528] Er ist der Ort, an dem die Gottesbeziehung des Einzelnen innerhalb der Lebensäußerung der Gemeinschaft ihre Erfüllung findet.
Versammeln sich Jünger/innen aller Zeiten in seinem Namen, geht es nicht um Ritual, Inhabitation oder Meditationstechnik. Es geht um die Gegenwart des Auferstandenen, der mitten unter den in seinem Namen Versammelten ist.

2. *Zum Stellenwert des sakralen Ortes bei Henri Nouwen*

- In den letzten 10 Jahren seines Lebens dachte Henri Nouwen, nach einem *Restless Seeking for God* (vgl. den engl. Titel seiner Biographie, s.o.), über Beheimatung, Lebens-Ort und Heimkehr nach. Diese Gedanken fanden ihren stärksten Ausdruck in seiner theologisch-kunsttheoretischen Veröffentlichung (1992) zur *Heimkehr des Verlorenen Sohnes* von Rembrandt van Rijn in der Petersburger Eremitage. 1996 starb Nouwen auf der Reise zum Bild[529] der Heimkehr – im niederländischen Hilversum. Er erlag dort einem Herzschlag und wurde auf dem Friedhof der Arche-Gemeinschaft von Toronto begraben.
- Ziel der Arche-Bewegung, der Nouwen während der letzten zehn Jahre seines Lebens angehörte, ist von Beginn an gewesen, Marginalisierten einen befreiten/befreienden und bergenden Raum zu schaffen. Auch der Sakral-Raum im Lebens-Raum (Foyer) muss von daher geprägt sein und der tiefen, lebendigen und herausfordernden Sehn-

527 Vgl. Otto Senn, Kirchenbau in der Gegenwart, in: Kirchen. Handbuch für den Kirchenbau. Hg. Willi Weyres, Otto Bartning, München 1959, S. 267.

528 Vgl. Praktisches Lexikon der Spiritualität, Hg. Christian Schütz, Art.: »Ort / Raum« v. Albert Gerhards, Freiburg 1988, S. 961.

529 Nouwen hatte vor, in St. Petersburg einen Film über das genannte Bild von Rembrandt zu drehen. Dies sollte in Zusammenarbeit mit einem russischen Filmteam geschehen. Das Resultat der Arbeit sollte in Russland, den Niederlanden und Kanada ausgestrahlt werden.

sucht des behinderten Menschen nach bergendem Raum entsprechen.[530]

Das, was dem Kern-Mitglied der Arche angeboten wird, nahm auch Nouwen als »Assistent«[531] gerne für sein inneres und äußeres Leben in Anspruch: Konstanz und Geborgenheit. Seine Sehnsucht, nach Hause zu kommen, hatte ihren Ort gefunden.

- Während seiner Jahre in der Arche-Gemeinschaft von Daybreak in Toronto feierte Nouwen täglich mit Assistenten und Kernmitgliedern in der Hauskapelle die Eucharistie. Dazu gibt es eine Fülle von Voten und persönlichen Erinnerungen. Sie stammen von Menschen, mit denen er gelebt hat und die ihn dort besuchten. Aus den Beobachtungen lässt sich folgern:
  1) Die Alltäglichkeit der Eucharistie soll in Fleisch und Blut übergehen. Die Regelmäßigkeit dieser Kerngestaltung des Glaubens kann den konzentrisch umgebenden Feier- und Alltag prägen. Dem *Kernmitglied* entspricht das *Kerngeschehen.* Die Kernmitgliedschaft ist vom geistlichen Kerngeschehen der täglichen Sakramentsfeier im Sakralraum her definiert. Wie ein Stein ins Wasser fällt die tägliche, leibhafte Begegnung mit der Gotteskraft in den Zeit- und Orts-Raum und zieht seine wirksamen Kreise. Zurzeit, am Ort soll manifest werden, was die Gemeinschaft im Kern zusammenhält.
  2) Altartisch und sonstiges Mobiliar bieten auch den Schwächsten einen Raum, an dem er sich wohlfühlen kann. Der Zelebrant agiert auf Augenhöhe mit denen, die sich aus eigener Kraft nicht aufrecht halten können.
  3) Der Raum stellt die Orts-Stabilitas der gottesdienstlichen Feier im diakonischen Lebensbereich dar. In ihm soll etwas von der Fähigkeit der Menschen mit einer Behinderung, Unmittelbarkeit zu leben, abgebildet werden. Gestühl und Trennwände sind architektonischer Selbstausdruck des sogenannten Gesunden, den der Lebens- und Glaubensausdruck des »Kernmitgliedes«[532] nicht kennt.[533]

530 Vgl. Jean Vanier, Heilende Gemeinschaft, Salzburg 1989. Er berichtet von den Anfängen der Arche-Bewegung, S. 8: »Als ich Raphael und Philippe aufnahm – und nach ihnen so viele andere, die von der Gesellschaft abgeschoben waren – ließ ich mich auf eine Welt ein, die mir bis dahin unbekannt war. Ich entdeckte ihren Schrei nach wahrer Beziehung.«

531 Erläuterung zum Begriff a.a.O.

532 Begriffserläuterung a.a.O.

533 Vgl. Jean Vanier, Heilende Gemeinschaft, a.a.O., S. 162: »Menschen mit einer geistigen Behinderung haben eine Fähigkeit zu feiern … aber dieses Phänomen findet man überall, wo Menschen mit einer geistigen Behinderung zusammenleben. Viele von ihnen haben keinerlei Hemmungen: sie tanzen, singen und spielen ein Instrument vor einem ganzen Auditorium … Sie spielen und lachen gern. Bei unseren Festen sind die Menschen mit einer geistigen Behinderung schnell bereit, zu

4) Was Nouwens Vostellungen vom Altartisch am heiligen Ort betrifft, erzählt uns ein Bericht des Zimmermanns Joe Child. Dieser hat in der Torontoer Arche-Gemeinschaft einen Abendmahlstisch für Henri Nouwen gebaut. In diesem Text werden die Kriterien beschrieben, die Nouwen für diesen Tisch (als Zentralort des Sakralraumes) im diakonischen Lebensbereich wichtig waren. Deutlich wird, in welch hohem Masse liturgisches Gerät und sein Verhältnis zum umgebenden Raum spirituelle Gegebenheit versinnbildlichen und verkörpern.[534]

2.1 Wie Nouwen's Lehre von der Seelsorge als Gastfreundschaft dem diakonischen Alltag Impulse geben kann

1) In seiner Veröffentlichung *Reaching Out*[535] legte Henri Nouwen die Punkte fest, an denen sich sein Begriff von *Seelsorge als Gastfreundschaft*[536] orientiert, d.h. welchen »Raum«[537] der Seelsorger seinem

singen, zu klatschen und zu tanzen, während die sogenannten vernünftigen Menschen verkrampft dasitzen: sie bringen kein Lächeln über die Lippen, manchmal kaum ein Lied.«

534 Vgl. Beth Porter, Befriending Life. Encounters with Henri Nouwen, darin: Joe Child, A Carpenter's Story, London 2001, S. 22: »... he said he needed a different type of table from the high, heavy table he had there. When the community gathered for mass, some people sat in chairs around the periphery of the room while others in the center were seated on the floor. If I could build a table that would come to about the height of his knees, then he could sit in his chair and everybody could see all the elements of mass. It would be much more intimate and inclusive. He also said, he wanted the table to be easy movable so he could set up the chapel for large or small groups.«
(US: Er sagte, dass er eine andere Art von Tisch benötige, der sich von dem hohen, schweren Tisch, den er dort schon hatte, unterscheidet. Wenn sich die Gemeinschaft zur Messe versammelte, saßen einige Menschen im Rollstuhl außen herum, während andere in der Mitte, oder auf dem Boden saßen. Würde ich einen Tisch bauen, der ihm bis zur Kniehöhe reicht, könne er in einem Stuhl sitzen und jeder könnte die Elemente der Messe sehen. Das schaffe eine viel größere Nähe, wäre viel integrativer. Henri sagte auch, er wünsche sich den Tisch leicht beweglich, damit er so die Kapelle kleinen oder größeren Gruppen entsprechend strukturieren kann).

535 Henri Nouwen, Reaching Out, New York 1975.

536 Der Ansatz von Nouwen ist bei Rolf Zerfaß eingegangen in die Lehre von der *Menschenfreundlichen Seelsorge*. Sie findet sich beschrieben in der Veröffentlichung (Freiburg 1985): Menschliche Seelsorge. Für eine Spiritualität von Priestern und Laien im Gemeindedienst. Hier hat Zerfaß die Erfahrung von *Gastfreundschaft* als ein Modell für den menschlichen, beherbergenden Aspekt von Seelsorge nahegelegt. Dem Gegenüber der Seelsorge wird Raum gegeben. Bedürfnisse werden wahrgenommen, ohne gleich zu vereinnahmen. Eine solcherart geprägte Seelsorge wagt Nähe, (S. 28) »weil sie die überraschende Erfahrung macht, dass uns bis heute im Fremden Gott begegnet.« Das erfordert ein hohes Maß an Präzision und Sensibilität. Dabei muss man sehr genau in der Wahrnehmung sein und einfühlsam in der Interpretation all dessen, was man sieht, hört und spürt. Der Seelsorger selbst muss

Gegenüber schaffen soll, damit es sich in Freiheit entfalten und gestalten kann:

2) Gastfreundschaft steht dafür, dass ein Freiraum vorhanden ist, den der Fremde betreten kann und in dem er sich im Laufe der Begegnung in einen Freund verwandeln kann.
3) Der Freiraum verhilft ihm dazu, sich selbst als Freund verstanden zu wissen und schließlich sich selbst zu verstehen.
4) Der Freiraum kennt nicht Parteiungen oder Trennungslinien, sondern jeder ist gemeint, jeder ist willkommen.
5) Im Freiraum wird niemand in eine Ecke oder Richtung gedrängt. Jeder Ort gehört jedem.
6) Der Freiraum schüchtert nicht ein, beengt nicht, sondern setzt frei.
7) Der Raum manipuliert nicht, sondern wird zum freisetzenden Paidagogos der Gottes- und Selbstbegegnung.

In den Schriften von Nouwen zur diakonischen Vita communis geht es stets um Anschaulichkeit, Konkretion, Anreiz und Umsetzbarkeit: jedem geistlichen Impuls ist eine konkrete Gestaltungsform zuzuordnen. So ist es m.E. legitim, einen Transfer von der »Seelsorge der Gastfreundschaft« zur entsprechenden Gestaltung des Sakralraumes im diakonischen Lebensbereich zu leisten. So wäre der Nouwen'schen Ansatz in konkrete (be)greifbare Gestalt gebracht.

Ich nehme die Nouwen'schen Gedanken auf, soweit sie mir im diakonischen Alltag umsetzbar erscheinen.

sich in der Wahrnehmung seiner Grenzen einüben und dem Anblick eigener Gebrochenheiten standhalten. Dann gerät er angesichts der Not des anderen nicht in Panik. (S. 104) »Wenn er die eigene Armut und Gebrochenheit nicht mehr fürchtet, wird er sich auch der fremden Verwirrung furchtlos zuwenden können, und so wird er mit seiner Person zu einem lebendigen Hoffnungszeichen.«

537 Ebd., S. 221ff: »Hospitality, therefore, means primarily the creation of a free space where the stranger can enter and become a friend instead of an enemy. Hospitality is not to change people but to offer them space where change can take place. It is not to bring men and women over to our side but to offer freedom not disturbed by dividing lines. It is not to lead our neighbor into a corner where there are no alternatives left but to open a wide spectrum of options for choice and commitment … It is not a method of making our God and our way into the criteria of happiness but the opening of an opportunity to others to find their God and their way.«
(ÜS: Von daher bedeutet Gastfreundschaft zuallererst die Schaffung eines Freiraumes, in welchen der Fremde eintreten kann und aus einem Feind zum Freund werden. In der Gastfreundschaft geht es nicht darum, Menschen zu verändern, sondern darum, ihnen den Raum zu eröffnen, in dem der Wandel sich vollziehen kann. Es geht nicht darum, Männer und Frauen auf unsere Seite herüberzuziehen, sondern ihnen eine Freiheit ohne Trennungslinien anzubieten. Auch kann es nicht darum gehen, unseren Nächsten in eine bestimmte Richtung zu drängen, wobei ihm gar keine anderen Möglichkeiten bleiben, sondern darum, ihm ein reiches Spektrum an Möglichkeiten von Auswahl und Verwirklichung zugänglich zu machen … Es geht nicht darum, unseren Gott und unsere Kriterien von Glück aufzuzwingen, aber darum, Gelegenheit zu geben, bei welcher andere ihren Gott und ihre Lebensmöglichkeit entdecken können).

Der Sakralraum ist integrativ zu konzipieren. Er beheimatet die Schwächsten. Das beinhaltet konkret:

1) Es soll keine Bänke als Trennungslinien zwischen Rollstuhlfahrern und Gehfähigen geben, nur leichtes, mobiles Gestühl (wie ja Nouwen selbst sogar einen mobilen Abendmahlstisch in Bestellung gab, s.o.).
2) Die Fenster sollen so beschaffen sein, dass aggressive, d.h. anfallauslösende Sonneneinstrahlung vermieden wird.
   Auf Orgelmusik, die ebenfalls anfallsauslösend sein kann, besonders im Zusammenspiel mit Sonnenlicht, ist zu verzichten.
3) Die liturgische Praxis im diakonischen Lebensbereich kann nicht anders, als auf die Begrenzungen ihrer Kernmitglieder Rücksicht zu nehmen, sie von daher zu gestalten. Sie wird mit Phantasie bemüht zu sein, aus Verlegenheiten Gelegenheiten zu machen. Der Verzicht auf die Orgel kann zu vielen ungeahnten Möglichkeiten der Instrumentalisierung und Musiziertechnik führen.
4) Der Fußboden soll weich und bergend sein, damit diejenigen, die nur sitzen oder liegen können, nicht benachteiligt oder gedemütigt werden.
5) Das liturgische Mobiliar ist so konzipiert, dass Liturg und Teilnehmer auf gleicher Augenhöhe miteinander agieren.
6) Bei der Abendmahlsfeier steht der Altar in der Mitte, damit alle Kernmitglieder in gleicher Weise auf Brot und Wein schauen können. Dabei ist folgende Anordnung möglich: Im äußeren Kreis sitzen Rollstuhlfahrer, andere sitzen oder liegen um den Tisch, die Assistenten setzen sich mit hinein.

Der Tisch reicht dem Liturgen bis zur Kniehöhe, damit er sitzen kann und sich nicht durch seine Möglichkeit des Stehens von denen, die nur liegen oder sitzen können, abhebt.

Die Kreis-Mitte-Struktur vermittelt das Bewusstsein von Gleichheit und Unmittelbarkeit.

3. Zum Heiligen Ort bei Manfred Josuttis

Ich ziehe zur Erörterung dieser Thematik die betreffenden Aussagen aus Josuttis Veröffentlichung »Der Weg in das Leben« und »Segenskräfte« heran und bringe sie in Zusammenhang mit meinem Thema.

In »Der Weg in das Leben«[538] ist Manfred Josuttis zu Beginn seiner »religionsphänomenologischen Phase«, bestrebt, den Gottesdienst auf verhaltenswissenschaftlich-phänomenologischer Grundlage zu verstehen. Dabei werden, in zunehmendem Maße, Kategorien allgemeiner

538 Manfred Josuttis, Der Weg in das Leben. Eine Einführung in den Gottesdienst, München 1991.

Religions- und Verhaltenswissenschaft herangezogen, um das christliche Spezifikum zu deuten[539]:

1) Zum Wesen des Kultes gehöre es, dass sich Menschen zu einer bestimmten Zeit in einen bestimmten Raum begeben.[540] Dabei gelte für den heiligen Ort in der Regel:
   a) Er sei Stätte einer Epiphanie, Audition oder Vision.
   b) Er sei als spirituelles Ballungszentrum (von welcher Genese her auch immer) per se hervorgehoben. Die Ortswahl des Kultus reagiere auf den innewohnenden Genius Loci.

2) Was die Binnenstruktur betrifft, folge das Heiligtum am heiligen Ort sehr oft dem in vielen Religionen nachweisbaren Modell der Dreiteilung, die sich nach
   - Eingangsbereich,
   - Aufenthaltsraum und
   - Sanctissimum

   aufgliedere.
   - Im Eingangsbereich werden Schwellenrituale vollzogen (z.B. Hut abnehmen, Kreuz schlagen etc.).
   - Der Aufenthaltsraum steht allen BesucherInnen des Heiligtums offen.
   - Das Sanctissimum darf nur von besonderen Personen oder Gruppen betreten werden.

3) Die Raumstruktur des Heiligen Ortes vermöge eine Syntopie zwischen Göttlichem und Menschlichem zu realisieren. Die Syntopie des Ortes entspreche der Synchronie in Bezug auf die ausgesonderte Zeit.

4) Im Zusammenhang mit der Atmosphären-These von Hermann Schmitz sagt Josuttis aus, dass *heilige Orte* von derart atmosphärischer Dichte sein können, dass nicht einmal der Ablauf einer kultischen Handlung notwendig sei, um in einen Zustand religiöser Ergrif-

539 Das führt zu Problemen. Es ist nicht legitim, die Dreiteilung des Salomonischen Tempels mit anderen, ebenfalls dreigeteilten, außerbiblischen Heiligtümern in eine Linie zu stellen. Die äußerlich konstatierbare Dreiheit kann hier und dort auf völlig unterschiedliche Weise zustande gekommen sein. Die Raumanalyse des Salomonischen Tempels muss vom biblischen Text her verstanden sein, nicht von allgemein-religionsphänomenologischer Beobachtung. Vordergründige Einordnungen verwischen da Proprium und die Einzigartigkeit des biblischen Bauwerks.

540 Josuttis, a.a.O., S 66: »Um Gottesdienst feiern zu können, begeben sich Menschen an einen bestimmten Ort. Zu den Verhaltensregeln des Kultes gehört, dass sie sinnvoller Weise nur an ausgegrenzten Stellen vollzogen werden … Für die Auswahl des Ortes, an dem die gesteigerte, die heilige Zeit begangen wird, wird man Ähnliches vermuten dürfen.«

fenheit zu geraten. Als Beispiel wird die gotische Kathedrale[541] genannt.
a) Sie habe die Atmosphäre des Göttlichen in sich eingefangen.
b) Sie stelle einen umfriedeten Raum dar.
Die *Begegnung mit dem Unheimlichen* könne sich im Zuge der Raumwahrnehmung ohne Bedrohung einstellen.[542]

5) Ohne die Begrenzung durch einen umfriedeten Raum wäre die Begegnung zwischen Gott und Mensch unerträglich. Es bedürfe also eines mediatorischen, umfriedeten Raumes. Dabei solle man sich aller kommunikationstheoretischen, architektonischen und künstlerischen Erkenntnisse und Fertigkeiten bedienen, um den Orts-Raum derart mit Atmosphären zu füllen, dass ein Mensch durch bloße Anwesenheit in den Zustand religiöser Ergriffenheit gelangt.[543]

6) Im umfriedeten Raum des heiligen Ortes residierten göttliche Atmosphären.[544] Der heilsam begrenzte Raum werde als Friedensraum erlebt, als Freistatt und Zufluchtsort vor den Feinden aller Art.[545] Im

541 Der allgemein-phänomenologische Rekurs auf die gotische Kathedrale ist aus folgendem Grund nicht haltbar: Sie will keinen Zustand religiöser Ergriffenheit hervorrufen, zumindest nicht primär. Sie versteht sich in erster Linie als Predigtweise, als eine Predigt der Steine. Diese darf nicht von einer eher synkretistischen Gegenwartsspiritualität her missverstanden werden, die die klare Botschaft (wenn auch oft in Figuren- und Zahlensymbolik) nicht mehr versteht.
542 Da die Kathedrale in der Vergegenwärtigung durch Architektur und bildende Kunst predigen, sammeln und bewahren möchte, ist die angenommene, angeblich baulich inszenierte und dosierte »Begegnung mit dem Unheimlichen« eine unzutreffende Interpretation der strukturierten Anschaulichkeit des Hoch- und Spätmittelalters.
543 In der Begrenzung durch den umfriedeten Raum wird dem gestalteten Sakralraum quasi mittlerische Qualität zugesprochen. Dennoch kann sein Charakter nur predigend, hinweisend und be-zeichnend sein. Mittler ist allein Christus. Das Kreuz ist die einzige Brücke zwischen dem Unnahbaren und seinem sündigen Geschöpf. Mediatorische Größen und Dosierungen kann es außerhalb dessen (auch wenn sie in Kreuzgestalt auftreten sollten) nicht geben. Der Sakralraum darf weder als komplementärer, noch als alternativer Mittler neben Christus, den einzigen Mittler, treten. Auch nicht als Verwalter des Heiligen, der erträgliche Mengen desselben austeilt. Denn damit wäre (wenn auch im übertragenen Sinne) ihm die Funktion und Vollmacht zuerkannt, die das frühe Luthertum dem papstkirchlichen Anspruch bestritt.
544 Josuttis, a.a.O., S. 78.
545 Der umfriedete Raum resultiert nicht aus den Atmosphären, die ihn erfüllen – zumindest handelt es sich bei diesen um keine theologischen, sondern um anthropologisch-phänomenologisch verort- und benennbare Größen. Der umfriedete Raum ist nicht primär erfüllt von beherrschenden und wandelbaren Atmosphären. Er ist viel eher g e p r ä g t durch Be-Zeichnung und Vollzug der in ihm geglaubten und gestalteten Instrumenta von Wort und Sakrament: Der Rede vom Heiligen Ort in se ist also mit Deutlichkeit zu widersprechen, denn nur die (durch Designation) dort beheimatete Praxis Pietatis prägt den Sakralraum.

umfriedeten Raum des heiligen Ortes sterbe der Tod, werde Leben erneuert.

3.1 Die Aufgabe des Raumes in eigener Stellungnahme

1) Es ist zwar nicht Aufgabe des Raumes, als alternativer oder komplementärer Mittler neben Christus, dem allein diese Funktion zukommt, zu treten. Doch kann der Raum Christus Leib und Seele nahe bringen, indem er erwärmt, beheimatet und sammelt. Jene Einladung »Kommet zu mir alle« (Mt. 11,28) sollte als spiritueller Impuls aller architektonischen und liturgischen Konzeption des Sakral-Raumes im diakonischen Lebens-Raum zugrunde liegen.

2) Auch ist es nicht Aufgabe des Sakral-Raumes, den *Unheimlichen* zu verharmlosen. Doch er kann durch seine spezifische Predigtweise zu intensiviertem Hören, Verspüren und gestaltetem Beantworten der Botschaft führen. Er ist ein bezeichneter Anhalts-Punkt und Unterbrechungs-Ort inmitten der Betriebsamkeit diakonischer Alltagsbewältigung.

3) Es kann auch nicht Aufgabe des Sakralraumes sein, *das Heilige* in erträglichen Dosen auszuteilen. Doch es kommt ihm die Funktion zu, Sagbares und Unsagbares gestalterisch zu vermitteln, sowie Menschen im gestalteten Glaubensvollzug zu sammeln. Er lädt zu Hören, Singen, Beten und Sakramentsfeier ein.

Der Begriff des *umfriedeten Raumes* lässt sich für die diakonische Lebenswelt in folgender Weise umsetzen:

- Er kann ein Raum werden, wo man in Beichte und Sakrament Vergebung empfängt. Wo man einander vergibt und von dieser Mitte her befähigt ist, Krisen (individuell oder im Miteinander) zu benennen, anzugehen und zu überwinden. Versöhnung hat ihren Ort.
- Er kann ein Raum werden, in dem man heilsame Distanz zu Alltag, Betriebsamkeit, Leistungsdruck und Furcht vor Beurteilung findet. Die architektonisch-künstlerische Vergegenwärtigung der Annahme von Gott her regeneriert und rekreiert. Sie führt zur spirituell genährten (vieldiskutierten) *Qualität des Dienstes*, die ein noch so durchdachter und geplanter Leitbildprozess niemals wirken kann.
- Er kann ein Raum werden, der das Nachdenken über Notsituationen, Todesbedrohung und Todeserfahrung (vor Ort und in der Welt) erträglich macht. Der umfriedete Raum inspiriert und schützt die betende Benennung von Befürchtung und Verletzung – ist Überwindungshilfe.

3.2 Zur Kategorie Ort in »Segenskräfte«

In seinem Buch »Segenskräfte«[546], in dem Josuttis sein Modell »energetischer Seelsorge« entwickelt, wendet sich Josuttis der Kategorie *Ort* zu, um sie anhand der verschiedenen *Räume* zu entfalten (Zeit-Raum, Orts-Raum, Leib-Raum). Dabei nimmt er, im Gegensatz zur Cartesianischen Tradition und im Anschluss an Schmitz, den Menschen nicht als subjektiven Bewusstseinsträger im Gegenüber zu Objekten wahr, sondern als in Räumen existierend.
Der Mensch, der selbst einen Leib-Raum darstelle, sei in einen kürzer oder länger andauernden, mehr oder weniger stabilen Zeit- und Orts-Raum gestellt, um endlich einmal den Transitus von der Zeitlichkeit und Zeit in die Ewigkeit zu vollziehen.
Im Hinblick auf die Thematik dieser Dissertation ist die Frage zu stellen, wie sich der *Leib-Raum* zum umgebenden *Orts-Raum* verhält, wie beide miteinander in Wechselwirkung treten – und wie die Erkenntnisse für das Begriffspaar Diakonie und Spiritualität fruchtbar gemacht werden können.

Dabei gilt:

1) Der Mensch, als Leib-Raum, stehe in einem lebendigen und wechselwirksamen Verhältnis zum umgebenden Orts-Raum. Für sein positives Lebensgefühl sei er auf geschützten Raum angewiesen, der ihm Gelegenheit gibt, sich in »filternder Umgebung« mit »abgründigen Erregungen zu arrangieren, indem er sie in einer Hinsicht züchtet, in einer anderen dämpft und so im günstigen Fall für ein schwaches, aber auch nuancenreiches Klima des Gefühls sorgt«[547]. Der Leib-Raum sucht größtmöglichen Einklang mit seinem umgebenden Orts-Raum.

2) Der Leib-Raum reagiere positiv auf eine wohltuende Strukturierung des umgebenden Raumes. Dabei könne es sich um Letzteren an sich, als auch um die Objekte handeln, mit denen er angefüllt ist.[548]

546 Manfred Josuttis, Segenskräfte, a.a.O., Gütersloh 2000.
547 Die *filternde Umgebung*, die Schmitz dem den Leib-Raum umgebenden Orts-Raum zugedacht wissen möchte, mag für den säkularen Bereich, seine Schnelllebigkeit und Betriebsamkeit durchaus zutreffen. Dennoch führt (in der Rezeption durch Josuttis) die Überbetonung der *Atmosphäre* in einer religionsphänomenologischen Analyse, die für christliche Spiritualität etwas aussagen soll, zu Verallgemeinerung und Verwischung des Propriums, von dem alles Nachdenken über Diakonie und Spiritualität ja ausgehen soll. Atmosphärisches und geistliches Geschehen sind grundverschiedene Dinge. Sie können einander ähneln, in ihren Grenzen fließend erscheinen, sind aber im Kern nicht miteinander zu verwechseln
548 Josuttis, Segenskräfte, a.a.O., S. 129.

3) Gefüllte Räume seien Machtfelder, die unberechenbare Möglichkeiten positiver wie negativer Natur enthalten[549].

4) Das Kirchengebäude sei als eine symbolisch geordnete Welt zu verstehen, die die »Annäherung an die Wirklichkeit des Heiligen«[550] strukturiert und dosiert.[551]

5) Bei seiner Betrachtung der religionsphänomenologischen Kategorie des *heiligen Ortes* bringt Manfred Josuttis seine eigene (in seinem Werk andernorts ausführlich behandelte) Ritualtheorie implizit in Zusammenhang mit der Sheldrake'schen Lehre von den Morphogenetischen Feldern. Diese besagt, dass konstante Wiederholung vielerorts und oft Materialisierung im erfahrbaren Raum bewirke. Das bewegt Josuttis, den problematischen Satz zu formulieren: »Gott ist Mensch geworden und kann Gegenwart werden in menschlichen Ritualen.«[552]

6) a) Protestantisches Denken sei geneigt, die Existenz von heiligen Dingen, Orten und Zeichen schnell zu bestreiten.[553]
   b) Es sollte derartige Manifestationen und Phänomene im Leben der Gläubigen ernster nehmen, als das bisher geschehen ist.
   c) Protestantisches Denken müsse daran erinnert werden, dass zur Inkarnation des Heiligen auch dessen Inhabitation gehört.
   d) Dass Gott auch in der Schöpfung – und nicht nur in der anderen Welt – gegenwärtig ist, verleihe dem Gedanken der Inhabitation Gewicht.

549 Aber: Nicht der Ort per se bildet ein *Machtfeld* negativer oder positiver Natur, sondern er wird durch das Handeln der dort befindlichen Menschen geprägt. Er ist Schauplatz und Zeuge menschlichen und göttlichen Tuns – doch kann er Letzteres nicht aus such selbst herbeiführen. Ihm kommt aus sich heraus keine geistlich bestimmende, oder wirksame Qualität zu. Der Glaube gestaltet – nicht der Raum.
550 Josuttis, a.a.O., S. 131.
551 Zwar ist das Kirchengebäude eine in Symbol und Form geordnete *Predigt der Steine*, jedoch steht es ihm nicht zu, die Wirklichkeit des Heiligen zu dosieren. Jederzeit kann sich die Unmittelbarkeit Gottes über das Gebäude hinwegsetzen und die religiöse Inszenierung des Menschen ad Absurdum führen. Der gegenwärtige Gott lässt sich durch keinerlei geographische oder architektonische Disposition herbeizwingen. Damit wäre die spirituelle Funktion des Sakralgebäudes völlig überschätzt. Ihm würde eine quasi-priesterliche Qualität zugesprochen, die die Erfahrung der Unmittelbarkeit Gottes im Vorfeld verstellt. Wieweit Gott sich dem Menschen mitteilt, ist jedoch nicht einem Raum anheim gestellt, sondern ihm selbst.
552 Ebd., S. 124.
553 Ebd., S. 132.

3.3 Reformatorische Kritik

1) Gott lässt sich nicht per Invokation herbeiführen, sondern kann nur verspürt werden, wo und wann er will. Das kann – nach der Verheißung – zurzeit, am Ort, geschehen. Die Wurzeln liegen dann in Wort und Sakrament, nicht in spiritueller Mechanistik. Wo Gott sich nicht, aus Liebe zum Geschöpf, selbst verbindlich ver-*ortet* hat, soll man ihn nicht suchen. Gott ist Mensch geworden in Bethlehem, nicht im Ritual.
Eine vorwiegend rituelle, allzu zwanghafte Vergegenwärtigung kann leicht zum *Werk* mutieren. In diesem Sinne lassen sich auch die folgenden Worte Luthers verstehen, die von dem, was der Mensch erwirken und erzwingen will, hinweg auf Gottes Geschenk und Verheißung weisen: »Denn Gott – wie ich gesagt – hat mit dem Mensch niemals anders gehandelt, handelt auch nicht anders mit ihnen, denn durch das Wort der Verheißung. Hingegen können wir mit Gott nicht anders handeln denn durch den Glauben an das Wort seiner Verheißung. Unsere Werke achtet er nicht, bedarf ihrer nicht … Aber des bedarf er, dass er mit seinen Verheißungen von uns für wahrhaftig gehalten und also mit Geduld erwartet und mit Glauben, Hoffnung und Liebe geehrt werde (ac sic fide, spe, caritate colatur).«[554]

2) Die Inkarnation ist in Bethlehem geschehen. Das lässt Spekulationen über komplementäre Inhabitation nicht zu. Bei dem christlichen Inkarnationsgedanken und der Vorstellung von Inhabitation handelt es sich um grundverschiedene Aussagen, Sie sind gesondert auf das ihnen zugrunde liegende Gottesbild und die Theologie hin zu untersuchen. Der Vorstellung einer Inhabitation des Ortes außerhalb des gemeindlichen Geschehens steht auch die folgende Äußerung Calvins entgegen, dass Gott auf der Erde keinen Ort habe, als im Christen selber. Die Gegenwart Gottes ist vorhanden in der Person des Gläubigen und an nichts Sonstiges, Äußeres gebunden. »Wo ist der Tempel Gottes?« fragt Calvin: »Das ist Jesus Christus selbst, der die ganze Welt erfüllt hat«, lautet die Antwort, »er ist mit uns und wohnt in unseren Seelen … Unser Gott lässt uns die Ehre zuteil werden, uns zum Heiligtum und Tempel zu weihen … Jeder Christ ist Tempel des Heiligen Geistes … Jeder Christ darf den Ehrentitel ›Priester‹ führen.«[555]

554 Martin Luther, Die Schriften des Jahres 1520 (Münchner Ausgabe, Bd. 2, München 1914, De captivitate Babylonica 1520), S. 117.
555 Jean Calvin, Predigt zu Dtn. 16,13–17, Corpus Reformatorum, Vol. LV.; Joannis Calvini Opera quae supersunt omnia; Braunschweig 1884ff., S. 407. »Mais maintenant ou est le temple de Dieu? Voilà Iesus Christ qui remplit tout le monde, il est avec nous, et habite mesme en nos ames … que puis que notre Dieu nous fait cest honneur de nous ordonner sanctuaires et temples, qu'un chacun Chrestien est le

3) Zwar ist Gott nach lutherischer Auffassung in seiner Schöpfung gegenwärtig. Er begleitet und vollendet ihren Weg. Doch lässt sich von der Begleitung Gottes kein Inhabitations-Verständnis, wie wir es bei Josuttis beschrieben finden, herleiten. Gott ist gegenwärtig in Wort und Sakrament, von dort her lässt er sich (z.B. im Sinne Tersteegen'scher Mystik) in der Anbetung wahrnehmen – die ja in Geist und Wahrheit überall möglich ist. So kann es im christlichen Kontext nie um eine *Inhabitiation des Heiligen* (schon gar nicht mit unbestimmten Artikel) in Orts- und Zeiträumen gehen, sondern um die spirituelle Hilfe, die ausgesonderter Raum und begangene Zeit bereithalten können.

4) In seiner *Feldpostille* von 1527 wertet Luther den heiligen Ort (Tempel) als Möglichkeit, nicht als Muss. Hier unterscheidet er klar zwischen Ortsheiligung und Ortsverehrung – weil eben die Ortsverehrung sehr leicht ein Inhabitationsverständnis hervorbringen kann, bzw. auf ein solches zurückgeht. Es sei gut und nützlich, den allgegenwärtigen Gott zur Zeit, am Ort anzubeten. »Kirchen und tempel muß man haben, das wir Gottes wort darinne hoeren und die Sacrament handeln. Aber das ist ein naerrisch werk, das wir mainen, wir haben Gott ein hauß gebawet, daß er uns hoeren wolle oben in dem tempel und nicht an anderen orten auch.«[556] Es geht also um die Möglichkeit von *Ort* und *Zeit*, um sich um des Evangeliums willen in der Einheit mit Gott und den Menschen zu bewahren. Um den Missbrauch der Orts-Verehrung von der Aussonderung des auf solche Weise geheiligten Ortes zu trennen, spricht Luther gern vom Bet-Haus[557], dem ausgesonderten Ort eingehaltener Gebetszeit. Seiner Aversion gegen die Ortsverehrung gibt Luther in der Annahme Ausdruck, dass die Häufigkeit der Kirchenbrände auf ihren Missbrauch im genannten Sinn zurückzuführen ist. Im Sinne dieser Auffassung Martin Luthers spricht sich auch Hans Kressel aus: Der Ort der Begegnung kann nicht der Wohnsitz Gottes sein. Die Inhabitiations-Vorstellung kann christlicher Orts-Begehung nicht zugrunde liegen. »Ohne Zweifel ist ein evangelisches Gotteshaus nicht eine Wohnstätte Gottes, so wie die Heiden ihre Tempel als Wohnsitz ihrer Götter ansahen. Der evangelische Kirchenraum ist nur eine Stätte der Begegnung Gottes mit der Gemeinde, eine Stätte, wo der Gott, der doch in einem Lichte wohnt, da niemand zukommen kann, doch nach

temple du S. Esprit et puis qu'un chaqun Chrestien a ce tiltre honorable de sacrificateur.«

556 WA, Bd. XVII, S. 505.

557 Vgl auch Hansjosef Goertz, Deutsche Begriffe der Liturgie im Zeitalter der Reformation. Untersuchungen zum Wortschatz zwischen 1450 und 1530, in: Theologische Studien und Quellen, hg. von Wolgang Binder und Hugo Moser, Heft 88, Berlin 1977, S. 355: »Das junge Kompositum ›bethaus‹ wird in der Regel in der Übersetzung biblischer Stellen verwendet.«

seiner Barmherzigkeit durch Wort und Sakrament den Menschen sich nahen will, die an Raum und Zeit gebunden sind.«[558]

5) Die Rede von der »Erfüllung des Raumes« durch »Strukturen einer symbolischen Ordnung«, die im »Heiligtum die Macht des Heiligen repräsentieren«[559] kann überfordern und abschrecken, bevor man zu ersten, konkreten Schritten geistlicher Ortsbegehung gelangt. Unter den Vorgaben von Alltagspraktikabilität und konsequenter Gestaltung einer diakonischen Vita communis ist solche Diktion und Begrifflichkeit eher irreführend als zuträglich. Sie bedarf konkreter Übersetzungshilfe, diakonische MitarbeiterInnen zu konkreter Gestaltung zu motivieren.

3.4 Die modifizierte, kritische Rezeption der Erkenntnisse von Josuttis und ihre Verwertbarkeit für eine Spiritualität des diakonischen Alltags

1) Räume müssen in guter Weise strukturiert sein und auf sinnvolle Weise mit den in ihnen enthaltenen Objekten korrespondieren. Das kann nach Jahren des Zweckbaus nicht genug hervorgehoben werden. Dasselbe gilt für *Stimmungen*, die sich an einem Ort verbreiten. Diese hängen jedoch stets von *geographischen*, *baulichen* und *menschlichen* Voraussetzungen ab. Sie haben also nichts mit spezifisch theologisch-spirituellen Kategorien zu tun. Doch auch die genannten drei Voraussetzungen können mit hineinnehmen. Ihnen ist bei der Wahl, Gestaltung und Begehung des sakralen Ortes ganze Aufmerksamkeit zu widmen. Es ist gut, wenn der sinnvoll, helfend und erfüllend strukturierte, gestaltete Raum zum Katalysator eines geistlichen Geschehens wird. Doch aus eigener Kraft heraus kann er das nicht initiieren. Das geistliche Geschehen hat keinen bestimmten Ort, keine bestimmte Zeit. Der Geist weht, wo und wann er will. In Raum und Zeit halten wir uns dazu bereit. Beides sollte in Gestaltung und Begehung als *Einfallstor* deutlich werden und die Zusagen Gottes vergegenwärtigen, von denen die Begehung des Ortes ausgeht.

2) Was den evangelischen Umgang mit dem Sakral-Raum angeht, muss daran erinnert werden, dass nach dem Neuen Testament der Leib-Raum als einziger Ort der Geist-Erfüllung bezeichnet werden kann. Der Christ ist nach Leib, Seele und Geist der Tempel des Heiligen Geistes. Von daher ist der Sakralraum nie aus sich heraus mit Geist oder Ungeist angefüllt, sondern mit dem Geist, den die dort Versam-

558 Hans Kressel, Von der rechten Liturgie. Prolegomena zu einer Morphologie der Liturgie, Zu ihrer Gestalt und Gestaltung, Neuendettelsau 1971, S. 47.
559 Josuttis, a.a.O.

melten mitbringen. Offenheit oder Verschlossenheit gegenüber dem geistlichen Geschehen liegen in der Entscheidung des Einzelnen. Also sind auch alle angenommenen spirituellen Funktionen des Sakralraumes an sich in den Bereich der Spekulation zu verweisen. Sie tragen für die gestalteten Praxis Pietatis in der diakonischen Vita communis nichts aus.

3) Wichtig ist jedoch die Frage, wie der geisterfüllte Leib-Raum des Einzelnen mit dem der Feier gewidmeten, umgebenden Sakral-Raum in Beziehung steht. Ob er ihm Hilfe oder Hindernis ist, zu beten. Ob er ihm Hilfe oder Hindernis ist, Gemeinschaft untereinander zu erfahren. Dieses Anliegen sollte Theologen, Assistenten, Kern-Mitglieder, Architekten, Musiker, Bildende Künstler, Heilpädagogen u.a. zusammenführen. Es geht um die möglichst integrative Konzeption des Heiligen Ortes im diakonischen Lebensbereich.

4) Zwar lässt sich Gott sich weder durch die architektonische Disposition des Gebäudes, noch durch rituelle Fertigkeiten herbeizwingen. Dennoch besteht doch die Empfehlung, Gott in der Gemeinschaft einen Ort auszusondern, der Verkündigung und glaubende Antwort in seiner Existenz und Begehung auf Regelmaß und Vertiefung hin gestaltet. Wir geben Gott zuerst Raum in unserem Herzen, dann aber auch an dem Ort, an dem wir wohnen. Das göttliche Geheimnis findet seine Stätte be-zeichnet und be-gangen und wirkt von daher, in seiner Gegenwart, um den ganzen Lebensraum heilsam zu durchdringen.[560] Die Begehung des Ortes im Lebensraum der diakonischen Vita communis ist im Begriff, neu wahrgenommen zu werden. Und das ist, nach Jahren allgemeiner Effizienzorientierung in der Diakonie, von hoher Bedeutung. Spiritualität schafft religiöse Beheimatung.[561] Von großem Belang erweist es sich, der gemeinschaftlichen (und individuellen) Praxis Pietatis einen konkreten Ort zu heiligen. Der umfriedete, und zugleich wirksame, Raum der Hauskapelle kann im diakonischen Lebensbereich Frieden schaffen, erhalten und stets erneuern.[562] Er ist begrenzter Raum, was seine architektonische Gestalt und

560 Vgl. Wilhelm Stählin, Vom göttlichen Geheimnis, in: Kirche und Aufbau, Hg. Christhard Mahrenholz, Wilhelm Stählin, Heinz Dietrich Wendland, Kassel 1936, S. 119/120: »Das Alte Testament spricht davon, dass die Männer Gottes am bestimmten Ort in bestimmter Stunde einen Altar gebaut haben. Indem in … einer bestimmten Gemeinschaft von Menschen dem Herrn ein Altar gebaut wird, wird dieses Land für den Herrn erobert, das göttliche Geheimnis gewinnt seine Stätte und ist uns gegenwärtig, um von hier aus den ganzen Raum heilsam zu durchdringen.«

561 Vgl. Michael Schibilsky, Spiritualität in der Diakonie. Annäherungen an den Alltag, in: Spiritualität und Diakonie, Hg. Hofmann/Schibilsky, Neukirchen-Vluyn 2001, S. 7.

562 Vgl. auch Wilhelm Stählin, Bruderschaft, Kassel 1940, S. 113: »In ungezählten Fällen hat sich hier gezeigt, wie wichtig eine gemeinsame Ordnung der Tage

seinen bergenden Charakter betrifft. Er kann sich jedoch weit über seine Raum-Grenze hinaus auswirken, weil in ihm etwas geschieht – wenn man es an sich geschehen lässt.

5) Der heilige Bau wird durch die Leiber der Heiligen erbaut. Der Orts-Raum ist hier lediglich die architektonisch veranlasste, spirituelle Repräsentation und Sammlung der in Christus vereinigten Leib-Räume. Als solchen kommt ihnen hohe Bedeutung (katalysierend, initiierend, motivierend und stabilisierend) zu. Alle Anwesenden im Orts-Raum sind in Raum und Zeit der linearen Heilsgeschichte eingebunden – und auf Christus als Haupt hin ausgerichtet (dem Eckstein).

6) Der Sakralraum wird dadurch erfüllter Raum, dass er für Gott und seine Betrachtung ausgesondert wird. Nicht Symbol und Raumstruktur laden die Gottheit ein, Einzug zu halten, sondern der Sakral-Raum hilft unserem Leib-Raum und unserem Herzen, den Erlöser wahrzunehmen und zu beherzigen. Der *heilige Ort* (= der *ausgesonderte* Ort) ist nicht per se heilig, sondern die regelmäßige Praxis Pietatis macht ihn uns wert- und bedeutungsvoll.

7) Entgegen der vorab dargestellten Auffassung von Manfred Josuttis bezüglich des heiligen Ortes sei festgehalten, dass dieser nichts anderes sein kann, als:
   - Abbild des Raumes, den wir Gott in unserem Leben gewähren
   - spirituelle Gestaltungshilfe
   - Sammelpunkt
   - Ort von Verkündigung, Gebet und Sakrament

8) Zwar kann der Ort der Begegnung nicht Wohnsitz Gottes sein, doch ist es eine Stätte, an der Gott »nach seiner Barmherzigkeit durch Wort und Sakrament den Menschen sich nahen will, die an Raum und Zeit gebunden sind«[563]. In der Beachtung von Ort und Zeit erbringen wir vor und für Gott kein Werk, sondern wir begegnen am Ort, zur Zeit, dem ewigen Gott, der sich entsprechend unserer geschöpflichen Bedürfnisse (vgl. Herzschlag, Metrik) nach Bezeichnung, Strukturierung, Rhythmus und stabilisierender Begehung dort verspüren lässt. Gott kommt seinem Geschöpf innerhalb der Welt des Erschaffenen entgegen.

selbst ist, das Singen und das Beten, das Leben am Altar, die Eingliederung in eine tragende Gemeinschaft.« Das geschieht *zur Zeit* und *am Ort* darin, dass einer im wörtlichen Sinn mitgenommen wird in den Raum der anbetenden Gemeinde.

563 Hans Kressel, a. a. O., S. 47.

9) Es lässt sich bestreiten, dass es das Wesentliche christlicher Sakralraumgestaltung sein kann, den Raum mit symbolischen Ordnungen zu erfüllen, die im Heiligtum die Macht des Heiligen repräsentieren. Unbestritten ist die katalytische Funktion des Sakralraumes, der über sinnliche Wahrnehmung den inneren Menschen zu Andacht und Kontemplation führt. Josuttis' Betonung der Raumgestalt ist positiv aufzunehmen. Sie ist jedoch von der mittelnden, dosierenden Funktion auf eine katalytische, initiierende hin umzudefinieren. Dem Sakralraum sollte man eher eine vergegenwärtigende und zugleich missionarische Qualität zuschreiben.[564] Invitatio, Stabilitas Loci und Missio in Einem – das Sein des Christen vor seinem Christus, im Bezug auf die Welt. Mit den Mitteln der Kunst und der Architektur gestaltet, lässt sich der Wohnort Gottes inmitten des diakonischen Bau- und Lebensensembles realisieren. Wort und Sakrament stehen in der architektonischen und künstlerischen Aussage im Mittelpunkt. *La Colombe,* eine Genfer Vereinigung protestantischer Künstler, formulierte 1954, was auch heute gelten soll: »Die Aufgabe eines Gotteshauses besteht darin, der Versammlung der Gläubigen zu ermöglichen, nicht etwa einen Vortrag anzuhören oder passiv an einem Mysterium teilzunehmen, sondern den lebendigen Gott selbst zu hören und ihm zu begegnen. Der Mittelpunkt des Gottesdienstes ist das Wort des unsichtbaren und doch gegenwärtigen Herrn, wie der das in seiner Verheißung zugesagt hat.«[565]

Das führt zu folgenden Maximen der Raumgestaltung: Konkrete Vorschläge zur Gestaltung eines Raumes der Stille/einer Hauskapelle im diakonischen Lebensbereich

1) Der Mensch als Leib-Raum reagiert auf den umgebenden Orts-Raum. Da das diakonische Handeln mit dem leidenden Leib-Raum des Kern-Mitgliedes zu tun hat, kommt der einfühlsamen Gestaltung des lokalen Sakralraumes spezielle Bedeutung zu. Die fruchtbare und bergende Verankerung des Leib-Raumes im umgebenden Sakralraum sind Grundkomponenten gestalteter diakonischer Spiritualität.

2) Der überfremdeten Begrifflichkeit von Josuttis in Bezug auf die Strukturierung und Gestaltung des Sakralraumes sind, um der Nüchternheit und Alltagspraktikabilität willen, die Barth'schen Begriffe von *Würde* und *Schönheit* des Sakralraumes vorzuziehen. Es geht

564 Vgl. André Bieler, Kirchenraum und Gottesdienst, Neukirchen-Vluyn 1965, S. 9: »Das Gebäude muss … durch seine Anlage wie durch den Schwung der es beseelenden Kunst für die hier gefeierten gottesdienstlichen Handlungen eine Hilfe bieten und das auch in seiner Form zum Ausdruck bringen.«

565 Aussage v. La Colombe. Association des artistes protestants, Genf 1954, S. 1, zit. b. André Bieler: Kirchenbau und Gottesdienst, Neukirchen-Vluyn, S. 85.

nicht so sehr um eine quasi-priesterliche Dosierungsfunktion des Raumes. Viel eher geht es um eine angemessene Veranschaulichung des Unnennbaren und Nicht-Darstellbaren, des Heiligen (mit masc. Artikel). Die Botschaft wird festgehalten in Stein und Liturgie und der umgebende Ort ist der »Anbetung dienlich«[566].

3) Im Blick auf die fortschreitende Ökonomisierung in Gesellschaft, Kirche und Diakonie hat der Sakralraum ebenso die Funktion, neben der Begegnung mit Gott auch (und infolgedessen) die Begegnung mit dem Nächsten und mit dem Selbst zu stiften[567].

4) Was die künstlerische und liturgische Gestaltung des Sakralraumes in einer diakonischen Lebens- und Dienstgemeinschaft angeht, sollte jeder, der möchte – allen voran die Kernmitglieder – in das fortschreitende, kreative und nie statisch-endgültige Geschehen mit einbezogen sein. Der Leib-Raum des Kernmitgliedes kann so seinen umgebenden Sakralraum gestalten. Er weiß intuitiv und richtungweisend, was seinem Bedürfnis entspricht. So ist er auch in dieser besonderen Künstler- und Gestaltungsgemeinschaft Kernmitglied. Die Gott-Unmittelbarkeit behinderten Lebens findet sich bei Vanier und Nouwen in faszinierender Weise beschrieben, auch bei Bodelschwingh d.Ä. ist dies zu einer seiner Hauptaussagen geworden. Die Kernmitglieder lehren die Assistenten Intuition und Gott-Unmittelbarkeit. So kommt es den Letzteren nicht zu, im Vorfeld »verantwortlich« und abgrenzend gestalten zu wollen, was sich ihrer Vorstellung und Auffassung entzieht. Sie können nur einem Geschehen Raum geben, das sie selbst mit hinein nehmen und verwandeln kann.

5) Weil wir in Gott schön und heil sind, können wir die Schönheit Gottes und seines geliebten Geschöpfes nachgestalten. Dieser Aspekt von Würde und Schönheit des Sakralraumes in seiner predigenden und vergegenwärtigenden Funktion ist der Josuttis'schen Anschauung seiner Dosierung und Verwaltung des Heiligen entgegenzusetzen.

566 Karl Barth, Zum Problem des Protestantischen Kirchenbaus, in: Werk, Ausg. 1959, Basel 1959, zit. bei André Bieler, a.a.O., S. 103: »Gestalt, Maß und Farbe der Türen, Wände und Fenster sowie der Bestuhlung des kirchlichen Raumes sollen und können der Sachlichkeit ohne jene fremden Zutaten der Konzentration der am Gottesdienst teilnehmenden – über Ausrichtung auf die sie verewigende Botschaft und Anbetung – dienlich und insofern ›würdig‹ und ›schön‹ sein.«

567 Vgl. Klaus Arnold, Kirchenfenster. Die Kapelle der Orthopädischen Klinik Heidelberg-Schlierbach, in: Solidarität und Spiritualität: Diakonie, Hg. v. Hans Christoph v. Hase, Ansgar Heuer, Paul Philippi, Stuttgart 1971, S. 257: Assistenten und Kernmitglieder diakonischer Lebensgemeinschaften können im umfriedeten Orts-Raum »neben der Begegnung mit Gott auch die (Wieder)Begegnung mit sich selbst ertragen und lieben lernen. Eine Kirche ist einer der wenigen Orte, wo der Mensch … sich noch seiner Individualität bewusst werden kann.«

4. Raumgestaltung und Ortsbegehung als Grundkategorien diakonischer Konzeption. Praktische Schritte im Anschluss an Steffensky

- Der Mensch lebt sich nicht nur von innen nach außen, sondern auch von außen nach innen. Der umgebende Raum wird zum Bezugs-Raum für den Einzelnen und die Gemeinschaft. Hierbei kommt natürlich dem Sakralraum und seiner Begehung hohe Bedeutung zu. Das Be-Gehen, Er-Fahren und Er-Leben des Raumes prägt den Menschen. Neben anderen Erfahrungen (Liturgische Praxis, persönliche Praxis Pietatis, Zeit-Feier) leben sich Kern-Mitglieder und Assistenten auch auf die genannte Weise von »außen nach innen«. Raumgestaltung und Ortsbegehung hängen mit der Heranbildung des inneren, geistlichen Menschen zusammen und gehören demnach zu den Grundkategorien diakonischer Konzeption.
- Der äußere Raum bildet einen kontinuierlichen Anreiz für den inneren Glauben. Der innere Lebensglaube lebt von Rhythmus, Regel und Lebensfigur gewordenen äußerem Glauben. Sakralraum ist ausgesonderter, gestalteter Raum. Er lädt ein, sich selbst in ihn hineinzugestalten und seinem Glauben zurzeit, am Ort, eine konkrete, vergegenwärtigende Lebensfigur zu geben.
- Kritisch zu bemerken ist, dass die Unterscheidung zwischen innerem und äußerem Glauben doch im hypothetischen Bereich bleibt. Der innere Lebensglaube nährt sich von Wort, Sakrament und Gemeinschaft – doch nicht von Rhythmus und Regel an sich. Diese bilden lediglich seine zwar hilfreiche, aber eben äußere Glaubensgestalt. Die bedingende Korrelation ist von einer ganz anderen Art: der innere Glaube kann nicht anders, als seine Gestaltung zu suchen – in Liturgie, Diakonie und Zeugnis.
- Von daher ist folgende Übertragung möglich: Zwar lebt der innere Glaube nicht von dem äußeren Glauben, doch er lässt sich von ihm erinnern, anstoßen und auf den Weg bringen. Die Form birgt noch nicht das Leben in sich, doch sie wird zur gestalteten Stimme dessen, der ins Leben ruft und Leben gibt. Indem der Leib den Raum begeht, ist der innere Mensch zum Nachvollzug aufgerufen. Er kann sich dem Aufruf verschließen, dann bleibt die Begehung leere Geste. Doch die heilsame Provokation des äußeren Vollzuges bleibt bestehen und lässt über den inneren Nachvollzug zumindest nachdenken. Insofern liegt in der liturgischen Ortsbegehung ein Sich-Hinein-Gestalten des Anwesenden in den Raumes bei Gott (s.o. zu *maqom*) überhaupt. Der Sakralraum wird als (nicht in se heiliges) Instrumentum – durch die in ihm regelmäßig stattfindende Glaubensgestaltung – Initiator, Katalysator, Motivator und Stabilisator geistlichen Lebens. Er bleibt in Form und Funktion kontinuierlicher Anreiz, sich in Gebet und Tat nachzugestalten.
- Die Inszenierung des Heils-Spiels ist *Bildungsarbeit.* Formen, Figu-

ren sind nicht nur sein äußerliches, entbehrliches Gewand. Sie sind die Aufführung und das Spiel der Innerlichkeit. Form und Figur, denen bei Steffensky ja lebensrettende und lebenserhaltende Kraft zugeschrieben wird, sind Aufführung und Spiel. Eine Aussage lässt sich inszenieren, und alle Anwesenden werden zu Beteiligten im sakralen Spiel. Inszenierung bringt den Beteiligten-Aufführenden zur Identifikation mit seiner Rolle, die er im Heils-Spiel (vgl. dem Mysterien-Spiel) hat. Seine Rolle bringt ihn dazu, säkulares und geistliches Leben zu überdenken – soweit es zu trennen ist. Die gottesdienstliche Rolle findet einen Weg in den Alltag. Dies geschieht auf kognitiver wie emotionaler, verbaler wie non-verbaler Ebene zugleich und gilt sowohl für die Assistenten als auch die Kern-Mitglieder.

- Das zugrunde liegende Verständnis von Gottesdienst als zweckfreier Poesie steht allerdings nicht im Zusammenhang mit der biblischen Grunderkenntnis, dass der Mensch auf das Lob Gottes hin erschaffen ist.[568] Zwar ist Feier am Ort, zur Zeit, nach menschlicher Kategorie heilsam ineffizient und frei-setzend, doch nach göttlicher ist sie tiefste Erfüllung menschlichen Daseins: letztendlicher (im übertragenen Sinne zu verstehender) Zweck.
  Obwohl Feier zurzeit, am Ort, niemals zweckfrei sein kann, darf sie doch spielerisch sein; d.h. in ihrer Gestalt Elemente des Spieles (Tanzen, Laufen, Bewegungsspiele etc.) aufweisen.
- Gott macht sich in der Sprache der Kernmitglieder verständlich. Der/die BetreuerIn, der/die selbst natürlich von Herzen mitfeiert, ist dabei zwar nicht Initiator des geistlichen Geschehens, doch er ist phantasievoller Übersetzungshelfer. Dies geschieht stets in dem Wissen, dass Gott sein Werk auch ohne ihn, und noch viel besser, tun kann. Die Integration kreativ-spielerischer Elemente bringt dem Kernmitglied das Kernanliegen nahe. Dass die gottesdienstliche Rolle der (im übertragenen Sinne) Inszenierungen des Heils-Spiels zum Überdenken der eigenen Rolle im Alltag führt, ist in der Tat ein wichtiges Element diakonischer Bildungsarbeit.
  Gott, der Nächste und das Selbst müssen erfahrbar sein. Zeit und Ort werden erfahrbar durch ihre Gliederungen. Durch beide benannten

568 Vgl. Hans-Walter Wolff, Anthropologie des Alten Testamentes, München 1973: Der Mensch ist auf das Lob Gottes hin geschaffen, unter diesem Aspekt ist er auf Gott und seine Mit-Schöpfung hin geordnet. / Vgl. auch Albert Sitampul: Urbilder vom Glück und Segen, in: Was ist der Mensch?, Beiträge zu einer Anthropologie des Alten Testamentes, Festschrift Hans-Walter Wolff zum 80ten Geburtstag; Hg. Frank Crüsemann, Christof Hardmeier und Rainer Kessler, München 1992, S. 90: »Zu Recht beobachtet Hans-Walter Wolff, dass Leben im Alten Testament ein ›Verhältnis‹ bezeichnet, besonders zu Gott, während Tod Verhältnislosigkeit bedeutet. Das Verhältnis bezieht sich auf die Ganzheit, Einheit und Vollkommenheit von Gott als Schöpfer und Erhalter des Lebens, sowie auf die Welt und den Menschen als Schöpfung Gottes. Das Verhältnis zwischen Gott und Mensch ist gekrönt im Lob des Schöpfers und Erlösers.«

Gliederungsformen wird man sich seines Ortes und seiner Zeit bewusst. Begehung und Feier schaffen Bewusstsein. Das Bezeichnete gewinnt Bedeutung, die Aus-Sonderung ruft das Be-Sondere des Fühlens, Denkens und der Lebensintensität überhaupt hervor. Die Gestaltung verhilft zur Erfahrung.

- Kritisch sei angemerkt: Die Gliederung der Zeit und des Ortes lässt jedoch mehr in Erfahrung bringen, als die Objekte der Strukturierung. Insofern ist die Formulierung Steffensky's hier ungenau und in ihrem Mangel an Pointierung ohne geistliche Kernaussage. Nicht Zeit und Ort an sich sollen in Erfahrung gebracht werden, sondern Gott, der Nächste und das Selbst. Die Begehung der beiden benannten Kategorien ist Hilfe, Stütze, jedoch nicht Ziel oder Selbstzweck. Der Zusammenhang zwischen Struktur und Spiritualität, auch zwischen Begehung und Heilung – der hier eigentlich ausgesagt werden soll – wird durch unklare Wortwahl und unvollständige Aussage verwischt.
- Unbedingt ist die Folgerung/Umsetzung/Transferleistung für das diakonische Handeln mit größtmöglicher Deutlichkeit zu leisten, damit sie aus dem Bereich des Poetischen in die nüchterne Alltagspraktibilität hineingelangen kann.

Exemplarische Folgerungen:

a) Kirchlich-diakonisches Handeln an Menschen, die ihren *Arbeitsplatz* verloren haben, stößt immer wieder auf die Erfahrung, dass der Verlust klarer (von der Arbeitszeit her bestimmter) Zeiteinteilung Selbstwertverlust, Flucht und Sucht, bis hin zum Suizid, mit sich bringt. Das betraf (betrifft) mit ganz besonderer Härte viele Menschen der Neuen Bundesländer, die ohne jede Vorbereitung, in kürzester Zeit Arbeit, Wohnung und Familie, Freunde, sowie körperliche und seelische Gesundheit verloren. Sie fanden sich in Zeit- und Ortslosigkeit gestoßen, eine Existenz ohne Verankerung. Damit bildeten sie Anstoß und Zeichen zu handeln – und dazu, über größtmögliche Wiedergewinnung von Orts- und Zeitstruktur für die Betroffenen nachzudenken.

b) Im *gereatrischen* Handlungsfeld der Diakonie begegnet man häufig Menschen, die mit Vergesslichkeit und Desorientierung darauf reagieren, dass Angehörige und Freunde sie schon vor dem natürlichen Tod aussondern und vergessen wollen. So erleiden sie einen Tod vor dem Tod: die Beziehungslosigkeit.[569]
Durch Orts- Und Zeitstrukturierung in Andacht, gemeinsamer Mahlzeit, Besuch, Gespräch und Feier der Höhepunkte wird ihnen ein Ausweg aus dem erzwungenen Selbstverlust gestaltet und begehbar gemacht, den sie (oft) mit großer Freude und intuitiver Reaktionsfähigkeit wahrnehmen.

569 Vgl. Hans-Walter Wolff, Anthropologie des Alten Testamentes, a.a.O.

c) Die Welt der *Oligophrenie* braucht Rhythmus, festen Ort, wiedererkennbare (vgl. den Gebrauch des Begriffes *anagnostisch* bei Steffensky) Zeitstruktur und Konstanz: als ein Urbild dessen, was für alles Leben an sich notwendig ist. Und im Sinne einer Reduktion auf die urtümliche Kindlichkeit des Lebens, die in uns allen verborgen ist.

d) In der diakonischen Arbeit mit *Nichtsesshaften* spielt die Stiftung des sakralen und säkularen Wohn-Ortes eine tragende Rolle.[570] Gerade in der Not der Nichtsesshaftigkeit wird die Sehnsucht des Menschen danach deutlich, sich von seinem Lebens-Ort und seiner Wurzel her zu definieren. So ist in der englischen Sprache vom *Standing* eines Menschen die Rede, der um seine Zeit, seinen Ort weiß: ein Gegenbegriff der Nichtsesshaftigkeit. Werden dem Nichtsesshaften Ort und Zeit jedoch wieder begehbar gemacht, findet er (in Begleitung) die Kraft, sich selbst und seine (oft vielgestaltige) Problematik anzugehen. Dergleichen Erfahrungen wurden dann und wann in der Recklinghauser *Straßenkirche* und auf dem Zehdenicker *Franziskushof* gemacht. Hier wird Orts-Begehung, sakral und säkular, zum erneuernden Ende der Flucht.

e) In der *Hospiz-Arbeit* der Diakonie wirkt die säkulare und sakrale Orts-Begehung darauf hin, den Menschen auch mitten im Verlust seiner irdischen Behausung zu beheimaten. Der *Herrgottswinkel* im Sterbezimmer, die Hospizkapelle[571] und die sinnvolle Integration sakraler Kunst kann das Ewige mitten in der Vergänglichkeit vergegenwärtigen.

f) In der Arbeit mit *milieugeschädigten Kindern und Jugendlichen* (oft auch als Sozialwaisen bezeichnet) spielt das Einhalten von festen Zeiten und das Sich-Einfinden an festem Ort eine tragende Rolle. Da sie ihr Leben in traumatischer Weise als unzeitig und störend, ohne gewährten und schützenden Raum, erfahren mussten, wird ihnen die vorgegebene, einfühlsame Strukturierung von Zeit und (bergendem) Ort zum Initiator und Pulsschlag gelingenden Lebens. Das Grundtrauma ihres Lebens ist die erlebte Unfähigkeit ihrer Eltern, ihnen

570 Vgl. die Arbeit der *Straßenkirche* der Recklinghauser Canisianer-Gemeinschaft, die über regelmäßiges Andachtsangebot in der Stadtmitte nichtsesshafte Menschen erreichen will – und dann auch das Angebot von Unterkunft, sowie anderen Hilfestellungen bereithält.
– Vgl. auch die Arbeit des *Franziskus-Hofes* bei Zehdenick (Mark Brandenburg), wo eine Franziskaner-Gemeinschaft der Altkatholischen Kirche ca. 50 nichtsesshafte Männer zu einem Leben in Gebet und Arbeit (Arbeits-Verpflichtung; Gebets-Möglichkeit) um sich schart.

571 Vgl. die Praxis des kath. St. Elisabeth-Krankenhauses in Halle/Saale, den täglichen Gottesdienst in der dortigen Hospiz-Kapelle über den eigenen Haussender (Fernsehen) auf alle Krankenzimmer der Häuser zu übertragen. Hierin ist das St. Elisabeth-Krankenhaus Vorbild für andere Standorte der Hospizarbeit (evangelisch und katholisch) in den Neuen Bundesländern geworden.

Heimat und Lebensort zu gewähren. Diesem Mangel wird in stabilisierender (sakral und säkular) Orts-Begehung begegnet.

g) Der Homo religiosus braucht Geborgenheit in Raum und Zeit: »Die abgegrenzte Zeit oder der abgegrenzte Ort rufen eine bestimmte Erwartung hervor.«[572]
M.E. ist in diesen Worten die basale Erfahrung ausgesagt, die allem Sakralbau, aller christlichen Feier der Zeit zugrunde liegt. Die natürliche Sehnsucht des Homo Religiosus findet sich in der Feier des Chronos nach dem Kairos, im umfriedeten Raum, aufgefangen, gedeutet und geheiligt.

4.1 Das feiernde Begehen des Ortes

1) Der Ort des Gottesdienstes im diakonischen Lebensbereich ist der Ort der Einübung und Vorbereitung. Dieser Transfer lässt sich vom Verständnis des »Politischen Nachtgebetes«[573] herleiten, das politisches Verhalten in den vier Phasen: Information, Meditation, Diskussion und Aktion einüben möchte. Vergleichbare Schritte sind auch auf die diakonische Lebenswelt übertragbar und können im gottesdienstlichen Ort verankert werden.[574]

2) In der feiernden Begehung des Ortes wird der Inhalt des Evangeliums – der Segen den Gott uns gibt – in Wort und Gestalt vergegenwärtigt.[575] Der Geist bedient sich des Wortes, der Gestalt. Nach Steffensky wird Spiritualität, ihr Impuls, in Wort, Geste und Form gerettet. Das verleiht Kraft, Langlebigkeit und Erinnerbarkeit. Anschauli-

572 Fulbert Steffensky, Das Haus, das die Träume verwaltet, a.a.O.

573 Vgl. Dorothee Sölle / Fulbert Steffensky, Politisches Nachtgebet, Köln 1969.

574 Wolfgang Steck, Praktische Theologie, Bd. I, in: ThW 15, 2000, S. 340: »Die 1968 in Köln ins Leben gerufenen und über einige Jahre monatlich veranstalteten, politischen Gottesdienste wurden von einer ca. 40köpfigen Planungsgruppe intensiv vorbereitet und im Schnitt von über 800 Teilnehmern besucht. In einer kirchlich und politisch emotionalen Situation entstanden und ursprünglich als Modell gedacht, entwickelten sich die innovativen liturgischen Inszenierungen … zum Modell einer originären liturgischen Kultur.«

575 Fulbert Steffensky, Segnen. Gedanken zu einer Geste, in: PTh 82, 1993, S. 11: Steffensky berichtet von einem israelischen Freund, der ein Segenswort auf eine Karte schrieb, das aufbewahrt, angeschaut und im Kern erinnert werden kann – eine anschauliche Vergegenwärtigung des Gemeinten: »Zunächst hat er (d.i.: jener Freund) unsere neue Freundschaft wie unseren Abschied nicht stumm gelassen, er hat sie ins Wort und in eine Geste gerettet. Er hat sie inszeniert und hat ihr eine poetische Gestalt gegeben. Die Wünsche, die dieser Mensch für mich hatte, blieben nicht in seinem Herzen eingekerkert. Sie blieben nicht innerlich, ohne Namen und Figur: Ihre Kraft und Langlebigkeit fanden sie, indem sie als Wort und Geste nach außen traten. Die Äußerung rettet die Innerlichkeit; die Form rettet des Inhalt – noch mehr: die Form konstituiert den Inhalt. Die Figur rettet das Leben.«

che Vergegenwärtigung des Gemeinten hält die Ausrichtung auf den Geber des lebendigmachenden *ruach* wach und veranlasst zur ständig erneuerten Bitte um seinen Geist.
Für die Begehung des Sakral-Ortes im diakonischen Bereich gilt also:

- Sie inszeniert Aussagen, Wünsche und Hoffnungen
- Sie richtet vergegenwärtigend auf den aus, dessen Geist wir erbitten
- Sie verhilft, in Berührung, Anschaulichkeit und Emotion in Erfahrung zu bringen, was in der Welt der Oligophrenie kognitiv nicht mitzuteilen ist. Aus der Not wird eine Gabe: Die Chance der Form wird auf ganz neue Art wahrgenommen.

3) Das Nach-Außen-Treten in Form und Geste bildet, als eine der Kernaussagen im Werk Steffensky's, einen entscheidenden Ansatz für das Nachdenken über und Gestalten von feiernder Orts-Begehung im diakonischen Lebensbereich. Von daher ist die, hier vorgenommene, Fortentwicklung des Steffensky'schen Ansatzes *Spiritualität im Alltag*[576] zu *Spiritualität im diakonischen Alltag* legitim.

4) Am Sakralort im diakonischen Lebensbereich ist der Assistent, aller Funktionen und Dienstgrade, von der *Attitude des Machers*[577] befreit. Die regelmäßige Begehung des Sakralortes lässt diese Haltung von der Mitte her konzentrisch auf alle Lebensbereiche handelnden Alltags ausstrahlen.
Der Assistent steht nicht mehr unter dem Diktat von Leistungsvorgaben, Effizienzkriterien und Corporate Identity im Leitbild, sondern unter dem Segen Gottes. Neben dem äußerlichen Raumwechsel vollzieht er einen Innerlichen. Er begibt sich in einen anderen, umgestaltenden Herrschaftsbereich, der ja der Eigentliche ist. Mit dem Ortswechsel lässt sich ein geistlicher Seinswechsel vor- und nachgestalten, der in jeder Begehung erneuert und vergegenwärtigt sein will.

5. Zusammenfassende Rezeption der drei theologischen Modelle

1) Der in Jesus Christus offenbare Gott (vgl. Joh. 4,22ff) hat sich nicht an Orte gebunden. Dennoch ist die Begehung eines zu diesem Zweck ausgesonderten und gestalteten Ortes Hilfe zu einer geordneten und darum heilsamen Praxis Pietatis.

576 Vgl. d. gleichlautenden Titel von Fulbert Steffensky's Veröffentlichung, a.a.O.
577 Fulbert Steffensky, Segnen. Gedanken zu einer Geste, a.a.O., S. 5: »Der Segen nennt Gott … Wer Gott nennt, braucht weder sich selbst noch der Welt ständig in der Attitude des Machers gegenüber zu stehen. Er ist fähig, darauf zu verzichten, das Leben herbeizuzwingen. Das ist die Voraussetzung einer tiefen inneren Gewaltlosigkeit.«

2) Abgesehen von der Gemeinde Jesu Christi, die sich aus den einzelnen Tempeln des Heiligen Geistes konstituiert, gibt es keinen Heiligen Ort an sich auf der Erde. Die Gemeinde existiert (anothen) von oben her. Die Christenheit hat in ihrer Geschichte die Erfahrung gemacht, wie gut es ist, für Gottesdienst und persönliche Praxis Pietatis einen Ort zu be-zeichnen.

3) Christlicher Gottesdienst bildet einen geistlichen Raum. Er ist der Ort, an dem die Gottesbeziehung des Einzelnen, innerhalb der Lebensäußerung der Gemeinde, Erfüllung und Gemeinschaft findet.

5.1 Manfred Josuttis lädt ein zu heiligender Raum-Aussonderung:

1) Es ist zwar nicht Aufgabe des Raumes, als alternativer oder komplementärer Mittler neben Christus, dem allein diese Funktion zukommt, zu treten. Doch kann der Raum den Mittler vermitteln, ihn Leib und Seele nahe bringen, indem er wärmt, beheimatet und sammelt.

2) Inmitten der Betriebsamkeit diakonischer Herausforderung und Alltagsbewältigung ist er bezeichneter Anhalts-Punkt und heilsamer Unterbrechungs-Ort.

3) Zwar kommt ihm nicht die quasi-priesterliche Kompetenz zu, das Heilige in erträglichen Dosen auszuteilen. Doch er kann Unsagbares gestalterisch vermitteln und zum Hören, Singen und Beten einladen.

4) Als Ort der Verkündigung ist er Kern-Ort der Glaubens*antwort*.
Als Ort von Beichte und Sakrament ist er Ort der *Versöhnung*.
Als umfriedeter Raum ist er *Zufluchtsort* heilsamer Distanz.
Als Raum, über eigene Endlichkeit nachzudenken, ist er *Überwindungshilfe*.
Als Versammlungsort der Gemeinde *ruft* er täglich *zur Gemeinschaft*.

5) Am ausgesonderten Ort, zur begangenen Zeit, halten wir uns zur Begegnung mit Gott bereit. Beides sollte in Gestaltung und Begehung als Einfallstor der Gotteswirklichkeit und seiner Dynamis wirksam werden – und die Zusagen Gottes vergegenwärtigen. Denn auf sie bezieht sich jede geistliche Begehung des Ortes.

6) Der umgebende Sakral-Raum verhilft dem Leib-Raum dazu, seinem Glauben eine gottesdienstliche Gestalt zu geben. Die fruchtbare und bergende Verankerung des Leib-Raumes im umgebenden Sakral-Raum gehört zu den spirituellen *Kernkompetenzen* diakonischen Handelns.

7) Spiritualität schafft und sucht Beheimatung: So ist es gut, der gemeinschaftlichen und individuellen Praxis Pietatis einen konkreten Ort zu heiligen.

8) Weil wir in Gott schön und heil sind, dürfen wir – was ›Würde‹ und Schönheit des Sakralraumes betrifft – die Schönheit Gottes und seines geliebten Geschöpfes nachgestalten. Dabei sollten die Kern-Mitglieder in den fortschreitenden, kreativen Prozess der Raumgestaltung mit einbezogen sein. Der Leib-Raum des Kern-Mitgliedes weiß intuitiv und richtungsweisend, wie der umgebende Sakralraum beschaffen sein soll.

5.2 Henri Nouwen sieht die Wurzel der Gestaltung im sakramentalen Nucleus:

1) Die All-Täglichkeit der Eucharistiefeier (Sakramentsfeier) am bezeichneten Ort innerhalb der Gemeinschaft hilft, die Botschaft in Fleisch und Blut übergehen zu lassen. Zur Zeit, am Ort, soll manifest, sichtbar und spürbar werden, was die Gemeinschaft im Kern zusammenhält.

2) Der Raum, der die Stabilitas Loci der gottesdienstlichen Feier im diakonischen Lebensbereich darstellt, soll etwas von der Fähigkeit des Menschen mit einer Behinderung, Unmittelbarkeit zu leben, abbilden. Die Stärke dieses Raumes besteht darin, auch den Allerschwächsten zu beheimaten.

5.3 Fulbert Steffensky sucht nach Glauben vergegenwärtigender Form

1) Zwar lebt der innere Glaube nicht von dem äußeren Glauben, doch lässt sich Erster von Letzterem erinnern, anstoßen und auf den Weg bringen.
Indem der Leib den Ort begeht, ist der Innere Mensch zum Nachvollzug dessen gerufen, was der äußere Mensch tut.
Der Sakralraum wird, durch die in ihm regelmäßig geschehende Glaubensgestaltung Initiator, Katalysator, Motivator und Stabilisator geistlichen Lebens. Er bleibt in Form und Funktion kontinuierlicher Anreiz, sich in Contemplatio und Actio nachzugestalten.

2) In seinen verschiedenen Handlungsfeldern ist diakonisches Tun bemüht, durch die Bezeichnung eines festen, hervorgehobenen und beheimatenden Ortes eine Aussage über den bergenden, heilenden Gott zu gestalten.

3) In der feiernden Begehung des Ortes wird der Segen, den Gott gibt, in Wort und Gestalt vergegenwärtigt. Die anschauliche Vergegenwärtigung des Gemeinten hält die Ausrichtung auf den Geber des *ruach* am Leben und veranlasst zur ständig erneuerten Bitte um seinen Geist.

XIV. Von der Feier der Zeit

1. Relevanz des biblischen Begriffes von Zeit – und seiner Begehung – für den Fortgang der vorliegenden Arbeit

1.1 Altes Testament

1) Israels Frömmigkeit, die sich zyklisch, zur heiligen Zeit, Gottes Heilstaten vergegenwärtigt, ist tätiges Gedenken[578]. Das betende Gedenken befreit, hilft und führt zur Vergebung.
Die betende *Memoria* wider die menschliche *Oblivio* vergegenwärtigt die ein für allemal geschehene Heilstat. Das wandernde Gottesvolk feiert zu Zeit und Stunde, was von Anfang bis in Ewigkeit gilt.
Zachar, das tätige Gedenken[579], bildet in Treue zu Zeit und Ort der Gedächtnis- und Gegenwartsfeier einen lebendigen Jahres- und Lebenskreis[580], der Geborgenheit und Lebenskraft stiftet. Die spirituelle Wahrheit von *zachar* findet sich ebenfalls ausgedrückt in der Choralstrophe von Ludwig Helmbold (»Von Gott will ich nicht lassen«[581]):

578 Vgl. F. Wilhelm Marquardt: Was dürfen wir hoffen, wenn wir hoffen dürfen ? Eine Eschatologie, Bd. 3, Gütersloh 1996, S. 353: »›Tätiges Gedenken‹ ist vor allem helfendes, befreiendes Vergeben – von Seiten Gottes; von unserer Menschenseele her ist es entsprechend betendes und Gottes Weisung folgendes Gedenken … Der Mensch ruft Gott, Gott ruft die Menschen zum Gedenken, und darin ereignet sich das Gericht. So wird Gedenken zu einer eschatologischen Wirklichkeit. Als solche – das hat Augustin vorzüglich gesehen – ist es ein Ritt gegen das Vergessen, memoria steht gegen oblivio, und in der Bibel das Gedenken gegen das Vergessen.«

579 Vgl. H. Schönberg, Predigt zum Sonntag Rogate über Ex 32,7–14, in: GPM 6, Reihe Invokavit bis Pfingsten, 2002, S. 243: »Gedenken … das ist ein Grundwort und eine Grundwirklichkeit der gelebten Beziehung zwischen dem biblischen Gott und den Menschen seines Volkes. Sie beziehen sich aufeinander darin, dass sie sich zu *keiner Zeit* aus den Augen verlieren, vielmehr aneinander gedenken wollen.«

580 Lexikon für Theologie und Kirche, Bd. 10, Hg. Walter Kasper, Freiburg 2001, Art. Lutger Schwienhorst – Schöneberger, Zeit / III. – bibl. theol., S. 1409: ›et‹ wird in der LXX 198mal mit *kairos* wiedergegeben. Das deutet auf eine zyklische Strukturierung des menschlichen Zeitempfindens hin (Gen. 8,22, Ps. 104,19–23, Hiob 38,39, Koh. 1,4–11). »Zu der mit dem zyklischen Zeit-Verständnis verbundenen Erneuerung tritt die das lineare Zeitverständnis konstituierende Erinnerung. An der Vergegenwärtigung des Grundereignisses der Ursprungs-Zeit erwächst der Maßstab für die Deutung der Gegenwart und die damit verbundene Erwartung der Zukunft (Prophetie).«

581 EG, Lied 365.

»Lobt ihn mit Herz und Munde, welch's er uns beides schenkt;
Das ist ein sel'ge Stunde, darin man sein gedenkt;
denn sonst vergeht all Zeit, die wir zubring'n auf Erden.
Wir sollen selig werden und bleib'n in Ewigkeit.«

Festzuhalten bleibt: Die Vergegenwärtigung von Gottes Heilsdaten und -taten in allem und meinem Leben (das tätige Gedenken) zur geheiligten, wiederkehrenden Zeit konstituiert und erneuert individuelle und gemeinschaftliche Praxis Pietatis.

2) Ex 20, 11 besagt: »Gott segnete den siebten Tag und heiligte ihn«; denn er ruhte an ihm. Segnen, Heiligen und Ruhen stehen Seite an Seite. Der Tag der Vollendung ist der Tag der Ruhe, von ihm her ist die Zeit bezeichnet. In der Gestaltung der Zeit, die den Tag der schöpferischen Ruhe an die erste Stelle setzt, werden wir frei vom Gesetz der Zeit.[582]
In der Begehung der Heiligen Zeit des Sonntags knüpft der Christ an die Sabbattradition an. Er unterbricht seine Activitas auf heilsame Weise und hat Anteil an der Ruhe Gottes. In der Heiligung des Sonntags geben wir Raum für Gottes Einsprache, Korrektur und Recreatio in uns und um uns her. Er ist in sich gestaltete, vom Gedächtnis an Gottes Tun erfüllte Zeit und der konzentrische Kernpunkt geistlicher Zeitstrukturierung. Das begriffene Zeichen des heiligen Tages ergreift auch die profanen Tage und strukturiert aus sich heraus neu. Die umgebende, zulaufende Zeit erhält von der gewiesenen Mitte her eine neue Wertigkeit. Sie kann nur aus dem Schöpfer hervorgehen – und nur in der Ruhe bei ihm gewährt werden.[583]

Ich halte fest: Wer von der Aktivität zur Actio gelangen will, muss zuvor teilhaben an der schöpferischen Ruhe Gottes, die aus sich heraus rekreiert und dauerhaft gestaltet. Ihr wohnt eine gestaltende Dynamis inne, die die Denkschemata von Effizienz und Kompetenz sprengt. Zeitgestaltung von Sabbath/Sonntag her zählt zu den Kernbedingungen

582 Manfred Seitz, Erneuerung der Gemeinde. Gemeindeaufbau und Spiritualität, Göttingen 1985, S. 109: »An dieser Stelle ist über die Erschaffung des Kosmos und der Lebewesen hinaus noch von einer Sache die Rede, die als letztes und Abschluss übergeordnete Bedeutung hat. Diese Ruhe wird hier als etwas Neues neben den Schöpfungsvorgang gestellt und nicht einfach als Zeichen seiner Beendigung … Gott schafft danach einen Raum zur Ruhe und schafft ihn zugleich als Zeichen, dass wir Menschen einmal frei werden vom Gesetz der Zeit.«
583 A.a.O., vgl. S. 114: »Der Beginn der modernen Woche mit einem Arbeitstag senkt etwas sehr Einseitiges in die Seelen. Er veranlasst die Menschen, die Ruhe von der Arbeit als verdient hinzustellen. Gott, der aus der Ruhe unvorstellbarer Ewigkeiten schuf, wollte es anders. Er wollte, dass wir die Ruhe von der Arbeit her als ermöglicht ableiten. Die christliche Woche beginnt am Sonntag. Der Mensch lebt nicht vom Werk seiner Hände, sondern von Gottes Barmherzigkeit …«

spiritueller/diakonischer Kompetenz. Diese verwirklicht sich in einem Leben vom Schöpfungsbericht her. Im Blick auf das benannte Effizienzkriterium ist hervorzuheben, dass wir die Arbeit von der Ruhe her, nicht von kompetent-kompetitiver Stärke her verstehen. Der Zugang verwandelt das Geschehen. Die christliche Woche einer diakonischen Lebens- und Dienstgemeinschaft beginnt mit dem Sonntag. Mit der Wertung und Strukturierung von Zeit bekennt sie sich zu ihrer Wurzel in der schöpferischen Actio Gottes.

1.2 Neues Testament

1) Verantwortete Zeit ist beantwortete Zeit. Gottes Anruf an uns hat seinen *Kairos*. Den *Chronos* unserer Lebenszeit gestalten wir auf ihn hin.
   Von Anfang an hat Gott seine heilsgeschichtlichen *Kairoi* auf dem Weg mit und zu den Menschen gesetzt. Auch die *Kairoi* der individuellen menschlichen Lebenszeit stehen in Gottes Hand, Anfang, Ende, Tief- und Höhepunkte. Mit dem Kommen Jesu Christi ist ein ganz neuer, alle sonstige Zeit von daher qualifizierender *Kairos* angebrochen. Unsere Zeit ist geschenkte Zeit, Gnadenzeit,[584] in deren heilvoller Strukturierung wir die entsprechende Antwort geben können.
   Mit Bethlehem und Golgatha hat die Welt-Zeit ein neues Vorzeichen bekommen, ist von dort her bestimmter *Nyn Kairos.* Zeit, die wir mit dem Ernst der Nachfolge *auskaufen* können. Die Gnaden-Zeit ist ernst zu nehmen und verantwortlich zu gestalten – auf ein Ziel hin in Ordnung zu bringen.[585]

584 Vgl. Theologisches Begriffslexikon zum Neuen Testament, hsg. V. Lothar Coenen, Erich Beyreuther und Hans Bietenhard, Bd. II/2, Artikel H. Ch. Hahn: Zeit, Wuppertal 1971, S. 1465: »Entscheidend neu und für jedes christl. Zeitverständnis konstitutiv ist die Überzeugung, dass mit dem Kommen Jesu ein ganz einmaliger, alle Zeit sonst qualifizierender kairos angebunden ist … Die Gnadenzeit, die von den Propheten erhofft wurde, ist jetzt mit Jesus Christus verwirklicht (vgl. Röm. 3,21; 1. Petr. 1,10ff; Eph.3,8ff; Kol. 1,26). Wer jetzt auf ihn hört, der wird ewiges Leben haben (Joh. 5,25). Mit dem Leben und bes. dem Leiden und Sterben Jesu ist der alte Äon vergangen, und mit dem ›nyn kairos‹, der Jetztzeit, der wahren göttlichen Gerechtigkeit (Röm 3,26), ist eine neue Zeitepoche, nämlich die ›Erfüllung der Zeiten‹ angebrochen … Das Heil hat sich in der Welt seine eigene Zeit und seinen eigenen Ort ausgesucht, um von daher Zeit und Raum, also die Wesensmerkmale der Welt, zu verändern, nämlich als die Zeit und den Raum Jesu neu zu qualifizieren.«

585 Ebd., S. 1465: »Der Glaube enthebt zwar der sklavischen Verfallenheit an die Zeit. Er befreit von belastender Vergangenheit durch die Annahme des Geschenkes der Vergebung. Doch entbindet er nicht von der ethischen Verantwortung, die verfügbare Zeit sinnvoll zu nutzen (Gal. 6,10; Kol. 4,5); im Gegenteil werden die

Der *Nyn Kairos* zwischen erstem und zweitem Advent bleibt dem Christen eine anspruchsvolle und spannungsgeladene Zeit, die apostolische und diakonische Aufgaben von ihm fordert. Den Ruf, geschenkte Zeit zu verantworten, beantwortet er in der gelebten Trias von Martyria, Diakonia und Leitourgia.[586]

Ich halte fest: Bezeichnet Gott meine und aller Welt Zeit in den *Kairoi* persönlicher und umfassender Heilsgeschichte, antworte ich ihm in der heilvollen Strukturierung der geschenkten Zeit. Diakonische Existenz weiß sich in den berufenen Dienst gestellt, Leben in Ordnung zu bringen. Sie erweist sich auch darin authentisch, dass sie die anvertraute Zeit auf Gott hin ordnet: d.h. in theo/christozentrische Ordnung bringt. Was das für das persönliche geistliche Leben und für die kommunitäre Zeit-Begehung (vgl. die Rolle des Tagzeitengebetes) einschließt, soll im weiteren Verlauf der Dissertation vertieft werden.

2) Im *Chronos* erfahren wir den linearen Verlauf von Welt- und persönlicher Lebenszeit. Er ist von Gott her mit den entscheidenden, bezeichnenden und neu-strukturierenden *Kairoi* durchsetzt und gestaltet. *Chronos* ist Verlauf, *Kairos* ist setzende, weisende Zäsur.[587] Den *Kairoi* Gottes, die mein Leben zwischen Alpha und Omega bergen, entspreche ich in einem gehorsamen, eingeübten und auf Christus hin geordneten Be-Gehen und Feiern der Zeit. Dann ist der *Chronos*, der außerhalb von Christus Angst verursacht, gestaltete Zeit und ein vom Ziel her bestimmtes und zu feierndes Geschenk. Es gilt, sich zu mühen, »in einen sinnvollen, gestalteten und gestaltbaren Lebenszusammenhang«[588] hineinzukommen. Indem ich damit bei mir selbst beginne, habe ich auch Vollmacht, dem Nächsten in der eigenen, ordnenden Gestaltung von Glauben zu dienen.[589]

Glaubenden in die geschichtliche Zeit eingewiesen mit dem Imperativ ›kaufet die Zeit aus‹ (Eph. 5,16).«

586 Ebd., S. 1466: »Die Zeit zwischen dem Auftreten des irdischen Jesus und der Parusie bleibt darum eine spannungsgeladene Zeit, die von den Christen wache Konzentration (vgl. Lk. 21,36; Eph. 6,1–8: durch Gebet) auf ihre apostolischen (vgl. Tit. 1,3) und diakonischen Aufgaben (vgl. Röm 13,11) erfordert … Von daher ist sie … ganz und gar gefüllte Zeit, ganz und gar Gotteszeit.«

587 Ebd., S. 1468: »Für den Israeliten gehören Zeit und Geschichte untrennbar zusammen. Zeit interessiert ihn nur, als sie durch ein bestimmtes Geschehen qualifiziert ist. Grundlegend ist der Glaube, dass der ewige, d.h. dauerhafte Gott (vgl. Ex. 15,18; Ps. 90,1; Jes. 40,28; Dan. 12,7) Herr der Zeit ist und dass er aller menschlichen Zeit Inhalt und damit Sinn gibt.«

588 Gerhard Ruhbach, Theologie und Spiritualität, Göttingen 1987, S. 34.

589 Ebd., S. 35: Entscheidend ist, »dass Leben in natürlichen Bereichen wieder in Ordnung kommt, dass sich ein guter Rhythmus einstellt. Nachfolge bedeutet schließlich Ordnung im Beziehungsbereich, sowohl gegenüber Gott wie gegenüber Menschen.«

Festzuhalten bleibt: Im Lichte der *Kairoi* Gottes wird der *Chronos* zum Geschenk. Ihn vom Ziel her zu gestalten, bietet dem Selbst und dem Nächsten bergende Ordnung, die zu jeder gelungenen diakonischen Existenz gehört.

2. Henri Nouwen zur Feier der Zeit

Um den Nouwen'schen Begriff von der Feier der Zeit wiederzugeben, ist es nützlich, sich an eine Textquelle zu halten, aus der hervorgeht, wie sehr er selbst bestrebt ist, sein geistliches Leben nach den spirituellen Kategorien von Zeit und Ort zu gestalten: der erste Sabbatical bei den Trappisten von Genesee Abbey.

1) Da auch der Rhythmus des fortgesetzten Gebets der Trappisten in der Regula Benedicti wurzelt, nimmt Nouwen auf diese Bezug. In ähnlicher Weise finden wir es immer wieder bei Steffensky beschrieben.[590] Die rhythmische Wiederkehr liturgischer Feier[591], das gleiche Habit, das fortgesetzte Psalmgebet schaffen eine überwältigende Gleichförmigkeit, die die Gemeinschaft und das in ihr verankerte Individuum zur geistlichen Ordnung bringt.[592]

2) Der heilige Rhythmus der Feier-Zeit gibt Individuum und Gemeinschaft eine neue Gestalt, einen neuen Umgang mit dem Geschenk der

590 Die Ahnenreihe der Gründungen / Reformen entwickelt sich in den Etappen: Benediktiner – Cluny – Zisterziensische Reform – Reform der Reform bei dem Richelieu-Neffen Armand Jean Bouthillier de Rancé (1626–1700; Abt seit 1664) in der Abtei La Trappe, Departement Orne, Frankreich.

591 Vgl. Henri Nouwen, The Genesee Diary. Report from a Trappist Monastery, New York 1976 (deutsch: Ich hörte auf die Stille, Freiburg 1978) S. 48: »The rule of St. Benedict – the returning rhythm of the day, the continous recitation of the 150 psalms and the uniformity of dress, food and place – slowly make you aware of a powerful sameness that transcends time and place and unifies you with the one God who is the Father of all people, all places, and all times,and who is the same through ages unending.« (ÜS: Die Regel des Hlg. Benedikt – der wiederkehrende Rhythmus des Tages, das fortgesetzte Rezitieren der 150 Psalmen und die Einheitlichkeit von Kleidung, Mahlzeit und Ort: all das schafft in dir allmählich ein Bewusstsein überwältigender Gleichförmigkeit, die Ort und Zeit transzendiert und dich mit dem Gott vereinigt, der der Vater aller Menschen ist – an jedem Ort und zu jeder Zeit – und derselbe in alle Zeit und Ewigkeit bleibt.)

592 Ebd., S. 48: »One of the things a monastery like this does for you is give a new rhythm, a sacred rhythm … in the beginning I was hardly aware of how I was being pulled slowly into a new lifestyle, a new way of perceiving time and a new way of experiencing God's presence.« (ÜS: Eines der Dinge, die ein Kloster wie dieses in dir bewirken kann, ist, dass du einen neuen Rhythmus bekommst, einen heiligen Rhythmus … Zuerst habe ich gar nicht gemerkt, wie ich langsam in einen neuen Lebensstil hineingezogen wurde, in eine neue Weise der Zeitwahrnehmung und eine neue Weise der Wahrnehmung des lebendigen Gottes.)

Zeit und eine erneuerte Weise, sich betend und arbeitend in der wahrgenommenen Gegenwart Gottes zu bewegen. Das in Genesee Abbey Wahrgenommene und Begonnene wird Nouwen auch weiterhin praktizieren. Die feste Gebetszeit, die allmorgendliche Eucharistiefeier bilden die entscheidenden Konstitutiva für seine geistliche Tagesbegehung. Das Regelmaß der Feier-Zeit wird ihm zum Instrumentum geordneter Frömmigkeitspraxis. Auch wider Unlust und Tendenz zur Ablenkung.[593] Seinem Neffen Marc rät er zur Einhaltung einer regelmäßigen, persönlichen Gebetszeit, die in ihrer treuen Beibehaltung Beachtliches im Leben des Beters wirken kann.[594]
Der Regula-Gedanke wird, wie auch bei Steffensky, in Rat und Tat umgesetzt. Bei beiden findet sich die konsequente, unbedingte Beibehaltung der festen Zeit wider alle Gestimmtheit. Bei beiden lässt sie sich aus der Regula Benedicti herleiten.

3) Der Abt John Eudes Bamberger gibt Nouwen den seelsorgerlichen Rat[595], am Regelmaß der Gebetszeit unter allen Umständen festzuhal-

593 Henri Nouwen hat die Pflege regelmäßiger Gebetszeit beibehalten, denn 10 Jahre später schreibt er in *Nachts bricht der Tag an,* Freiburg 1989, S. 136: »Obgleich mein Beten am frühen Morgen mich nicht weiterzubringen scheint, freue ich mich immer darauf und lege großen Wert auf die dafür reservierte Zeit.«
594 Seinem Neffen Marc rät Nouwen, eine tägliche, überschaubare Zeit dem Gebet zu widmen. Es zeigt sich seine hohe Wertschätzung des Regelmaßes wider Unlust oder Gestimmtheit (vgl. Steffensky's Rat in: Was ist liturgische Authentizität,a.a.O.). In: »Letters to Marc about Jesus« (San Francisco 1988, S. 84) schreibt er: »You need to set aside some time every day for this active listening to Jesus, if only for ten minutes. Ten minutes alone can bring about a radical change in your life … if you stick to your daily prayer time.« (ÜS: Um jeden Tag mit Aufmerksamkeit auf Jesus zu hören, musst du dir an jedem Tag einige Zeit aussondern. Nur zehn Minuten können eine radikale Veränderung in deinem Leben bewirken … wenn du nur an deiner täglichen Gebetszeit festhältst).
595 Vgl. Nouwen, Genesee Diary, a.a.O. S. 90: »Auf Nouwens Frage hin, wie man im arbeitsreichen Alltag sein regelmäßiges Gebetsleben bewahren kann, antwortet John Eudes Bamberger: »The only solution is a prayer schedule that you will never break without consulting your spiritual director. Set a time that is reasonable, and once it is set, stick to it at all costs. Make it your most important task. Let everyone know that this is the only thing you will not change and pray at that time. One hour in the morning before work and half an hour before you go to bed might be a good start. Set the exact time and hold on to it … So praying becomes as important as eating and sleeping, and the time set free for it becomes a very liberating time to which you become attached in a good sense.« (ÜS: Die einzige Lösung ist eine feste Gebetsordnung, die man ohne Rücksprache mit dem geistlichen Leiter nicht brechen sollte. Setze dir eine vereinbarte Zeit, und wenn sie einmal festgesetzt ist, halte um jeden Preis an ihr fest; mache dir dies zur wichtigsten Aufgabe. Lasse jedermann wissen, dass dies die einzige Sache ist, die du nicht abändern wirst und bete (tatsächlich) zu dieser Zeit. Ein guter Anfang könnte sein, am Morgen – eine Stunde vor Arbeitsbeginn – und am Abend vor dem Schlafengehen zu beten … Auf diese Weise wird das Gebet so wichtig wie Essen und Schlafen – und die dafür ausgeson-

ten. Abänderungen sind nur in Übereinstimmung mit dem Geistlichen Leiter möglich. In diesem Rat zeigt sich der tiefe methodische Ernst dieser Form der Praxis Pietatis.

Indem man sich für Gebet und Betrachtung eine feste Zeit aussondert, vermitteln sich die Inhalte von Lesung, Lied und vernommener Antwort mit besonderer Intensität. Sie werden beherzigt und damit im täglichen Gebets- und Arbeitsvollzug (auch inmitten der Schwerstarbeit einer diakonischen Vita communis) auf spezifische Weise *verleiblicht*.

Das Regelmaß gestaltet, das Regelmaß vertieft, das Regelmaß belebt.[596]

Für das persönliche und gemeinschaftliche Regel-Maß des Gebets, der Feier-Zeit, gilt also zusammenfassend:

- Das regelmäßige Begängnis der Zeit wird nur in strenger Methodik auf Dauer seine überlebensfähige Gestalt finden. Von daher ist die Ermutigung und Ermahnung in Gestalt des geistlichen Leiters notwendig. Er verkörpert Regula und Veranlassung extra me.
- Abänderungen der einzuhaltenden Zeiten sollten die absolute Ausnahme bilden. Sie sind, wenn unumgänglich, nur in Absprache mit dem geistlichen Leiter möglich.
- Die Einhaltung der persönlichen Gebetszeit ist kein unbenanntes Privatissimum, sondern etwas, worüber man in Freiheit mit jedermann spricht – und auch alle sonstigen Zeitvereinbarungen auf sie hin zuordnet. Es geht um öffentlich bekannte (im doppelten Sinne) Verbindlichkeit, ein bekannt gemachtes Bekenntnis.
- Die Regel der Gebets-Zeit legt diese *Kern-Zeit* aller übrigen Zeit zugrunde. Es ist nicht *Time Off*, sondern Wurzel allen Tun und Lassens. Das entspricht nicht dem gängigen Freizeit-Charakter, wie dieser dem gegenwärtigen Begriff von Spiritualität allzu oft verschwistert ist. Gebet ist Arbeit, die unabdingbare Wurzel aller Glaubens- und Lebensgestaltung.

derte Zeit wird zu einer befreienden Zeit, an der man schließlich, im guten Sinne, hängt).

596 Ebd., S. 67: Nouwen beschriebt diesen Vorgang am Beispiel seiner Erfahrung mit der täglichen Complet: »I start realizing that the psalms of compline slowly become flesh in me; they become part of my night and lead me to a peaceful sleep … (S. 68) … slowly these words enter into the center of my heart … They are more than ideas, images, comparisons: they become a real presence.« (ÜS: Ich beginne zu realisieren, wie die Psalmen der Complet mir allmählich in Fleisch und Blut übergehen. Sie werden ein Bestandteil meiner Nacht und führen mich hin zu einem friedvollen Schlaf … langsam gelangen diese Worte in das Zentrum meines Herzens … Sie sind mehr als Ideen, Bilder und Vergleiche: Sie bilden eine tatsächliche Gegenwart.)

- Man kann nicht gemeinschaftlich tun, was der Einzelne nicht praktiziert.[597] Eine gemeinschaftlich begangene Feier der Zeit im Tagzeitengebet, Sonntagsgottesdienst etc. wurzelt in der Treue des Einzelnen zur festgelegten, geistlichen Begehung der ausgesonderten Zeit.

4) Die Einhaltung der Gebetszeit führt den Einzelnen und die Gemeinschaft zu der, in der Contemplatio wurzelnden, Discretio des Entscheidenden vom Sekundären.[598] Dort ist der Ort bezeichnet, Nächstliegendes wahrzunehmen, Unabänderliches hinzunehmen, sich von der Zeit nicht treiben zu lassen, sondern sie von der Mitte ihrer Feier her zu gestalten. Die erfahrene Gottesgegenwart bringt in heilsamer Weise zur Erkenntnis eigener Sündhaftigkeit und Unfähigkeit. Nur dann hat die Gotteskraft eine Möglichkeit, etwas in uns und durch uns zu wirken. Es ist nicht die Effizienz, die wirkt, die Stärke für die Schwachen. Sondern das Eingeständnis eigener Schuld und Schwäche – mit Regelmaß – um in Vergebung und Erneuerung von der Mitte her wirksam zu werden.

597 In der Übertragung auf die diakonische Lebenswelt wird somit ein großer Wert auf die persönliche Praxis Pietatis des Assistenten gelegt – schon in der Stellenausschreibung sollte neben der Fachkompetenz auch nach der, so aufzufassenden, spirituellen Kompetenz gefragt werden.

598 Ebd., S. 90: John Eudes Bamberger an Nouwen gewandt – u.U. begegnen wir hier einer Quelle, die später zur Nouwen'schen Unterscheidung von *actio* und *activism* führt): »When you are faithful in this you will slowly experience yourself in a deeper way. Because in this ›useless‹ hour in which you do nothing ›important‹ or ›urgent‹, you have to come to terms with your basic powerlessness, you have to feel your fundamental inability to solve your or other people's problems or to change the world. When you do not avoid that experience but live it through, you will find out that your many projects, plans and obligations become less urgent, crucial and important and will lose their power over you. They will leave you free during your time with God and take their appropriate place in your life.« (ÜS: Wenn du darin Treue übst, wirst du allmählich dein Selbst in tieferer Weise in Erfahrung bringen. Denn in dieser nutzlosen Stunde, in der du nichts Wichtigeres oder Eiligeres tust, musst du mit deiner eigenen Machtlosigkeit zurechtkommen. Du musst die Unfähigkeit verspüren, deine eigenen, oder anderer Leute Probleme zu lösen – oder (gar) die Welt zu verändern. Wenn du dich dieser Erfahrung stellst (wörtl.: sie nicht vermeidest) und sie bewusst durchlebst, wirst du herausfinden, dass deine vielen Erfahrungen, Pläne und Verpflichtungen weniger wichtig, eilig und entscheidend werden – und wie sie ihre Macht über dich verlieren. Sie werden dich während deiner (ausgesonderten) Zeit mit/für Gott frei lassen und den angemessenen Platz in deinem Leben einnehmen.)

2.1 Eine übergreifende Schau von kontemplativer Existenz – mit Anweisung zur Exerzitie – im Werk von Henri Nouwen bleibt unvollständig und lädt zu Ausdeutung und Fortentwicklung ein

- Nouwen spricht in dem Werk seiner letzten zehn Lebensjahre mit sehr viel mehr Deutlichkeit über die Beziehung zwischen Assistent und Kernmitglied (und beider Beziehung zu Gott) als über die begangene Feier-Zeit. Das erschwert eine konkrete Übertragung auf die Kategorie Zeit. Die Strukturierung und Ausrichtung der Beziehung findet ungleich mehr Erörterung als die Überlegung zu einer kommunitären Zeit-Begehung. Insofern gibt es kaum Nouwen'sche Eigenaussagen zur betreffenden Thematik, jedoch – wie eben nachgewiesen – konkrete Bezugnahmen auf die Benedikt-Regel und ihre Übertragbarkeit auf das Leben des Einzelnen im Saeculum. Das Gleiche gilt für die zitierten geistlichen Ratschläge des Abtes John Eudes Bamberger. Nouwen ist bestrebt, sein Leben in der Welt, soweit es eben geht, an monastischer Spiritualität zu orientieren. Die daraus resultierende spirituelle Zeit-Strukturierung wird ihm dabei jedoch weder zu einem theologischen noch zu einem literarischen (Kern)Thema.
- Nouwen's Gepflogenheit, jeden Tag mit der Feier der Eucharistie zu beginnen (egal wo er ist und mit wem er gerade zusammen ist) bleibt hervorzuheben. Hier feiert er den *Kairos* im *Chronos*, täglich. Doch zu dem Bericht über diese Tatsache hinaus findet sich in Nouwens Spätwerk wenig Erläuterung. Das ergibt sich m.E. aus der, von der Selbstverständlichkeit der Übung her unkommentierten, täglichen Präsenz der Eucharistie im Leben vieler Katholiken.
- So bleibt die kontemplative Linie im Werk von Henri Nouwen auf einen spirituellen Umgang mit dem *Chronos* hin auszudeuten und fortzuentwickeln.
- Für den praktisch-theologischen Transfer im Hinblick auf Nouwen besteht die Schwierigkeit, dass sein Werk als Schriftsteller, Poet, Psychologe, Kunsthistoriker und Theologe kaum voneinander zu separieren ist. Das gilt ebenfalls für seine facettenreichen, zuweilen sprunghaft anmutenden Tagebücher. Auch bei der, eingangs beschriebenen, Fünf-Teilung seiner Vita in Phasen ist keine offensichtliche Kohärenz der Abschnitte untereinander ersichtlich. Bestimmend sind Impuls und Intuition.

  Selbst-Mitteilung, mit allen Gefährdungen und Brüchen, wird immer wieder Hilfsmittel zur spirituellen Führung des Lesers. Das, was seine Literatur wertvoll und fruchtbar macht, Selbst-Mitteilung und das darin enthaltene Stück Selbst-Hingabe, machen Systematisierung und konkrete Übertragung schwer. Sie regen den Leser aber seinerseits an, von einer rein theoretischen Ebene zur persönlichen Aussage zu gelangen.

2.2 Opus Dei und Labor Manuum haben gleiches Gewicht

1) Nouwen's Rat und Tat in Bezug auf die Stabilitas der Feier-Zeit wurzelt deutlich in niederländisch-angelsächsischer *Practicability.* Wert hat nur, was klare Direktiven für das individuelle und gemeinschaftliche, spirituelle Begehen und Feiern der Zeit gibt. Ohne etwas von ihrer Grundaussage verlieren zu wollen, ist der Wert der Regula eher von ihrer Praktikabilität im Alltag her bestimmt. Nicht so sehr von der grundsätzlichen Verehrung, die ihr andernorts entgegengebracht wird.

2) Zugleich zeigt sich jedoch ein großer Ernst in der Treue zum einmal festgelegten, geistlichen Begehen der Zeit. Diese Stunden werden dann so essentiell wie die Zeit, die man sich für Essen und Schlafen nimmt.
   - Ist dem so, dann darf es in einer diakonischen Vita communis keine Unterscheidungen mehr zwischen genutzter, eben »effizienter« und ungenutzter, »ineffizienter« Zeit mehr geben. Die große Bedeutung der von der Christus-Mitte her gestalteten Feier-Zeit wird deutlich.
   - Die Einteilung der Gebets-Zeit hat den gleichen Stellenwert wie die Einteilung der Arbeits-Zeit. Sei es in der Werkstätte für Menschen mit einer Behinderung, im Wohnheim, im Pflegeheim oder anderswo. Sie ist ja nicht der beliebige Zusatz für religiös interessierte oder veranlagte Mitglieder der Lebens- und Dienstgemeinschaft. Sie ist die Mitte, aus der heraus alles Leben vor Ort seine Gestalt finden soll.

3) Die tatsächliche Effizienz diakonischen Tuns ist von der genannten geistlichen Wurzel her zu bestimmen. In evangelischer Übertragung der Regula Benedicti auf den diakonischen Alltag lässt sich sagen, dass Opus Dei, Lectio Divina und Labor Manuum gleiches Gewicht haben. Labor Manuum ist nicht Effizienz-Zeit, Opus Dei und Lectio Divina sind nicht Aus-Zeit.[599] Hier liegt eine entscheidende, konstitutive Aussage: Diese führt zur Nouwen'schen Unterscheidung von

599 Ebd., S. 95: »St. Benedict sees as the three main aspects of monastic life: Opus Dei (liturgy), Lectio Divina (spiritual reading) and Labor Manuum (manual work). All three form essential aspects of prayer. When manual work no longer leads us closer to God, we are no longer fully realizing our vocation in prayer without ceasing.«
(ÜS: Der heilige Benedikt sah Folgendes als die drei Hauptaspekte monastischen Lebens an: Opus Dei (Liturgie), Lectio Divina (Geistliches Lesen) und Labor Manuum (Arbeit mit den Händen/Alltagsarbeit). Alle drei bilden essentielle Aspekte des Gebets. Wenn uns die Alltagsarbeit nicht mehr näher zu Gott bringt, sind wir uns nicht mehr unserer Berufung zum Gebet ohne Unterlass bewusst.)

Aktivismus[600] und fruchtbarem Tun. Die Arbeit, die nicht von der Gebets-Arbeit in verbindlicher Zeit-Struktur her geprägt ist, bleibt fruchtlos. Jede diakonische Konzeption (in allen Handlungsfeldern) sollte das Gleichgewicht von Labor Manuum und Opus Dei zugrunde legen.

4) In der Begehung der Feier-Zeit verliert das Treibende und Dringliche seine destruktive Macht. Sie setzt Kräfte frei, aus dem Glauben heraus spirituell aufmerksamen Dienst am Kern-Mitglied zu tun. Nicht nur die Tagesdirektiven haben die Macht, sondern die Möglichkeiten, die im Nucleus der Gebets-Zeit verborgen liegen und in Erfahrung gebracht werden wollen. Der Tag ist nicht mehr lediglich von Zweck- und Kriterienerfüllung her strukturiert, sondern von der Sabbatruhe her. In der regelmäßigen Teilhabe an der Ruhe des Schöpfers wird sie fruchtbare Kreativität bewirken.

3. *Die Begriffe* Zeit *und* Zeit-Raum *bei Manfred Josuttis*

In seiner Veröffentlichung »Der Weg in das Leben«[601] setzt sich Manfred Josuttis mit dem Be-Gehen von Zeit auseinander – zunächst einmal allgemein phänomenologisch:
Er beobachtet, dass in fast allen Religionen der Erde Menschen Kulte inszenieren und begehen. Das geschehe in unterschiedlich orientierten und gestalteten Rhythmen,[602] die sich aus Geschichte, Geographie und kollektivem Naturell herleiten. Kalenderepochen begleiten des Menschen Gang durch das Leben und seinen Weg zum Kultus.

1) In vielen Kulturen und Genesen religiöser Ausprägung zeige sich das Phänomen der Unterscheidung zwischen profanen und heiligen Zeiträumen, die der Mensch je und je begeht. Der Alltag werde angegangen, der Feiertag werde begangen. Sein Verlangen, mit den *Mächten des Lebens* Kontakt aufzunehmen, gestalte er in Raum und Zeit.

2) Die Tendenz des Homo religiosus, sich in kultischer Rhythmik an kalendarischen und naturgegebenen Zeit Räumen zu orientieren, bezeichnet Manfred Josuttis als *Synchronie*: d.h. ein religiöses Verhalten, das sich den profanen Gegebenheiten und Abläufen zuordnet.

600 Vgl. Ausführung im Schlussteil der Dissertation.
601 Manfred Josuttis, Der Weg in das Leben. Eine Einführung in den Gottesdienst, München 1991
602 Ebd., S. 56: »Menschen setzen sich von Zeit zu Zeit in Bewegung, um mit den Mächten des Lebens Kontakt aufzunehmen. Die äußere Uhr des Kalenders mit der grundlegenden Unterscheidung von heiligen und profanen Tagen reguliert ihr Verhalten in der Synchronie von Naturablauf, Gemeinschaftsprozess und religiöser Tradition.«

3) In der Unterscheidung zu profaner Lebensgestaltung werde das Fest als *heilige Zeit*[603] erlebt, die den Menschen zu dem Urgrund der Gottes- und darum/damit Menschengemeinschaft zurückführe. In vertikaler und horizontaler Linie zugleich werde Gemeinschaft angestrebt, erfahren und bekräftigt. Menschen setzten sich von Zeit zu Zeit in Bewegung, um mit den Mächten des Heiligen Kontakt aufzunehmen und begingen die heilige Zeit, um ihren gesamten Lebenskreis der Macht des Heiligen auszusetzen.

4) In der Arbeit mit Menschen mit einer Behinderung sei die Beobachtung zu machen, dass diese zu besonderen Zeiten und Anlässen Bewegung, äußere und innere, mit besonderer Intensität mitteilen. Sie hätten ein ursprüngliches Gefühl für den emotionalen und kultischen Anspruch der ausgesonderten Zeit bewahrt. Von daher biete begangene Zeit eine ganz besondere, kreative Chance im Umgang mit basal wahrnehmungsfähigen Menschen.

5) Um der Synchronie von göttlichem, menschlichem und natürlichem Handeln willen ließe sich die heilige Zeit als »potenziert heilvolle Zeit«[604] erfahren. Oder sie werde es für viele Menschen, weil sie an diesen ihr innewohnenden Charakter glauben. In der heiligen Zeit schließe sich der Mensch an das überzeitlich, jenseits und trotz der Situation wirkende Energiefeld des Göttlichen an. In jener heilvollen Berührung des Menschen mit dem Jenseitigen regeneriere sich seine Kraft. Dabei wirke sich das im Sakralbereich Empfangene und Beherzigte konzentrisch nach außen in die profanen Bereiche des Lebens hin aus. Heiliger Raum, heiliger Ort bewirken die Neu-Strukturierung des vorfindlichen Lebensraumes.

6) Diese gedankliche Einheit abschließend, kommt Josuttis auf die Heiligung des Sabbaths[605] zu sprechen, die er somit in diesen allgemeinen religionsphänomenologischen Kontext einordnet. In ihr habe auch der Wochenrhythmus der Christenheit seine Wurzel und die damit verbundene Sonntagsheiligung (Ex 20,8ff), der der Segen innewohnt: »Gedenke des Sabbattages, dass du ihn heiligest. Sechs Tage sollst du arbeiten und alle deine Werke tun. Aber am siebten Tag ist der Sabbath des Herrn, deines Gottes. Da sollst du keine Arbeit tun … denn in sechs Tagen hat der Herr Himmel und Erde gemacht … und ruhte

603 Ebd., S. 56: »Fest ist heilige Zeit … weil sich die Wirklichkeit des Göttlichen bei dieser Gelegenheit in der Gemeinschaft erneut manifestiert.«
604 Ebd., S. 56.
605 Ebd., S. 62: »Dem Vorbild Jahwes gemäß, der am, siebten Tag von seiner Arbeit ausgeruht hat (Gen 2,3), sollen auch die Menschen den Sabbath heiligen (Ex 20,8ff).«

> am siebenten Tage. Darum segnete der Herr den Sabbattag und heiligte ihn.«[606]

In seiner Veröffentlichung »Segenskräfte«[607] widmet sich Manfred Josuttis, neben dem (vorab behandelten) Sakral-Raum und dem Leib-Raum auch dem Zeit-Raum. Dabei geht er stets von den, im Einzelfall zu modifizierenden, phänomenologischen Erkenntnissen von Hermann Schmitz im Blick auf Räume und Atmosphären aus.

1) Im religiösen Ritual gestalteter Zeit vollziehe sich die Diffusion von Vitalkraft durch inszenierte Vergegenwärtigung der einzigen und umfassenden Lebensmacht.[608]

2) In Bezug auf die Vita spiritualis des Christen, der sich nach dem Evangelium für Gott und den Nächsten bereit halten will, beinhalte dies die Erfahrung, dass die Fähigkeit, sich »strukturierten Zeiträumen zu überlassen«,[609] auch Kraft und Kompetenz verleihe, sich für andere Menschen zu öffnen.

Sein, mitunter aktivistisches, Selbst jenen strukturierten Zeiträumen hin zu geben, setze es dem heilsamen Zugriff der Lebenskraft des Evangeliums aus. Anhand von Passageritus und Tagzeiten-Ritual wird der Ansatz entfaltet:

- *Passageriten*[610] haben Beginn, Veränderung und den Abschluss menschlichen Lebens zu begleiten und zu gestalten. Sie machen das menschliche Leben angesichts numinoser Grauzonen des Woher und Wohin erträglich. Dies geschehe mittels gestaltender und deutender

606 Der benannte Vers zieht (im Werk von Josuttis implizit) eine Linie zu dem Abschnittsthema: *Manfred Josuttis und die Gabe des Segens*, indem ausgesagt wird, dass, neben der Vermittlung durch machtheilige Wörter und Gebärden, auch in der Heiligung des`Sonntags und der Feier der heiligen Zeiten Segen vermittelt werden kann.

607 Manfred Josuttis, Segenskräfte. Potentiale einer energetischen Seelsorge, Neukirchen-Vluyn 2000.

608 Ebd., S. 156: »Religiöse Rituale vermitteln Lebenskraft durch Vergegenwärtigung der einzigen und umfassenden Lebensmacht.«

609 Ebd., S. 156: Damit ist in anderen Worten ausgesagt, dass die spirituelle Fähigkeit theo/christozentrischer Zeitstrukturierung diakonische (Kern)kompetenz mit sich bringt. So ist ein grundlegendes Axiom im Verhältnis von Diakonie und Spiritualität erfasst und festgelegt.

610 Ebd., S. 149: »Leben im Übergang – über die funktionale Analyse hinaus ist nunmehr zu fragen, welche Dimension von Lebenswirklichkeit sich in den *Passageriten* vermittelt. Diese zeremoniellen Sequenzen sind ja extraordinäre Momente des Lebenslaufes. Aber gerade, weil sie den Fortgang der routinierten Alltagspraxis unterbrechen, ermöglichen sie Wahrnehmungen, Erfahrungen, Einsichten, die ansonsten verdeckte Aspekte des Daseins ein Stück weit dem Bewusstsein, aber vor allem dem Ahnungsvermögen zugänglich macht.«

Zeit- und Raumbegrenzungen. In zeremoniellen Sequenzen werde an sich nicht Sagbares hör-, sprech- und singbar. Der Gott, der menschliche Gestalt angenommen hat, lasse sich in der Wirklichkeit gestalteter Zeit be-greifen: gerade dann, wenn das Leben, sei es in Freude, sei es in Trauer, über Wort und Verstehen dicht und ergreifend wird.
In heilsamen, gestaltenden Unterbrechungen werde der Mensch zu beidem fähig: zu erahnen und zu ertragen. Halte die alltägliche Betriebsamkeit inne von ihrem Aktivismus, ließe sich manches Übergangene erschauen und erspüren. Die heilsame, gestaltete Unterbrechung wecke die religiöse Intuition. Wahrnehmungen, Erfahrungen, Einsichten werden möglich, die dem Bewusstsein und dem Ahnungsvermögen die verdeckten Aspekte des Daseins zugänglich machen.

- Die, in der Christenheit uralte, geistliche Begehung der Tageszeiten wird von Manfred Josuttis ebenfalls unter dem Aspekt des gestalteten (und gestaltenden) Rituals aufgefasst.
  Luthers *Morgen- und Abendsegen*[611] werden (wohl im Rückgriff auf Ignatianische Diktion) als Exerzitie angesehen, die mit Regelmaß die Bereitschaft und Hoffnung in Fleisch und Blut übergehen lassen, sich von Gott und seinen Engeln getragen zu wissen.[612]
  Dasselbe möchte er aussagen, wenn er an dieser Stelle die ostkirchliche Praxis des Palamitischen Wiederholungsgebetes nennt, die sich den Erlöser zu Herzen nehmen möchte, damit der Mensch sich in der Stetigkeit des Rituals für die zu geschehende Theosis bereithält.[613]

3.1 Kritik: Das Ritual hat keinen Werkcharakter

Seit den 70er Jahren findet sich der, seit langem bekannte, Begriff des *Ritus*[614] in der Praktischen Theologie durch den Begriff des *Rituals*, der in den Sozialwissenschaften gebräuchlich ist, ersetzt.
Insgesamt wurde die anthropologische Ritualforschung als erhellend für die Analyse von Bedingungen und Grenzen ritueller Elemente gottesdienstlichen Handelns empfunden.[615] Hier seien die Namen von Josuttis,

611 Ebd., S. 154: »Gegen die Macht der Angst hat Luther die Exerzitien von *Morgen- und Abendsegen* entwickelt. Stress und Arbeitswut hören auf, wenn man sich den Erlöser im intensiven Gebet, wie es die Ostkirche hervorgebracht hat, zu Herzen nimmt.«

612 Hierbei ist kritisch zu fragen, ob Ignatius von Loyola eine Exerzitie auch nur annähernd als stabilisierendes Ritual angesehen hätte. Diese sprachliche Annäherung müsste Josuttis m.E. deutlicher begründen, das sie sonst irreführend wirken kann.

613 Die Nebeneinandernennung und Ineinssetzung beider Praktiken befremdet, weil die Lutherische Theologia Crucis (und die damit auf Rosen gehende Anfechtung) und das Orthodoxe Theosis-Konzept in großer Entfernung voneinander liegen.

614 Vgl. TRE, 1998, Art. Hans-Günther Heimbrock: Ritus, S. 279.

615 Ebd., S. 280.

Spiegel und Volp genannt. Auf diesem Hintergrund sind die vorab zitierten, pars pro toto darstellenden Äußerungen von Josuttis zu sehen und einzuordnen.

Zum Josuttis'schen Umgang mit dem Begriff Ritual

1) Josuttis' Rede vom Ritual schafft dem Missverständnis Raum, dass eine perfekte, nach gewissen Gültigkeitskriterien vollkommene religiöse Handlung mit der Anrufung Gottes im reformatorischen Sinne verwechselt werden kann. Die Gottespräsenz, die Gotteskraft lassen sich nicht durch Ritual und Invokation herbeizwingen. Dies widerspräche der Predigt von der freien Gnade Gottes: »Auch kann nicht über die Übungen recht gesprochen werden, wenn die Gewissen im Zweifel bleiben, wenn sie nicht wissen, dass Gott Glauben verlangt, gleichsam als hauptsächlichen Gottesdienst ... Äußere Übungen, äußere Zeremonien und andere äußere Werke können auch die Heuchler verrichten. Aber diese Gottesdienste sind nur der wahren Kirche eigen: wahre Buße, Furcht (Gottes), Glaube, Anrufung.«[616]

2) Die Betonung des Rituals als heiliger Vollzug an sich, als Opus Dei gewissermaßen, verdeckt die Tatsache, dass evangelische Praxis Pietatis *propter Christum per fidem* gestaltete Antwort gibt. Wort und Sakrament bilden (C.A. 4) die *Instrumenta*, durch welche der Heilige Geist verliehen wird. Nicht die sachkundige (an das Schamanische grenzende) Inszenierung des Rituals. Um diese Fixpunkte her muss auch die Feier der Zeit angeordnet sein. Nur in diesen Instrumenta geistlicher Dynamik wurzelt die anzustrebende, christozentrische Strukturierung des Chronos.
Die Feier der Zeit hat keinen invokativen, sondern erwartenden Charakter. Orts-, Leib und Zeit-Raum werden zum guten Acker für die geistliche Gottesbegegnung *ubi et quando visum est Deo* (C.A. 5). Die Erwartung geht nicht mechanistisch davon aus, dass Gott sich auf Ort und Zeit festgelegt hat. Sondern sie weiß, dass er sich in Wort und Sakrament bezeichnet und verortet hat. Um diese Mitte her lebt die kontemplative, erwartende, von der Verheißung her empfangende Spiritualität der Actio.

3) In Bezug auf die spirituelle Zeit/Passage-Strukturierung muss klarer zwischen anthropologischem und theologischem Ansatz unterschieden werden. Sonst gelangt man tatsächlich zum mechanistischen Verständnis von Inhabitation und Invokation am Ort, zurzeit. Denn »von Gott her gesehen kommt der Festlegung gottesdienstlicher Rituale keine Heilsbedeutung zu. Von der Gemeinde und ihrer Lebens-

616 Confessio Augustana Variata. Das Protestantische Einheitsbekenntnis von 1540, Art. 20, Übersetzung v. Wilhelm Neuser, Speyer 1993, S. 27.

ordnung her aber ist es um der Liebe und des Friedens willen geboten.«[617]

4) Sagt Manfred Josuttis in seiner Veröffentlichung »Segenskräfte«[618]: »Religiöse Rituale vermitteln Lebenskraft durch Vergegenwärtigung der einzigen und umfassenden Lebensmacht«,[619] so bleibt zu hinterfragen, wo er zwischen allgemein-religionsphänomenologischen Ritualen und christozentrischer Liturgie unterscheidet. Seine Tendenz, zwischen außerchristlichem Ritual und christlichem Ritus/christlicher Liturgie handlungsrelevante Parallelen zu ziehen,[620] kann in der Rezeption zu mangelnder Diakrisis in Ansatz und Vollzug führen.
Haben die Reformatoren schon erhebliche Scheu vor dem traditionell-vorfindlichen Begriff des *Ritus*[621] gehabt, sollte sich derzeitige Praktische Theologie vor einem allzu leichtfertigen Umgang mit dem Begriff *Ritual* hüten.

5) Von der Christus-Mitte her, kairologisch gegliederter Chronos hat es nicht mit der Heiligen Zeit an sich zu tun. Viel eher um seine Be-Zeichnung und Aussonderung um der geordneten Praxis Pietatis willen. Darum muss die Transferleistung vom Josuttis'schen Ansatz zum spirituellen Umgang mit dem Chronos hier ganz deutlich mit dem Begriff der Liturgie arbeiten. Es ist *ihr* Dienst an uns, Meditatio, Oratio und Contemplatio in uns zu wecken, die in die Tentatio des Alltags hinein- und hinausführen.

6) Das Leben im Zeit-Raum *en Christo* (im Gegensatz zu *en Adam*) sollte zur spirituellen Chronos-Gestaltung auf diesen hin führen, der in seiner Dynamis (vgl. Röm. 1,16) erfahrbar wird. Leider spricht Josuttis hier nicht christologisch von der im Evangelium ausgesagten

617 Evangelisches Lexikon für Theologie und Gemeinde, Hg. Michael Herbst, Gerhard Ruhbach u.a. Art. Ritual/Ritus v. H. Jetter, Wuppertal 1994, S. 1714.
618 A.a.O.
619 Manfred Josuttis, Segenskräfte, a.a.O., S. 156.
620 Confessio Augustana Variata, Art. 28, a.a.O., S. 64: »Und da der Gottesdienst im Glauben geschehen muss, ist es notwendig, dass wir ein Wort Gottes haben, das bezeugt, das Werk gefalle Gott … Aber diese Liebe zum Glauben verstehen die gottlosen Menschen nicht und haben zu allen Zeiten mit schrecklicher Frechheit Gottesdienste ohne Gebot und Ort Gottes erdichtet. Wenn dieser erlaubt wird, kann kein Grund mehr angeführt werden, warum die heidnischen Opfer Gott nicht gefallen sollen.«
621 Ebd.: »Viele sind nämlich in der Kirche durch verkehrtes Nachahmen levitischer Zeremonien getäuscht worden, und sie haben geglaubt, im Neuen Testament müssten ähnliche Riten herrschen und sie seien ein Gottesdienst und Dinge, durch die Gott sich Ehre schenken lässt.«

Macht des *Theos ischyros*. Er redet mit unbestimmtem Artikel von einem (unbedingt näher zu definierenden) *Heiligen*.[622]
Die Feier der erfüllten Zeit (in Kirche und ihrer Wesensäußerung, der Diakonie) soll von dem her bestimmt sein, der die Mitte der Zeit ist, in welchem sie ihren Anfang nimmt (vgl. Joh. 1,1) und auf den sie zuläuft.

7) Im Rückgriff auf die Atmosphären-Theorie von H. Schmitz / Kiel betrachtet Josuttis Orts-, Leib- und Zeit-Raum als von Atmosphären erfüllte Bezirke. Zu fragen bleibt, ob hier *Atmosphäre* nicht implizit mit *Pneuma* gleichgesetzt wird. Die Erfüllung mit göttlicher oder heiliger Atmosphäre sagt nicht aus, was die Einwohnung des Geistes in allen benannten Raum-Formen besagen und bewirken kann: So ist geistliche Gestaltung des Zeit-Raumes nichts Atmosphärisches, sondern etwas Geistliches von Christus her. Da nun eben die Atmosphäre kein theologischer Begriff ist, bringt es an dieser Stelle Verständnisschwierigkeiten mit sich, wenn man geistliche Phänomene anhand eines, von Inhalt und Diktion her, fremden Begriffes herleitet und veranschaulicht.

3.2 Folgerungen für das Zeit-Ritual als wiedergewonnene diakonische Kernkompetenz

1) In der Tat ist es diakonische Kernkompetenz, der Vita communis eine geistliche Zeit-Struktur zu geben und somit sich selbst und den Anvertrauten einen überschaubaren, bergenden Raum zu schaffen.
Dennoch müssen diese Einteilungen vom Evangelium her begründet werden. Ritus ohne Katechese wird unbezeichnetes Ritual, das die klare Kontur des von den christologischen Kairoi her gegliederten Chronos verliert.

2) Wie vorab gesagt, sollte die geistliche Zeit-Strukturierung eher mit dem Begriff *Liturgie*, als mit dem Begriff *Ritual* ausgesagt werden. Dies entspräche viel eher einer christozentrischen Auffassung von zu feiernder Zeit. Geordnete, gemeinschaftliche und integrative Praxis Pietatis darf, um des Rufes und Zieles diakonischen Handelns aus dem Evangelium willen, nicht schon im öffentlichen Gebrauch des Begriffes verfälscht werden. Denn viele Mitarbeiter, Bewohner und

622 Vgl. Michael Herbst, Buchrezension Segenskräfte von Manfred Josuttis, in: ThBeitr, April-Ausgabe, 2001, S. 114: »Problematisch erscheint mir die relative Unbestimmtheit des neutrisch benannten Heiligen (vgl. dementsprechende Aussagen von Holger Eschmann in: Theologie der Seelsorge, a.a.O.) Der weite Religionsbegriff bei Josuttis erlaubt nicht die strenge Unterscheidung des in Jesus Christus offenbar gewordenen Gottes Israels von den Göttern und Götzen der Völker.«

Beschäftigte werden keine deutliche Vorstellung von einem Zeit-Ritual haben. In der Evangelischen Diakonie muss deutliche Benennung von der Mitte her legitim sein. Denn mit überzeugender Klarheit lässt sich nur darstellen, konzipieren und umsetzen, was dem Initiator selbst klar ist.

3) Der, in der Hauptsache vom Kairos der Auferstehung her verstandene Chronos (als Zentralaspekt der Feier-Zeit Sonntag), vergegenwärtigt die Lebens-Zeit als Heils-Zeit: in der Existenz *en Christo*. Indem man sich rhythmisch, *von Zeit zu Zeit* die Heilsdaten zusingt und zusagt, wird es der *Dynamis tou Theou* möglich, sich (u.a.) auf diesem Wege in Erfahrung zu bringen. So hält die spirituelle rhythmisierte Zeit eine Krafterfahrung bereit, die dem Betreuer/Betreuten mehr vermitteln kann, als menschliche Konzeption zu geben vermag.
Spielt die strukturierte Zeit in der therapeutischen Begleitung[623] eine große Rolle, so ist das auch für die heilende Kraft einer die Heilszeit feiernden Vita communis zutreffend. Die stete Feier heilt, bringt zurecht und bündelt die Kräfte im Lichte der Kraft (Dynamis).

4) Josuttis unterscheidet zwischen profaner und heiliger Zeit. Dabei, so lässt sich fortentwickeln, kann die Letztere die Erste verwandeln. Es ist also möglich, die unter dem Druck der Ökonomisierung stehende Alltagszeit durch die sakral konnotierte Zeit des Sonntags zu durchbrechen. Durch Tagzeitengebet und Gottesdienst wird »Alltagszeit bewusst dem Profanen enthoben und sowohl als auch symbolisch als geheiligte Sabbatzeit reinszeniert … Diese dem Menschen in theologischer Perspektive von Gott her eingeräumte Zeit enthebt den Menschen der totalen Verzweckung.«[624]
Wird der Werktag der Diakonie nicht vom (Sabbath – als der schöpferischen Ruhe bei Gott) Sonntag her begangen, erleidet sie Profil- und Kraftverlust. Und das, obwohl sie in der ganzheitlichen Effizienzorientierung – bis hin zur systematischen Internalisierung von Leitbildern – das Gegenteil intendiert hat.
Die Feier der heilenden Heilszeit schafft für Assistent und Kernmitglied begehbare, erfahrbare Strukturen und befreiende, nicht-ökonomisierte Zeit-Räume.

623 Vgl. Manfred Josuttis, Seelsorge in der Gemeinde der Heiligen, in: Gemeinde ist Seelsorge. Rudolf Bohren zum 80ten Geburtstag, Hg. v. Christian Möller, Göttingen 2000, S. 8: »Seelsorge in der Gemeinde findet nur ausnahmsweise in Strukturen statt, wie sie für die therapeutische Praxis wesentlich sind: in festen Zeiträumen und Rhythmen.«
624 Manfred Josuttis, Der Weg in das Leben. Eine Einführung in den Gottesdienst auf verhaltenwissenschaftlicher Grundlage, München 1991, S. 61ff.

4. Das Be-Gehen und die Feier der Zeit bei Fulbert Steffensky

Es soll im Folgenden aufgezeigt werden, welches Verhältnis der Autor von der Feier der Zeit im bezeichneten Chronos mitteilt – und welche konkreten Gestaltungshilfen er im spirituellen Umgang mit der Zeit gibt.

Die Aussage, dass die Feier der Zeit eine entscheidende architektonische Größe in der Feier der Lebens beinhaltet, wird zu einer *Kernaussage* Steffensky's. Die den Chronos, den Alltag[625], durchdringende Ausdrucksform lässt sich auf persönlicher und gemeinschaftlicher Ebene im Begehen, in der Feier der Zeit finden. ›Religion‹ kann u.a. ohne die Einhaltung der festen Zeit nicht sein. Sie geht nur, wenn sie alltägliche Religion und regelmäßige Ausübung ist. Ohne vom Kairos her gestaltete Feier des Chronos und christozentrische Zeit-Strukturierung bleiben Frömmigkeit, Spiritualität und Glaube ungestaltete, ungelebte Begriffe. Was die treue Begehung von Ort und Zeit um der Glaubensgestalt willen betrifft, können wir – so Steffensky – von unseren Vätern und Müttern im Glauben nur lernen. Die öffentliche Bezeichnung der Zeit, mit der das christliche Abendland Jahrhunderte lang unwidersprochen lebte, hat sich heute (bis auf den Glockenklang) in eingegrenzte Bezirke (z.B. Klöster) zurückgezogen. Hatten Umkehr, Buße, Durchbrechung der Geläufigkeit des Lebens … früher ihre festen«[626] und öffentlichen Zeiten, so hat sich diese heilsame Strukturierung des öffentlichen Chronos heute auf festgeschriebene Reservate beschränkt.
Was sich nicht gestaltet findet, ist von der Vergänglichkeit und Unbeständigkeit des ungeheiligten Chronos bedroht. Nur die Feier der Zeit verleiht ihr das, was im Pietismus des 18. und 19. Jahrhunderts mit dem Begriff *Ewigkeitswert* ausgesagt wurde. Sie erhält Leben.
Das Begehen schenkt das Überdauern, die Einübung den Fortbestand.
Der Glaube fordert seine konkrete Gestalt in der Treue der Übung[627], in

625 Fulbert Steffensky, Feier des Lebens. Spiritualität im Alltag, Stuttgart 1984, S. 39: »Aber wir müssen auch schweigen, hören, lesen, fasten, segnen, Blumen aufstellen, beichten; in vielen Gesten uns selbst wiederholen … Und das alles muss etwas Alltägliches sein … (S. 40) … Denn gerade der Alltag braucht seinen regelmäßigen Trost, seine regelmäßige Erbauung, seine regelmäßige Reinigung. Religion geht nur, wenn sie alltägliche Religion, regelmäßige Ausübung ist.«
626 Ebd., S. 119.
627 Ebd., S. 120: »Wir haben meistens nicht die Kraft, uns die jeweils angemessene Gestalt unserer Spiritualität zu geben. Meistens bleiben wir gestaltlos. Wir verkommen. Denn was seine Gestaltung nicht findet, das geht mit der Zeit auch als Idee verloren … Das Christentum geht verloren, wo es sich verschweigt, weil es sich nicht in Gesten und Zeichen und Aufführungen darstellt … Die Werkzeuge, die unseren Vätern und Müttern in ihren Kämpfen und Hoffnungen geholfen haben, kennen wir kaum noch und gebrauchen sie noch weniger.«

der Heiligung von Ort und Zeit im Lichte von individueller und gemeinschaftlicher Praxis Pietatis.

Der Gedanke der in Treue und Beibehaltung gefeierten Zeit wird weiter ausgeführt in der Veröffentlichung »Das Haus, das die Träume verwaltet«[628]. Im Blick auf die Veröffentlichung insgesamt lässt sich zusammenfassen:
1) In der bewussten Gliederung der Zeit wird dieselbe überhaupt wieder erfahrbar. Sie wird erträglich und lebensvoll, weil sie strukturiert ist.
2) In der bewussten Gliederung der Zeit wird der Mensch sich selbst deutlich.

In Bezug auf den methodisch-spirituellen Umgang mit der Zeit stellt Steffensky fest, dass:
1) die abgegrenzte Zeit oder der abgegrenzte Ort eine besondere Erwartung hervorriefen;
2) die spirituelle Einübung in die Heiligung der Zeit den Menschen langfristig von außen nach innen strukturiere. Dann sei seine Gebetszeit nicht mehr abhängig von der Gestimmtheit. Er vollziehe ein Ritual, weil es Zeit dazu ist;
3) man sich in allen spirituellen Entwürfen der Zeit und ihrem Wechsel angefügt habe. Dem Geschöpf wohne das anerschaffene Wissen inne, dass der Rhythmus heilt, weil er vergewissert.

Was die Sabbath/Sonntagsheiligung betrifft – hier spezifiziert Steffensky seinen Begriff von der Feier der Zeit in der anschaulichen Konkretion pars pro toto – kommt er zu Einsichten, die im Hinblick auf die (vgl. Kapitel Nouwen) begonnene Unterscheidung zwischen Actio und Aktivismus von Belang sind:
1) Der Sonntag[629] sei Heiligkeit in der Zeit und lehre den Christen, dass seine Actio in der Contemplatio seinen Anfang nimmt und auf dieselbe, nämlich sein Ruhen in Gottes Ruhe, zielt. In der kreativen Teilhabe an der Ruhe Gottes lernten wir, dass die Creatio gut ist. Doch die geistliche Respiratio, die die Recollectio einleitet, sei als heilig[630] zu bezeichnen.

628 Fulbert Steffensky, Das Haus, das die Träume verwaltet, Würzburg 1998.
629 Ebd., S. 102: »Der Sonntag war, wo er beachtet wurde, das große Vorspiel der Freiheit … Wenigstens an diesem Tage sollten Menschen nicht Sklave ihrer Situation sein. Der Vorschein der Freiheit, die allen zugedacht war, lag auf diesem Tag.«
630 Ebd, S. 192.
Vgl. auch Abraham J. Heschel, God in Search of Man. A Philosophy of Judaism New York 1978, S. 87: »Die größte Sünde des Menschen ist, zu vergessen, dass er ein Königssohn ist. Der Sabbath ist eine Zusicherung dessen, dass jenseits des Guten das Heilige ist; das Universum wurde in sechs Tagen geschaffen, aber der Höhepunkt der Schöpfung war der siebte Tag. Die Dinge, die in den sechs Tagen ins

2) Der Sonntag sei als eine Einrichtung zu sehen, die die Maschinenhaftigkeit des Seins stört. Das Brachliegen der Potentiale am Feiertag versage den Profit, sei ineffizient[631]. In der Feier der Heiligen Zeit werden wir uns der Eigentlichkeit unseres Seins bewusst. Gottes Liebe hat weder Ziel noch Ende (vgl. Paul Gerhardt: »Sollt ich meinem Gott nicht singen«) als das geliebte Geschöpf an sich; darin dürfe dieses ruhen.
3) Die Feier der Zeit führe weg von einem imperialen, effizienzorientierten Umgang mit dem Chronos hin zu einer anderen Zeit, die Respiratio und Recollectio möglich mache. Sie werde das Leben von diesem Zugang her neu und heilsam strukturieren.
4) Die Feier der ausgesonderten Zeit stelle das Machertum und seinen intendierten Ausverkauf des Objektes Zeit in Frage[632]. Hier bekomme der verkaufsoffene Sonntag[633] eine geistliche Tiefenbrisanz. Dazu müsse die Kirche ihre Stimme mit Deutlichkeit erheben – und mit dieser partiellen Kritik ein Ganzes zur Feier der Zeit/Feier des Lebens aussagen.
5) Eine effizienzorientierte Gesellschaft (hier da sollten Kirche und Diakonie die Vorreiter spiritueller Entdeckung sein) müsse es neu lernen, der Kernkompetenz gefeierter Zeit den Platz zuzuweisen, der notwendig ist. Nicht Profit und Produkt stiften Leben, sondern kontemplative Teilhabe an der Sabbathruhe Gottes.
6) Das Ideal der begangenen und gefeierten Zeit wird der »verwüsteten Zeit«[634] zu Warnung und Ansporn entgegengesetzt.

In seinem Aufsatz »Was ist liturgische Authentizität«[635] gibt Fulbert Steffenksy konkrete Hilfestellung, das Erkannte zu verwirklichen und beizubehalten. So wird in der Form die Langfristigkeit des Geistes gerettet:

Leben gekommen sind, sind gut; aber der siebte Tag ist heilig. Der Sabbath ist Heiligkeit in der Zeit.«

631 Ebd., S. 102.

632 Ebd., S. 103.

633 Ebd., S. 104: »Die Machterhaltungen verwüsten die Zeit und dulden weder Sonntage noch Feiertage, denn diese sind ungenutzte Zeiten. Vielleicht ist es Aufgabe der Kirche, für die Zeiten einzutreten, die sich nicht beweisen und begründen lassen.«

634 Ebd., S. 103: »Produzieren und Profitieren lassen sich begründen. Sie lassen sich durch ihre sichtbaren Ergebnisse begründen, durch den Profit und das Produkt. Die Zeiten des Betens aber, der Stille, der Passivität können sich vor den Augen der Rechner und Kalkulatoren nicht ausweisen. Sie sind ohne warum und ohne sichtbaren Zweck wie die Gedichte und Lieder. Vielleicht kann man in Abwandlung des politischen Slogans sagen: ›Wenn das letzte Lied verschollen ist und kein einziges Gebet mehr Platz hat in der verwüsteten Zeit, dann werdet ihr sehen, dass man Gold nicht essen kann.«

635 Fulbert Steffensky, in: PTh 89, 2000, S. 105ff.

1) Repetitio est Mater Spiritualitatis. Die Wiederholung initiiert, katalysiere und stabilisiere den geistlichen Prozeß.[636] Zeiten, Texte und Zugangshilfen werden internalisiert. Man lerne sie *by heart*.
2) Gebe man dem Vorhaben (neben dem bestimmten Ort) eine bestimmte Zeit[637], trägt schließlich die Ordnung über die Wellenbewegung von Lust und Unlust hinweg. Das Einhalten der Ordnung halte die Gebetspraxis, individuell und gemeinschaftlich, am Leben.
3) Gliedere man den, ansonsten unerträglichen, Chronos nach seinen Einschnitten (Abend-, Morgen-, Wochen- bzw. Jahreszeitenbeginn), verwandelt man ihn in der Synchronie von profaner und heiliger Zäsur zur erfüllten Zeit. Sie werde von den, im Regelmaß meditierten, Kairoi her ewigkeitstransparent.
4) Der beibehaltene Dreiklang von *Zeit, Ort und Methode*[638] führe zur Fortdauer der (zu beginnenden) Einübung konkreter Glaubensform.
5) Gebet sei *Arbeit*[639]. Sich heranzubilden, sei eine strenge, asketische Exerzitie, die nicht nach Stimmung und augenblicklichem Erfolg fragen dürfe. Nur wer Langfristigkeit und Fort/Überdauer im Blick habe, werde den Einzelschritt bewältigen.

4.1 Fulbert Steffensky in der Tradition des Benedikt von Nursia

Aus seiner Biographie heraus ist zu verstehen, daß Fulbert Steffensky in seinen Erkenntnissen und Gestaltungshilfen zu einer konstanten Praxis Pietatis vom benediktinischen Leben und seiner sinn- und formgebenden Regula Benedicti geprägt ist.
Das soll, wie folgt, am konkreten Beispiel belegt werden:

636 Ebd., S. 109: »Die unaufgeregte Geläufigkeit hilft der Konzentration. Wiederholung, Bekanntheit der Formel und der Formeln sind spirituelle Elemente, sie gehören zu jeder Gestaltung von Frömmigkeit.«
637 Ebd., S. 115: »Gib deinem Vorhaben eine feste Zeit. Bete nicht nur, wenn dir nach Beten zumute ist, sondern, wenn es Zeit dazu ist. Gute Zeiten sind Zeiten des Anfangs und des Endes: der Morgen, der Abend, da Ende einer Woche, der Anfang einer neuen Jahreszeit (die Quatembertage): Regelmäßig beachtete Zeiten sind Rhythmen, Rhythmen sind gegliederte Zeiten, und erst gegliederte Zeiten sind erträgliche Zeiten. Lineare und nicht gegliederte Zeiten sind öde und schwer erträgliche Zeiten.«
638 Ebd., S. 115: »Sei streng mit dir selbst! Mache nicht deine Gestimmtheit und deine augenblicklichen Bedürfnisse zum Maßstab deines Handelns! Stimmungen und Augenblicksbedürfnisse sind zwielichtig. Die Beachtung von *Zeiten, Orten und Methoden* reinigt unser Herz.«
639 Ebd., S. 115: »Rechne damit, dass dein Vorhaben kein Seelenbad ist, sondern *Arbeit* – labor! – manchmal schön und erfüllend, oft langweilig und trocken. Das Gefühl innerer Erfülltheit rechtfertigt die Sache nicht, das Gefühl innerer Leere verurteilt sie nicht. Meditieren, Beten, Lesen sind Bildungsvorgänge, Bildung ist eine langfristige Unternehmung.«

1) Fulbert Steffensky erteilt den Rat: »Gib deinem Vorhaben eine feste Zeit ... Gute Zeiten sind Zeiten des Anfangs und des Endes: der Morgen, der Abend, das Ende einer Woche, der Anfang einer neuen Jahreszeit (die Quatembertage).«[640]
Dem entspricht die Beobachtung, daß die Regula Benedicti bestrebt ist, die seit Clemens von Alexandria, Hippolyt und Tertullian[641] bekannte, geistliche Strukturierung und Begehung der Zeiteinheit des Römischen Tages zu erweitern und vertiefen. Terz, Sext und Non bilden die überkommenen Grundkonstitutiva geistlicher Strukturierung des *Chronos* von den *Kairoi* her[642]. Dafür steht in besonderer Weise das Begehen der Non zur Todesstunde Jesu. In der, später hinzugefügten, Vigil wird vergegenwärtigt, dass der Auszug aus Ägypten bei Nacht erfolgte. Jüdische Wurzeln[643] des Tagzeitengebetes werden deutlich.

2) Fulbert Steffensky sagt aus: »Die Beachtung von *Zeiten*, *Orten* und Methoden reinigt unser Herz.«[644]
Dem entspricht der Geist der *Stabilitas*[645] der Zeit und des Ortes, von

640 Ebd., S. 115.
641 Terrence Kardong, St. Benedict's Rule. A Translation and Commentary, Collegeville, Minnesota, USA 1996, S. 196: »Terce, Sept and None. These three offices go back to the very early church. They are mentioned by Clement of Alexandria, Hippolytus (Rome) and Tertullian (Carthage), so they were known over a wide expanse of territory. They are no doubt the results of a desire to praise the Lord at the major divisions of the roman day. It was not hard, though, to find biblical events to legitimate those offices, e.g. the crucifixion at the ninth hour.« (ÜS: Terz, Sext und Non. Diese drei Stundengebete gehen zurück auf die (sehr) frühe Kirche. Sie werden von Clemens von Alexandiea, Hippolyt (Rom) und Tertullian (Karthago) erwähnt; also waren sie innerhalb eines weiten Gebietes bekannt. Ohne Zweifel resultieren sie aus dem Verlangen, den Herrn an hervorgehobenen Zeitabschnitten des Römischen Tages zu loben. Es ist wohl nicht schwer, biblische Ereignisse zu finden, diese Stundengebete zu rechtfertigen; vgl. nur die Kreuzigung zur neunten Stunde.)
642 Georg Schwaiger, Mönchtum, Orden, Klöster. Von den Anfängen bis zur Gegenwart, München 1993, S. 418: Das Stundengebet ist aus dem Gebetsgottesdienst der frühen Christengemeinden erwachsen. »Unter dem Einfluss röm. Tageseinteilung und jüdischer Frömmigkeit pflegten Christen ein Gebet zur 3., 6. und 9. Tagesstunde (etwa 9.00, 12.00 und 15.00 Uhr heute) – Asketen und Mönche nahmen diese drei Gebetszeiten (Horen) der Terz, Sext und Non in die regelmäßige Tagesordnung auf, wobei man *Tagesstunde und Heilsgeschehen* verband« (in der lebendigen Aufeinanderbeziehung von *Chronos* und *Kairos*, Anm. d. Vfs.).
643 Kardong, Benedict's Rule; a.a.O., S. 209: »The roots of the Office go back to the Jewish practice of reciting prayers in the morning and evening.« (ÜS: Die Wurzeln des Tagzeitengebetes gehen zurück auf die Jüdische Gepflogenheit, am Morgen und am Abend Gebete zu sprechen.)
644 Fulbert Steffensky, Was ist liturgische Authentizität?, a.a.O, S. 115.
645 Schwaiger, Mönchtum, Orden, Klöster; a.a.O., S. 412: Schwaiger veranschaulicht hier die *Stabilitas* der Zeit im Silentium, das der Stille das notwendige, heranbildende Regelmaß einräumt. Die vorgeschriebene Stille dient der Einkehr und Kontemplation. Ihr Pendant ist die *stabilitas loci*, die die Ortsbeständigkeit (eben

dem die Regula Benedicti durchdrungen ist. Kapitel 47[646] der Regula Benedicti empfiehlt, Zeitstruktur- und Rahmen in Bezug auf die Gebets-Arbeit (Opus Dei) bei Tag und Nacht beizubehalten. Diesem Gebets-Werk ist nichts vorzuziehen (vgl. dazu den reformatorischen Ansatz, daß Christus nichts vorzuziehen ist). Nach einer festgelegten, spirituellen Methodik bewegt sich der Tag des Mönches um Labor, Lectio und Oratio. Sie ermöglicht ihm eine bergende, stabilisierende und ganzheitliche Praxis Pietatis, die er in die Communitas einbringen kann. Er hat orientierende, schützende Vorgaben, so dass er weder sich, noch seine Frömmigkeit neu erfinden muss (So wirft Steffensky es dem theologischen und liturgischen Authentizitätsstreben der 80er und 90er Jahre wiederholt vor). Seine Bemühung wird deutlich, das gelebte Erbe benediktinischer Spiritualität für die Evangelische Kirche (und ergo ihre Diakonie) fruchtbar zu machen.

3) Fulbert Steffensky beobachtet: »Diese Figur baut den Menschen von außen nach innen. Er findet sich bezeichnet und gegliedert, und das äußere Ritual wird zu einer inneren Ordnung … ein Spezialfall der Form soll besonders beachtet werden: die Zeitform; der Rhythmus,

neben der Zeit-Beständigkeit) als ›Grundhaltung christlicher Spiritualität‹ wertet und beherzigt. Sie ist erster Teil der benediktinischen Profeßformel (Regula Benedicti; Kap 58) und sagt die Treue zu Christi Lehre und Führung, Treue und Geduld im Kloster, gelobtes Festhalten am Ordensberuf und Regel in einer bestimmten Klosterfamilie aus.

646 Esther de Waal, A Life-Giving Way. A Commentary on the Rule of St. Benedict, Collegeville, Minnesota, USA 1995, S. 117: »The sense of security that comes from knowing that things happen at the right times and in the right places … (S. 120) … this is a holistic spirituality in which exterior and interior correspond … (S. 122) … Chapter Forty-Seven. This short chapter is about imposing a strucuture and framework of time that will allow attention to be paid to the work of God (opus Dei) night and day. It's concern is once again that everything should be done ›at the proper time‹ (19), one of these small phrases that sum up all the whole essence and purpose of the Rule … (S. 125) … for I find Benedict's concern to balance out a timetable so constructed that each day moves between work, reading and prayer, since all are equally important.«
(ÜS: … das Gefühl der Sicherheit, das dem Wissen darum entspringt, dass die Dinge zur rechten Zeit, am richtigen Ort geschehen … (S. 120) … Hierbei handelt es sich um eine ganzheitliche Spiritualität, in der das Innere und das Äußere miteinander in Beziehung gesetzt sind … (S. 122) … Kap. 47: Dieses kurze Kapitel behandelt, wie man der Zeit Struktur und Rahmen geben kann, die es ermöglichen, dem Werk Gottes/für Gott (Opus Dei) bei Tag und bei Nacht Aufmerksamkeit zu schenken. Wieder ist es sein Bemühen, dass alles zur rechten Zeit getan werden solle (1), einer von diesen kurzen Sätzen, die das Essentielle, den ganzen Zweck der Regula aussagen … (S. 125) … Ich sehe deutlich Benedikts Bestreben, einen ausgewogenen Zeitplan zu erarbeiten, der so beschaffen ist, dass sich jeder Tag gleichmäßig zwischen Arbeit, Lesung und Gebet (labor, oratio) bewegt. Denn alle sind in gleicher Weise wichtig.)

der ja ritualisierte Zeit ist … Man lebte in einer Welt gegliederter Zeiten.«[647]

Dem entspricht die 1500 Jahre alte Gestaltungshilfe der Regula Benedicti (Kap. 16): »Septies in die laudem dixit tibi«[648]: Tagesverlauf und Heilsdaten Gottes sollen in ganzheitlicher Synchronie gelebt, gebetet und gesungen werden. Die Siebenzahl steht hier für Fülle, Erfüllung, Vielfalt. Sie lässt sich erleben als eine Glaubensgestalt von erfülltem, von den kairologischen Gottesdaten her strukturiertem, Chronos.

Damit ist die klassische Gestalt monastischen und kommunitären Tagzeitengebetes vorgegeben, wie sie auch heute in vielen Gemeinschaften gelebt wird. Darüber hinaus hat das Leben im Kloster auch das Leben um das Kloster herum geprägt. Die Glocken haben die Umwelt in die Begehung des geistlich strukturierten Chronos mit einbezogen. So, wie es Steffensky in der bezeichneten Landschaft seiner Jugend in einem katholischen Ort des Saarlandes erlebt hat. So, wie er es im Gegenmodell Großstadt im Hinblick auf den öffentlichen Verlust an Bezeichnung erlebt hat.

Was Zeitrechnung, Jahreskreis, Sonntag, Wochenstruktur, Tagesnamen und *Glockenklang*[649] betrifft, wird heute gern vergessen, daß

647 Fulbert Steffensky, Das Haus das die Träume verwaltet, a.a.O., S. 96.

648 Kardong, Benedict's Rule, a.a.O., S. 192: »Seven (septenarius), literally ›sevenfold‹. In Psalm 118 ›seven‹ means ›many‹, as it does throughout the Bible … Probably the monks developed the practice of praying seven times a day and only later sought scriptural justification for their custom. Moreover ›day‹ is used by the psalmist in the general sense, while Benedict takes it to mean the daylight hours.«
(ÜS: Sieben (septenarius), wörtlich siebenfältig. In Psalm 118 hat sieben die Bedeutung von viel, so wie sonst in der Bibel auch … Wahrscheinlich haben die Mönche die Praxis, siebenmal am Tage zu beten (vorher) entwickelt und suchten im Nachhinein die biblische Begründung für ihre Gewohnheit/Gestaltung. Darüber hinaus verwendet der Psalmist ›Tag‹ im generellen Sinne, während Benedikt damit die Stunden im Tageslicht meint).

649 Encyclopedia of Monasticism, Volume 2, Hsg. William M. Johnston, Chicago, USA 2000, Art.: Timekeeping. Christian Perspectives, S. 1294: »Christian Liturgy was based mainly on repetition. The Divine Office, a daily rotation pattern of prayer, incorporated the routine of canonical hours. The public ringing of bells to call clerics to prayer at specified hours was the chief means by which any person in the medieval West measured time. Even laymen organized their lives around the canonical hours, at least insofar as they were announced publicly by the ringing bells.«
(ÜS: Christliche Liturgie beruhte hauptsächlich auf der Wiederholung. Das ›Officium Divine‹, ein tägliches Gebetsmuster nach dem Rotationsprinzip, hat die Routine des kanonischen Tagzeitengebetes einverleibt. Das öffentliche *Glockenläuten*, um die Kleriker zur besonderen Stunde zum Gebet zu rufen, wurde zum hauptsächlichen Kriterium, nach dem alle Menschen in der Westlichen Welt des Mittelalters ihre Zeit maßen. Sogar Laien organisierten ihr Leben rund um die Stunden des kanonischen Tagzeitengebetes herum; nicht zuletzt darum, weil diese öffentlich durch Glockenschlag angekündigt (bezeichnet) werden.)

Jahrhunderte lang die Erinnerung an die Kairoi den öffentlichen Chronos – in heilsamer Unwidersprochenheit – bezeichnet hat. Das Stundengebet bezeichnete alle Lebenszeit.

4) In folgenden Worten beschreibt Steffensky die Meditation: »Man sieht die Bilder eines Psalms oder eines Bibelverses und lässt sie behutsam bei sich verweilen. Meditieren heißt frei werden von Jagen, beabsichtigen und Fassen … Man ist Gastgeber der Bilder wie Maria, nicht wie Martha.«[650]
Dem entspricht die große Wertschätzung des Psalters[651] in der benediktinischen Welt, der mit Regelmaß durchgesungen, gesungen wird. Darin ist er zum unverwechselbaren Faktor liturgischer und profaner Zeitbezeichnung geworden. Benedikt legte einen geradezu gesetzlich anmutenden Wert auf das regelmäßige, vollständige und aufmerksame Durchsingen des Psalters pro Woche.[652]
Die gegenwärtige Effizienz-Diakonie sollte sich üben in der Wiederentdeckung des Psalters und ihn begehen, um nicht selbstverordneter Hetze zum Opfer zu fallen.

4.2 Die Regula ist weder biblische Satzung noch Gesetz

1) Zur (impliziten) Rezeption von Grundmotiven der Regula Benedicti:
   a) Benedikt von Nursia empfiehlt das wöchentliche Durchsingen des gesamten Psalters. Steffensky stellt sich in seiner hohen Wertschätzung der Form implizit in diese Tradition, wenn auch im übertragenen, modifizierten Sinne. Das führt zwangsläufig zur kritischen Rückfrage nach dem Verständnis von Gottesdienst/Hore als Opus Dei: Wo liegt der Akzent? Auf unserem Werk für Gott? Oder auf Gottes Dienst an uns? Angeführt seien die Worte aus der Confessio Augustana Variata, Art. 27: »Jeder Gottesdienst, der ohne Befehl Gottes von Menschen eingesetzt und erwählt ist, um mit ihm Sündenvergebung und die Rechtfertigung zu verdienen, ist

650 Fulbert Steffensky, Was ist Liturgische Authentizität, a.a.O., S. 14.

651 Regula Benedicti, Kap. XVIII, zit. bei Kardong, a.a.O., S. 193: »… dum omnimodis id attendat ut omni hebdomada psalterium ex integro numero centum quinquaginta psalmorum psallantur, et dominica die semper a caput reprehendatur ad vigilias.«
(ÜS: Unter allen Umständen ist darauf zu achten, dass mit Regelmaß die tatsächliche Vollzahl der 150 Psalmen gesungen werde; und dass der Kreislauf mit jeder Sonntagsvigil von neuem beginne.)

652 Hier ließe sich diskutieren, ob man das liturgische ›Opus Dei‹ als Werk für Gott oder als Gottes ›Werk für uns und an uns‹ auffasst – im Sine einer spirituellen, ordnenden Gestaltungshilfe auf dem Glaubensweg.

gottlos. Daher sagt Christus (Matth. 15,9): ›Vergeblich ehren sie mich durch Menschensatzungen‹.«[653]

Regelmaß ist demnach nicht spiritueller Selbstzweck, nicht Opus Dei im werkgerechten Sinne, sondern Hilfestellung zu verbindlicher Glaubensgestaltung. Hier wäre Steffensky's deutliche Abgrenzung notwendig.[654]

b) Ebenso steht es mit der Stabilitas des Ortes und der Zeit. Auch wenn Steffensky bestrebt ist, diese Gesetzmäßigkeiten der Regula Benedicti auf den protestantischen Zeitgenossen hin zu modifizieren. Die Einhaltung von heiligem Ort und heiliger Zeit beruht jedoch auf anthropologischer, nicht auf theologischer Einsicht. Gott kann zu allen Zeiten, an allen Orten angebetet werden. Die tragende Ordnung hält und befreit nicht mehr, wenn sie (unter noch so spirituell intendierten Prämissen) zum Zwang geworden ist. Die Spannung zwischen Traditio und Inspiratio ist von daher zuzulassen, auszuhalten und täglich neu auszubalancieren. Die Praxis Pietatis gestaltet sich vom ergehenden Wort her, nicht von der Regula.

c) Ist die Inspiratio zur Traditio geworden, so darf die mittlerweile entstandene Regula einer (wie auch immer geprägten) christlichen Gemeinschaft nicht die ausschließen, die wiederum heutige Inspiratio erfahren wollen. Eine Regula spiritueller Zeitstrukturierung ist nur dann gerechtfertigt, wenn sie in sinnvollen Intervallen durch das Plenum der Gemeinschaft erneuert und aktualisiert werden kann.[655] Das falsche Insistieren auf dem je und je Überkommenen verdunkelt den Sinn eines gemeinsam begangenen Weges durch die Zeit, auf das Ziel hin. Der gegliederte Chronos wäre dann blinder Zuchtmeister, nicht Paidagogos auf Christus hin. Die Lebendigkeit der Regula erweist sich in ihrer integrativen Kraft. Sie wird erfahrbar in der Lebensfülle, die sich denen, die nach ihr die Kairoi im Chronos feiern wollen, mitteilt.

653 Confessio Augustana Variata 1540; a.a.O., Speyer 1994, Art. 27, S. 53.

654 Ebd., S. 53: »Und Paulus lehrt überall, dass man die Gerechtigkeit nicht mit unseren Verordnungen und Gottesdiensten, die von Menschen erdacht sind, suchen soll, sondern die Gerechtigkeit werde durch den Glauben empfangen, wenn wir nämlich glauben, dass wir Gott gefallen und mit ihm um Christus willen versöhnt sind und nicht um irgendwelcher eigenen Verdienste willen.«

655 Evangelisches Lexikon für Theologie und Gemeinde, Bd. 3, Hg. Helmut Burkhardt, Michael Herbst, Gerhard Ruhbach u.a., Art.: Ritual v. H. Jetter, Wuppertal 1994, S. 1714: »Von der Gemeinde und ihrer Lebensordnung her aber ist es um der Liebe und des Friedens willen notwendig, dass der Gottesdienst sich an eine Ordnung hält. Sie beruht auf freier, gemeinsamer Absprache … Die Ordnungen sind nicht auf alle Zeit festgelegt; sie bedürfen um ihrer Verständlichkeit willen auch der regelmäßigen theologischen und sprachlichen Überprüfung und ggf. der Änderung. Darüber hinaus behält das gottesdienstliche Ritual nur dann seine Lebendigkeit und Dynamik, wenn ihn Spielraum bleibt für Spontaneität und Phantasie.«

2) Steffensky formuliert in »Feier des Lebens«: »Spiritualität ohne Thema ist nicht interessant.«[656]
Dem möchte ich entgegenzusetzen, dass eine nicht christologisch ausgesagte, christozentrisch strukturierte Spiritualität der Zeit-Feier für Kirche und Diakonie irrelevant ist. M.E. hat Steffensky in den 80er und 90er Jahren oft die Neigung gezeigt, Spiritualität mit »ismen« verschiedener Couleur und Provenienz zu füllen – und sie somit Tendenzen zu unterwerfen (Seveso, Gorleben, Friedensbewegung etc.).
Diakonische Spiritualität hat kein Thema zur Mitte, sondern Christus selbst, der uns im Nächsten und zur heiligen Zeit begegnen will.

3) Immer wieder weist Steffensky darauf hin, dass die Form den Inhalt rettet. Doch dabei scheint die Betonung der Form auf Kosten des Inhalts zu gehen.
Der Glaube gestaltet sich in der Form. In entgegen gesetzter Richtung ist diese Denkbewegung nicht möglich. Sonst entspricht sie nicht dem Begriff von evangelischer Freiheit, der dem – je und je neu, evangeliums- und nachfolgegemäß gefassten – Usus der Form zugrunde liegt.

4.3 Die Regula der Wiederkehr teilt sich dem Allerschwächsten mit

1) Betreuer und Betreute einer diakonischen Vita communis sind vielfach schweren und schwersten Anforderungen (und Krisen) im Umgang mit sich selbst und im Miteinander ausgesetzt.
So kann das Ruhen in der rhythmisch-wiederkehrenden Form befreiend wirken. Oder lebenserhaltend, als ein regelmäßiger, spiritueller Pulsschlag. Man kann sich wieder finden in einem stetig wiederholten Psalm- oder Liedvers. Es ist schon formuliert, was ich sagen möchte und doch nicht vermag. Es atmet in mir, betet in mir, wenn ich außer Atem und unruhig bin. Die Feier der Zeit in Gebet, Wort und Lied wird zur stabilisierenden, *anagnostischen* Landschaft.[657]

656 Fulbert Steffensky; Feier des Lebens, Stuttgart 1984, S. 40.
657 Vgl. dazu Gerhard Hennig: Wo kommt die Seele in der Seelsorge vor?, in Zeitenwende, 72. Jg., Januar 2001, Karlsruhe 2001, S. 31: »Die Liturgie ist darin Seelsorge, dass sie der Seele Sprache gibt, Wort und Melodien. Sie kehren wieder, einzelne Worte, Tonfolgen und Eindrücke, und werden so nun ihrerseits zu ›Elementen der *Wiedererkennbarkeit*‹ in dem, was man die Liturgie des Werktages nennen könnte. Darin liegt nicht die geringste Bedeutung der Liturgie für die Diakonie, dass sie der Seele Sprache mitgibt, auf die sie zurückkommen kann.«

2) Die in der Regula Benedicti beherzigte Regel der Wiederkehr[658] entspricht auch der Erlebniswelt der Oligophrenie, die das Wiederkehrende, einmal beherzigt, mit viel größerer Innigkeit bewahrt, als mancher Gesunde es tut. So finden sich gerade in der Welt der Oligophrenie und basalen Wahrnehmung die Worte bestätigt: Repetitio est Mater Spiritualitatis.[659] Rhythmus und Wiederholung gehen ein solch stabilisierendes, Fort- und Überdauer stiftendes Bündnis ein, dass Zeit-Feier im Begriff Gabe der Beständigkeit zutreffend ausgedrückt ist.

3) Steffensky beschreibt in seiner Diktion etwas, was man als ›Pädagogik der Redundanz‹[660] bezeichnen kann, der ständigen Wiederkehr des Zentralen und Letztgültigen. Sie hat ihren Ursprung in alttestamentlich-jüdischer Meditatio und Ruminatio. Darin folgt sie der Anweisung in Dtn. 6,6, die glaubend vernommen Aussagen zu Herzen zu nehmen und einzuschärfen. Liturgischer Dienst hat von Anfang an die Kraft der Repetitio wahrgenommen, die das Erkannte, Bekannte in Fleisch und Blut übergehen lässt.

4) Den diakonischen Alltag von zunächst kleinen, aber festen spirituellen Vorhaben her zu strukturieren, kann von Seiten der Effizienztheoretik nicht in den Bereich des Undurchführbaren abgedrängt werden. Auch in der größten, *klassischen* diakonischen Einrichtung kann es heilsam, ja zuweilen neu-strukturierend sein, wenn Werktage, Dienstbesprechungen, Leitungskonferenzen und vieles mehr mit einer ausgesonderten Zeit für Psalm, Lesung und Gebet begonnen werden (und dabei nicht lediglich als TOP 1 aufgefasst bleiben).

658 Auf die spirituellen Kategorien Zeit und Ort bezogen, lässt sich sagen, dass sie sich bei Steffensky – wenn auch implizit – für den deutschsprachigen Protestantismus gedeutet und modifiziert findet.

659 Vgl. dazu Gerhard Hennig; a.a.O., S. 31: »Liturgie ist darin Seelsorge, dass sich in ihr wiederholende Worte, Zeichen und Abläufe finden. In ihr kann sich der Glaube wiedererkennen.« Es sind Elemente der Wiedererkennbarkeit (vgl. Steffensky's Begriff der *Anagnostischen Landschaft*), die die Liturgie zu einem Ort der Vertrautheit und des Vertrauens machen, wenn es um die Rede des Herzens mit Gott geht.

660 Vgl. den Gebrauch des Begriffes bei Johann Anselm Steiger: Den Katechismus ins Herz schließen, in: Zeitenwende, 73. Jg., Heft 1–2002, Karlsruhe 2002, S. 57.

5. *Folgerungen*

5.1 Feier-Zeit nach dem Alten Testament: Der Einzelne in der Heilsgeschichte Gottes

- Die Vergegenwärtigung von Gottes Heilsdaten- und Taten in meinem Leben (das tätige Gedenken) zur geheiligten, wiederkehrenden Zeit konstituiert und erneuert individuelle und gemeinschaftliche Praxis Pietatis. Liturgische Begehung der geschenkten Gnaden-, Heils- und Entscheidungszeit vergegenwärtigt die heilgeschichtliche Linie, auf der jeder Einzelne seinen Ort hat.
- Die Begehung der Feier-Zeit schenkt Teilhabe an der schöpferischen Ruhe Gottes und lässt so, stets neu, vom Aktivismus zur Actio gelangen. Die Woche einer diakonischen Lebens- und Dienstgemeinschaft beginnt mit dem Sonntag. Mit dieser Wertung und Strukturierung von Zeit bekennt sie sich zu der Wurzel all ihres Tuns in der schöpferischen Actio Gottes.
- Lebenszeit wird nun als geschenkte, be- und verantwortete Zeit erfahren und gelebt. Indem wir ihr eine strukturierte, kontemplativ orientierte Gestaltung geben, haben wir Teil an der Sabbatruhe Gottes. Ihr wohnt eine gestaltende Dynamis inne, die die Denkschemata von Effizienz und Kompetenz/Competitio sprengt.

Nur die Fähigkeit zur An-Dacht in ausgesonderter Zeit verleiht diakonische Grundkompetenz, das Richtige zu seinem Moment zu tun. Gerade in der Feier der Zeit gelangt man dann und wann in den Zustand der Ruhe (Otium). Der Beter erfährt ein gefülltes, dichtes und außerordentlich kraftvolles Dasein, das auch schwierigste Aufgaben in Gelassenheit angehen kann. Damit hätten sich die Chancen zu tatsächlicher Bewältigung vervielfacht. Die Unterscheidung von Sabbath/Sonntag und Arbeitstag lässt sich auch auf Unterscheidung und Zusammenhang von Contemplatio und Actio übertragen.
Der Schöpfungsbefehl an den Menschen, sich die Erde untertan zu machen (Gen. 1,28), gilt auch in Bezug auf die Schöpfungs-Kategorie Zeit. Was ich nicht, in Gott, beherrsche und strukturiere, wird mich beherrschen. Was ich nicht begehe, wird mich in das Vergehen mit fortreißen. Was ich nicht bezeichne, wird mich auf Profil- und Lustlosigkeit zurückwerfen.

5.2 Feier-Zeit nach dem Neuen Testament: Der Christus praesens setzt die Kairoi unserer Lebenszeit

Das Heil hat sich in der Welt seine eigene Zeit und seinen eigenen Ort ausgesucht, um von daher Zeit und Raum, also die Wesensmerkmale der Welt, zu verändern: nämlich als die Zeit und den Raum Jesu neu zu qualifizieren.

Bezeichnet Gott meine und aller Welt Zeit in den Kairoi persönlicher und allgemeiner Heilsgeschichte, antworte ich ihm in der heilvollen Strukturierung des geschenkten Chronos:

- Alle Zeit, zwischen dem ersten und zweiten Kommen Jesu ist geschenkte Zeit, Gnadenzeit.
- Geordnetes Dienen hat mit christozentrischer Zeitstrukturierung zu tun, damit wir uns im Regelmaß daran erinnern lassen, wem unser Dienst gilt, wer uns berufen hat. Diakonische Existenz weiß sich in den berufenen Dienst gestellt, Leben in Ordnung zu bringen. Sie erweist sich darin als authentisch, dass sie die anvertraute Zeit auf Gott hin ordnet: d.h. in theo/christozentrische Ordnung bringt. Christozentrische Effizienz (»Das ist ein sel'ge Stunde, darn man sein gedenkt«, EG 365,5) unterscheidet sich von der Geschäftigkeit des Aktivismus. Der Mehrwert der Kontemplation wurzelt in der regelmäßigen Begehung der Zeit.
- In der Begehung der Kairoi, ihrer glaubenden Anschauung, werden die Sinne geschärft, zur richtigen Zeit, am richtigen Ort das Richtige zu tun. Das Regelmaß des spirituellen Atmens gibt dem diakonischen Vorhaben den langen Atem, das Erforderliche zu einem guten Ende zu bringen.
- Macht uns die Welt Angst – und gerade im diakonischen Tun kann man eine gesteigerte Sensibilität für Gefährdung und Vergänglichkeit entwickeln – wird uns die Zeit in ihrer evangelischen Begehung zum vertrauten Terrain. Sie ist Gottes Zeit, von daher bleiben wir in keinem Moment getrennt von ihm.
- In der Be-Gehung der Zeit übt die diakonische Vita communis Gastfreundschaft aneinander. Nämlich in dem Sinne, dass einer dem anderen Rast gibt auf dem Weg nach dem ewigen Zuhause.

5.3 Feier Zeit nach dem Ansatz von Henri Nouwen: Die Arbeit des Gebetes

Die im Regelmaß begangene Feier-Zeit wird zum Instrumentum geordneter Praxis Pietatis, die sich mit dem Tun des Assistenten verbindet. Die feste, für Gebet, Betrachtung und Abendmahlsfeier ausgesonderte Zeit vermittelt die Aussage des Evangeliums mit besonderer Intensität. Zeit im Foyer ist eine Zeit besonderer Aufmerksamkeit und erhöhter Wirksamkeit. Der liturgische Herzschlag bekommt hier Gestalt, hat hier seine innigste Verbindung zum diakonischen Handschlag. Der Herzschlag in Christus begangener Zeit wird im Rhythmus der Tageshöhepunkte begangen und auch inmitten der Schwerstarbeit einer diakonischen Vita communis *verleiblicht*.

Die Zeit des Gebets, weder individuell noch gemeinschaftlich, ist nie als Aus-Zeit oder als ineffiziente Zeit zu werten.

Die Gebets-Zeit hat den gleichen Stellenwert wie die Arbeits-Zeit.

Opus Dei und Labor Manuum haben gleiches Gewicht.
Hier findet sich eine entscheidende, konstitutive Aussage, die zur eingangs ausgeführten Nouwen'schen Unterscheidung von Aktivismus und fruchtbarem Tun führt.
Die Arbeit, die nicht von der Gebets-Arbeit in verbindlicher Zeitstruktur her geprägt ist, bleibt fruchtlos.
In der Begehung der Feier-Zeit verliert das Treibende und Betriebsame seine destruktive und kontraproduktive Macht. Sie gibt uns die Freiheit dazu, aus der Glaubensgestaltung heraus verantwortlichen Dienst am Kern-Mitglied zu tun. Im Nucleus der Gebetszeit liegen die Möglichkeiten Gottes mit seiner Welt verborgen und warten darauf, in Erfahrung gebracht zu werden.

5.4 Feier-Zeit nach dem Ansatz von Manfred Josuttis: Die heilige Zeit inspiriert die profane Zeit

Es ist diakonische Kernkompetenz, der Vita communis eine geistliche Zeit-Struktur zu geben. Diese Einteilungen müssen jedoch vom Evangelium her begründet werden. Zeit-Ritus ohne Katechese bleibt ungedeutetes, unbezeichnetes Ritual, das die klare Kontur des von den christologischen Kairoi her gegliederten Chronos verliert.

Indem man sich rhythmisch, von Zeit zu Zeit die Heilsdaten zusingt und zusagt, wird es der Dynamis tou Theou möglich, sich (u.a.) auch auf diese Weise in Erfahrung zu bringen.
In der Unterscheidung zwischen profaner und heiliger Zeit liegt die Möglichkeit, Letztere für die Erste fruchtbar zu machen. Die sakrale Zeit kann die, unter dem Druck der Ökonomisierung stehende, Arbeits-Zeit in heilsamer Unterbrechung verwandeln. Wird der Werktag der Diakonie nicht vom Sonntag her begangen, erleidet sie Profil- und Qualitätsverlust. Und das, obwohl sie in der ganzheitlichen Effizienzorientierung – bis hin zur systematischen Internalisierung von Leitbildern – das Gegenteil intendiert hat.

5.5 Feier-Zeit nach dem Ansatz von Fulbert Steffensky: Der heilsame Rhythmus stiftet Geborgenheit

Das Ruhen in der rhythmisch wiederkehrenden Form gefeierter Zeit kann für alle Mitglieder des diakonischen Lebensbereiches als stabilisierend und re-kreierend erlebt werden.
Die in der Regula Benedicti beherzigte Regel der Wiederkehr (vgl.: Repetitio est Mater Spiritualitatis) entspricht der Erlebniswelt der Oligophrenie, die das Wiederkehrende erkennt und in Erfahrung bringt. Dabei lässt sich von einer spirituellen *Pädagogik der Redundanz* ausgehen, die

ihren Ursprung (vor der aktuellen, diakonisch bezogenen Transfer-Leistung) in der alttestamentlich-jüdischen Meditatio und Ruminatio hat.

Will man im diakonischen Kontext, im Regelmaß der Einübung, Tradition und Inspiration zugleich Raum geben, sind die spirituellen Kategorien von Zeit und Ort von zentraler Wichtigkeit. Fernab jeder Mechanistik betet man, weil es »Zeit dazu ist … Der Rhythmus heilt, weil er vergewissert«.[661]

Zu einem fruchtbaren, wirksamen geistlichen Leben in der diakonischen Vita communis braucht es neben dem heiligen Ort die heilige Zeit. Sie sind zeichenhaft und notwendigerweise ausgesondert, um Vorläufigkeit und Letztendlichkeit in einem Verhältnis auszusagen, der sich auch die effizienteste diakonische Bemühung unterordnen muss, um ihrer Wurzel nicht verlustig zu gehen.

Diakonische Kernkompetenz ist es, in spirituellen Exerzitien/Ein-Übungen zu Formen zu gelangen, in denen der Mensch sich von außen nach innen leben kann (allerdings, ohne dabei Form und Inhalt zu verwechseln).

Diakonische Kernkompetenz ist es auch, verlorengegangene Geborgenheit wiederzugewinnen. Ein strukturierter Tag, eine gemeinsam zu begehende und zu feiernde Zeit entmachten die Entgrenzung und verwandeln die Terra incognita des Kommenden in begehbaren Chronos. Erneuern – das Wagnis von heute stiftet die Tradition von morgen.

661 Vgl. Fulbert Steffensky, Das Haus, das die Träume verwaltet, a.a.O., S. 100.

E) Kritik – Veränderung – Erneuerung

XV. Diakonie 2010

1. Kritische Anmerkungen zum unternehmerischen Modell diakonischer Arbeit nach Jäger

Nach der eingehenden Darstellung von diakonischen Komplementärmodellen der Communitas und ihren Voraussetzungen soll nun noch einmal der Bogen zurück geschlagen werden. Wir stellen uns erneut die Entwicklung der Institution Diakonie von 1945 vor Augen, insbesondere das Jäger'sche Modell. Wir gehen auch zurück zu dem Referat von David Lohmann, der mitten in der Jäger'schen Denk- und Gestaltungswelt unternehmerischer Diakonie die Frage nach kommunitären Aufbrüchen mitten in diesem diakonischen Modell fragt.
Eine intensive Beschäftigung mit kommunitären Gemeinschaften als Paradigmen für das diakonische Handeln der Kirche hat stattgefunden. Eine spirituelle Architektur anhand der Kernkategorien von Ort und Zeit und der genannten Gaben ist herausgearbeitet worden. Nun soll sich der Kreis schließen, indem wir wieder zum unternehmerischen Modell von Diakonie zurückkehren. Aufgrund von konstruktiv-kritischen Anfragen an die Vorfindlichkeit der Institutio können wir um so aufmerksamer darauf hören, was David Lohmann vorschlägt – und was Henri Nouwen, einladend, gelebt hat.

Im Teil A) sollte der Kritik am unternehmerischen Modell noch kein Raum gegeben werden, weil es bloßer Kritik nicht gegeben ist, Aufbruch zu bewirken. Sie bewirkt Gegenwehr, Selbstverteidigung und verhärtete Besitzstandwahrung. Dennoch darf sie nicht unterlassen werden. Um die Inspiratio nicht in einem im doppelten Sinne kritischen Vorfeld ersticken zu lassen, stelle ich die Anfragen an das unternehmerische Modell an diese Stelle:

1) Diakonische Unternehmenspolitik bildet das Zentrum, um das herum sich die konzentrischen Kreise von kirchlicher, sozialstaatlicher, gesellschaftlicher, wirtschaftlicher, wissenschaftlich-therapeutischer und ökologischer Umwelt (in dieser Reihenfolge) ansiedeln. Das unternehmerisch-diakonische Anliegen beansprucht Vorrang gegenüber dem gegenüber dem kirchlichen Anliegen. Von daher ist

man geneigt ist, von Management-Theologie oder Haus-Theologie zu sprechen. Dieser billigt man tragende *Achsen-Funktion* zu. Doch müsste sie sich nicht gerechterweise fragen lassen, ob sie vorwiegend hausinterne und funktionale Belange im Blick hat? Und wenn schon nicht in Gänze, dann aber doch nach der Tendenz? Trennt man nicht kritisch zwischen Haus-Theologie und Theologie an sich – und zwischen Theologie und Unternehmensphilosophie – bietet man legitimer Kritik Angriffsfläche.

2) Außerdem ergibt sich ein Bild, in dem Jäger der ethischen Kompetenz einen (impliziten) Vorrang vor der theologischen Kompetenz[662] zu geben scheint. Hier ließe sich der kritische Einwand erheben, man stilisiere die Verlegenheit des Mangels an christlich motivierten Mitarbeitern in euphorischer Weise zur Gelegenheit einer ideologischen, inkorporierenden Allumfassung um. Besteht nicht die Gefahr, dass allgemeingültige, fast a-theologische, und auf jeden Fall a-christologische Leitbilder der Corporate Identity eher auf breitenwirksamen Konsens abzielen, als dass theologischer Tiefgang gefordert wird? Ein Allgemeinkonsens kann zwar kurzfristig messbare, vorzuzeigende Effizienz steigern. Kann er jedoch spirituelle Kompetenz, gar Kernkompetenz heranbilden?

3) Ein Weiteres: Im Rahmen dieses Systemansatzes ist die Konzentration auf den Führungsprozess[663] geradezu charakteristisch. Kann aber die starke Konzentration auf Leitung und Führung nicht beständig dazu stimulieren, innerhalb des Betriebsgefüges aufsteigen zu wollen und nur von Qualifikation und Weisungsberechtigung her zu denken? Der kompetitive Kompetenzgedanke, der den anderen stets voraus und vorgeordnet sein möchte, könnte sich in einer Dienstgemeinschaft, die sich nach dem paulinischen »Ein Leib – viele Glieder«[664] Bild strukturiert geradezu kontraproduktiv auswirken. Auf unterer und mittlerer Ebene blieben Gestaltungsvorschläge und konstruktive Kritik in Gefahr, überhört und unbeachtet zu bleiben, da sie strukturell an den (von oben her inszenierten) betriebskybernetischen Vorgängen keinen Anteil haben können.

4) Erzwungene Fremd- und Selbsteinschätzung[665] müssen nicht unbe-

662 Vgl. Alfred Jäger, Diakonische Unternehmenspolitik. Analysen und Konzepte kirchlicher Wirtschaftsethik, Gütersloh 1992, S. 81.
663 Dörte Gebhard, Menschenfreundliche Diakonie, a.a.O., S. 266: »An der Wortwahl wird deutlich, wie wenig Sorgfalt Jäger auf die Beschreibung des leidenden Menschen verwandt hat … Dieser inkonsistenten Sicht auf den Betreuten entspricht die Konzentration auf die Entscheidungsträger innerhalb der Diakonie.«
664 Vgl. Röm. 12,3–8 und 1.Kor. 12,12–31.
665 So, wie es im Mitarbeiterjahresgespräch oder der kollektiven Festlegung der Leistungsvergütung in regelmäßigen Intervallen zu erleben ist.

dingt die erwünschten Früchte tragen. Im negativen Falle heizen sie die kontraproduktive Competitio an und reduzieren authentische Selbst- und Mitbestimmung auf ein Minimum. Eine denkbare Folge wäre die innere Kündigung.

5) Was die leitenden MitarbeiterInnen betrifft: Könnte nicht das facettenreiche Anforderungsprofil[666], mit dem eine diakonische Führungskraft nach dem Jäger'schen Modell konfrontiert ist, zu einer solchen Last werden, dass sie bereits im Vorfeld verunsichert ist? Die Folgen wären Aushöhlung und Mechanisierung des Arbeitsalltages. Und ein Rückgang der Arbeitsqualität, die doch eigentlich per Maßnahme zu steigern sein sollte.

6) Fokussiert sich die Aufmerksamkeit generell auf den Führungsprozess anstatt auf das Kernmitglied: Geriete der Mensch, dem diakonisches Handeln im Kern zugute kommen soll, nicht in Gefahr, nur noch als Betreuter zur Sprache zu kommen? Befänden sich nicht die Adressaten diakonischer Bemühung in einer geschwächten Position, in einer impliziten Ansiedlung am anderen Ende der Hierarchie? Denn sie erlebten sich – wenn auch nur non-verbal vermittelt – als Klienten und Kunden in einem betriebsphilosophisch veranstalteten Handlungs- und Beziehungsgefüge. Es ist eine Studie wert festzustellen, ob sie in dieser Diktion der Service-Leistung persönliche Würdigung und Wertschätzung ihrer Einzigartigkeit erfahren. Denn vielleicht wird ihre innewohnende Christuswirklichkeit (Mt. 25) durch die Kundenphilosphie getrübt oder gar unter einer terminologisierten Schale verborgen.

7) Eine neue Sprache ist kritisch zu beleuchten, die sich vom Jäger'schen Ansatz her entwickelt hat. Sie findet eigene, charakteristische Begriffe, um eine von ihr angenommene, weil erwünschte, Wirklichkeit zu definieren. Wurde in der Diakonie der alten und neuen Bundesländer noch bis in die 80er Jahre hinein mit Überzeugung von Bruder- und Schwesternschaften, von Geschwisterlichkeit und verwandten Bezeichnungen Gebrauch gemacht, so hat sich das in der zeitgenössischen diakonischen Lebenswelt seit 1990 entscheidend verändert. Doch vielleicht kann das Jahr 2004 wieder ein Wendepunkt sein, weil im Kreis der Vertreter der unternehmerischen Diakonie die Stimme laut wurde: »Insofern kann es für Diakonie-Unternehmen durchaus sinnvoll sein, sich auf das System der diakonischen Schwester- und Brüderschaften zurück zu besinnen.«[667]

666 Ebd., S. 268.
667 Referat David Lohmann, a.a.O.

8) Die Geschwister von gestern werden derzeit (noch) als *Mitarbeitende* und gar *Kapital*[668] bezeichnet. Personal hat einwandfrei und effizient zu funktionieren. Es ist zu *entwickeln* und zu *takten*[669]. Wollen aber gerade Mitarbeitende mit kreativer Phantasie und selbstverantwortlichem Berufungsbewusstsein als Kapital und Ressource gedacht, angesprochen, behandelt oder getaktet werden – auch wenn man es ihnen in unhinterfragbarer Eloquenz nahe legt? Wären es dann nicht *gläserne Mitarbeiter*, die als solche das Recht verloren haben, Gegenüber und Korrektiv zu sein? Im Grunde hätte nur Gott das Recht, einen Menschen als Kapital zu denken. Doch er tut es nicht, sondern drückt die einzigartige Unverwechselbarkeit eines Lebens in einem Opfer aus, das ein Mensch nicht bringen kann. Die dienende Antwort ist nichts als Frucht und Dank (C.A., Art. VI): »Auch wird gelehrt, dass solcher Glaube gute Frucht und gute Werk bringen soll, und man müsse gute Werke tun, allerlei, so Gott geboten hat, um Gottes willen, doch nicht auf solche Werke zu vertrauen, dadurch Gnad vor Gott zu verdienen.«

9) Lässt die Distanz des Service-Leisters, die sich in diesem Habitus, dieser Sprache niederschlägt, den heilsamen Austausch zwischen Samariter und Verwundetem, zwischen Betreuer und Betreutem noch zu? Käme nämlich einmal die Schwäche der, im Leitbild festgelegten, Immer-Starken zum Vorschein, so wäre das kein rollenverwirrender, sondern zutiefst befreiender und darin heilsamer Zustand. Der marginalisierte Mensch hat ein hochsensibles Gespür für alle Arten von Distanzierung[670], egal, in welchem Gewand und unter welchen Zielformulierungen sie auftritt. Entgegen aller, noch so gut gemeinten, Intention läuft man rasch Gefahr, aus Anvertrauten Ausgelieferte zu machen, sei es als Kapital, sei es als Klientel. Die Leidtragenden fortgesetzter Ökonomisierung und Versachlichung in der diakonischen Lebenswelt wären die Beschäftigten/Bewohner der Einrichtungen. Denn wenn der Starke die eigene Schwäche nicht wahrnehmen, noch bejahen[671], noch fruchtbar machen kann, verdop-

668 Anna-Margarete Oldenbourg, Ressource Mensch, a.a.O., S. 4.

669 Christiane Dithmar, Mitarbeitergespräche, a.a.O., S. 10.

670 Vgl. Henri Nouwen, Seelsorge, die aus dem Herzen kommt, Freiburg 1997, S. 45: »Wenn die Mitglieder einer Glaubensgemeinschaft (oder diakonischen Gemeinschaft, Anm. d. Vfs.) ihren Hirten nicht wirklich von innen her kennen und lieben dürfen, dann wird das Hüten schnell zu einer subtilen Weise der Machtausübung über andere und nimmt autoritative und diktatorische Züge an.«

671 Vgl. Henri Nouwen, Seelsorge, die aus dem Herzen kommt, a.a.O., S. 44, Dabei könnte doch gelten: »Sein Leben hingeben für Menschen bedeutet: Mit ihnen nicht nur seinen Glauben, sondern auch seine Mutlosigkeit teilen; nicht nur seine Freude, sondern auch seine Niedergeschlagenheit, nicht nur seine Tapferkeit, sondern auch seine Angst; bedeutet: miteinander mit dem Herren des Lebens in Berüh-

pelt er nur die Last dessen, der seine Hilfe-Leistung in Anspruch nehmen muss.

10) Zu Prozess, Entwicklung und Vernetzung sei angefragt, ob die Vereinheitlichung von Menschen unter dem Kronenkreuz das gesunde Verhältnis von Actio und Contemplatio, Zerbruch und Aufbruch wirklich zulässt. Immer wieder sollte die kritische Frage gestellt werden, ob eine Über-Sicherung nicht das gesunde Abhängigkeitsgefühl von dem, der zur Arbeit beruft, verdeckt? Was das Vertrauen auf die Vernetzung angeht: Information ist noch kein Austausch. Sachliche und spirituelle Information müssen Hand in Hand gehen, sonst entsteht keine Dienst-*Gemeinschaft*, die als solche zu bezeichnen wäre. Schlimmstenfalls wäre man eines Tages allseitig vernetzt, aber stumm[672]. Während die Kommunikationsforschung sich der Wahrheit einen großen Schritt nähergekommen vermeint, ist das kommunikative Handeln in gleichem Masse verkümmert. Die Schnittmenge zwischen Communitas und Communicatio, wie sie in den Kommunitäten lebendig ist, kann hier zum Korrektiv werden.

11) Könnte ein bloß Pluralismus-orientiertes Subsidiaritätsverständnis (dem Staat gegenüber) diakonischer Leister/Anbieter nicht eine perspektivische Verkürzung spiritueller Selbstwahrnehmung mit sich bringen? Auf diese Gefahr weist auch Hendrikus Berkhof hin: »Die christliche Diakonie ist ein dauernder, lebendiger Protest gegen die Sündengesellschaft. Sie wird ständig gegen die allgemeine öffentliche Meinung ankämpfen müssen und als Vorzeichen der neuen Welt einen mehr oder weniger revolutionären Eindruck machen. Sobald

rung kommen. Nicht wir sind die Versöhner, nicht wir sind die Spender des Lebens.«
In konstruktiver Kritik am Jäger'schen Modell, und dem daraus resultierenden Selbstverständnis des Hilfe-Leisters, möchte ich unter Hinzunahme des entsprechenden Gedankengutes von Henri Nouwen deutlich machen, dass diakonisches Handeln die Annahme der Knechtsgestalt, die Bereitschaft zur Kenosis mit einschließt: um in der *Downward-Mobility* heilsamen *Selbst-Verlustes* den kreativen Austausch der Energien möglich zu machen, dessen Frucht sich instrumentalistischer Kontrolltechnik entzieht.

672 Vgl. Winfried Engemann, Zum Problem der Maschinisierung der Kommunikation, WzM 52, 2000, S. 155: »Mit bestem Wissen und Gewissen lässt sich der Prozess der Vergleichgültigung der Individuen fördern, wobei den Rezipienten zusammen mit der Botschaft auch eine einzelne (bzw. einzige) Perspektive auf Gott und die Welt mitgeliefert wird (›Kameraeffekt‹). Das hieße letztlich, dass alle das Gleiche wissen, ohne etwas damit anfangen zu können.« / Vgl. auch die Mahnung von Joachim Weber, dem Geist Raum zu geben, in: Diakonie zwischen Dienst, Dienstleistung und Freiheit, PTh 92, 2003, S. 350: »Die herausfordernde Frage an die Diakonie ist die, ob sie diesem Geist Raum zu geben vermag, ob sie sich öffnen kann für so ein unabschließbares, lebendiges, aber auch nicht unkompliziertes und ungefährliches Geschehen.«

ihre Hilfeleistung auf dem einen oder anderen Gebiet vom Staat anerkannt, gestützt und gebraucht wird, kann sie dort wohl noch Aufgaben zur Erhaltung einer geordneten Gesellschaft wahrnehmen. Aber sie hat doch ihren eigentlichen Charakter verloren, der darin besteht, dass sie sich über die erbarmt, auf deren Schrei der Staat und die Gesellschaft (noch) nicht hören.«[673] Dieser extreme Standpunkt soll den Rahmen der vorliegenden Dissertation nicht mit einer umfassenden Diskussion über das Subsidiaritätsprinzip sprengen. Stattdessen soll zum einen eine Brücke zurück geschlagen werden: Zurück zu dem Geist der diakonischen Einrichtungen in der DDR, als man bemüht war, auch ohne Ab- und Rücksprache mit dem Staat auf die Stimme derer zu hören, die sagten: »Herr, ich habe keinen Menschen«[674] – und von daher Auftrag und Dienst bestimmen zu lassen. Zum anderen soll eine Brücke geschlagen werden zu Selbstverständnis und Arbeit einiger zeitgenössischer Kommunitäten und Basisgruppen, die sich denen widmen, durch die sie den An-Ruf vernehmen.[675] Der Geist der ehemaligen diakonischen Einrichtungen der DDR und das Selbstverständnis zeitgenössischer kommunitärer Einrichtungen sind nicht dasselbe. Doch es lässt sich so etwas wie eine Schnittmenge finden, die ein fruchtbares Gegenüber zur unternehmerischen Institutio bilden kann. Diese Schnittmenge bilden Christinnen und Christen, die unabhängig und inspiriert zugleich einfach präsent sein wollen (être présent) unter denen, die sagen: »Herr, ich habe keinen Menschen«. Deshalb muss die unternehmerisch geprägte diakonische Institution nicht angegriffen noch in ihrer Gesamtheit hinterfragt werden. Schon gar nicht wenn in ihren Reihen Stimmen (vgl. Lohmann) laut werden, die die Rückbesinnung auf inspiratorische Quellen und kommunitäre Gemeinschaftsstrukturen fordern. Für Institutio und Communitas ist die Zeit gekommen, einander wahrzunehmen und gemeinsame Wege zu finden.

673 Hendrikus Berkhof, Der Mensch unterwegs. Die christliche Sicht des Menschen, Neukirchen-Vluyn 1967, S. 121.

674 Vgl. Ernst Pezold, Theologie der Diakonie in der DDR, a.a.O., S. 232.

675 Ebd: »Hier sind wir bei der ›helfenden Tat‹ im engeren Sinne des Wortes. Sie richtet sich auf solche, die keinen Helfer haben und machtlos im Leben unterliegen. Der Arme, der Fremde, der Unterdrückte, die Witwen und Waisen sind die alttestamentlichen Menschentypen, deren Leben eine Illustration von unser aller Verlorenheit ist. Indem man ihnen hilft, wird ein Zeichen der göttlichen Barmherzigkeit aufgerichtet. Die christliche Barmherzigkeit, die solch ein Abglanz des göttlichen Erbarmens ist, fällt darum auch nicht mit dem zusammen, was man im allgemeinen Helfen, Gutes tun und Menschenliebe nennt. Sie hilft, wo kein Helfer ist.«

2. Kritische Anmerkungen zum Leitbildprozess

1) Im Laufe der vergangenen 15 Jahre ist die Leitbild-Diskussion entstanden. Mit ihr ist für viele Beschäftigte der Diakonie die Frage virulent geworden, warum diese Debatte, und die resultierende Praxis, heute notwendig sind. Ein Anlass scheint (unter anderen), dass ein beträchtlicher Teil der Mitarbeiterschaft nicht mehr hinter den Zielen und Aussagen steht, die man noch in den 60er, 70er und 80er Jahren allgemein als bekanntes (im doppelten Sinne) Proprium vorausgesetzt hat. Inzwischen will man den Weg gehen, von außen nach innen Überzeugung zu schaffen. Es werden Anleihen bei dem säkularen Marketing, sowie seiner Mitarbeiter-, Kunden- und Werbepsychologie gemacht. Die Leitbildveröffentlichungen der Jahre seit 1997 zeigen, dass man gelernt und sich fortentwickelt hat. In den öffentlichen Broschüren korrespondieren Text und Bild aussagekräftig und professionell. Die Formulierungen stellen fest: »Wir sind« – »Wir haben« – »Wir garantieren Ihnen«.[676] Erwecken die einerseits zugkräftigen Aussagen nicht andererseits den Eindruck von Slogans? Zeigen die kräftigen Worte wirklich ihre Verbindung zum vernommenen biblischen Wort? Wie steht es mit der inspirativen Tatsache, dass der Dienst am Nächsten, die persönliche Berufung und Befähigung (Be-Gabung) – wie aller Glaube – im Vernehmen des biblischen Wortes ihren Anfang und ihre Vollendung haben?

2) Würde das Repetieren von Kernsätzen zum spirituellen Surrogat werden, stünde man in Gefahr, das Ziel zu verfehlen. Wenngleich auch gilt, dass die Repetitio Mater Spiritualitatis ist. Doch hier wäre jede Verwechslung oder Parallelisierung verhängnisvoll. Kann die konstante, kursorische *Einübung* in die Corporate Identity jemals das bewirken, was fundierte, regelmäßige Bibelarbeit zu den Themen des diakonischen Alltags wachsen lässt? Es wäre schade, wenn stimulierende Kern/Leitsätze und seine vielen, auf die ganze Persönlichkeit übergreifenden Prozesse, den Aufruf zur dienenden Nachfolge verdeckten. Dieser richtet sich immer an den Einzelnen und kann niemals von Menschen entworfen werden. Auch wenn sich die Nachfolge des Einzelnen dann (stets als Folgeschritt) in ein konkretes Dienstgefüge einordnet. Kann eine ideologisierende Unternehmens- oder Betriebsphilosophie dem gemeinschaftlichen Netzwerk von Berufungs- und Nachfolgegeschichten gerecht werden? So hochsensibel und spirituell autonom, wie es eigentlich ist?

3) Wo im Kernsatz und in vorformulierten, zu internalisierenden Zielen, schon alles gesagt ist, steht das das lebendige Hören auf die Tageslosung in Gefahr, die Kraft lebendiger Erwartung zu verlieren. Die

676 Martin Kalusche, Das Leitbild der Diakonie – ein Traum, a.a.O.

Aufmerksamkeit auf Wochen-, Monats- und Tageslosung könnte angesichts der Prädominanz des Vorformulierten abnehmen. Für die evangelische Diakonie gilt nach wie vor (in spezifizierter Form) das klassische Schriftprinzip. Es kann durch kein Leitbild, keine Betriebsphilosophie und keine Haustheologie ersetzt werden, nur ergänzt. In dieser Selbstbescheidung würden sie eine gesunde Flexibilität und Vorläufigkeit bekommen. Im diakoniegeschichtlichen Horizont wirkt es problematisch, wenn man in den Häusern der klassischen Gründungen, die heutzutage Komplexeinrichtungen sind, primär auf Leitbild, Leitworte und effiziente Kybernetik setzt. Bei den Gründungsvätern und -müttern herrschte dagegen ein selbstvergessenes Vertrauen auf das erschaffende Wort und seine Frucht, die Fides Creatrix vor. Auch das unternehmerisch-effizienzorientierte Modell kann darin seine Sicherheit haben – oder wieder entdecken.

4) Imitatio Christi, oder die dreifach möglichen Identifikationsmöglichkeiten des Gleichnisses vom Barmherzigen Samariter[677] scheinen zugunsten eines Betriebsablaufes im Sinne der Corporate Identity[678] in den Hintergrund gerückt. Zum einen müsste eine deutliche theologische Anfrage an das Phänomen Unternehmensphilosophie in der Lebens- und Wesensäußerung der Gemeinde, die Diakonie zu sein ja mit Recht beansprucht, gestellt werden. Zum anderen stehen wir vor starken betriebskybernetischen und sprachlichen Festlegungen, die eine starke Eigendynamik entwickelt haben. Sie werfen die Frage auf, ob sich die Arbeit noch mit der sensiblen Wirklichkeit des Gebets, des Gottesdienstes und des Sakraments zusammenbringen lässt. Von der Lebenswelt der Basisgemeinschaften und Kommunitäten her, wie sie in den Abschnitten B-D verdeutlicht wurde, ist diese Kritik vernehmbar und anschaulich zu formulieren. Und es kann nur von Gewinn sein, ihr Raum zu geben. Hier bietet das Schlüsselreferat von David Lohmann einen wichtigen Ansatz, dieser Frage konstruktiv nachzugehen.

5) Kritisch bleibt auch zu hinterfragen, ob man sich über den Mitarbeiter, den Kunden, den Klienten und den Vorgesetzten ein *Bild* machen darf? Und ließe sich das nicht auch auf das Leit-Bild übertragen? Verstellt es nicht die Offenheit für das Wort und das Leben? Mit Luther gesagt, muss eine wirklich innovative Diakonie *im Schwange* sein, sich sowohl in Krise als auch berechenbarem Alltag im Aufbruch befinden und bewähren. Festschreibungen können Vitalität und

677 Der Samariter selbst, der Verwundete und der Wirt.

678 Vgl. Georg von Mylius, Strategischer Erfolgsfaktor. Eine Frage der Identität, in: Diakonie 1, a.a.O., »Personalentwicklung verfolgt vor allem ein Ziel: der Mitarbeiterschaft die Möglichkeit der Identifizierung mit dem Unternehmen zu bieten.«

Engagement beeinträchtigen. Für die rein ökonomische Planung, im Sinne eines Sachbereichs (der um seine Begrenzung und um seinen Sachzwang weiß), mögen Zielfestlegungen und ein gewisses Arbeitsethos durchaus nützlich sein. Greifen aber gegenwärtiger Leitbild-Prozess, allgemeingültige Betriebsphilosophie und verordnete Corporate Identity, die auch dem Individuum ein Sein diktiert, über diese Sachebene nicht weit hinaus? Wird nicht der Versuch unternommen, den Menschen zu instrumentalisieren und zu dirigieren, wo Gott ihn führt?

6) Eine Verwandtschaft zur Vorstellungswelt des Positiven Denkens könnte man in der affirmativen[679] Verwendung des Leitwortes wahrnehmen. Vielleicht ist dieser mögliche Zusammenhang in der weitgehend kritiklosen Adaption wesensfremder Techniken bislang übersehen worden. Die Dissertation von Margret Zimmermann zum Verhältnis von Spiritualität und Positivem Denken sollte den Anlass zu weiterer, dringend notwendiger Forschung auf diesem Gebiet geben.

7) Gehen konstante Belehrung und Erziehung zur Corporate Identity nicht implizit von einem latenten weltanschaulichen und dienstlichen Defizit der Adressaten aus? Der Mensch scheint nicht bei seiner Bereitschaft genommen, sondern von seinen Unzulänglichkeiten her angesprochen. Etwas Neues soll geschaffen werden – auf breitester, allumfassender Front – weil das Alte versagt zu haben scheint. Von *dem Alten* ist nicht anzunehmen, dass es in wirtschaftlich rauheren Zeiten Bestand haben kann. Könnte nicht aber gerade die vorausgesetzte *Schülerposition* der Mitarbeitenden die Fronten von vornherein verhärten? Dann würde das erwünschte Dialoggeschehen im Keim erstickt werden.[680] Und wird das Gespräch miteinander auf solche

679 Vgl. Margret Zimmermann, Spiritualität und Positives Denken, a.a.O., Vorwort: »Positives Denken ist der Leitsatz eines Lebenskonzeptes, das dazu auffordert, das Leben und seine Begleitumstände in positivem Licht zu sehen. Nach dieser Überzeugung ist durch positive Vorstellungen und Gedanken das eigene Leben zum Positiven zu verändern und so ein zufriedeneres und glücklicheres Leben zu führen … Deshalb sind ›Affirmationen‹, das sind positive Leitsätze, die zur inneren Bekräftigung wiederholt werden und die so Wirklichkeit werden sollen, ein wesentliches Mittel zur positiven Beeinflussung.«

680 Vgl. zur Auswirkung Gerhard V. Krönes, Motivation ist nicht käuflich. Leistungslohn: ein unternehmerischer Hilfeschrei, in: Diakonie Impulse 3 / Heft Juni 2004, Stuttgart 2004, S. 10: »Erfolgsorientierte Vergütung scheitert im öffentlichen und privaten Nonprofit-Sektor daran, dass bislang keine zieladäquate Rechenschaftsauslegung existiert … sie ist keineswegs in der Lage, diakonischen Einrichtungen eine Perspektive im Sinne eines Ausweges … zu eröffnen.«
Vgl. auch Karin Ulrich-Eschemann, Diakonie und Spiritualität, in: Brennpunkt Gemeinde, 52. Jahrgang, Heft September – Oktober, Stuttgart 2003, S. 3: »Ich erinnere mich auch an eine Bekannte, die seit langer Zeit an einer großen Diakonieeinrichtung arbeitet. Sie hat sich immer wieder kritisch mit den so genannten Leitbildern

Weise nicht eher mechanisiert als katalysiert? Das hätte auch negative Auswirkungen auf das Gespräch des Menschen mit Gott, welches für eine gesunde diakonische Lebenswelt konstitutiv ist. Denn durch diese Öffnung nach oben kommt das Widerständige und Fremde des Evangeliums hinein[681], manches, das sich nicht takten und von Menschenhirn- und Hand entwickeln lässt.

8) In folgenden Worten teilt Dörte Gebhardt ein Teilanliegen der vorliegenden Dissertation: »Der neuzeitlichen *Selbstrechtfertigung* der Diakonie durch *wirtschaftliche Höchstleistung* ist mit Hilfe der *evangelischen Rechtfertigungslehre* zu widerstehen. Dieser Widerstand gehört zum Schwersten, was Diakonie überhaupt leisten kann. Er ist aber um des Menschen willen im eigentlichen Sinne des Wortes notwendig … Ein weit verbreiteter Irrtum in der Diakonie besteht in der Annahme, dass die gleichen Methoden, die in der Wirtschaft entwickelt wurden, schon dadurch humaner sind, dass sie im diakonischen Rahmen zur Anwendung kommen. Der Kontext bleibt jedoch nicht unbeeinflusst von den spezifischen Präferenzen dieser ökonomischen Ansätze.«[682]

9) In dem Artikel »Integriertes Personalmanagement. Jazz Combo statt Orchester«[683] wird deutlich, wie – und mit welchen Instrumentarien – sich betriebsethische Axiome des *St. Galler Modells* auf diakonische Unternehmen übertragen lassen. Im Kontext dieser Dissertation wird deutlich die Frage gestellt, ob sich die *Motoren-Öl*-Qualität angewandter Betriebsethik nicht vollkommen von der individuell verantwortlichen, inspirativen Wahrnehmungs- und Handlungsqualität diakonischer Communitas unterscheidet. Ein »Cafeteria System der Leistungshonorierung«, wie es das St. Galler Modell (neben einer Vielzahl anderer Maßnahmen) vorsieht, passt nicht zum spirituellen *Persönlichkeitsbild* der Einzelnen, die den ersehnten kommunitären Aufbruch inmitten der unternehmerischen Diakonie (vgl. Lohmann)

auseinandergesetzt. Sie sagte einmal zu mir, dass diese Leitbilder zu fordernd und normativ seien und nicht brauchbar, um die alltägliche diakonische Arbeit tatsächlich beeinflussen zu können.«

681 Dörte Gebhardt, Menschenfreundliche Diakonie, a.a.O., S. 209: »Der gegenwärtige Leitbildprozess ›von unten‹ und ›von oben‹ ist primär davon bestimmt, ein klares Image und eine ›corporate identity‹ zu produzieren, und diesem Zweck dient erst in zweiter Hinsicht eine Verständigung über die theologischen, frömmigkeitsgeschichtlichen Einflüsse, der doch eindeutig Priorität zukäme, will man nicht von vornherein alles Widerständige, Fremde des Evangeliums ausschließen. Problematisch ist es daher auch, das theologische Gespräch von vornherein in einem institutionalisierten Prozess zu erzeugen, der zudem ergebnisorientiert unter Erfolgszwang steht.«

682 Ebd., S. 277.

683 Vgl. Hans Stephan Haas, Integriertes Personalmanagement, in: Diakonie Impulse, a.a.O.

katalysieren und stabilisieren könnten. Impulse der Hingabe lassen sich nicht in einem betriebsethischen Berechnungsnetz verorten und domestizieren. Will man dem kommunitären Aufbruch in der Mitte der Unternehmensdiakonie tatsächlich Raum gewähren, muss sich der betriebsethische Anspruch nach dem St. Galler Modell entsprechend zurücknehmen. Den Nachfolge-Individueen des vormals *getakteten* Personals muss wieder Frei-Raum zu eigenverantwortlicher, spiritueller Kreativität gegeben werden.
Da diese spirituell kreative Ethik bei Henri Nouwen besonders deutlich ausgeprägt war, sollen seine konstruktiven Differenzierungen in XV.2 –XV.5 das vorab Gesagte bündeln: In der Unterscheidung zwischen Frucht und Effizienz. Diese notwendige Discretio hat sich zwar bereits wie ein roter Faden durch den Fortgang der Arbeit gezogen, doch hier soll sie anschaulich und abschließend erörtert werden.

3. *Eine kritische Gegenüberstellung der beiden Begriffe* Frucht *und* Effizienz *– unter Berücksichtigung der Verwendung des* Frucht-*Begriffes im Werk von Henri Nouwen*

Mit den folgenden Ausführungen zu dem kreativen Spannungsverhältnis zwischen *Frucht* und *Effizienz* soll das Vermächtnis derer gewürdigt werden, die vor 1982[684] (Westen) und 1989 (Osten) in einem angeblich überholten Verständnis von Diakonie Dienst getan haben. Es soll auch die Stimme derer laut werden, die – wie die Basisgemeinschaften und Kommunitäten – ihr diakonisches Engagement von einem anderen spirituellen und kybernetischen Ansatz als dem unternehmerisch-diakonischen Modell her formulieren. Begegnungen und Gespräche, auf entsprechenden Konferenzen und Rüstzeiten, haben mir gezeigt, dass eine Reihe von MitarbeiterInnen, denen der eingangs beschriebene Geist diakonischer Arbeit vor den Reformen von 1982 und 1990 wichtig war, starkes Interesse an Entstehen und spirituellem Gedankengut diakonischer Basisgemeinschaften und Kommunitäten haben.
Im Sommer 2004 hat David Lohmann die an/erkannte Notwendigkeit solcher Gemeinschaften eindrücklich und überraschend in einem Referat in Bethel vorgetragen.[685]
Geht man dem Anliegen des kommunitären Ansatzes im Licht von Henri Nouwen nach, wird hier – im der speziellen Unterscheidung zwischen Frucht und Effizienz – die Communitas zu einer produktiven und kreativen Gegenwelt zur funktionalisierten Unternehmensdiakonie. Sie

684 Vgl. den initialen Vortrag von Alfred Jäger 1982 auf Amrum, gehalten vor Leitungskräften des Kaiserswerther Verbandes: »Diakonie als christliches Unternehmen«, a.a.O.
685 David Lohmann, Diakonie 2010, Referat in den von Bodelschwinghschen Anstalten Bethel 2004, s.o.

entwickelt ihre eigene[686] Begrifflichkeit, zeigt eine umsetzbare spirituelle Architektur und lädt in ihrem Gabenreichtum zur Imitatio ein. Henri Nouwen, der in dieser Dissertation zur theologisch-spirituellen Gegenstimme/Ergänzung von Alfred Jäger geworden ist soll das letzte Wort haben. In seiner Unterscheidung zwischen Frucht und Effizienz bündelt er das Hauptanliegen diakonisch-spiritueller Sehnsucht nach dem Mehrwert lebensnaher Gottunmittelbarkeit. Diese wird in den genannten Lebensgemeinschaften – und viele anderen – gesucht. Die produktive und kreative Gegenwelt der Communitas ist für alles diakonische Handeln in Deutschland, im vereinten Europa, so wichtig, weil sie eine Perspektive zum Reich Gottes bekommt und nicht mehr bloß fremden, betriebswirtschaftlichen Gesetzen unterworfen bleibt.

3.1 Zur Bedeutung von Frucht im Gesamtwerk Henri Nouwens

Wiederholt kommt Henri Nouwen im Laufe seiner Tätigkeit auf den Gedanken (Joh. 15,13), das Leben für die Brüder zu lassen, zurück. In diesem Zusammenhang ist das Hervorbringen von Frucht tatsächliches Ergebnis nachfolgender, dienender Kenosis-Bewegung. Diese lässt sich aus dem Christus-Hymnus des Philipper-Briefes ableiten.[687]
Der Adressat des Dienstes wird durch die Imitatio, den Selbst-Verlust des Dieners reich. Gerade das Loslassen stabilisiert – in spiritueller Paradoxie. Eine analoge Bewegung finden wir (1990 bis zur Gegenwart) im Werk von Manfred Josuttis, in dem er das Jesuswort von der Selbst-Verleugnung als heilsamen, kreativen Verlust des Selbst deutet. Der erst befähige in Wahrheit zu vollmächtigem Dienst.[688] Der Prozess Selbstvergessener Begegnung mit dem in die Gebrochenheit Inkarnierten wird von Nouwen als Frucht erglaubt und erfahren. Er beschreibt ihn in seinem autobiographischen Bericht »Adam«. Die Begegnung mit dem schwerstbehinderten Kernmitglied der Arche-Kommunität, Adam Arnett, wird für ihn zur prägenden geistlichen Erfahrung überhaupt. Adam wird zum Inbild des gebrochenen und doch gehaltenen Menschen. Demzufolge können im Zentrum diakonischer Bemühung nicht das eigenmächtige Hilfe-Handeln und die selbstgerechte Fürsorge stehen. Sondern viel eher die Christusbegegnung, die in der Selbst-Hingabe ermöglicht wird. Sie bewirkt den fruchtbaren, kreativen Prozess im

686 Die aber doch paradigmatische Funktion haben kann.

687 Philipper 2,6–11: »Obwohl er in göttlicher Gestalt war, hielt er es nicht wie einen Raub fest, Gott gleich zu sein, sondern entäußerte sich selbst und *nahm Knechtsgestalt an*, wurde den Menschen gleich und durch seine ganze Erscheinung als ein Mensch erwiesen. Er erniedrigte sich selbst und wurde gehorsam bis zum Tode, ja zum Tode am Kreuz …«

688 Als Parallelen hochmittelalterlicher Kirchen- und Frömmigkeitsgeschichte können die Viten von Franz von Assisi und Elisabeth von Thüringen dienen, die in der Selbsthingabe zur Gottesbegegnung im Sinne von Matthäus 25 gelangen.

Flussgeschehen zwischen Assistent und Core-Member. Das Tun der Liebe blockiert Durchlässigkeit und Transparenz, wenn sie aus falsch verstandenem Aktivismus heraus agiert.[689]

Neben den Gedanken fruchtbaren Selbst-Verlustes tritt der Begriff des Verwundeten Heilers (»Wounded Healer«[690]), den Nouwen mit seinem gleichnamigen Buch einführt. Im Rückgriff auf eine bekannte Messias-Legende[691] formuliert Nouwen einen seelsorgerlich-diakonischen Ansatz, der in der geistlichen Annahme eigener Verwundung einen Freiraum schafft. In ihm kann erlittene Verletzung[692] Frucht bringen. Allerdings handelt es sich hier um eine Selbstwahrnehmung, die dem Selbstentwurf des Mitarbeiters im unternehmerisch-diakonischen Modell widerspricht. Denn Henri Nouwen geht es nicht darum, einen Menschen in vermeintlicher Stärke zu dirigieren, sondern ihm geistliche, freisetzende Gemeinschaft anzubieten. Diese trägt Frucht, wenn es an der Zeit ist. Eine Frucht, die dem originalen, unverwechselbaren Sein des Gegenübers entspricht.
Keine Linie zwischen stark und schwach wird gezogen. Alles gerät unter die Herrschaft dessen, vor dem wir gemeinsam stehen. Diakonischer Dirigismus führt den anvertrauten Nächsten in eine Enge, die das Wachstum jeglicher Frucht erstickt. Nach dem Ansatz von Nouwen gibt es weder Methode noch Strategie, dem anvertrauten Menschen – sei es Mitarbeiter, sei es Klient – unsere Kriterien von Lebensart, Glück und

689 Von der Nouwen'schen Begrifflichkeit her sei festgehalten, dass Activism der Actio geradezu entgegenstehen kann. Denn in weltverändernder Eigenmacht versucht der Aktivismus, aus dieser Erde eine andere, möglichst Vollkommene zu erschaffen. Anders, als der angefochtene Meister, erliegen wir der entsprechenden Versuchung Jesu, dessen kleinster Befehl an die Legionen genügt hätte, die Vorfindlichkeit von Grund auf zu ändern. Der unfruchtbare, dem Zeichenhandeln der Liebe entgegenstehende Activism lässt den Service-Leister und seine Kunden um so unzufriedener zurück. In seiner Veröffentlichung »Compassion« beschreibt Nouwen in Grundzügen, was der schon immer gegenwärtige, aber wieder in Vergessenheit geratene, spirituelle Impuls zeitgenössischen diakonischen Handelns sein könnte: Die tiefe geistliche Wahrheit, dass Dienstbarkeit eine Äußerung der Suche nach Gott ist und nicht nur der Sehnsucht nach individueller oder sozialer Veränderung.

690 Henri Nouwen, The Wounded Healer, New York 1972.

691 Aus dem »Sanhedrin-Traktat«, Talmud, wiedergegeben in Rudolf Zerfaß, Menschliche Seelsorge, Freiburg 1995, S. 100: »... Rabbi Josua Ben Levi trifft den Propheten Elija. Er fragt den Elija: Wann kommt der Messias? Elija: Geh hin und frag ihn selbst! Josua: Wo finde ich ihn denn? Elija: Er sitzt am Tor der Stadt! Josua: Woran soll ich ihn erkennen? Elija: Er sitzt unter den Armen, mit Wunden bedeckt! Die anderen binden ihre Wunden alle zugleich auf und nachher verbinden sie sie wieder. Er aber bindet immer nur eine Wunde auf und verbindet sie anschließend sofort, denn er sagt sich: Vielleicht werde ich gebraucht! Ich muss immer bereit sein, damit ich keinen Augenblick Zeit verliere ...«

692 Vgl. Liedvers aus: »Jesus Christus herrscht als König« v. Philipp Friedrich Hiller, 1757, EG 123. In Vers 5 heißt es: »... Wunden müssen Wunden heilen« und bezeugt damit die oben genannte Wirklichkeit.

Erfüllung aufzudrängen[693]. Die Grundhaltung der Hospitality lässt Assistant und Core-Member[694] gleichberechtigt miteinander leben und voneinander lernen. Immer wieder macht Nouwen deutlich, dass Assistant erst der werden kann, der die fruchtbringende Reise in sein wundes Innerstes erträgt. Mit der Messiaslegende vom *Verwundeten Heiler* zeigt Nouwen, dass Assistenz nicht aus der entrückten Distanz starker Professionalität heraus zu leisten ist. Will sie authentisch sein, muss sie sich ebenfalls *unter dem Stadttor*, unter den *Armen der Stadt* ansiedeln. Deren Leben kennt der Assistent[695], ihren Schmerz teilt er. In seiner Compassio wird er zugänglich, findet Zugang und Vollmacht, zu sagen und zu zeigen. Das ist die eigentliche Frucht des Dienstes. Der Dienst des Assistenten knüpft direkt an das, eingangs erwähnte, Wort Jesu an: »Niemand hat größere Liebe, als der, der sein Leben für seine Freunde gibt« (Joh. 15.17). Der Dienst sollte zwar von professionellem Können getragen, er lebt jedoch nicht allein daraus.[696] Er lebt aus der Bereitschaft, Selbst und Leben in einen fruchtbaren, dialogischen Prozess hinein zugeben. In dem Eingeständnis eigener Verletzbarkeit wird er reifen.
Dieser Dienst hat in spiritueller Hinsicht nichts zu tun mit verwaltetem, veranstalteten Service, der nur in Einbahnstraßenrichtung zu leisten ist. Dieser hat die Tedenz, sich in aseptischer Geschiedenheit von dem austauschbaren Klienten zu distanzieren. Die Früchte solcher Hilfe-Leistung haben etwas Steriles und Kühles. Sie zeigen jedem – dem einen auf bestätigende, dem anderen auf verletzende Weise – wo er zu stehen hat. Henri Nouwen geht es jedoch darum, in verbindlicher, kreativer Gemeinschaft die Trennungslinie zwischen Immerstarken und Immerschwachen[697] aufzuheben. In der Bereitschaft, mit dem Weizenkorn zu

693 Henri Nouwen in »Reaching Out«, zitiert auch in Beth Porter, Befriending Life. Encounters with Henri Nouwen, London 2001, S. 272: »It is not to lead our neighbor into a corner where there are no alternatives left, but to open a wide spectrum of options for choice and commitment ... It is not a method of making our God and our way into the criteria of happiness, but the opening of the opportunity to others to find their God and their way.« (ÜS: Es geht nicht darum, unseren Nächsten in eine Ecke ohne Alternativen zu drängen, sondern ihm ein weites Spektrum aufzuzeigen mit der Möglichkeit, eine Wahl zu treffen und sich zu engagieren ... Es ist keine Methode, die Kriterien von Glück nach unserem Gottes- und Seinsverständnis festzuschreiben, sondern die Eröffnung eines Freiraumes für andere, ihren Gott und ihren Weg zu finden).

694 Im Sprachgebrauch der Arche (der sich Henri Nouwen seit 1985 anschloss) ist vom Betreuer als dem *Assistenten/Assistant* und dem Betreuten als dem *Kernmitglied/Core-Member* die Rede. Hier wird in Diktion und Verwendung klar, dass der Schwache im Mittelpunkt der Gemeinschaft steht.

695 Im Licht des verwundeten Heilers.

696 Vgl. Josef Müller, Pastoraltheologie – ein Handbuch für Studium und Seelsorge, Graz 1993, S. 98.

697 Vgl. Henri Nouwen, Seelsorge, die aus dem Herzen kommt, Freiburg 1998, S. 44.

sterben[698], um viel Frucht zu bringen, gründet der Nouwen'sche Fruchtgedanke. Der ist in einer geistlichen Kategorie beheimatet, die sich von der beschriebenen Jäger'schen Vorstellungswelt deutlich zu unterscheiden scheint.[699]

3.2 Kritische Anmerkungen zu Frucht und Effizienz

Unbestritten ist, dass auch das Streben nach Effizienz und Qualitätssicherung die Frucht (in Form von messbaren und steigerungsfähigen Ergebnissen) sucht. Doch muss die redliche Frage gestellt werden, ob die Verfolgung des Ziels jeden Weg legitimiert. Könnte es dem Anliegen evangelischer Dienstbarkeit nicht fremd sein, dass Frucht in der Verfolgung von Strategien erreicht wird? Auch wenn viele geneigt sind, hier Zeitgeist mit spiritueller Inspiration zu verwechseln – und Begriffe des Strategischen Marketing zur Erzielung *diakonischer Resultate* zu verwenden?
Die spirituelle Überforderung des Anbieter-Systems möchte ich im konkreten Handlungsfeld der Hospiz-Arbeit veranschaulichen: Die Begleitung des Samariters führt in leid- und geheimnisvolle Zonen. Manfred Josuttis spricht hier zu Recht von der *Zone des Unheimlichen.* Wirkt die Begrifflichkeit diakonischer Service-Leistung hier nicht verkürzt und unbeholfen? Wie stellen sich Effizienz und Qualitätssicherung dar, wollte man sie in der Begleitung Sterbender anwenden? Gerade dieser Handlungsbereich ist in den letzten Jahren in Diakonie und Caritas besonders wichtig geworden. Natürlich lassen sich anforderungsgemäße äußere Bedingungen bereitstellen. Natürlich hat sich seit den Anfängen der Hospiz-Arbeit in London eine spezifische Professionalität – und auch Spiritualität – der BetreuerInnen entwickelt. Man kann lindern und beistehen, wo es nur möglich ist. Doch die Kunden-Klienten-Diktion der Anbieter sagt das nötige Zulassen und Erleben eigener Endlichkeit nicht aus. Werbewirksam Indikative würden im Spannungsfeld zwischen Effizienz und Vergänglichkeit befremdlich wirken. Eigene Schwäche und Endlichkeit müssen angeschaut und, täglich neu, geistlich verarbeitet werden, wenn man in fruchtbarer Weise helfen und begleiten will. Da gibt es nichts anzubieten. Da geht es viel eher darum, etwas anzunehmen.

698 Vgl. Jurjen Beumer Henri Nouwen. Biographie, Freiburg 1998, S. 152: »Nouwens Ethik ist eine kenotische Ethik; das heißt, wir werden dazu eingeladen, uns selbst loszulassen und leer zu machen (kenosis; Phil. 2,7) wie Christus. Dies alles steht in scharfem Kontrast zu den Impulsen, die wir in uns selbst und in der Gesellschaft vorfinden.«

699 Dasselbe gilt für die betriebskybernetischen/betriebsethischen Axiome des St. Galler Modells.

Ein anderes Beispiel möchte ich anführen: Gerade in den Neuen Bundesländern (wie in vielen anderen Ländern des früheren Ostblocks auch) begegnet man im Dienst an den Menschen mit einer seelischen Behinderung vielen hochbegabten Persönlichkeiten. Sie sind durch gesamtgesellschaftliche und individuelle Ein- und Umbrüche in Situationen geführt worden, die ihnen auf anderen Stufen ihrer Vita unvorstellbar gewesen wären. In ihrer fieberhaften und hochsensiblen Selbstwahrnehmung könnte es sie zutiefst verletzen, wenn sie der, dem sie ihr verwundetes Leben anvertrauen, als Kunden oder Klienten bezeichnet. Beide Worte gehen in se von dem bezahlten Dienst aus, von einer erbrachten Leistung, einem Service. Doch der Mensch mit einer seelischen Behinderung sehnt sich nach Wertschätzung. Nach der selbstvergessenen Umarmung, in der das Geschöpf seine Heimkehr erspüren kann.

Liegen hier nicht zwei Handlungsfelder vor Augen, um die herum sich der kommunitär-diakonische Aufbruch inmitten der Institutio ansiedeln kann? Die *Kernmitglieder* beider Handlungsgestalten hätten viel an Selbstbescheidung, Unmittelbarkeit und Annahme des Schattens zu lehren.

3.3 Actio – Imitatio – Frucht – Effizienz

In seinem Buch »Schöpferische Seelsorge«[700] verweist Henri Nouwen im sechsten Kapitel auf die Gefahren, die dem engagierten Christen erwachsen können. Diese bedrohen ihn auch dann, wenn er sich mit brennendem Leib für die Verbesserung der Verhältnisse einsetzt. Für den, der organisiert, gibt es viele Fallen. Das Bedürfnis nach greifbarem Erfolg birgt eine große Gefahr. Ebenso das subtile Machtstreben und der Stolz, auch wenn sie hinter der Fassade von Struktur und Organigramm wuchern: »Wer sich als Christ um sozialen Wandel bemühen will, ist berufen, zugleich ein Sozialreformer und einer zu sein, der seine eigene Seele nicht verliert, also ein Mensch der Aktion und zugleich ein Mensch des Gebetes.«[701]

Die Actio, die mit der Contemplatio in Einklang steht, bringt Frucht hervor. Der jahrhundertealte Streit um Maria- oder Marthadienst wird in ein und derselben Vita entschieden.

Nicht nur Schulung, Fertigkeit, Zertifizierung und der Versuch, stark für andere zu sein, bewirken eine wachstumsfähige Beziehung zwischen Samariter und Verwundetem. Bloßes Qualifikationsbewusstsein schafft Fronten, die vor dem Hintergrund kollektiver und individueller Bedro-

700 Henri Nouwen, Schöpferische Seelsorge (Vorwort Rolf Zerfaß), Kap. VI, Freiburg 1989, S. 109ff.
701 Ebd., S. 123.

hung eines jeden Lebens nicht auftreten sollten. Ein »echtes Gespräch kann zwischen einem Jemand und einem Niemand nicht zustande kommen. Jemand, der in seinem Geist voller Ideen, Ansichten und Überzeugungen steckt, hat in seinem Inneren keine Stelle zum Zuhören, es fehlt ihm die Offenheit zur Entdeckung der Gabe des Anderen.«[702] Vereinbarte Ziele, angewandte Strategien, die Konzentration auf die Effizienz und Kontrollmechanismen können an dem vorbeigehen, den sie meinen: der Mensch und sein Leben, hier und in der kommenden Welt.

Wie vorhin eingehend beschrieben, zieht Henri Nouwen in seiner Veröffentlichung »Haus des Lebens« (»Lifesigns«[703]) am deutlichsten die Trennungslinie zwischen Produktivität und Fruchtbarkeit. Diese Aussage ist klar und vielschichtig zugleich. Sie bildet ein wichtiges geistlich-argumentatorisches Hilfsmittel in der zu führenden Diskussion um die eigentliche Wurzel diakonischen Tuns. Diese muss mit gewinnenden Argumenten geführt werden, wenn man den Boden zum Entstehen von Vita communis inmitten der Institutio bereiten will. Von dieser Wurzel ist Henri Nouwens Begriff der Dienstbarkeit geprägt, der sich klar vom Jäger'schen Begriff der Dienst-Leistung unterscheidet. »Zwar sind Resultate nicht unwichtig (kein Krieg, kein Hunger, kein Leiden), im Gegenteil. Doch wenn wir das wirklich erreichen wollen, sind Uneigennützigkeit und Demut vonnöten. Wie oft gehen Aktionen schief, wie häufig misslingen politische Pläne, weil menschliche Eitelkeit und menschlicher Eigennutz echten Einsatz blockieren. Jemand wie Franziskus ist beispielhaft für eine andere Daseins- und Handlungsweise ... Spiritualität muss inmitten politischen Gezänks und einer Welt, die am Abgrund balanciert, in Praxis umgesetzt werden.«[704]

In den letzten zehn Jahren seines Lebens kommt Henri Nouwen stets auf den Gedanken zurück, dass *Dienstbarkeit eine Äußerung der Suche nach Gott ist* – und nicht der Sehnsucht nach sozialer Veränderung. Darin findet er sich bestärkt durch sein Leben in der Arche-Gemeinschaft von Daybreak.
Was lässt sich von daher als geistliches Vermächtnis Nouwens formulieren? Und was lässt sich in die gegenwärtige Diskussion um authentische Spiritualität in der Diakonie hinein nehmen?

702 In: Handbuch der Psychologie für die Seelsorge, Hg. v. Jürgen Blattner, Balthasar Gareis, Alfred Plewa, Bd. I: Angewandte Psychologie, Kap. Jürgen Blattner, Seelsorgerliches Gespräch, Düsseldorf 1993, S. 487.

703 Henri Nouwen, Lifesigns, New York 1986.

704 Henri Nouwen, Nachts bricht der Tag an, (The Road to Daybreak, New York 1989), Freiburg 1989, S. 153.

1) Dem diakonischen Anruf gerecht wird nicht der geschulte Stratege, sondern der Mystiker des Alltags[705], der in dem, der hilflos am Rand steht, die Viva Vox Christi vernimmt. In der bloßen Behebung von Missständen und in steriler Kundenorientierung wird die schwere Gabe der Schwäche umgangen, nicht angenommen. Auch der Samariter lernt von der Welt der Verwundung. Hier begänne aber der Weg des verwundeten Heilers. Denn gerade die zugelassene Direktkonfrontation mit Armut und Ohnmacht kann als geistliches Ereignis und Katalysator von spirituellen Prozessen im agierenden Selbst erlebt werden.

2) Der Kampf um Gottes Welt führt in das Gebet. Und das Gebet erneuert, um Müdigkeit und Resignation in der Kraft österlicher Überwindung zu begegnen. Von dieser Wurzel her ist die Frucht zu beschreiben: im Nebeneinander von evangelischer Diesseitigkeit und dem Leben im Eschaton zugleich. »Die äußerste Einsamkeit der innigen Zwiesprache zwischen Gott und Mensch ist eingebunden, vermittelt durch und bezogen auf höchste Gemeinsamkeit, auf das Dasein in dieser Welt, die Gottes Welt ist: Gottesmystik und Weltmystik; Gottesliebe und Weltverantwortung; Gottesliebe und Nächstenliebe sind untrennbar.«[706] In dieser schlichten Setzung liegt die implizite Absage an alle Arten von betriebsethischen Modellen, die verantwortliche Dienstbarkeit eher konstruieren als erwecken wollen.

3) Die »Caritas des Christen und der Kirche gründet letztlich in der Gottbezogenheit des Menschen (Kontemplation), sie vollzieht sich besonders in Akten tätiger Liebe gegenüber dem Nächsten.«[707] Die Wurzel der Actio ist die Contemplatio[708], nicht die Lust an Weltver-

705 Dorothee Sölle, Art. Gelassenheit, in: Christian Schütz (Hg.), Praktisches Lexikon der Spiritualität, Freiburg 1988, S. 490: »Der Mensch sollte das Hängen an Eigentum, die Sorge für das Fortkommen, das Hängen am Leib, der Gesundheit und Bequemlichkeit, in der Arbeit und ihren Früchten und an den ›Lüsten‹ lassen. Heute werden in spiritueller Erfahrung die wichtigsten kulturellen Werte der Gegenwart von Ausbildung und Karriere, Besitz und Konsum, Gesundheit und Bequemlichkeit negiert.«

706 Gotthard Fuchs, Innerlichkeit als Gefahr, Würzburg 1996, S. 18.

707 Matthias Hugoth, Art.: Caritas, in: Praktisches Lexikon der Spiritualität, a.a.O., S. 181.

708 Hermann Schalück, Art.: Aktion/Kontemplation, in: Praktisches Lexikon der Spiritualität, a.a.O., S. 18: »Es ist wohl heute mehr denn je eine erfahrbare Tatsache, dass menschliches Handeln nicht in weltlichen, gesellschaftlichen und humanen Zielen aufgeht. Die Erschütterungen und Gefährdungen, etwa die Möglichkeit des menschlichen und kosmischen Holocausts, lassen unabweisbar Ausschau halten nach einer ›Mitte des Geschehens‹, aus dem wir alle leben (Karl Rahner), freilich nicht primär, um sich der Gefahren zu entziehen, sondern um sie bestehen zu können. In dieser globalen Herausforderung … werden Feier, *Kontemplation* und Anbetung Gottes eine absolute Notwendigkeit. Weil das Ziel von Welt und Geschichte

besserung, Betriebsamkeit und messbarem Ergebnis. Letzteres darf, paradoxerweise, unter gar keinen Umständen mit Frucht gleichgesetzt werden. Denn sowohl Contemplatio wie Actio sind Früchte des einen Geistes aus Jesus Christus[709], beide einer einzigen Mitte zugeordnet.

4) Die Surrogate von Betriebsphilosophie und Leitbild trüben den Blick dafür, dass nur das fortgesetzte Gebet treue Arbeit inspiriert und bewahrt. Liturgie singt, sagt und schweigt nichts anderes. Was nützt ein Funktionieren diakonischer Arbeit, wenn die Mitarbeiter in der Selbstbeschränkung auf betriebsethische Fragen – im Rahmen eines Modells – von den geistlichen Quellen und dem *Machtbereich des Heiligen*[710] getrennt werden?

5) Aktivimus und Actio sind bei Henri Nouwen klar unterschieden. So ist der Aktivist beseelt von dem Wunsch, zu heilen, wieder zurechtzubringen, zu erlösen und neu zu erschaffen. Doch die Actio im Haus Gottes verweist zeichenhaft auf den Einzigen, der all das Benannte wahrhaftig zu vollbringen imstande ist. »Lifesigns«[711], das diesen

gerade dem engagiertesten menschlichen Handeln zum Trotz Geheimnis bleibt, kann es von Tun und Sprache nie eingeholt werden … (S. 19) … Mit anderen Worten: Lobpreis Gottes, *Feier*, Meditation, *Kontemplation* und Schweigen, die vor dem Geheimnis Gottes als dem Ziel der Welt halt machen und zweckfrei anbeten, ist Ursprung einer Spiritualität, die sich der *Welt verpflichtet* und in sie *gesandt* weiß.«

709 Ebd, S. 19.

710 Wie Manfred Josuttis es während seiner religionsphänomenologischen Phase formuliert, Anm. d. Vfs.

711 Henri Nouwen, Lifesigns, New York 1986, S. 49: »Thus action is not activism. An activist wants to heal, restore, redeem and re-create, but those acting within the house of God point through their action to the healing, restoring, redeeming and re-creating presence of God. Jean Vanier understands this very well. When you see the many small homes for the handicapped, you wonder if Jean and his co-workers would not use their time and energy more effectively. While the needs of the world claim for our attention, hundreds of capable, intelligent men and women spend their time, often all their time, feeding broken people, helping them walk, just being with them, and giving them the small comfort of a loving word, a gentle touch, or an encouraging smile. To anyone trying to succeed in our society, which is orientated towards efficiency and control, these people are wasting their time.«
(ÜS: Also ist Aktion etwas anderes als Aktivismus. Ein Aktivist möchte heilen, wiederherstellen, erlösen und neu-schaffen. Doch diejenigen, die im Hause Gottes handeln, verweisen durch ihr Tun auf die heilende, wiederherstellende, erlösende und neu-schaffende Gegenwart Gottes. Jean Vanier hat das in sehr guter Weise begriffen. Wenn man die vielen, kleinen Heime für die Menschen mit einer Behinderung anschaut, mag man sich schon fragen, ob Jean und seine Mitarbeiter die Zeit nicht effizienter nutzen könnten. Während die Nöte der Welt (eigentlich) unsere Aufmerksamkeit einfordern, verbringen Hunderte von fähigen Männern und Frauen ihre Zeit, ja ihre ganze Zeit, damit, gebrochene Menschen zu ernähren, ihnen beim Gehen behilflich zu sein, einfach Zeit mit ihnen zu verbringen und ihnen den kleinen Trost eines liebevollen Wortes, einer zärtlichen Berührung oder eines ermutigenden Lächelns zu geben. Für jeden, der in unserer Gesellschaft, die auf Effizienz

Themenkreis exemplarisch behandelt, ist die Frucht von Henri Nouwens erster Begeisterung für die diakonisch-kommunitäre Lebensform der Arche – Gemeinschaft. Das macht dieses Buch so wichtig für diese Dissertation und ihre Suche nach kommunitären Formen von Diakonie. Dieses Buch ist der Niederschlag vieler Gespräche mit dem Begründer dieser Gemeinschaft, Jean Vanier, in Trosly-sur-Seine bei Paris. Eindringlich stellt Nouwen die Frage nach Effizienz, Ergebnis und dessen Kontrolle. Vordergründig könnte man sich das *Kapital Mitarbeiter* – all die Hunderte von hoch motivierten, begabten AssistentInnen – effizienter genutzt denken, als dies in der 1-1 Zuordnung der Arche-Gemeinschaften geschieht. In bewusst ironischer Darstellung spricht Nouwen vom »useless work« der Assistenten. Es ist aber doch imstande, in Adam Arnett (vgl. hebr.: adam) den Menschen schlechthin wahrzunehmen und die Gottesbegegnung im gebrochenen Nächsten nicht zu scheuen. Und sich, in der Übertragung auf das Thema dieser Dissertaton, nicht auf ethische Fragestellungen und betriebsphilosophische Belange zu reduzieren. »What they do is highly inefficient, unsuccessful, and even useless. Jean Vanier, however, believes, that in this useless work for the poor the the truth of God's perfect love for all people is revealed.«[712] Im Rahmen einer Konferenz des National Catholic AIDS Network unterscheidet Nouwen noch einmal deutlich zwischen dem *successful* und dem *fruitful life.* Er erkennt, wie nichtig sich das vordergründige Streben nach Qualität und Effizienz angesichts der Grauzone der Vergänglichkeit ausmacht. Auf diesem Hintergrund bewertet er Gemeinschaft, Leib und Tod[713] als entscheidende Größen.

6) Nur die Actio führt zur *true fertility.* Aktivismus verstrickt sich in emsiger Bemühung und führt auf sich selbst zurück, anstatt in die Zielrichtung Gottes mitzunehmen. Den Diener am Wort und den Diener am Nächsten warnt Nouwen zugleich vor entfremdeter, betriebsamer Professionalisierung, die am Ende allen Propriums der gut gemeinten Intention verlustig gegangen ist. Helmut Tacke scheint den Finger (von seiner spezifischen Perspektive her) auf den gleichen wunden Punkt zu legen, wenn er formuliert: »Es gibt theologische Weltbeglückungstheorien, die die Gemeinde der Armen lieber heute

und Kontrolle ausgerichtet ist, erfolgreich sein will, verschwenden diese Menschen nur ihre Zeit).

712 Henri Nouwen, Lifesigns, a.a.O., S. 49, ÜS: Was sie tun, ist höchst ineffizient, nicht erfolgreich und sogar nutzlos. Trotzdem glaubt Jean Vanier daran, dass in dieser nutzlosen Arbeit für die Armen Gottes vollkommene Liebe zu allen Menschen offenbar wird.

713 Henri Nouwen in: Michael Ford, Wounded Prophet. A Portrait of Henri J.M.Nouwen, London 1999, S. 71: »I have just three words for what really touched me here: community, body and death.« (ÜS: Ich habe nur drei Worte für das, was mich hier wirklich anrührte: Gemeinschaft, Leib und Tod!)

als morgen umfunktionieren möchten zu einem Eliteverband der rundherum tüchtigen, erfolgreichen … zu ihrer Identität gekommenen Persönlichkeiten, die nicht mehr getröstet, sondern nur noch informiert und aktiviert werden müssen.«[714]

Conclusio:
Vielleicht ist unter den Befürwortern des reinen Corporate-Identity-Systems die Stimme Nouwens noch nicht aufmerksam gehört worden. Nouwen steht für eine diakonische Spiritualität, die ein großes Gestaltungspotential in sich trägt. Die alleinige Vorherrschaft von Betriebsphilosophie- und Kybernbetik wird jedoch endlich, in den Worten von Lohmann, heilsam hinterfragt. Zumindest steht es, in der formulierten Rückbesinnung auf den kommunitär-inspiratorischen Ursprung der Diakonie, zwischen den Zeilen des genannten und zugrunde liegenden Referates.
Bliebe hier nicht der heilsame Widerspruch glaubender Inspiratio, wäre die Transformierung[715] diakonischer Einrichtungen in quasi-staatliche oder in quasi-marktwirtschaftliche Organisationen mit erschreckender Restlosigkeit gelungen. Diese können dann tatsächlich nichts mehr formulieren, als eine austauschbare Unternehmensphilosophie. Eine spätere Zeit wird aber vielleicht erweisen ob es sich dabei nicht einmal um »funktionalen Dilettantismus erfolgreich scheiternder Organisationen«[716] gehandelt haben wird.

Hören wir in Nouwen ein Stück diakonischer Hirtenstimme? Die Stimme eines Betreuers, der sich auf radikale Weise der Vita communis mit den Klienten ausgeliefert hat. Vielleicht hat er darüber ein Stück Leben für seine Freunde gelassen. Mit Leben, Lernen und Erleiden hat er deutlich gemacht, was er aus der Messias-Legende vom verwundeten Heiler beherzigen wollte. Und vielleicht wird diakonische Arbeit erst dort wahrhaft fruchtbar, wo sie sich in dieser geistlichen Wirklichkeit ansiedelt.
Denn ein so gearteter, innerlicher Schritt hat vor der äußeren Gestaltung zu stehen. Der erste Schritt – Contemplatio, die die Selbstvergessenheit der Actio hervorbringt – hat unbedingt vor dem zweiten Schritt zu erfolgen, denn an der äußeren Gestalt wird die Wurzel erspürt, an der Frucht wird erkannt.

714 Helmut Tacke, Mit den Müden zur rechten Zeit reden. Beiträge zu einer bibelorientierten Seelsorge, Neukirchen 1989, S. 20.
715 Dieser Sprachgebrauch stammt von Martin Michel, Kirchlich-diakonische Altenhilfe in Deutschland. Der Fall des bezahlten Wirtes und die Zukunft des selbstlosen Samariters, in: Deutsches Pfarrerblatt, 103. Jahrgang, Heft 3/Februar, Speyer 2003, S. 75.
716 Ebd., S. 75.

4. Diakonie 2010 – ein Ausblick, inspiriert von David Lohmann

4.1 Kirche als Institutio im Gespräch mit der Communitas

Die Kirche hat von jeher solche Gemeinschaften gebraucht, die in aller Radikalität doch die reale Kirche lieb- und im Blick gehabt haben.[717] Auch die Basisgemeinschaften gehen in Liebe zur Welt, in der sie leben und zur Kirche, zu der sie gehören, ihren Weg. Sie verkörpern einen lebendigen Widerspruch zur Institution – im prophetischen Zeichen gegen die Totalisierung.[718] Die Kirche/Diakonie braucht diese basisgemeinschaftlich-kommunitären Bewegungen, um geistlich lebendig zu bleiben. Deren Proprium ist im integrierten (oder auch nicht integrierten) Widerspruch und in der komplementären Existenz lebendig. Es geht, immer wieder neu, um den heilvollen Dialog zwischen Institution und Basisgemeinschaft. Dieser fruchtbringende Dialog darf nicht aufgegeben werden. Nach ihrem ekklesiologischen Ort sind derlei Gruppen komplementäres und notwendiges Gegenüber.

Sicher ist es die Gabe der Institution, ein Vermächtnis über große Zeit- und Geschehensräume hinweg durchzutragen und aufzubewahren. Über den Aufstieg und Fall von Kulturen, Nationen und Ideologien hinweg hat sie das Haus Kirche bewahrt. Die Gabe der komplementären Basisgemeinschaften, und Kommunitäten ist es jedoch, zu inspirieren. Beide sollten den Dialog miteinander suchen.

Im 17./18. Jahrhundert haben die Väter des Pietismus ihre Bewegung ekklesiologisch verortet, indem sie von der Ecclesiola in Ecclesiam sprachen. So sind, entsprechend, die Basisgemeinschaften und Kommunitäten im Hause der Institution von Kirche und Diakonie als Kirchlein in

717 Vgl. z.B. Innozenz III. und Franz von Assisi und der Franziskanerorden.

718 Johannes Halkenhäuser, Kirche und Kommunität. Geschichte und Auftrag der kommunitären Bewegung in den Kirchen der Reformation, Paderborn 1985; S. 370: »Dieses gegenseitige Aufeinanderverwiesensein ermöglicht und fordert im Blick auf das Verhältnis von Kirche und Kommunitäten …
a) von seiten der Kirche:
– dass die institutionell verfasste Kirche für die in den evangelischen Kommunitäten sichtbar werdenden Konkretionen des Glaubens und der Hingabe in ihrer Pluriformität offen ist und die kommunitäre Verwirklichung der Sozialität von Glaube als mögliche Gestaltungen christlichen Lebens anerkennt, schützt und fordert;
– dass sie den notwendigen charismatischen Freiheitsraum in ihrer Mitte erschließt, den das Christsein in Kommunitäten braucht, um entsprechend seiner Berufung Signale und Zeichen der geistlichen Dimension der ganzen Kirche sein zu können;
– dass sie diese ›Zentren christlicher Erneuerung‹ (D.G. Bloesch) als Herausforderung begreift und annimmt, um selbst aktuelle Gestaltungsformen christlicher Daseinsverwirklichung im Horizont der heutigen volkskirchlichen Situation zu entwickeln, und von daher auch bereit ist, institutionell verhärtete Formen kirchlichen Lebens in Frage zu stellen, korrigieren und mit neuer geistlicher Dynamik erfüllen zu lassen.«

der Kirche[719], anzusehen. Nicht als separatistische Gegenutopie zu existierenden Modellen (Jäger'sches Modell), sondern als Ferment des Aufbruchs.
Die protestantische Welt kann von Wertschätzung und Gebrauch lernen, die die Orden in der katholischen (und orthodoxen[720]) Lebenswelt erfahren. Die Orden wurden von der katholischen Institution immer wieder als zugelassene, integrierte Selbstkritik erlebt und – im Idealfall – im Gehorsam gehört. Viele Große der Kirche kamen aus der Lebenswelt des Ordens und zogen sich – nach sichtbarem und leitenden Tun – wieder in die Stille der Ordensgemeinschaft zurück.
Zu wünschen wäre, dass Basisgemeinschaften und Kommunitäten auch in den Evangelischen Landeskirchen und ihrer Diakonie die Rolle und Funktion übernähmen, die den Orden in der katholischen und orthodoxen Welt zuerkannt wird. Solche zeichenhaften Basisgemeinschaften könnten, neben ihrer Existenz an sich, auch Sammlungs-Orte (für Konferenz, Tagung und Retraite) sein. Dort würden sich die verschiedenen Denk- und Handlungswelten in Freiheit und Inspiration begegnen.
Die Kirche von Taizé heißt Église de la Réconciliation. Vielleicht kann es an diesem und vergleichbaren Orten zu Gespräch, Versöhnung und Basisgemeinschaft in Kirche und Diakonie kommen.
Daneben stehen Grandchamps und La Poudrière für Orte, wo Erste und Dritte Welt sich vorurteilsfrei begegnen und den Weg zur Einen Welt angehen.
Die Diakonischen Hausgemeinschaften in Heidelberg sind auf dem Weg[721], Ort der Begegnung zwischen Communitas, Parochie, Kirchenleitung und Universität zu werden.
Geborgen in gefeierter Zeit und begangenem Ort werden Positionen verlassen und Dimensionen entdeckt. Das gemeinsame, geistliche Begehen von Zeit und Ort schafft gegenseitige Verständnis-bereitschaft. Denn neben dem Gespräch mit Gott wird das Gespräch miteinander gesucht. Die Basisgemeinschaften und Kommunitäten bewahren und vermitteln die Gabe des Dialogs, mit Gott und untereinander. Auch die geglaubte, gelebte Einheit von Koinonia und Diakonia trägt zu diesem Prozess bei.
In Kirche und zeitgenössischer Lebenswelt ist prophetische Kult- und Gesellschaftskritik notwendig. So kann Kirche überleben und erneuert werden. Das hat seine Geschichte und kann, wo man es zulässt, seine Zukunft haben. In den Basisgemeinschaften und Kommunitäten bekommt das prophetische Wort einladende, liebende Gestalt. Sie wollen

719 Und für die Kirche.
720 In ihren Tagebüchern und Betrachtungen kommt die russische Autorin Tatjana Goritschewa immer wieder auf diesen erkannten Mangel der Protestantischen Lebenswelt zu sprechen.
721 Vgl. den Besuch des Badischen Landesbischofs Ulrich Fischer bei den Diakonischen Hausgemeinschaften Heidelberg im Jahr 2004.

als Mikrokosmos von Kirche und Gesellschaft den entsprechenden Makrokosmos neu beleben und in Salzkraft neu strukturieren, solange es eben zugelassen wird und man sich dem heilvollen Dialog nicht verschließt.

Conclusio:
La Poudrière, *Grandchamps,* die *Arche* und die *Diakonischen Hausgemeinschaften* in Heidelberg (und viele andere) wären ein gutes Forum, wo die Mitarbeiter der Diakonie nach dem Jäger'schen Modell in ein begleitetes, geistlich waches Gespräch über die biblische Begründung diakonischen Tuns kommen könnten. Dann müsste man nicht mehr in ethische oder betriebstechnische Fragestellungen fliehen, um das geistliche, fordernde und prägende Proprium aller Diakonie mit Eleganz zu meiden. Der Rahmen geistlicher Orts- und Zeitbegehung inspiriert auf herausfordernde und zugleich unaufdringliche Weise, das diakonische Proprium von der geistlichen Wurzel her zu definieren, Wege der Gestaltung anzudenken und ihnen zur Konkretion zu verhelfen.

4.2 Chancen der spirituellen Neubesinnung innerhalb der unternehmerischen Diakonie selbst

1) In seinen Gestaltungshilfen für die unternehmerische Diakonie sehen wir bei Alfred Jäger die deutliche Tendenz, für die Leitungspositionen qualifizierte Berufe aus Ökonomie, Verwaltung und Pflegemanagement dem Theologen- oder Diakonenberuf vorzuziehen. Dagegen aktualisiert Lohmann den Gedanken der diakonischen Communitas mitten im (und für den) unternehmerisch-diakonischen Kontext. Diakonos und Leitourgos kommen wieder näher zu der Einheit, die die großen Werke protestantischer Diakonie ins Leben rief.
   Der geistliche Stand, die Vita communis, die doch den Kern der klassischen diakonischen Einrichtung bildeten, finden bei Lohmann eine neue Würdigung. Die Jäger'sche Bewegung vom Geistlichen zum Professionellen kann leicht zu Einseitigkeit, Tiefenverlust und Fehlentwicklung führen. Sie findet aber in dem Ansatz Lohmanns, und seinen Deutungs- und Lebensmöglichkeiten eine nötige Ergänzung.

2) Indem Lohmann sich vor seinem Lehrer Jäger und wichtigen Vertretern der unternehmerischen Diakonie auf Basisgemeinschaften und Kommunitäten bezieht, schlägt er eine Brücke zwischen *Utopie* und *Gegenutopie*. Er spricht, implizit und übertragen, die Arche, die Diakonischen Hausgemeinschaften u.a. davon frei, Utopismus zu betreiben. Er zeigt auf, welchen Stellenwert diese Gemeinschaften für das Ganze von Gesellschaft und auch Kirche haben können. Außerdem macht er deutlich, dass der konstruktive Dialog mit ihnen

lebenswichtig ist. Lohmann öffnet eine Tür, indem er den diakonischen Kommunitäten entscheidende Wirkkraft zutraut und somit ekklesiologisch zentral verortet.

3) In dieser spirituellen Herausforderung kann die unternehmerische Diakonie deutlicher als zuvor wahrnehmen, dass sie zwar wie das soziale Handeln der Kirche aussieht. Aber auch sie ist unbedingt mehr, weil sie sowenig wie die Kommunitäten von Martyria und Leitourgia zu trennen ist. Solange sie das Kronenkreuz als ihr Gütesiegel trägt, steht sie unter diesem Anspruch.
Von daher
- muss sie mehr sein, als ein kirchliches Wirtschaftsunternehmen;
- darf sie sich, um der Einheit mit Leitourgia und Martyria willen, nicht rein unternehmerisch geben;
- muss sie in der Adaption von Denk- und Handlungsmustern des (eingangs beschriebenen) marktstrategischen Modells größere Zurückhaltung üben.

4) Diakonie als Wirtschaftsunternehmen geht vom marktwirtschaftlichen Optimierungspositivismus der angelsächsisch-puritanischen Wirtschaftsethik aus[722]. Dabei neigt diakonisches Handeln rasch zum einseitigen Aktivismus, wenn es sich nur von dieser Wurzel her nährt, anstatt nach anderen Quellen und Inspirationen diakonischer Existenz zu fragen.
Es lässt sich zur Zeit keine ausgefeilte Alternative zum Jäger'schen Ansatz aufzeigen, darum kann es nicht gehen. Doch findet sich bei Lohmann die Anfrage, ob das betriebs-marktwirtschaftliche Modell von Diakonie ohne spirituelle Inspiration und Rück/Umorientierung überlebensfähig sei.[723] Wir werden an ähnliche Forderungen Duchrow's im global-ökonomischen Kontext erinnert.[724]

722 Zumindest zu entscheidenden Teilen.

723 Ders.: »Diakonie wird die Herausforderungen der Zukunft finanziell meistern können, wenn sie sich auf ihre Traditionen zurück besinnt«, a.a.O.

724 Duchrow bleibt auf der Suche nach spirituellen Alternativen zum vorherrschenden kapitalistisch-marktwirtschaftlichen und globalisierenden Denk- und Existenzmodell. Im »Colloqium 2000. Faith communities and social movements facing globalization. Studies from the World Alliance of Reformed Churches«, Genf 2002, sagt er aus: »There are options offered by the Bible to resist existing structures and establish alternatives to them: prophetic critique of economic and political power; resistance against economic totalitarianism and living economic alternatives as faith communities.«
(ÜS: Die Bibel zeigt Möglichkeiten auf, bestehenden Strukturen zu widerstehen und Alternativen aufzuzeigen/aufzurichten: prophetische Kritik an der wirtschaftlichen und politischen Macht ... Widerstand gegen den Wirtschaftstotalitarismus ... und lebendige (Wirtschafts-) Alternativen in der Form von Glaubensgemeinschaften).

5) Sowohl die basisgemeinschaftlich/kommunitäre Welt als auch die Institutio stehen jederzeit in Gefahr, ihre jeweiligen Denk- und Handlungssysteme zu verabsolutieren. Jedoch existiert eine fruchtbare Spannung zwischen beiden Ansätzen, die das konstruktive, synthetische Nachdenken darüber, was Diakonie in der Einheit von Martyria, Leitourgia und Diakonia sein kann, inspiriert.

4.3 Die konkrete Umsetzung: Dialog und gemeinsame Wege von Institutio und Communitas

1) Die Basisgemeinschaften setzen sich nicht absolut. Sie existieren in Komplementarität, in Liebe zur *Institution.* Sie suchen, wo möglich, den autonomen Dialog und die fruchtbare Koexistenz mit der Institution Kirche/Diakonie (in Parochie und diakonischer Einrichtung vor Ort). Sie sind bemüht um Fortbestand und Wiederbelebung[725] der Institution, nicht um deren Abbruch zu ihren eigenen Gunsten. Wo sie mit der Institution einen Weg der Integration, in Freiheit, gehen können, sollten sie ihn einschlagen. Dann können sie auch im Großen, Gewachsenen ein Ferment des Aufbruchs zu sein.

2) Das kann geschehen:
- wenn sich eine autonome Nachfolgegruppe inmitten des Gebäude- und Menschenensembles der Institution ansiedelt und dort zu spirituellem Pulsschlag nach Ort und Zeit einlädt, seelsorglich tätig ist und einen Ort der Stille und Regeneration mitten in der Betriebsamkeit bereithält.
- wenn sich eine autonome Nachfolgegruppe aktiv mit Parochie und diakonischer Institution in Verbindung setzt, sich mit ihnen in Aufgaben abstimmt, gemeinsame Verantwortung übernimmt und den Lebensraum vor Ort teilt.
- wenn einzelne Mitglieder der Nachfolgegruppen sich in die übergreifenden kirchlichen und diakonischen Instanzen hineinbegeben und von dort her einzuladen und zu prägen versuchen.

725 Vgl. Reinhard Turre, Diakonik, a.a.O., S. 143: »Es wird für die Relevanz des Christlichen in unserer Zeit bedeutsam bleiben, dass Gruppen in Kirche und Diakonie sich für diese Gedanken öffnen und sie leben … Die Kommunitäten werden die diakonische Arbeit daran erinnern, dass sie nur auf Dauer etwas für andere sein kann, wenn sie aus Besinnung und Gebet die Kraft dazu gesammelt hat.«
Vgl. auch Peter Zimmerling, Evangelische Spiritualität; a.a.O., S. 168: »Das Erneuerungspotential der Spiritualität von Kommunitäten wird allerdings auf Dauer nur dann gesamtkirchlich zur Wirkung kommen, wenn es gelingt, die in Kommunitäten und herkömmlichen Kirchengemeinden gelebte Spiritualität *wechselseitig* aufeinander zu beziehen, und zwar im Sinne einer *gegenseitigen* Ergänzung und Korrektur.«

3) Auf diesem Hintergrund ist zu folgenden Schritten zu raten:
- Austausch von MitarbeiterInnen /PraktikantInnen / AssistentInnen;
- Gemeinsam verantwortete Rüst/Besinnungszeiten;
- Gemeinsam verantwortete Fortbildungen;
- Gemeinsam verantwortete Symposien[726];
- Interne Begegnungstage zwischen Communitas und Institution;
- Gemeinsame, punktuelle diakonische Vorhaben;
- Gemeinsam genutzte Gottesdiensträume;
- Gemeinsame gottesdienstliche Vorhaben;
- Gemeinsame Veröffentlichungen zu diakonisch-spirituellen Themen.

4) In ihrer autonomen Einordnung[727] bezeugen diakonische Kommunitäten das gewünschte Miteinander von Tradition und Inspiration. Denn es kommt Basisgruppe und Institution zugleich zugute. Die diakonisch orientierten Kommunitäten wollen inspirieren in Anknüpfung an das Gewachsene, nicht in dessen Abbruch. Denn auch das Gewachsene ist einmal aus der Inspiration hervorgegangen. Mittlerweile ist zwar aus der Inspiration von gestern die Tradition von heute geworden: und denselben Prozess will die komplementäre Basis/ Nachfolgegemeinschaft im Heute aktualisieren, wiederholen. Das tut sie, indem sie den Brückenschlag zwischen Inspiration und Tradition abbildet und in ihrer ekklesiologischen Selbst-Verortung stabilisiert.

5) Auch, wenn die Basisgemeinschaften/Kommunitäten eigene Wege der Verwirklichung gehen, schließen sie sich doch den formulierten Zielen des DW der EKD an.[728]
Auch, wenn sich Basisgemeinschaften/Kommunitäten nicht von Corporate Identity und Leitbildprozess gleichschalten lassen, haben sie doch klare Zielvorstellungen bezüglich der Umsetzung und Gewährleistung von Lebensqualität der ihnen anvertrauten Menschen[729]. Doch sie bewahren sich eine autonome Sicht der Sicherung dieser Qualität.

726 Vgl. die Betheler Tagung im Jahr 2004, auf der David Lohmann das genannte Referat gehalten hat.
727 Wobei ihre Autonomie jedoch immer gewahrt bleibt.
728 Reinhard Turre, Diakonik; a.a.O., S. 93: »Sie (die Kommunitäten) wollen nicht Abspaltung von den Kirchen, sondern ein Beitrag zu wirklich ökumenischem Zusammenleben mündiger Christen sein. So sind sie schon selbst ein Modell für das künftige Zusammenleben der Kirche. In und mit ihrer Kirche wollen sie ein zuchtvoll geordnetes, geistliches Leben führen.« / vgl. den Begriff »Wort- und Tatzeugnis« bei Turre
729 Ebd., S. 93: »Die Distanz zur Welt soll gerade zu besserem Blick für ein tieferes und nicht nur oberflächliches Engagement in der Welt helfen. Sie wenden sich dem Alltag zu, ohne sich an ihn zu verlieren.«

Auch, wenn Basisgemeinschaften/Kommunitäten nicht den marktwirtschaftlich-strategischen Weg der Größtmöglichkeit gehen können und wollen, haben sie doch – vom missionarischen Auftrag her – den Willen, auf möglichst anforderungsgerechte Weise möglichst viele Menschen mit der Botschaft der Liebe, in Wort- und Leibgeschehen, zu erreichen.

6) Die Begehung des Ortes und die Feier der Zeit[730] bleiben nicht Sondergut der Basisgruppen, sondern ihre Spiritualität lädt unter den Mitarbeitern, Bewohnern und Beschäftigten der großen Institution zu gleichem Tun ein.

7) Was der Orden der katholischen Institution ist, können die Basisgemeinschaften und Kommunitäten den evangelischen Landeskirchen und ihren diakonischen Einrichtungen sein. Zu solchen Vitalisierungsprozessen ist weltweit eine Fülle von Literatur entstanden. Es gibt noch vieles, was wahrgenommen, übersetzt und in unserem spezifischen Kontext ausgesagt werden müsste.

XVI. Abschliessende Thesen:

1) Das unternehmerische Modell hat seinen Ort und seine Wirkung in der jüngsten Diakoniegeschichte des wiedervereinigten Deutschlands. Ist es dem Geist der Gründerväter- und Mütter nicht fremd? Und auch dem Selbstverständnis vieler MitarbeiterInnen der diakonischen Einrichtungen auf dem Boden der ehemaligen DDR?
In einer sachgerechten Untersuchung kann es nicht darum gehen, dass schließlich eine Verstehens- und Handlungsweise die andere ausschließt. Und doch müssen die Modelle von Institutio und Inspiratio gleichberechtigt zu voller Entfaltung ihrer Aussage kommen.
Von daher sollten in Ausgewogenheit veranschaulicht werden:
a) Der Aufbruch der Väter und Mütter.
b) Das bewahrende Element (Diakonie in der DDR).
c) Das unternehmerische Element.
d) Der Aufbruch basisgemeinschaftlicher Diakonie.

2) Die Institutio hat dem Jäger'schen Ansatz mit Sicherheit viel an Überlebensfähigkeit in der Anbietergesellschaft zu verdanken. Selbst-

730 Ebd., S. 94: »Nur so wird die Diakonie in der Liturgie empfangen, was sie braucht, und durch das Zeugnis lebendig machen, was sie tut.« / vgl. auch Peter Zimmerling, Evangelische Spiritualität, S. 163 u. Christian Möller, Gottesdienst als Gemeindeaufbau, Göttingen 1990, S. 55: »Die Ausrichtung kommunitärer Spiritualität auf den Gottesdienst hält das Bewusstsein des ›eschatologischen Mehrwerts der Gnade‹ fest.« Kommunitäre Diakonie verweist die Institio auf die gemeinsame liturgische Wurzel.

verständlich soll diesem Modell gebührender Raum gewährt werden, um seine Notwendigkeit und Wirkung in chronologischem Ablauf darzustellen.
Erst wenn der Leser in den Duktus dieser spezifischen Dringlichkeit mit hinein genommen ist, lässt sich das notwendige »Ja, aber ...« sagen, das in der Arche Gestalt gewonnen hat und von Nouwen, Josuttis und Steffensky formuliert wird.
Bislang ist auf der Entscheidungsebene der Institutio eher das Jäger'sche Modell als das Opportune angesehen worden, und die Leitungsgremien haben ihre haustheologischen und betriebskybernetischen Entscheidungen nach diesen Vorgaben getroffen.
Der akademische Mehrwert der vorliegenden Dissertation setzt bei der Erkenntnis an, dass das basisgemeinschaftliche Modell von Diakonie bislang zu wenig erforscht und für die Gesamtheit diakonischer Arbeit aller Art in Deutschland zu wenig fruchtbar gemacht worden ist. Schlüsselfunktion hat hier das Referat von David Lohmann, Schüler von Alfred Jäger: Er hat 2004 auf einem Symposion in Bethel ein neues Nachdenken über diakonische Communitas inmitten der Institutio gefordert.

3) Sowohl bei Jean Vanier, als auch bei Ulrich Duchrow stehen weltweite Gültigkeit der Bergpredigt, Fermentcharakter der Basisgemeinschaften und ihre internationale Vernetzung im Vordergrund. Die Arche-Gemeinschaft stellt sich bewusst in den ökumenischen Horizont und sucht den Kontakt zu evangelischer Parochie und Institutio. Somit ist sie geeignet, als Paradigma diakonischer Existenz eingeführt zu werden. Aus demselben Grund eignet sie sich auch dafür, die drei Gaben (Behinderung, Segen, Stabilitas) am Beispiel ihrer Lebenswelt aufzuzeigen. Sie steht für andere, vergleichbare Kommunitäten, die im Bereich der evangelischen Kirche seit 1945 entstanden sind (z.B. Kommunität Imshausen, Communität Casteller Ring, Jesus-Bruderschaft-Gnadenthal u.v.a.) und spricht auch in ihrem Namen. Die Arche-Bewegung, und ihre jeweiligen Kommunitäten vor Ort, werden also, pars pro toto, für alle gegenwärtigen, verwandten Bewegungen und Gemeinschaften genannt.

3a) Die Gabe der Behinderung in der Arche-Bewegung:
Die Gabe der Behinderung ruft den Assistenten, aber auch das kirchliche und säkulare Umfeld zur Ver-Gabe der Gemeinschaft auf.
Von Behinderung als Gabe zu sprechen, soll das konkrete Leiden des Kernmitgliedes weder bagatellisieren noch idealisieren. Auch soll dieser begriffliche Usus nicht dazu führen, dass konkrete körperliche Heilung nicht mehr erwartet wird. Viel eher geht es darum, dass das Kernmitglied die genannte Gabe als solche erkennen kann. Dann nämlich bringt es in Erfahrung, welche anderen Gaben daraus erwachsen können (Gemeinschaft, Solidarität, geistliches Wachstum des Assistenten etc.).

3b) Die Gabe des Segens in der Arche-Bewegung:
Auch der Assistent geht, im Laufe seines Dienstes, einen Weg vom Diakoniker zum Geistlichen (analog dem von Josuttis geprägten Kernthema: *Vom Theologen zum Geistlichen*). Es geschieht im Sinne einer wachsenden spirituellen Wahrnehmungs- und Umsetzungsfähigkeit.
Die Bezeichnung *Flussgeschehen* (Josuttis) in Bezug auf das Segensgeschehen drückt aus, dass jeder der Empfänger des Segens sein kann. Segen ereignet sich nicht nur in körperlicher Heilung, sondern in allem, was die Segensgabe der Schwäche bewirkt. Nicht nur in der kompetenten Segens-Vergabe des Assistenten erhält die Lebenslandschaft der Arche ihr Gesicht. Sondern sie gestaltet sich in dem, was der Kern des Kernmitgliedes, Christus, in allen Mitgliedern der Vita communis wirkt.

3c) Die Gabe der Stabilitas in der Arche-Bewegung:
Der Assistent vergibt die Gabe der Stabilitas in der Hingabe und Hineingabe seines Lebens in die Vita communis. Dieser, stets zu erneuernde, Schritt lässt Dauerhaftigkeit und Wachstum der Beziehungen innerhalb der Gemeinschaft zu. So bezeichnet der/die AssistentIn die Lebenslandschaft des Kernmitgliedes in der Stabilität seines/ihres gegebenen Ja.
Das Kernmitglied vergibt die Gabe der Stabilitas in seinem Bedürfnis nach Rhythmus, Bestätigung und Wiederholung. Auf diese lässt sich der Assistent in Alltag und Liturgie ein. Der im Zentrum stehende Mensch mit einer Behinderung bezeichnet die Lebenslandschaft der gesamten Vita communis. Er verleiht ihr, in den genannten Bedürfnissen der Oligophrenie, Stabilität und Kontinuität.

4) In der Vernetzung mit drei theologischen Konzepten, werden die drei in der Lebenswelt der Arche wahrgenommenen Gaben diakoniewissenschaftlich/praktisch-theologisch verortet. Daraus ergibt sich folgende Zuordnung und Vertiefung:
- Gabe der Behinderung / Henri Nouwen;
- Gabe des Segens / Manfred Josuttis;
- Gabe der Stabilitas / Fulbert Steffensky.

Diese retrospektiv vorgenommenen Kombinationen geben der spirituellen Alternative ein bezeichnetes Gesicht. An den einzelnen Kategorien, die sich bei den drei genannten Theologen immer wieder zeigen, kann nun herausgearbeitet werden, wie sich das Verhältnis von Diakonie und Spiritualität kategorial darstellt.

4a) Die im Lebenskontext der Arche wahrgenommene Gabe der Behinderung erfährt im theologischen Vermächtnis Henri Nouwens folgende Vertiefung: Spricht man von der Gabe der Behinderung, wird damit ausgesagt, dass der Mensch mit einer Behinderung nicht Kunde ist (der ein Produkt empfängt), sondern ein König, der das Geschehen deutet und bestimmt. Es wird anschaulich, dass es nicht um die Service-Leis-

tung des Starken am Schwachen geht, sondern darum, dass in Wirklichkeit der, der dient, empfängt. Von diesem Kerngedanken her müssen *Frucht* und *Effizienz*, *Actio* und *Aktivismus* neu bestimmt und in ein neues Verhätnis gesetzt werden. Diakonisches Handeln muss eben nicht notwendigerweise den Denk- und Handlungsvorgaben des Effizienz-Kriteriums folgen, sondern ruht in der kontemplativen Erwartung der Frucht, die dem selbstvergessenen Tun der Liebe erwächst.
Im Rahmen dieses selbstvergessenen Tuns machte Henri Nouwen die Erfahrung, dass ein schwerstbehinderter junger Mann ihm zum Seelsorger und Freund wurde. Damit stehen wir vor einem bewegenden Beziehungs-Paradigma von höchster diakonischer Qualität.

4b) In der Beschäftigung mit den Erkenntnissen von Manfred Josuttis während seiner phänomenologischen Phase wird deutlich, dass Diakonie nicht nur kompetentes Hilfe-Handeln ist. Sie ist Wirksamkeit im Machtbereich des Heiligen, des Christus praesens.
Der Diakonos ist bevollmächtigter Zeuge und übt sich im Handwerk des Segnens. Dabei ist punktuell körperliche Heilung möglich. Immer aber sind Vergebung und Gnaden-Zuspruch die Zentralaussagen, um die es eigentlich geht. Im Anschluss an Ulrich Bach ist jeglicher Heil-Heilungs Zusammenhang als »Zusammenzwang« zu vermeiden. Die Verkündigung ist dem Zeichen absolut übergeordnet und bedient sich dessen (aus der Mitte von Wort und Sakrament heraus), wann und wo der Geist es will.

4c) Fulbert Steffensky's impliziter Rückgriff auf die Regula Benedicti (wie im Laufe der Dissertation nachgewiesen) weist eine besondere Wertschätzung der Tradition – in Form der *Stabilitas des Ortes und der Zeit* – auf. Diese führt zur Herausgestaltung beider Begriffe als *spirituelle Kernkategorien*, die allem weiteren Nachdenken über alternative, komplementäre Gestalten von Diakonie zugrunde liegen. Auch die Stabilitäten von Treue, familiärem Charakter, litrugischer Beständigkeit, Hingabe und gegebenem Ja (wie sie in der Arche gelebt werden), bekommen im Kontext der Gedankenwelt von Steffensky konkretere Gestalt.
Es ist Zeit, über Communitas inmitten der Institutio nachzudenken. David Lohmann hat 2004 dazu aufgefordert. Doch alles Nachdenken ohne spirituell-gestalterische Kernkategorien wird fruchtlos bleiben. Und hier haben die wahrhaft *praktisch*-theologischen Vorgaben von Steffensky große Bedeutung.
Jedes Haus der Diakonie, sei es Communitas, sei es Institutio, sollte Zeit und Ort zu Grundpfeilern ihrer spirituellen Architektur machen – oder als solche wiedergewinnen. Darum herum lagern sich die drei Kreise mit den genannten Gaben.
Ganz im Zentrum des architektonischen Ensembles stehen Wort und Sakrament – als Herzschlag dessen, was die tätige Liebe, die evangelische Dienstbarkeit mit ihrem Handschlag tun.

5) Ein heilsamer Aufruf ist zu hören, die *pathischen Begabungen* (Fulbert Steffensky) wiederzuerlernen. Nach langer Konzentration auf die *macherischen* Fähigkeiten.
Ein heilsamer Aufruf ist zu hören, dem Übergewicht von Actio einen äquivalenten Raum zur Contemplatio – in vielerlei Gestalt – gegenüberzustellen (Claudia Coenen-Marx).
Ein heilsamer Aufruf ist zu hören, nach zwei Dekaden postulierter Durchsetzungskraft und Qualitätssicherung, die Ars der Selbstvergessenheit neu zu beherzigen. Ihr ist es gegeben, im Blick auf den, der auf dem gefährlichen Wasser läuft, über viele Widrigkeiten hinweg zu leben und zu feiern (Christian Möller).
In den Diakonischen Hausgemeinschaften e.V. Heidelberg begegnen wir einem Modellfall der Verschmelzung von Basisgemeinschaft und Parochie. Er macht Mut, an vielen Ecken und Enden ähnliche Verbindungen einzugehen.

6) Wünschenswert wären solche dialogischen und ko-existentiellen Modelle auch im Blick auf Insitutio (Komplexanstalt) und Communitas (Diakonische Basisgemeinschaft). Das genannte Referat von David Lohmann hat so in dieser Dissertation *Schlüsselfunktion*. Ein Anfang zur wechelseitigen Durchdringung von Institutio und Communitas könnte z.B. in den Einrichtungen des Kaiserswerther Verbandes gewagt werden. In seiner facettenreichen Landschaft gibt es die verschiedensten diakonischen Lebensmodelle. Der weite Raum zu Gespräch und Begegnung ist näher, als gedacht. Allerdings müsste in solch einem kon-kreativen und ko-existentiellen Modell deutlich werden, dass authentische Spiritualität einer diakonischen Einrichtung nicht per Haus-Theologie oder Haus-Ethik zu erzwingen ist. Jedes kybernetische oder betriebsethische *Modell* wäre hier verfehlt. Im täglichen Dialog mit der beherbergten Communitas bringt die Institutio in Erfahrung, dass die Actio, die der Contemplatio erwächst, stets mehr ist als die mechanistische Auswirkung eines betriebsethischen Modells.

7) Thematische Retraiten sind nötig, in denen Tradition und Inspiration, in Gestalt ihrer Vertreter, ohne gegenseitige Abwertung miteinander ins Gespräch kommen. Ohne die Spiegelfunktion des anderen ginge jede Seite nur von ihren Möglichkeiten, nicht aber von ihren Begrenzungen aus: und verlöre damit an Krisen- und Überlebensfähigkeit. Doch nur im wahrhaftigen, lernbereiten Dialog kommen Tradition und Inspiration in ein gleichberechtigtes, fruchtbares Miteinander.

8) Für Institutio und Communitas kann stets zugleich gelten: *Ort* und *Zeit* bilden die architektonischen Kernkomponenten jeglicher spirituellen Archtitektur.
Dort ist der lebendige Empfang von *Wort* und *Sakrament* verankert, die Mitte ist gewiesen.

Von dort her kann sich die Diakonie jederzeit als Creatura Verbi verstehen und erneuern.
Um diese *Mitte* her lagern sich die *drei Gaben* – dabei können noch viel mehr Gaben entdeckt und bewahrt werden.
Diese zugrunde liegenden Gemeinsamkeiten spiritueller Architektur können den nötigen Brückenschlag zwischen Traditio und Inspiratio bilden.
Wenn die vorliegende Dissertation Mut macht, neue Wege der Kon-Kreation zwischen Vorfindlichkeit und Aufbruch anzudenken und anzugehen, dann hat sie ihr Ziel nicht verfehlt.

Literaturverzeichnis

Antonoff, R., Die Identität des Unternehmens. Wegbegleiter zur Corporate Identity, Frankfurt 1987.

Arbeitsgruppe der Evangelischen Kirche in Berlin Brandenburg: Wachsen gegen den Trend, Berlin 1998.,

Arbeitsgruppe der EKD (2), Evangelische Spiritualität. Überlegungen und Anstöße zur Neuorientierung, Gütersloh 1979.

Arbeitskreis evangelischer Unternehmer in Deutschland (AEU), Marketing – Irrweg oder Gebot der Vernunft? Vom Nutzen des Marketing für die Kirche, 1998.

Arnold, Klaus, Kirchenfenster, in: Solidarität und Spiritualität,*Hans Christoph v. Hase*, *Ansgar Heuer* u. *Paul Philippi* (Hg.), Stuttgart 1971.

Bach, Ulrich, Dem Traum entsagen, mehr als ein Mensch zu sein. Auf dem Weg zu einer diakonischen Kirche, Neukirchen 1986.

Bach, Ulrich, Getrenntes wird versöhnt. Wider den Sozialrassismus in Theologie und Kirche, Neukirchen-Vluyn 1991.

Bach, Ulrich, Heilende Gemeinde? Versuch, einen Trend zu korrigieren, Neukirchen-Vluyn 1988.

Barth, Karl, Zum Problem des Protestantischen Kirchenbaus, in: Werk, Basel 1959.

Beasley-Murray, George R., Art.: John, in: Word Biblical Commentary, *David Hubbard, Glenn Barker (Hg.),* Waco, Texas/USA 1987.

Becker, E., Ethik der Wirtschaft. Chancen verantwortlichen Handelns, Stuttgart 1996.

Bergler, Dorothee, Ökonomisierung der diakonischen Arbeit, in: Diakonie 2 / Magazin für Führungskräfte, Ausgabe April, Stuttgart 2002.

Berkhof, Hendrik, Der Mensch unterwegs. Die christliche Sicht des Menschen, Neukirchen-Vluyn 1967.

Bericht des Beauftragten des Rates der Evangelischen Kirche in Deutschland für den Kontakt zu den evangelischen Kommunitäten, EKD Texte 62, *Evangelisches Kirchenamt der Evangelischen Kirchen in Deutschland (EKD)*, Hannover 1997.

Beumer, Jurjen, Henri Nouwen. Biographie, Freiburg 1998.

Bieler, André, Kirchenraum und Gottesdienst, Neukirchen-Vluyn 1965.

Blattner, Jürgen, Art.: Seelsorgerliches Gespräch, in: *Blattner, Jürgen, Gareis, Balthasar* et al. (Hg),Handbuch der Psychologie für die Seelsorge, Düsseldorf 1993.

Bobert-Stötzel, Sabine, Rezension *Oesselmann, Dirk,* http:// mitglied lycos. De / sbobert/oesselmann, August 2004.

Calvin, Jean, Corpus Reformatorum, Joannis Calvini Opera quae supersunt omnia, Braunschweig 1884ff.

Carnegie, Dale, Sorge dich nicht, lebe, (How to Stop Worrying and Start Living, New York 1948), München 1997.

SSF England (Franziskaner), Celebrating Prayer. A Version of the Daily Office SSF, London 1999.

Clarke, Bill, Enough Room for Joy. Jean Vanier's L'Arche, Toronto 1974.
Coenen-Marx, Dem Geist Gottes Raum geben. Spiritualität als diakonische praxis pietatis, in: *Beate Hofmann, Michael Schibilsky* et al. (Hg.), Spiritualität und Diakonie, Stuttgart 2001.

Dahm, Karl-Wilhelm, Beruf: Pfarrer. Empirische Ansätze zur Funktion von Kirche und Religion in unserer Gesellschaft, München 1974.
Daiker, Angelika, Kontemplativ mitten in der Welt. Die kleinen Schwestern Jesu, Freiburg 1992.
Degen, Johannes, Diakonie als soziale Dienstleistung, Gütersloh 1994.
Degen, Johannes, Die Qualitätsfrage, in: *Karl Bopp*, Theologie der Qualität – Qualität der Theologie, Freiburg 2001.
Dithmar, Christiane, Mitarbeitergespräche – kein Gespräch wie jedes andere, in: Diakonie 1 / Magazin für Führungskräfte, Ausgabe Februar, Stuttgart 2000.
Downey, Michael, A Blessed Weakness. The Spirit of Jean Vanier and L'Arche, San Francisco 1986.
Duchrow, Ulrich, Alternativen zur kapitalistischen Weltwirtschaft. Biblische Erinnerung und politische Ansätze zur Überwindung einer lebensbedrohenden Ökonomie, Gütersloh/Mainz 1994.
Duchrow, Ulrich, Christenheit und Weltverantwortung.Traditionsgeschichte und systematische Struktur der Zwei-Reiche-Lehre, 1970.
Duchrow, Ulrich, Colloqium 2000. Faith Communities and social movements facing globalization. Studies from the World Alliance of Reformed Churches, Genf 2000.
Duchrow, Ulrich, Weltwirtschaft heute – ein Feld für Bekennende Kirche?, München 1987.
Dütemeyer, Dirk, Dem Austritt begegnen, Dissertation Frankfurt/Main 2000.

Ekstrand, Thomas, Max Weber in a Theological Perspective, Leuven, Paris, Sterling/USA 2000.
Eberl, Peter, Entwicklungsorientiertes Management. Anregung für die Gestaltung von Veränderungsprozessen in Wohlfahrtsverbänden, in: *Öhlschläger, Rainer* und *Brüll, Hans-Martin (Hg.)*, Unternehmen Barmherzigkeit. Identität und Wandel sozialer Dienstleistung, Baden-Baden 1996.
Eschmann, Holger, Theologie der Seelsorge, Neukirchen 2000.
Evangelisch-Lutherisches Dekanat München / Mc Kinsey & Co Inc., Das evangelische München-Programm. Zusammenfassung der Ergebnisse, München 1998.

Fels, G. (Hg.), Kirche und Wirtschaft in der Verantwortung für die Zukunft der Weltwirtschaft, Köln 1987.
Fleßa, Steffen, Städtler-Mach, Barbara, Konkurs der Nächstenliebe? Diakonie zwischen Auftrag und Wirtschaftlichkeit, Göttingen 2001.
Ford, Michael, Wounded Prophet. A Portrait of Henri J.M. Nouwen, London 1999.
Franz, Ingo, Alte Herausforderungen, neue Perspektiven, In: Diachronie. Das Magazin der Diakonischen Hausgemeinschaften, Heidelberg 2001.
Franz, Ingo, Die Initiative Diakonische Hausgemeinschaften e.V. als Impuls für die diakonische Gemeindeentwicklung. Ein Projektbericht, in: Götzelmann. A (Hg.), Diakonische Kirche. Festschrift für Theodor Strohm, Veröffentlichung des Diakoniewissenschaftlichen Instituts Heidelberg, Heidelberg 2003.
Franz, Ingo, Einblick. Leben in den Diakonischen Hausgemeinschaften, Heidelberg 2004.
Frühwald, Christian, Den Frieden feiern. Gemeindeaufbau zwischen biblischem Leitmotiv und Fest, Bonn 2002.

Fuchs, Gotthard, Innerlichkeit als Gefahr, Würzburg 1996.

Furger, G., Wiemeyer, J., Von der Dependenz zur Interdependenz. Anstöße und Grenzen der Dependenztheorie, *Wissenschaftliche Arbeitsgruppe für weltkirchliche Aufgaben der Deutschen Bischofskonferenz*, Bonn 1994.

Gebhardt, Dörte, Menschenfreundliche Diakonie. Exemplarische Auseinandersetzungen um ein theologisches Menschenverständnis und Leitbilder, Neukirchen-Vluyn 2000.

Gerhards, Albert, Odenthal, Andreas, Lexikon für Theologie und Kirche, Teil III; Freiburg 1991.

Gerhards, Albert, Art.: Ort/Raum, in: *Schütz, Christian (Hg.)*, Praktisches Lexikon der Spiritualität, Freiburg 1991.

Goertz, Hansjosef, Deutsche Begriffe der Liturgie im Zeitalter der Reformation, in: *Binder, Wolfgang* und *Moser, Hugo (Hg.),* Theologische Studien und Quellen, Berlin 1977.

Gohde, Jürgen, Einleitung zu: *Hübner, Ingolf u. Kaiser, Jochen (Hg.),* Diakonie im geteilten Deutschland. Zur diakonischen Arbeit unter den Bedingungen der DDR und der Teilung Deutschlands, Stuttgart 1999.

Grözinger, Albrecht, Bruke, Manfred, Kirche und Marktorientierung, Freiburg 2000.

Grün, Anselm, Bilder von Seelsorge. Biblische Modelle einer therapeutischen Pastoral, Mainz 1991.

Haas, Hanns-Stephan, Integriertes Personal-Management. Jazz-Combo statt Orchester, in: Diakonie Impulse / Magazin für Führungskräfte 5, Ausgabe Oktober, Stuttgart 2003.

Härig, Bernhard, Frei für Christus. Moraltheologie für die Praxis des christlichen Lebens, Bd. III: Die Verantwortung des Menschen für das Leben, Freiburg 1981.

Hahn, H. Chr., Art.: Zeit, in *Coenen, Lothar, Beyreuther, Erich, Bietenhard, Hans (Hg.),* Theologisches Begriffslexikon zum Neuen Testament, Bd. II/2, Wuppertal 1971.

Halkenhäuser, Johannes, Kirche und Kommunität. Geschichte und Auftrag der kommunitären Bewegungen in den Kirchen der Reformation, Paderborn 1985.

Hammer Erklärung vom 13.2.2001, nachzulesen in: www ekvw. de / landeskirche / reformprozess / stellungnahme / knz. pdf.

Harak, Christian, Strategisches Management. Kontrolle nach Plan, in: Diakonie 2 / Magazin für Führungskräfte, Ausgabe April, Stuttgart 2002.

Hauschildt, Eberhard, Art.: Seelsorge, in: Theologische Realenzyklopädie, Bd. XXXI.; Berlin / New York 2000.

Haußecker, Otto, Interview zum Leitbild in der Evangelischen Diakonissenanstalt Stuttgart: Ein Leitbild ist wie eine Sprossenwand, in: Diakonie Report, Ausgabe Januar, Stuttgart 2003.

Heimbrock, Hans-Günther, Art.: Ritus, in: Theologische Realenzyklopädie (TRE); Berlin / New York 1998.

Hellebrecht, Steffen, Die Praxis des kirchlichen Managements, Hamburg 2000.

Herbst, Michael, Abromeit, Hans-Jürgen, Böhlmann, Peter, Strunk, Klaus-Martin, Spirituelles Gemeindemanagement. Chancen-Strategien-Beispiele, Göttingen 2001.

Hennig, Gerhard, Wo kommt die Seele in der Seelsorge vor?, in: Zeitenwende, 72. Jg, Ausgabe Januar, Karlsruhe 2001.

Herbst, Michael, Buchrezension »Segenskräfte« v. Manfred Josuttis, in: Theologische Beiträge, Ausgabe April, Haan 2001.

Hermann, Volker (Hg.), Liturgie und Diakonie. Zu Leben und Werk von Herbert Krimm, DWI-INFO Sonderausgabe 3, Diakoniewissenschaftliches Institut Heidelberg, Heidelberg 2003.

Heschel, Abraham J., God in Search of Man. A Philosophy of Judaism, New York 1978.
Hofmann, Beate, Leben gestalten, in: *Hofmann, Beate, Schibilsky, Michael et al. (Hg.),* Spiritualität und Diakonie, Stuttgart 2001.
Hollenweger, Walter, Enthusiastisches Christentum. Die Pfingstbewegung in Geschichte und Gegenwart, Wuppertal/Zürich 1969.
Höser, Wolfgang, Die Finanzierung des diakonischen Auftrags in der DDR. Skizziert am Diakonischen Werk in Thüringen, in: *Hübner, Ingolf, Kaiser, Christoph,* Diakonie im geteilten Deutschland, Stuttgart 1999.
Homann, K., Aktuelle Probleme der Wirtschaftsethik, Berlin 1992.
Huber, Wolfgang, Welche Volkskirche meinen wir?, in: Folgen christlicher Freiheit. Ethik und Theorie der Kirche im Horizont der Barmer Theologischen Erklärung, Neukirchen-Vluyn 1985.
Hugoth, Matthias, Art.: Caritas, in: *Schütz, Christian (Hg.),* Praktisches Lexikon der Spiritualität, Freiburg 1991.

Ingenlath, Hermann Josef, Bausteine für eine Theologie der Basisgemeinden, in: Europäische Hochschulschriften, Reihe XXII/Theologie, Bd./Vol. 567, Frankfurt am Main 1996.

Jäger, Alfred, Diakonie als christliches Unternehmen, Gütersloh 1986.
Jäger, Alfred, Diakonie als eigene Gestalt von Kirche, in: Wege zum Menschen. Zeitschrift für Seelsorge und Beratung, heilendes und soziales Handeln, 49. Jg., Göttingen 1997.
Jäger, Alfred, Diakonische Unternehmenspolitik, Gütersloh 1992.
Jäger, Alfred, Konzepte der Kirchenleitung für die Zukunft. Wirtschaftsethische Analysen und theologische Perspektiven, Gütersloh 1993.
Jetter. H., Art.: Ritual/Ritus, in: Evangelisches Lexikon für Theologie und Gemeinde, *Herbst, Michael, Ruhbach, Gerhard et al. (Hg.),* Evangelisches Lexikon für Theologie und Gemeinde, Wuppertal 1994.
Johnston, William M., Art.: Timekeeping, in: Encyclopedia of Monasticism, Volume 2, Chicago/USA 2000.
Jonas, Robert A., Henri Nouwen, New York 1998.
Jostmeier, Friedhelm, Ausbildung in der Diakonie der DDR, in: *Hübner, Ingolf, Kaiser, Jochen-Christoph,* Diakonie im geteilten Deutschland, Stuttgart 1999.
Josuttis, Manfred, Arbeit im Machtbereich des Heiligen, in: Theologie für die Praxis, 26. Jg., Nr. 2, Theologisches Seminar der Ev. Meth. Kirche, Reutlingen 2000.
Josuttis, Manfred, Der Pfarrer ist anders. Aspekte einer zeitgenössischen Pastoraltheologie, München 1982.
Josuttis, Manfred, Der Prediger in der Predigt. Plädoyer für das Ich auf der Kanzel, 1974, in: *Wintzer, Friedrich (Hg.),* Zum Verständnis der Predigt und zur Praxis der Predigt in der Neuzeit, München 1990.
Josuttis,Manfred, Der Sinn der Krankheit. Ergebung und Protest, in: *Ders.,* Praxis des Evangeliums zwischen Politik und Religion, München 1974.
Josuttis, Manfred, Der Traum des Theologen. Aspekte einer zeitgenössischen Pastoraltheologie II, München 1988.
Josuttis, Manfred, Der Weg in das Leben. Eine Einführung in den Gottesdienst auf verhaltenswissenschaftlicher Grundlage, München 1991.
Josuttis, Manfred, Die Einführung in das Leben, Gütersloh 1996.
Josuttis, Manfred, Die Gegenständlichkeit der Offenbarung. Karl Barths Anselm-Buch und die Denkform seiner Theologie, Dissertation, Bonn 1965.
Josuttis, Manfred, Gesetzlichkeit in der Predigtarbeit, in: Studien zur Praktischen Theologie 3, München 1996.

Josuttis, Manfred, Leiblichkeit/Segen, in: Verkündigung und Forschung / Praktische Theologie, 47. Jg. 1-2002, Gütersloh 2002.

Josuttis, Manfred, Offene Geheimnisse, Gütersloh 1998.

Josuttis, Manfred, Petrus, die Kirche und die verdammte Macht, Stuttgart 1993.

Josuttis, Manfred, Segenskräfte. Potentiale einer energetischen Seelsorge, Gütersloh 2000.

Josuttis, Manfred, Seelsorge im energetischen Netzwerk der Ortsgemeinde, in: *Josuttis, Manfred, Schmitt, Heinz, Scholpp, Stefan et al. (Hg.),* Auf dem Weg zu einer seelsorglichen Kirche / Theologische Bausteine, Festschrift für Christian Müller zum sechzigsten Geburtstag, Göttingen 2000.

Josuttis, Manfred, Seelsorge in der Gemeinde, in: Pastoraltheologie/Wissenschaft und Praxis in Kirche und Gesellschaft, Jg. 90, Göttingen 2001.

Josuttis, Manfred, Seelsorge in der Gemeinde der Heiligen, in: *Möller, Christian (Hg.),* Gemeinde ist Seelsorge. Rudolf Bohren zum 80ten Geburtstag, Göttingen 2000.

Josuttis, Manfred, Art. Seelsorge und Phänomenologie, in: Pastoraltheologie / Wissenschaft und Praxis in Kirche und Gesellschaft, Jg. 82, Göttingen 1993.

Josuttis, Manfred, Texte und Feste in der Predigtarbeit. Homiletische Studien, Gütersloh 2002.

Josuttis, Manfred, Von der psychotherapeutischen zur energetischen Seelsorge, in: Wege zum Menschen, Jg. 50, Göttingen 1998.

Josuttis, Manfred, Über alle Engel. Politische Predigten zum Hebräerbrief, München 1990.

Kalusche, Martin, Das Leitbild der Diakonie – ein Traum, in: *Götzelmann, Arnd,* Diakonische Kirche. Festschrift für Theodor Strohm, Veröffentlichung des Diakoniewissenschaftlichen Institutes Heidelberg, Bd. 17, Heidelberg 2003.

Kardong, Terrence, St. Benedict's Rule, Collegeville/USA 1996.

Kirchenamt der EKD (Hg.), Herz und Mund und Tat und Leben. Grundlagen, Aufgaben und Zukunftsperspektiven der Diakonie. Eine evangelische Denkschrift, Gütersloh 1998.

Klessmann, Michael, Seelsorge zwischen Energetik und Hermeneutik, in: Pastoraltheologie / Monatsschrift für Wissenschaft und Praxis in Kirche und Gesellschaft, 90. Jg., Ausgabe Januar, Göttingen 2001.

Kobler – von Komorowski, Susanne, Über das Leitbild hinaus, in: Diakonie Impulse / Magazin für Führungskräfte, Heft 2, Ausgabe April, Stuttgart 2003.

Kramer, Jürgen, Goridis, Uta, Dale Carnegie Management – Management Through People – Durch Menschenführung zum Erfolg, Düsseldorf 1995.

Kressel, Hans, Von der rechten Liturgie, Neuendettelsau 1971.

Krimm, Herbert, Diakonie und Liturgie, in: Innere Mission, 53, 1963.

Krimm, Herbert, Diakonie unter Urheberschutz, in: Deutsches Pfarrerblatt, 61, 1961.

Krimm, Herbert, Zur Wesensbestimmung der Diakonie, in: Zeitschrift für Evangelische Ethik, 12. 1968.

Krönes, Gerhard V., Art.: Motivation ist nicht käuflich. Leistungslohn: ein unternehmerischer Hilfeschrei, in: Diakonie Impulse 3, Ausgabe Juni, Stuttgart 2004.

Kurz, Paul Konrad, Rezension *Fulbert Steffensky,* Das Haus, das die Träume verwaltet, in: *Ruhbach, Gerhard, Seitz, Manfred et al. (Hg.),* Zeitwende / Wissenschaft, Kultur, Kirche, Jg. 1999, Karlsruhe 1999.

Lange, Dietz, Ethik und evangelische Perspektiven. Grundfragen christlicher Lebenspraxis, Göttingen 1992.

Lehner, Markus, Eine diakonische Unternehmenskultur, in: Handbuch Praktische Theologie, *Haslinger, Herbert (Hg.),* Mainz 2000.

Lindner, Herbert, Diakonie und verfasste Kirche, in: Pastoraltheologie 83, Göttingen 1994.
Lenoir, Fréderic, Tardan-Masquelier, Ysé, Encyclopédie des Religions, Paris 1997.
Lindner, Herbert, Gemeindearbeit in Oberfranken, Rummelsberg 1989.
Lindner, Herbert, Kirche am Ort. Ein Entwicklungsprogramm für Gemeinden, Stuttgart 1994.
Lindner, Herbert, Kirche am Ort: Eine Gemeindetheorie, Stuttgart 1994.
Lindner, Herbert, Kontinuität und Systematik, in: Praktische Theologie 4, München 2002.
Lindner, Herbert, Spiritualität und Modernität, in: PTh 6, Göttingen 1997.
Lohmann, David, Das Bielefelder Diakonie Management Modell, in: *Jäger, Alfred (Hg.),* Leiten, Lenken, Gestalten / Theologie und Ökonomie, Gütersloh 1997.
Lohmann, David, Diakonie 2010, Vortrag, gehalten in der Kirchlichen Hochschule Bethel, Juni 2004.
Luther, Martin., Werke. Kritische Gesamtausgabe. Weimar 1888ff.

Marquard, Fritz, Was dürfen wir hoffen, wenn wir hoffen dürfen? Eine Eschatologie, Bd. 3, Gütersloh 1996.
Merkel, Friedemann, Art. Pastoraltheologie II, in: Theologische Realenzyklopädie, Bd. XXVI, München 1996.
Meyer-Blanck, Michael, Weyel, Birgit, Arbeitsbuch Praktische Theologie, Gütersloh 1999.
Meyer-Blanck, Michael, Rezension *Josuttis, Manfred,* Segenskräfte, in: Theologische Literaturzeitung, 125, 2000.
Möller, Christian, Einführung in die Praktische Theologie, Tübingen/ Basel 2004.
Möller, Christian, Gottesdienst als Gemeindaufbau, Göttingen 1990.
Möller, Christian, Lehre vom Gemeindeaufbau, Band 1: Konzepte-Programme-Wege, Göttingen 1991.
Möller, Christian, Spiritualität? Überlegungen zur reformatorischen Wahrheit eines Modewortes, in: *Herbst, Michael et al. (Hg.),* Spirituelle Aufbrüche. Perspektiven evangelischer Glaubenspraxis. Festschrift für Manfred Seitz, Göttingen 2003.
Möller, Christian, Zusammengehörigkeit und gegenseitige Verwurzelung von Liturgie und Diakonie in Lehre und Forschung von Herbert Krimm‹, in: *Hermann, Volker (Hg.),* Liturgie und Diakonie. Zu Leben und Werk von Herbert Krimm, DWI-INFO Sonderausgabe 3, Diakoniewissenschaftliches Institut der Theologischen Fakultät Heidelberg, Heidelberg 2003.
Moltmann, Jürgen, Diakonie im Horizont des Reiches Gottes, Neukirchen 1984
Müller, Josef, Pastoraltheologie – ein Handbuch für Studium und Seelsorge, Graz 1993.
Mylius, Georg von, Strategischer Erfolgsfaktor. Eine Frage der Identität, in: Diakonie 1 / Magazin für Führungskräfte, Ausgabe Februar, Stuttgart 2000.

Neuser, Wilhelm, Übersetzung der Confessio Augustana Variata. Das Protestantische Einheitsbekenntnis von 1540, Speyer 1993.
Nicol, Martin, Grundwissen Praktische Theologie, Stuttgart 2000.
Nouwen, Henri, Adam, London 1997.
Nouwen, Henri, Adam, ein Leben unter uns, Freiburg 1997.
Nouwen. Henri, A Cry for Mercy. Prayers from the Genesee, New York 1981.
Nouwen, Henri, Clowning in Rome: Reflections on Solitude, Celibacy, Prayer and Contemplation. New York 1979.
Nouwen, Henri, Compassion. A Reflection on the Christian Life, New York 1982.
Nouwen, Henri, Creative Ministry, New York 1972, deutsch: Schöpferische Seelsorge (Vorwort *Rolf Zerfaß),* Freiburg 1989.

Nouwen, Henri, Letters to Marc about Jesus, San Francisco 1988.
Nouwen, Henri, Lifesigns, New York 1986.
Nouwen, Henri; Making All Things New: An Invitation to the Spiritual Life, San Francisco 1981.
Nouwen, Henri, Nachts bricht der Tag an, Freiburg 1989; engl. The Road to Daybreak, New York 1989.
Nouwen, Henr, Reaching Out, New York 1975.
Nouwen, Henri, Sabbatical Journey, San Francisco 1998.
Nouwen, Henri, Seelsorge, die aus dem Herzen kommt, Freiburg 1997.
Nouwen, Henri, The Genesee Diary. Report from a Trappist Monastery, New York 1976.
Nouwen, Henri, The Living Reminder, Minneapolis 1976.
Nouwen, Henri, The Return of the Prodigal Son. A Meditation on Fathers, Brothers and Sons, New York 1992, deutsch: Nimm sein Bild in dein Herz, Freiburg 1993.
Nouwen, Henri, The Wounded Healer, New York 1972.

Oldenbourg, Anna-Margarete, Ressource Mensch, in: Diakonie 1 / Magazin für Führungskräfte, Ausgabe Februar, Stuttgart 2000.
Owzarek, Susanne, Die Vostellung vom Wohnen Gottes inmitten seines Volkes in der Priesterschrift: zur Heiligkeitstheorie der priesterlichen Grundschrift, in: Europäische Hochschulschriften, Reihe 23/Theologie, Bd. 625, Frankfurt/Main 1998.

Peale, Vincent, Ja zum Leben, München 1988.
Petzold, Ernst, Theologie der Diakonie in der DDR, in: *Hübner, Kaiser (Hg.),* Diakonie im geteilten Deutschland, Stuttgart 1999.
Petzold, Hans-Joachim, Ich will Hilfe schaffen. Diakonie Report.Berichte, Reportagen, Interviews zur Diakonie der evangelischen Landes- und Freikirchen in der DDR, Berlin (Ost) 1986.
Poener, U., Habisch, A., Signale der Solidarität. Wege christlicher Nord-Süd-Ethik, Paderborn 1994.
Porter, Beth, Befriending Life. Encounters with Henri Nouwen, London 2001.

Raffée, Hans, Art. Kirchenmanagement, in: *Honecker, Martin, Hübner, Jörg (Hg.),* Evangelisches Soziallexikon, Stuttgart 2001.
Raffée, Hans, Fritz, Wolfgang, Wiedemann, Peter (Hg.), Marketing für öffentliche Betriebe, Stuttgart 1994.
Raffée, Hans, Marketing muss sein, in: Rheinischer Merkur. Christ und Welt, 8/99, 1999.
Reutter, Ingo, Seelsorge als eingeräumte Zeit, in: Praktische Theologie, 36. Jg., Heft 4, Gütersloh 2001.
Rohls, Jan, Geschichte der Ethik, Tübingen 1999.
Rückert, Markus, Diakonie und Ökonomie. Verantwortung, Finanzierung, Wirtschaftlichkeit, Gütersloh 1990.
Ruhbach, Gerhard, Theologie und Spiritualität, Göttingen 1987.

Sauter, Gerhard, Zugänge zur Dogmatik. Elemente theologischer Urteilsbildung, Göttingen 1998.
Schalück, Hermann, Art. Aktion/Komtemplation, in: *Schütz, Christian (Hg.),* Praktisches Lexikon der Spiritualität, Freiburg 1988.
Schibilsky, Michael, Art. Diakonie, in: Religion in Geschichte und Gegenwart (RGG), Band 2, C-E, Tübingen 1999.

Schibilsky, Michael, Spiritualität in der Diakonie. Annäherungen an den Alltag, in: *Hofmann, Beate, Schibilsky, Michael et al. (Hg.),* Spiritualität und Diakonie, Stuttgart 2001.
Festschrift für Hermann Schmitz, Gespräche, Atmosphären, Bonn 1993.
Schmitz, Hermann, Neue Grundlagen der Erkenntnistheorie, Bonn 1994.
Schönberg, H., Predigt zum Sonntag Rogate über Ex. 32, 7–14, in: Pastoraltheologie/Monatsschrift für Wissenschaft und Praxis in Kirche und Gesellschaft, 91. Jg., Ausgabe Februar, in: Göttinger Predigtmeditationen, 6. Reihe, Invokavit bis Pfingsten, Göttingen 2002.
Schreiner, Werner, Was ist Diakonie, Nürtingen 1991.
Schumann, Frank, Siedler, Karin (Hg.), Glaubenskrieg. Kirche im Sozialismus. Zeugnisse und Zeugen eines Kulturkampfes, Berlin 1995.
Schütz, Christian, Praktisches Lexikon der Spiritualität, Freiburg 1988.
Schwaiger, Georg, Mönchtum, Orden, Klöster. Von den Anfängen bis zur Gegenwart, München 1993.
Schwienhorst, Lutger, Art. Zeit/III. bibl. Theol., in: *Kasper, Walter (Hg.),* Lexikon für Theologie und Kirche, Freiburg 2001.
Seibert, Horst, Strukturwandel in der Diakonie, in: Jahrbuch Diakonie 1996/1997, Stuttgart 1997.
Seitz, Manfred, Erneuerung der Gemeinde. Gemeindeaufbau und Spiritualität, Göttingen 1985.
Seitz, Manfred, Glaubenspraxis. Sich einüben in Psalm, Lesung, Gebet, in: Zeitwende, 73. Jg., Heft 1, Karlsruhe 2002.
Senn, Otto, Kirchenbau in der Gegenwart, in: Kirchen. Handbuch für den Kirchenbau, *Weyres, Willi, Bartning, Otto (Hg.),* München 1959.
Sheldrake, Rupert, Fox, Matthew, The Physics of Angels, San Francisco 1996.
Sölle, Dorothee, Art. Gelassenheit, in: Praktisches Lexikon der Spiritualität, *Schütz, Christian (Hg.),* Freiburg 1988.
Sölle, Dorothee, Steffensky, Fulbert, Politisches Nachtgebet, Köln 1969.
Spijker, W. van't, Bisschop, R. et al. (Hg.), Het puritanisme. Geschiedenis, theologie en invloed, Zoetermeer/Niederlande 2001.
Spink, Kathryn, Jean Vanier & L'Arche. A Communion of Love, New York 1990.
Stählin, Wilhelm, Bruderschaft, Kassel 1940.
Stählin, Wilhelm, Vom göttlichen Geheimnis, in: *Wendland, Christian, Mahrenholtz, Christhard et al. (Hg.),* Kirche und Aufbau, Kassel 1936.
Starnitzke, Dirk, Diakonie als soziales System. Eine theologische Grundlegung diakonischer Praxis in der Auseinandersetzung mit Niklas Luhmann, Stuttgart 1996.
Steck, Wolfgang, Praktische Theologie, Bd. I, in: Theologische Wissenschaft, Bd. 15, Stuttgart 2000.
Steffensky, Fulbert, Das Haus, das die Träume verwaltet, Würzburg 1998.
Steffensky, Fulbert, Sölle, Dorothee, Füsselm Kuno, Die Sowohl-als-auch-Falle. Eine theologische Kritik des Postmodernismus, Luzern 1993.
Steffensky, Fulbert, Feier des Lebens. Spiritualität im Alltag, Stuttgart 1984.
Steffensky, Fulbert, Sölle, Dorothee, Nicht nur Ja und Amen. Von Christen im Widerstand, Hamburg 1983.
Steffensky, Fulbert, Segnen. Die Fähigkeit, zu geben, was man nicht hat, in: Pastoralblätter. Predigt, Gottesdienst, Seelsorge – für die Praxis, Jg. 140/II,42, Göttingen 1993.
Steffensky, Fulbert, Segnen. Gedanken zu einer Geste, in: PTh 82, Göttingen 1993.
Steffensky, Fulbert, Spiritualität und Soziales Handeln. Geschichten zur Vergegenwärtigung der Erinnerung, in: *Hofmann, Beate, Schibilsky, Michael et al. (Hg.),* Spiritualität und Diakonie. Anstösse zur Erneuerung christlicher Kernkompetenz, Stuttgart 2001.

Steffensky, Fulbert, Was ist liturgische Authentizität«, in: Pastoraltheologie. Wissenschaft und Praxis in Kirche und Gesellschaft, 89. Jg., Göttingen 2000.
Steffensky, Fulbert, Wo der Glaube wohnen kann, Mainz 1994
Steiger, Johann Anselm, Den Katechismus ins Herz schließen, in: Zeitwende, 73. Jg., Heft 1, Karlsruhe 2002.
Sitampul, Albert, Urbilder vom Glück und Segen, in: *Crüsemann, Frank, Hardmeier, Christof, Kessler, Rainer (Hg.),* Was ist der Mensch? Beiträge zu einer Anthropologie des Alten Testamentes. Festschrift Hans Walter Wolff zum 80ten Geburtstag, München 1992.
Strohm, Christoph, Art. Calvinismus, in: *Honecker, Martin, Dahlhaus, Horst et al. (Hg.),* Evangelisches Soziallexikon, Stuttgart 2001.
Strohm, Theodor, Diakonisch-soziale Arbeit im europäischen Einigungsprozess – Schwerpunkte und vorrangige Aufgaben, in: Diakonie an der Schwelle zum neuen Jahrtausend. Ökumenische Beiträge zur weltweiten und interdisziplinären Verständigung, *Strohm, Theodor (Hg.),* Heidelberg 2000.

Tacke, Helmut, Mit den Müden zur rechten Zeit reden. Beiträge zu einer bibelorientierten Seelsorge, Neukirchen 1989.
Toulat, Jean, Les Forces de l'amour, Paris 1976.
Turre, Reinhard, Bartmann, Peter, Oldenbourg, Anna Margareta, Baumgärtner, Damit Einsatz sich lohnt. Expertengespräch zum Leiszungsbegriff in der Diakonie, in: Diakonie-Impulse. Magazin für Führungskräfte 5, Ausgabe Oktober, Stuttgart 2003.
Turre, Reinhard, Diakonische Einsichten, Stuttgart 2001.
Turre, Reinhard, Diakonik, Neukirchen-Vluyn 1991.

Ulrich, Hans G., Rechtfertigung und Ethik, in: Berliner Theologische Zeitschrift, 17. Jg., Heft 1, Berlin 2000.
Ulrich-Eschemann, Karin, Diakonie und Spiritualität. Studienbrief D 20, in: Brennpunkt Gemeinde. Impulse für missionarische Verkündigung und Gemeindeaufbau, Ausgabe September-Oktober, 52. Jahrgang, Stuttgart 2003.

Vanier, Jean, Community and Growth, London 1979.
Vanier, Jean, Heilende Gemeinschaft, Salzburg 1989.
Vanier, Jean, Histoire de L'Arche. Des communautés à decouvrir, Paris 1995.
Vanier, Jean, Gemeinschaft. Ort der Versöhnung und des Festes, Salzburg 1983.
Vanier, Jean, Jesus, the Gift of Love, New York 1994.
Vanier, Jean, La communauté. Lieu du pardon et de la fête, Paris 1989.
Vanier, Jean, Our Journey Home. Rediscovering a Common Humanity Beyond Our Differences, London 1997.
Vanier, Jean, Ruf aus dem Schweigen, München 1975.
Vanier, Jean, The Broken Body, Londnon 1989.

Waal, Esther de, A Life-Giving Way. A Commentary on the Rule of St. Benedict, Collegeville/USA 1995.
Weber, Joachim, Diakonie zwischen Dienst, Dienstleistung und Freiheit, in: Pastoraltheologie, 92. Jg., Ausgabe Juli, Göttingen 2003.
Weidenbach, Filip, Einfach anders. Einfach schön, in: Diachronie. Das Magazin der Diakonischen Hausgemeinschaften, Heidelberg 2001.
Welschen, Johannes, Die Emmausjünger – eine diakonische Geschichte, in: Herrnhuter Bote. Mitteilungen aus der Brüdergemeine, Ausgabe Juni, Herrnhut 2004.
Wendland, Heinz-Dietrich, Christos Diakonos. Christos Doulos. Zur theologischen Begründung der Diakonie, in: *Wendland, Heinz, Rich, Arthur, Krimm, Herbert,*

Christos Diakonos. Ursprung und Auftrag der Kirche. Drei Vorträge, Zürich 1962.
Wendland, Heinz-Dietrich, Das Recht des Begriffs gesellschaftlicher Diakonie, in: Zeitschrift für Evangelische Ethik 10, Gütersloh 1966.
Wendland, Heinz-Dietrich, Weltweite Diakonie. Antwort an H. Krimm, in: Zeitschrift für Evangelische Ethik 11, Gütersloh 1967.
Wenzelmann, Gottfried, Nachfolge und Gemeinschaft. Eine theologische Grundlegung des kommunitären Lebens, aus: *Baur, Jörg, Seitz, Manfred et al. (Hg.),* Calwer Theologische Monographien, Reihe C: Praktische Theologie und Missionswissenschaft, Bd. 21, Stuttgart 2001.
Wolf, Bernhard, Diakonische Identität und Spiritualität, in: *Hofmann, Beate, Schibilsky, Michael et al. (Hg.),* Spiritualität und Diakonie, Stuttgart 2001.
Wolf, Hans-Walter, Anthropologie des Alten Testaments, München 1973.

Zerfaß, Rolf, Menschliche Seelsorge. Für eine Spiritualität von Priestern und Laien im Gemeindedienst, Freiburg 1985.
Zimmerling, Peter, Die charismatischen Bewegungen. Theologie-Spiritualität-Anstöße zum Gespräch, Heidelberg 2000.
Zimmerling, Peter, Die Spiritualität evangelischer Kommunitäten und ihre Bedeutung für die Gesamtkirche, in: Evangelische Theologie, Jg. 6, München 2001.
Zimmerling, Peter, Evangelische Spiritualität, Göttingen 2003.
Zimmermann, Margaret, Spiritualität und positives Denken- Zwei Lebenskonzepte im Vergleich. Eine empirische Studie, aus: Europäische Hochschulschriften, Reihe I – Psychologie, Bd. 500, Frakfurt/Main 1995.
Zwiefelhofer, H., Katholische Soziallehre und Neue Weltwirtschaftsordnung, München 1982.

Theologische Zeitschriften, Monatsschriften, Lexika, Editionen etc.

BThZ, Berliner Theologische Zeitschrift, Berlin.
Diakonie Impulse, Magazin für Führungskräfte, Stuttgart.
Diakonie Report, Magazin für diakonische MitarbeiterInnen, Stuttgart.
EHS, Europäische Hochschulschriften, Frankfurt am Main.
Evangelisches Soziallexikon, Stuttgart 2001
GPM, Göttinger Predigtmeditationen, Göttingen.
Lexikon für Theologie und Kirche, Freiburg 1991.
PBl, Pastoralblätter, Stuttgart.
PTh, Pastoraltheologie. Monatsschrift für Wissenschaft und Praxis in Kirche und Gesellschaft, Göttingen.
PrTh, Praktische Theologie. Zeitschrift für Religion, Gesellschaft und Kirche, Gütersloh, (früher: *Theologia practica*).
Praktisches Lexikon der Spiritualität, Freiburg 1988.
RGG, Die Religion in Geschichte und Gegenwart, Tübingen 1998ff.
ThBeitr, Theologische Beiträge, Wuppertal 1970ff.
ThFPr, Theologie für die Praxis, Reutlingen 1975ff.
ThLZ, Theologische Literaturzeitung, Leipzig.
ThW, Theologische Wissenschaft, Stuttgart 1978ff.
TRE, Theologische Realenzyklopädie, Berlin 1976ff.
WA, Luther, Martin: Werke. Kritische Gesamtausgabe. Weimar 1888ff.
WzM, Wege zum Menschen. Monatsschrift für Seelsorge und Beratung, heilendes und soziales Handeln. Göttingen.
ZbK, Zürcher Bibelkommentar, Zürich 1960ff.